国家"十四五"重点出版物规划项目
国家出版基金项目

中共安徽省委宣传部
安徽省文化和旅游厅 编

考古安徽

先秦篇

时代出版传媒股份有限公司
安徽人民出版社

图书在版编目（CIP）数据

考古安徽.先秦篇/中共安徽省委宣传部，安徽省文化和旅游厅编.——
合肥：安徽人民出版社，2024.9

ISBN 978-7-212-11571-5

Ⅰ.①考… Ⅱ.①中… ②安… Ⅲ.①安徽—地方史—先秦时代
Ⅳ.① K295.4

中国版本图书馆 CIP 数据核字（2022）第 251281 号

考古安徽　先秦篇
KAOGU ANHUI　XIANQIN PIAN

中共安徽省委宣传部
安徽省文化和旅游厅　编

责任编辑：卢昌杰　汪双琴　王琦　陈蕾　　　　　**责任印制：**董亮
美术编辑：宋文岚　赵梁　　　　　　　　　　　　**封面设计：**殳十堂

出版发行：安徽人民出版社 http://www.ahpeople.com
地　　址：合肥市蜀山区翡翠路 1118 号出版传媒广场 8 楼
邮　　编：230071
电　　话：0551-63533258　0551-63533259
印　　刷：安徽新华印刷股份有限公司

开本：787mm×1092 mm　1/16　　　**印张：**35.25　　　**字数：**500 千
版次：2024 年 9 月第 1 版　　　　2024 年 9 月第 1 次印刷

ISBN 978-7-212-11571-5　　　　　　　　　　　　**定价：**168.00 元

序　言

中华文明源远流长、博大精深，是中华民族独特的精神标识，是当代中国文化的根基。在中华文明的浩瀚江河里，安徽文化始终是重要一脉、多彩一枝，在中国百万年人类史、一万年文化史、五千多年文明史中占据独特地位，为中华文明的起源、形成与发展作出了重要贡献。

先秦是中华文明的勃兴时期，文明的曙光很早就在安徽这片土地上闪耀。从繁昌人字洞到和县龙潭洞，从蚌埠双墩到含山凌家滩，从潜山薛家岗到寿县斗鸡台，这些"点点星光"在江淮大地星罗棋布，它们各具特色、各自发展，又相互影响、彼此交融，先后汇入中华早期文明的"满天星斗"之中，形成了一片耀眼的星辰。从更大的地域视野看，远古时代的安徽，地处华夏、东夷、苗蛮三大文化板块的折冲之地，各种聚落、方国、诸侯林立，既有"禹合诸侯于涂山"的交锋，也有"桀奔南巢"的交融，成为中华文明百川归海、多元一体的重要实证。从更深的文化层面看，中华优秀传统文化中天下为公、民为邦本、为政以德、革故鼎新、任人唯贤、天人合一、自强不息、厚德载物、讲信修睦、亲仁善邻等精神特质，早在文明起源时就已萌芽，一直在江淮先民中传承。从大禹治水、皋陶立法、姜尚辅政，到管仲"以法治国"、老庄"无为而治"，安徽这片土地上诞生的思想流派、名家大家不可胜数，深刻影响了中国文化的形成与发展，成为解读"何以中国"、厚植文化自信的资源宝库，具有历久弥新的时代意义和当代价值。

一种文明越是古老悠久，其原貌也越容易因时光流逝而湮灭，因风雨侵蚀而模糊，需要后人用扎实的考古工作来探幽发微、理乱钩沉，用可靠的物证实证来正本清源、去伪存真。中国共产党在百年奋斗中，始终坚持马克思主义基本原理，坚守中华文明立场，历来高度重视考古和文物保护工作。党的十八大以来，习近平总书记多次就考古工作和中华文明研究发表重要讲话、作出重要指示批示，为新时代中国考古事业发展指明了前进方向，为我们更好地认识中华文明、坚定文化自信提供了根本遵循。安徽考古工作肇始于20世纪30年代，兴盛于新中国成立之后。特别是党的十八大以来，安徽考古工作在安徽省委、省政府高度重视和关心支持下，积极参与中华文明探源工程和"考古中国"等重大课题，为历史"解题"、为文化"解码"，取得了一系列异彩纷呈、令人惊喜的重大考古发现和研究成果，为建设中国特色、中国风格、中国气派的考古学贡献了安徽力量。

《考古安徽　先秦篇》由中共安徽省委宣传部、安徽省文化和旅游厅精心组织编辑出版，是一部全面系统介绍安徽先秦时期重要考古发现和研究成果的集大成之作，是几代安徽考古人接续奋斗所取得的丰硕成果的一个精彩缩影。该书以时间为轴、以空间为场，单篇连缀、串珠成链，用一篇篇洗练的文字、一幅幅精美的图片，栩栩如生地呈现了散落在江淮大地上的一处处重要遗址、一件件文物瑰宝，展示了清晰的历史轴线、可靠的历史信度、丰富的历史内涵、鲜活的历史场景，生动刻画了安徽在中华文明创生期的高光时刻，使遥远的历史可知、可感、可亲、可爱，为我们走近安徽先民、探源安徽文化打开了一扇精彩的窗口。

考古的价值，不仅在于回答"我们是谁、从哪里来"，更重要的是推动全体中华儿女增强历史自觉、坚定文化自信，明白"我们往哪里去"。一个重要途径，就是要让收藏在博物馆里的文物、陈列在广阔大地上的遗产、书写在古籍里的文字都活起来，丰富全社会历史文化滋养。《考古安徽 先秦篇》融科学性与艺术性、学术性与普及性、工具性与人文性于一体，是用考古成果讲好中华文明故事、用大众语言表达学术见解的一次创新探索和有益尝试。期待安徽立足丰厚的历史人文积淀，发挥科创强省的独特优势，面向社会公众特别是青少年，以更鲜活、更多样的现代化理念和高科技方式呈现中国考古、展示中华文明、传播中华文化，让更多考古成果被看到、被欣赏、被传扬，成为人们看得懂、记得住、用得上的"IP"，不断增强中华民族的凝聚力自豪感、中华文明的传播力影响力。我坚信，在安徽省委、省政府的高度重视和坚强领导下，安徽的考古和文物保护工作一定能够再创新佳绩、再上新台阶。

时光向前，安徽向上。考古未来，安徽可期。

中国考古学会理事长、中国社会科学院学部委员 王巍

2022年12月22日

目　录

第四部分　夏商周时期的安徽主要文明成就

绪　论

习近平总书记指出，考古工作是一项重要文化事业，也是一项具有重大社会政治意义的工作。考古工作是展示和构建中华民族历史、中华文明瑰宝的重要工作。要高度重视考古工作，努力建设中国特色、中国风格、中国气派的考古学，更好认识源远流长、博大精深的中华文明，为弘扬中华优秀传统文化、增强文化自信提供坚强支撑。

1921年河南渑池仰韶遗址的发掘，标志着中国现代考古学的诞生。百年考古，成就辉煌。一系列重大考古发现，见证了我国统一的多民族国家的悠久历史和强大凝聚力，展现了中华文明起源、发展脉络、灿烂成就和对世界文明的重大贡献。

安徽考古工作可追溯到20世纪30年代，著名考古学家王湘、李景聃曾在寿县一带进行考古调查。新中国成立以后，安徽考古工作逐步走上正轨，改革开放特别是新时代以来，取得了令人瞩目的非凡成就。90多年来，一代代考古人筚路蓝缕，青灯黄卷，孜孜以求地深耕在江淮大地，默默无闻地奉献着青春年华，满怀对事业的执着追求，完成了一项项考古任务，取得了一个个重大发现，实证了安徽百万年的人类史、一万年的文化史、五千多年的文明史。

安徽在人类起源和旧石器考古研究中占有重要地位。"我从哪里来？"探索中华大地人类起源，是考古工作者永恒的研究课题。1998—

2023年，经过10多次考古发掘，考古人员在繁昌人字洞遗址发现了人类加工使用过的100多件石制品、骨制品，1000多件哺乳动物化石。经生物地层学和磁性地层学综合研究，考古人员确认该遗址为早更新世早期，距今256万—220万年。这是迄今亚欧地区已知年代最早的古人类遗址，将亚洲人类起源的历史提前了几十万年，有力证明了中国是世界上早期古人类活动的重要地区之一。

安徽是出土古人类化石特别是头骨化石较多的地区。和县龙潭洞遗址发现1个完整头盖骨及牙齿等14件人类化石，至少代表三个个体，其中头盖骨化石属于一位20岁左右的青年个体，脑容量约1024毫升，形态上具有直立人的典型特征，与"北京人"接近，被命名为"和县人"，距今40万—30万年，这是目前我国保存完好的晚期直立人头盖骨化石之一。近年发掘的东至华龙洞遗址出土30多件古人类化石，其中包括一具保存有眼眶和部分面部的较完整的头骨，同时发现石器及有人工切割、砍砸痕迹的骨片和20多种哺乳动物化石。这是继北京周口店猿人遗址之后，我国出土古人类化石、石制品、骨制品等古人类生存活动证据以及动物化石最为丰富的古人类遗址，通过铀系测年，华龙洞遗址堆积年代确定为距今约30万年。头骨呈现"古老型"智人特征，填补了直立人到早期智人之间关键环节的空白。巢湖银山智人遗址出土5件代表两个个体的人类枕骨、上颌骨等化石，年代距今20万—16万年，为长江下游地区首次发现的早期智人化石。

距今80万—13万年，晚更新世冷暖变化较为明显，这一时期是早期人类体质演化和文化发展的重要时期。从和县龙潭洞直立人到华龙洞古老型智人和巢湖银山早期智人化石集中在安徽发现，表明安徽长江两岸自然环境适宜古人类生存繁衍，为研究中国直立人向智人演化提供了重要考古学实证，证明中国古人类的演化过程是连续和一脉相承的。

安徽也是出土旧石器标本丰富的地区。回望百万年至数万年前，我们的祖先在适应自然、生存繁衍的进程中劳动创造，必然产生人工制品，原始石制品、骨制品就成为解析早期人类技术与适应行为的关键。安徽长江、新安江、水阳江及巢湖流域发现数十处旧石器时代遗址，出土了大量石器和骨器等。以宣城陈山，宁国毛竹山、官山遗址为代表的水阳江流域旧石器地点群，时代为距今90万—15万年，发现的一批石制品中有砍砸器、尖状器、刮削器、石球等，石器用材以砾石为主，体大厚重，从原料选择到加工技术和石器组合都有鲜明的地方特色，与我国北方旧石器文化有所不同，代表了中国南方砾石石器、砍砸器传统，显示当时人类独特的行为方式。

距今13万—1万年的更新世末期，是现代人起源与文化发展的关键时期。这一时期安徽旧石器遗存的发现从长江流域扩大到淮河流域，五河西尤遗址出土了古菱齿象动物化石及石制品。近年发掘的巢湖柳家二号遗址是这一时期的典型代表，出土石制品2100多件，主体年代距今7.8万—3万年，是安徽迄今发现石制品最多的旧石器时代晚期遗址。优质燧石原料的广泛应用，中小型石制品和石片在整体组合中处于优势，反映其石片石器工业特征，为研究旧石器时代晚期石器技术革新，探索长江下游乃至整个华南地区和中国早期现代人的起源、迁徙和行为模式提供了全新的考古资料。

安徽长江流域多个古人类化石和旧石器地点的发现，与我国其他地区古人类遗存的发现互为补充和印证，形成了人类起源与演化的完整证据链，使中国成为世界人类起源与演化研究最重要的地区之一，为"现代人起源多地区进化说"和"东亚直立人到现代人连续进化说"提供了科学实证。

以原始农业、畜牧业及陶器的制作，磨制石器的使用为主要标志，人类进入新石器时代，这也是一万年文化史的开端时代。根据考古发现，安徽最早的新石器时代遗址距今9000—8000年，主要分布在淮河流域的淮北、宿州市的山前平原，代表性的有淮北渠沟、石山孜，宿州小山口、古台寺、芦城孜及泗县于庄等遗址。在这一时期的出土器物中，动物骨骼比较多，流行骨角器，器类主要有骨针、骨锥、骨镞、骨哨、角锥等。石器器类比较单一，主要有斧、杵、磨盘和磨棒。陶器制作比较粗糙，以夹植物、夹蚌、夹砂为主，流行圜底器、平底器和圈足器，直口器居多，以支脚与釜配套的复合式炊器最具特色，陶色不纯，多外红内黑。这一时期，原始先民还掌握了稻旱混作技术，水稻种植的比例与粟相近或占有更高的比例。同时采集小麦族等野生植物种子作为食物的重要来源，野生鹿、鱼、龟等在人类肉食结构中占有很大比重。以石山孜文化为代表的考古遗存，初步出现了社会分工和生产技术，为文明形成奠定了初步基础。

距今7000年前后，发现的新石器时代遗址明显增多，主要集中在淮河流域，如蚌埠双墩、怀远双古堆、凤台硖山口、淮南小孙岗、临泉王新庄、定远侯家寨等，其他还有肥东南院、繁昌缪墩遗址等。

这一时期骨角器发达，骨器有笄、匕、锥、凿、针等，尤以造型精美的鹿角钩形器最具代表性。陶器器型增多，出现了彩陶。双墩遗址和侯家寨遗址发现700多件陶器上有刻画符号，是我国新石器时代迄今发现数量最多、内容最丰富的同类考古资料。这类符号已到表达观念的阶段，具有象形、指事、会意和文字书写特点；在不同遗址中出现，符合文字固定形态与社会性；多种组合符号具有表达复杂和完整情节的表意功能；不少符号反复出现，使用频率高，内容多样，既有物象，又有意象，体现了"仰则观象于天，俯则观法于地，观鸟兽之文与地之宜，近取诸身，远取诸物"的文字特征，体现了淮河流域先民对于生活、环境和宇宙地理的思想观念，对汉字和中华文明起源研究具有重要意义。双墩遗址出土的陶塑人头像是我国发现年代较早的雕塑艺术品，在中国史前美术史上占有重要地位。

中华文明源远流长、延绵不绝，如黄河长江奔流不息，是世界上少数有重大影响力的原生文明。英国历史学家汤因比指出，在人类历史上出现过20多个文明形态，只有中国的文化体系长期延续发展并从未中断。世间万物，莫不有源。中华文明何时形成，它的起源、形成和发展有何特点，成为考古学研究的重大课题，成为考古学家的不懈追求，特别是自本世纪初启动的"中华文明探源工程"，取得了一系列丰硕成果，明确了中华文明起源、形成和早期发展的历史脉络，实证了中华五千多年文明史。

安徽是中华文明起源、形成和发展的重要区域。含山凌家滩和蚌埠禹会村遗址是"中华文明探源工程"的重要标志性遗存。含山凌家滩遗址位于长江支流裕溪河北岸，面积约160万平方米，是一处距今5800—5300年的新石器时代中心聚落遗址，自1987年以来，先后进行了15次考古发掘，发现有墓地、围壕、祭坛、大型红烧土公共建筑等重要遗迹，出土了以玉器为代表的文物3000多件。研究表明，遗址具有统一的规划布局和明确的功能分区，主要包括由内外两道壕沟分割而成的生活及相关功能区、大型祭坛墓葬区。墓葬出土的代表性的玉人、玉龙、玉鹰、玉龟、玉版、玉钺、玉璜、玉镯、玉耳珰、玉勺等构成完整的凌家滩祭祀礼仪性玉器系统，其中的玉版可能蕴含有凌家滩先民的宇宙观以及天文历法思想。

凌家滩中心聚落的出现是一个划时代的重要标志，面积远远大于周边几万平方米的普通村落，聚落分区规划，有祭祀区、居住区、墓葬区，并且有内外两道封闭式围壕，表明当时人口增加，呈现城市雏形。内部制玉、制陶和石器制造等手工业水平和分工程度也明显高于周边普通村落，墓葬随葬品数量和质量差别明显，表明生产发展、社会分工和阶层分化，出现阶级雏形。玉龟、玉鹰、玉版、玉人等特制玉器出现，表明墓主人身份高贵，表明王权、神权的出现，呈现早期国家的雏形。

凌家滩遗址高度发达的玉石器加工业、统一的宗教信仰、明显的社会分层，体现社会金字塔顶端的祭坛、墓地、大型公共建筑、内外壕防御及防洪体系，对山水环境的精心选择，在年代上早于良渚遗址，是学术界公认的中华文明曙光阶段的典型代表性遗存之一，是中华早期文明的代表——良渚古国文明的源头，在中华文明起源和形成过程中具有标志性地位。凌家滩遗址考古实践是中华文明起源探索的一个缩影，先后入选"全国十大考古新发现"和全国"百年百大考古发现"。

蚌埠禹会村遗址位于淮河岸边，遗址年代为距今4500—4100年，发现了至少18万平方米的城址，遗址总面积100万平方米以上。在遗址上发掘出一个2000多平方米的大型祭坛，中心位置有南北向依次排列的35个柱洞，约50米长，朝北的方土台，北望涂山。经年代和地望考证，佐证了史书记载的"禹合诸侯于涂山，执玉帛者万国"。仿佛重现了4000多年前淮河岸边涂山之南麓，众多诸侯相聚在禹会村的会盟场上，35面旗幡招展，各诸侯王手持玉帛等礼器、礼品，朝拜大禹，在禹的带领下结盟宣誓的场景。历史虽然已经远去，穿越历史的迷雾，人们可从大型祭坛、祭台、柱洞、陶器等遗物中遥想当年，可以说涂山之会催生了夏王朝，开启了华夏王朝文明的序幕。

夏商周时期的考古发现，彰显了安徽灿烂辉煌的古代文明成就和重要贡献。

夏商周时期是我国青铜文明的鼎盛时期，安徽沿江地区丰富的铜矿资源，由长江、淮河、新安江及其支流构建的立体交通网络将安徽与周边地区特别是中原王朝紧密联系在一起，使安徽地区在我国青铜文明发展进程中扮演着极其重要的角色。

这一时期活跃在安徽地区的，是淮夷方国以及越、吴、楚、蔡、钟离等国，考古工作揭示了其丰富的文化内涵和文明成就。

安徽江淮地区夏代淮夷方国文化称为"斗鸡台文化"，代表性遗址有寿县斗鸡台，肥西大墩孜、三官庙等。三官庙遗址发现18件夏商之际青铜器，是河南二里头遗址之外我国出土夏商之际青铜器数量最多的遗址，也是我国迄今发现包括钺、戚、戈、凿、铃、牌的完整仪仗青铜礼器组合和"毁兵"习俗的最早案例。

蚌埠禹会村和肥西三官庙夏代一头一尾两处遗址的重要发现前后呼应，为"禹合诸侯于涂山""桀奔南巢"等历史文献记载提供了重要考古学线索。

铜陵师姑墩遗址的考古发现与多学科综合研究，将安徽长江流域青铜冶铸历史从此前的商周之际提前到夏代晚期。

阜南台家寺遗址发现早商晚期至晚商早期大型建筑、专用储藏室、青铜器铸造作坊及陶范、祭祀用卜甲卜骨、高等贵族墓地及青铜礼器，是以中原商文化因素为主体的商代遗存，为安徽地区商代聚落层级与布局，铸铜、制骨等手工业生产及区域特点研究提供了重要材料。凤阳古堆桥遗址发现中商时期铸铜遗存。江淮之间发现以含山大城墩遗址为代表的商文化大城墩类型。马鞍山申东、郎溪磨盘山等遗址的发掘，确认了安徽长江以南的湖熟文化遗存，厘清了其与吴文化的源流关系。

安徽江淮地区发现大量西周至春秋早中期淮夷方国遗存。春秋中期楚灭英、六之后，淮河以北全境及江淮之间中西部属楚，江淮之间东部、长江以南之长江流域属吴。淮夷方国、吴、越、楚、蔡、钟离遗存均有大量发现。如淮河流域的霍邱堰台、寿县丁家孤堆、定远陈家孤堆、阜南迎水寺、固镇南城孜、凤阳古堆桥等遗址，寿县蔡侯墓、蚌埠双墩钟离君柏墓与凤阳卞庄钟离墓；长江流域的合肥大雁墩、安定寺大墩，庐江凤形、三板桥，马鞍山申东、五担岗，滁州何郢等遗址，南陵、繁昌、宁国等地的吴国土墩墓群。

安徽沿江地区铜矿资源富集，燃料丰富，交通便利，为古代铜矿采冶提供了良好条件。考古人员已在长江南岸的铜陵、南陵、繁昌和北岸的枞阳、安庆等地发现先秦铜矿遗址数十处，它们主要分布在今铜陵狮子山、铜官山、凤凰山和南陵大工山等地，形成多个大规模采冶中心。冶炼从规模几万到几十万、上百万平方米不等，遗存有炼铜废渣、红烧土残炉壁、废矿石等，以南陵江木冲冶炼遗址规模最大，范围在100万平方米以上，炼渣遗存有几十万吨。

合肥大雁墩遗址发现西周时期青铜冶炼遗存，庐江凤形遗址发现西周晚期陶范、鼓风管、铜渣，庐江坝埂遗址发现春秋时期炉缸壁、陶范、石范，庐江丁家畈遗址发现西周中晚期至春秋早期铜锭。

安徽沿江地区铜矿开采冶炼遗存的大量发现，与西周金文等文献中关于周王朝征伐淮夷、掠夺铜矿资源或铜器的记载互为印证，凸显了夏商周时期安徽江淮地区作为"金道锡行"和南铜北运原料产地、通道、驻点的重要作用与地位。

新安江流域主要有歙县新州遗址、屯溪土墩墓等西周至春秋时期越国文化遗存。

战国时期楚国最后都城在寿春，主要有寿春城遗址以及淮河流域和江淮地区战国晚期墓葬，如可能为蔡侯级别的战国早期寿县西圈一号积炭墓和长丰杨公楚墓，以及可能为楚考烈王墓葬的武王墩墓等王侯墓地。

夏商周时期的一系列重要发现，与文献典籍反映的历史相互印证，为研究淮夷方国、吴、越、钟离、蔡、楚等国的聚落形态、生业模式、铜矿冶铸工艺、葬俗礼仪以及中原王朝与安徽地区的密切联系提供了重要实物材料，凸显了安徽江淮地区的自然资源和作为交通要道、文化走廊的区位优势，展现了古代安徽在科学、艺术、文化、思想等多方面的重要成就和贡献。

安徽旧石器时代、新石器时代和夏商周时期的系列考古新发现、新成果，充分彰显安徽文化源远流长、博大精深，充分体现中华文明的突出特性，即连续性、创新性、统一性、包容性、和平性。

新时代以来，安徽考古事业高质量发展其时已至、其势已成。我们要牢记习近平总书记关于考古工作的重要论述，探索未知、揭示本源，传承文脉、弘扬文化，为建设繁荣兴盛的文化强省作出新的贡献。

（撰稿：何长风　叶润清）

第一部分

百万年
人类史的
安徽考古学
实证

概　述

安徽地处长江下游，是我国大地构造单元第三级阶梯的核心地带，介于华北与华南两大区域之间，地貌特征自西向东由低山、丘陵逐渐过渡为平原；气候处在北亚热带湿润季风气候向暖温带半湿润季风气候过渡地带。第四纪以来，尤其是中更新世以后，山脉的抬升和河流的发育，冰期与间冰期气候波动，形成了低山—丘陵—平原—河流纵横的独特自然环境，也为古人类扩散、演化和文化发展提供了适宜的条件。

人类起源与演化是第四纪地球生物演化的重大事件之一，也是旧石器时代考古学永恒的研究课题。现有证据表明，最早的人类自700万—600万年前诞生在非洲，直立人于距今200万年前后的早更新世开始向非洲以外扩散，而东亚（尤其是中国）是早期人类"走出非洲"以后生存演化的重要地区。早更新世的安徽繁昌人字洞遗址，是目前欧亚大陆已知时代最早的古人类遗址，实证了中国是非洲大陆以外早期人类迁徙扩散和生存演化的重要地区之一。

距今73万—12.8万年前的中更新世是第四纪气候波动幅度较大、冷暖变化较为明显的时期，气候波动周期由4.1万年转变为10万年，总体上表现为冰期更加寒冷，间冰期更加温暖。这一时期是早期人类体质演化和文化发展的重要时期，直立人、海德堡人、尼安德特人、早期现代人和丹尼索瓦人等在旧大陆的广泛迁徙和演化，古人类文化的发展（模式二石器技术的扩散、模式三石器技术的出现、用火行为存在等）和多样化的适应行为，均表明人类的体质和文化特征相较于早更新世发展到了一个新阶段。就中国而言，中更新世发现的人类化石及其文化遗存显著增多，其分布范围也明显扩大，直立人不断演化并逐渐向古老型智人过渡，古人类化石形态特征逐渐呈现出复杂性，主要表现为直立人、古老型智人与丹尼索瓦人并存，以及化石特征的镶嵌性。就石器技术而言，以简单石核—石片技术体系为代表的模式一石器技术持续发展；以手斧等大型工具为代表的模式二石器技术在百色盆地、洛南盆地、丹江口库区等多个地区出现，北京周口店直立人持续用火，等等。

安徽发现的三个批次古人类化石遗址经测年均处于这一地质时期。1980—1981年中国科学院古脊椎动物与古人类研究所（简称"中国科学院古脊椎所"，下同）和安徽省文物考古研究所在和县龙潭洞发现了生活于距今41.2万年的和县直立人化石，1982—1983年上述两家单位又在巢县（现巢湖市）银山发现了生活于距今20万—16万年的早期智人化石，自2006年以来，两家单位又在东至华龙洞发现了生活于距今33.1万—27.5万年的古老型智人化石。处于不同演化阶段的古人类化石集中在安徽出现，表明其得天独厚的自然环境十分适宜古人类生存繁衍，为研究中国直立人向智人演化提供了重要的考古学实证。对古人类化石几何形态学观察的结果，一方面显示出化石具有一些古老和进步混合性或镶嵌性特征，证明中国古人类的演化过程是连续和一脉相承的；另一方面在智人化石上发现某些与欧洲尼安德特人相近或相似的特征，为讨论这一阶段旧大陆东、西两侧的人群存在一定的血缘和基因交流提供了有关证据。

然而，在上述古人类遗址中，人工制品发现的数量太少，多数遗址缺少典型的石制品、骨制品等，因此在广泛分布的露天旷野类型遗址和少数洞穴类型遗址中发现的数量众多的石制品就成为解析中更新世早期人类技术与适应行为的关键。洞穴类型遗址仅有一处，2002年，中国科学院古脊椎所等对芜湖金盆洞遗址进行考古发掘，与哺乳动物化石伴出4件石制品，推测时代为中更新世晚期。其他遗址均是发现于河流阶地上的旷野遗址，集中分布在水阳江流域、巢湖地区、新安江流域和沿江地带等。

水阳江流经安徽东南部，为长江下游南岸的重要支流，流经宣城市以及芜湖市的一部分。1987年10月，安徽省文物考古研究所在宣城宁国县（现宁国市）轮窑厂、百货公司纺织品联合仓库和英雄岭3处地点的网纹红土层中采集到一批石制品，类型有砍砸器、手镐和石球等，这标志着安徽旧石器时代考古的滥觞。在其后的35年中，安徽省文物考古研究所在这一流域发现、发掘了一系列重要遗址，包括宣城陈山、麻村，宁国官山、毛竹山和安友庄等。特别是毛竹山遗址，除石制品外，还发现有疑似人工遗迹现象的砾石小圈和砾石环带，显示出这一流域古人类独特的行为方式。

巢湖是中国五大淡水湖之一，该地区自古以来就有"有巢氏"的美好传说。1988年，安徽省文物考古研究所在合肥巢湖望城岗调查发现5处旧石器地点，在网纹红土层中采集到300余件石制品，这表明巢湖地区除有体现古人类生存演化的化石证据（银山智人）以外，也有反映古人类行为方式的文化证据（石制品）。1991年，安徽省文物考古研究所对其中2处地点进行考古发掘，确立了古人类在该地区生存活动的地层学依据。2019年起，安徽省文物考古研究所在这一地区开展新的旧石器考古调查，进一步摸清了旧石器资源和古人类生存活动的规律。

新安江流经安徽南部，行政区划涉及黄山市和宣城市。2001—2004年，安徽省文物考古研究所对新安江中上游开展旧石器考古调查，发现3处旧石器地点，在网纹红土层中采集到7件石制品。虽然调查获得的石器标本数量有限，但这项工作毫无疑问表明该流域是早期人类生存演化的重要区域，未来的考古发掘潜力无限。

长江流经安徽中南部的广袤地区，一般也将其流经安徽境内的这一段称为"皖江"，地域涉及安庆市、池州市和铜陵市等。20世纪80年代末至90年代初，安徽省文物考古研究所先后在沿江地带的铜陵调查发现4处地点，获得石制品35件，推测其出自网纹红土层；在池州贵池县（现贵池区）调查发现1处地点，从网纹红土层中采集50余件石制品，还发现有一些哺乳动物化石；在铜陵市枞阳县（原属安庆市）发现1处地点；在安庆潜山县（现潜山市）发现1处地点；在安庆怀宁县发现近10处地点，并对其中腊树钱岭、公岭柏木冲和金拱油炸嘴等地进行发掘。2020年和2021年，安徽省文物考古研究所在怀宁、桐城等地调查新发现20处地点，采集石制品476件。这些考古发现充分显示出安徽是长江文化重要源头和发祥地之一，丰富的旧石器考古发现描绘出了古人类在沿江地带繁衍生息的直观景象。

距今12.8万—1万年的晚更新世是现代人起源与文化发展的关键时期，从距今6万年左右开始的深海氧同位素第3阶段（MIS3），到距今1万年前后，具有解剖学意义上的现代人出现在世界各地，旧石器文化发展也经历巨大变化，有学者将其称为"旧石器时代晚期革命"。安徽晚更新世的旧石器考古发现相对较少且分布零散，既往工作缺少年代学数据。1998年，安徽省文物考古研究所对蚌埠五河西尤遗址进行考古发掘，与古菱齿象及其他动物化石伴出8件石制品，遗址被认为属于晚更新世。1994年和1998年，安徽省文物考古研究所分别对安庆怀宁钱岭遗址和油炸嘴遗址进行考古发掘，发掘者基于石制品技术类型特征推测两处遗址为晚更新世。2017年，安徽省文物考古研究所在水阳江流域进行考古调查时，在宣城宁国的五磁发现地点，根据石制品埋藏层位，推测其时代为晚更新世，这是该流域首次发现旧石器晚期遗址。在合肥巢湖柳家二号遗址的最新考古发现，填补了安徽晚更新世遗址缺少年代学数据的空白。该遗址于2019年由安徽省文物考古研究所调查首次发现，2021年安徽省文物考古研究所联合中国科学院古脊椎所，对该遗址进行主动性考古发掘，获得数量极为丰富的文化遗物。石制品密集出土的堆积层位经绝对年代测年，为距今7.8万—3万年。这是安徽首个有绝对年代测年数据的旧石器时代晚期遗址，为探索华南地区乃至整个中国早期现代人起源、迁徙、扩散的"南方路线"和行为模式提供了最新的考古材料。

安徽丰富的古人类化石和从旧石器早期延续到晚期大量的旧石器标本，实证了安徽百万年人类史的发展过程，充分彰显出安徽省在研究中国古人类起源、直立人向智人连续演化、早期现代人出现与扩散和旧石器文化面貌等热点课题上具有潜在的巨大影响力。

（撰稿：董　哲）

繁昌人字洞遗址

200多万年前的早期人类活动地

人字洞遗址位于长江下游的南岸，是迄今中国境内已知时代最早的旧石器文化遗址之一，将中国古人类生存的时间向前推到了距今200多万年前，为探讨东亚地区早期人类起源、扩散和生存方式及古环境背景等提供了重要证据。人字洞遗址的重要考古发现，进一步实证了我国长江流域百万年的人类史。

有目的地制作和使用工具，是人类与动物区别的标志之一。距今200多万年前，长江下游南岸的人字洞里已有古人类打制、使用石器的证据。人字洞遗址位于安徽省芜湖市繁昌区孙村镇西北约2千米的癞痢山南坡，北距长江约10千米，洞顶海拔约120米。人字洞的基岩主要由三叠纪泥质灰岩组成，是一处典型的洞穴类型堆积。该遗址于1998年5月被首次确认，2006年5月被国务院核定并公布为第六批全国重点文物保护单位。

人字洞遗址是怎么发现的呢？20世纪80年代，繁昌区孙村镇的村民在癞痢山炸山采石过程中陆续发现古动物化石。1998年初，由国家自然科学基金委员会和科技部资助的国家"九五"攀登专项——早期人类起源及环境背景研究正式启动，其主要目标是在我国境内寻找距今400万—200万年

繁昌人字洞遗址

的早期人类遗骸和文化遗存。攀登专项由中国科学院古脊椎所邱占祥院士担任首席科学家，邱院士认为皖南长江下游是我国寻找早期人类化石最有潜力的地区之一，安徽课题组应运而生。1998年5月，安徽课题组在金昌柱研究员的带领下，在长江南岸的安徽繁昌发现了人字洞遗址，由此拉开了在此探寻人类祖先的序幕。

人们普遍关心的是，人字洞遗址有哪些重要考古发现？这些发现能不能揭开远古的奥秘，帮人们破解人类起源之谜？1998—2005年，中国科学院古脊椎所、安徽省文物考古研究所、安徽省博物馆和繁昌县文物局等通力合作，对人字洞遗址先后进行了8次主动性考古发掘，发现了有远古人类加工使用痕迹的石制品和骨制品200多件，与文化遗物伴生的脊椎动物化石8000余件、近百种。难能可贵的是，在地层中发现了多具比较完整的动物头骨甚至骨架，如江南中华乳齿象、钝齿锯齿虎、山原貘和粗壮丽牛等，这在我国境内其他旧石器文化遗址中是较为罕见的。

人字洞遗址堆积物出露深度超过30米，根据遗址裂隙堆积走向和化石埋藏情况，发掘从裂隙西侧顶部开始。探方规格2米×2米，布方面积约50平方米，东西方向以数字编号，南北方向以英文字母编号。以50厘米为一个初级水平层、10厘米为次级水平层，按次级水平层发掘，并逐层拍摄遗物平面出露照片，绘制平面分布图。在发掘过程中利用筛洗法系统采集小哺乳类动物化石。

人字洞遗址出土的动物骨骼化石，属于哪一个时代？距今多少万年？科学家们对人字洞遗址出土的食肉类、长鼻类、奇蹄类和偶蹄类等动物骨骼化石进行了生物分类学研究，鉴定出30多种大哺乳类动物和60多种小哺乳类动物，人字洞遗址动物群中存在相当数量的新近纪孑遗种类，比如

哺乳动物化石

中华乳齿象、巨颏虎、原黄狒、黄昏爪兽、祖鹿和科氏仓鼠等，这些种类在我国常见于距今五六百万年的动物群中。早更新世特有的种属占动物群总数的60%以上，如小种大熊猫、山原貘、粗壮丽牛、扬子长毛鼠和江南贝列门德鼩鼱等。动物群中除广泛分布型动物外，北方型（古北界）动物约占总数的40%，而南方型（东洋界）动物约占总数的30%。上述特点反映出人字洞遗址动物群比较古老，具有明显的南、北方哺乳动物混合的特征，为中国第四纪早期哺乳动物区划研究提供了丰富的材料，对研究遗址的古环境背景具有重要意义。

经生物地层学和磁性地层学综合研究，人字洞遗址地质年代为早更新世早期（距今256万—220万年）。

人字洞遗址出土的石制品和骨制品，到底是原始人制作的劳动工具，还是普通的遗存，存在不同认识。对文化遗物的人工属性的论证是该遗址综合研究中需要解决的关键问题。著名旧石器考古学家张森水对人字洞石制品和骨制品的研究作出了开创性贡献，他认为人字洞的石制品以铁矿石、石英砂岩、燧石和石英片麻岩等为原料，均为锤击法剥片，以刮削器为石器主要类型，修理方向以背面加工为主；从类型和加工技术上看，都比我国境内其他早期遗址出土的石制品显得粗糙、简单而原始。骨制品是利用动物下颌骨及肢骨碎片作为毛坯制作而成，疑似打击骨器的发现可能说明早期人类使用工具原料组分的多样性。关于石质标本人工属性问题，学术界尚缺少定论，长期见仁见智的学术争鸣，大大推动了人们对人字洞遗址的科学认识。

2008年和2018年，在芜湖市、繁昌县分别召开的纪念人字洞遗址发现十周年和二十周年国际古人类学学术研讨会上，"九五"攀登专项首席科学家邱占祥院士指出，人字洞遗址是探索早期人类文化、寻找早期人类化石最有潜力的地点之一，建议在配合遗址保护的过程中，重新启动人字洞的考古发掘和深入研究。2019年12月，繁昌县人民政府与中国科学院古

旧石器标本

第一部分　百万年人类史的安徽考古学实证

考古发掘探方（2022 年）

脊椎所正式签订《长期战略合作协议》，重新启动"人字洞遗址的发掘和综合研究"项目，双方共同在繁昌建立"中国科学院古脊椎所人字洞科考工作站"和"中国科学院古脊椎所繁昌科研科普基地"，持续推进人字洞遗址的考古发掘研究、保护和科普宣传等工作。中国科学院古脊椎所组织科研团队，从2020年开始连续三年借助无人机航拍、全站仪测绘等科技手段，对人字洞遗址进行更为细致的主动性考古发掘，探索该遗址的科学研

骨器、石器制品

究价值。人字洞遗址考古发掘的新成果入选"2020—2021年安徽十大考古新发现"，人字洞考古遗址公园在2022年9月被评为"中国华侨国际文化交流基地"。

人字洞遗址为我国旧石器考古学、古生物学、第四纪地质学等学科的研究提供了异常丰富的考古材料。人字洞遗址是迄今已知的欧亚大陆最古老的旧石器文化遗址之一，它的重要学术价值越来越得到国际学术界的重视和认可。人字洞遗址的重要考古发现，实证了安徽是我国百万年人类史的重要地区之一。

　　人字洞遗址新一轮的考古发掘和综合研究已重新启动，考古发掘团队期待在遗址中发现这些远古石制品和骨制品的真正主人。

（撰稿：王　元　徐　繁）

参考文献

[1] 张森水、韩立刚、金昌柱、魏光飚、郑龙亭、徐钦琦：《繁昌人字洞旧石器遗址1998年发现的人工制品》，《人类学学报》2000年第3期。

[2] 金昌柱、郑龙亭、董为、刘金毅、徐钦琦、韩立刚、郑家坚、魏光飚、汪发志：《安徽繁昌早更新世人字洞古人类活动遗址及其哺乳动物群》，《人类学学报》2000年第3期。

[3] 同号文、刘金毅、韩立刚：《安徽繁昌早更新世貘类化石（奇蹄目，哺乳纲）》，《科学通报》2001年第21期。

[4] 刘金毅：《安徽繁昌人字洞的巨颏虎（Megantereon）化石》，《古脊椎动物学报》2005年第2期。

[5] 金昌柱、刘金毅：《安徽繁昌人字洞——早期人类活动遗址》，科学出版社2009年版。

[6] 王元、金昌柱、邓成龙、魏光飚、严亚玲：《第四纪中华乳齿象属（Sinomastodon, Gomphotheriidae）头骨化石在中国的首次发现》，《科学通报》2013年第10期。

[7] 高星：《对人字洞遗址文化遗存研究的回顾与思考》，《化石》2018年第4期。

和县猿人遗址

长江流域完整直立人头盖骨化石首次发现地

和县猿人头盖骨化石是安徽省首次发现的古人类化石，也是长江流域首次发现的直立人头盖骨化石，它是继北京周口店和陕西蓝田直立人之后，在中国发现的第三个直立人头骨化石，是当时中国发现的纬度最低、保存最完整的直立人头骨标本，对研究中国直立人的演化与变异具有重要价值。它的发现，实证了安徽是长江流域古人类文化的重要源头之一。

一提到猿人，人们脑海中就会想起课本中见到过的北京周口店的北京猿人和云南元谋人。其实20世纪80年代初，在安徽和县也出土了一批猿人化石。它们生活在远古时代，距今41.2万年左右。和县猿人遗址位于马鞍山市和县善厚镇汪家山北坡一处名为龙潭洞的洞穴内，距和县县城西北约48千米，离长江北岸仅约30千米。1988年1月，和县猿人遗址被国务院核定并公布为第三批全国重点文物保护单位。

早在1973年，和县陶店公社在汪家山北坡兴修水渠的时候，使用爆破方法炸开土方，意外发现了一处洞穴，在洞中发现了很多脊椎动物化石。1974年，和县文化局将部分化石寄给中国科学院古脊椎所鉴定。1978—

和县猿人遗址

1979年，安徽省328地质队水文勘测分队在该洞内进行调查和试掘，又获得一批动物化石。1979年，中国科学院古脊椎所黄万波研究员、谢树华工程师前往龙潭洞考察，发现了一些脊椎动物化石，确认该遗址具有良好工作前景。根据规律，大量出现兽骨的地方通常都是猿人聚居的地方。为了找到最直接的证据——猿人化石，专家们还需要对龙潭洞做进一步发掘。

"龙潭洞"这样一个广为国际古人类和旧石器考古学界所知且富有诗情画意的名字，又是如何得来的呢？原来，在洞穴的下方有一个水潭，当地人称之为"龙潭"，黄万波研究员借鉴了这一名称，将化石地点命名为"龙潭洞"。

1980—1981年，中国科学院古脊椎所、安徽省文物工作队（安徽省文物考古研究所前身）、安徽省博物馆、和县文化局等单位，先后三次对龙潭洞遗址进行野外发掘，发掘面积约80平方米。中国科学院古脊椎所黄万波研究员带队，安徽省文物工作队方笃生、安徽省博物馆王彦祥、和县文

考古发掘现场

化局叶永相等参加了发掘。发掘出土大量标本，包括一件十分完整的头盖骨在内的古人类化石和哺乳动物化石。发现的古人类化石被命名为"和县直立人"。发现的上千件动物化石，经系统分类有爬行类、鸟类和哺乳类等三大类，龟鳖目、鳄目、鸡形目、灵长目、啮齿目、食肉目、长鼻目、奇蹄目和偶蹄目9个目19个科35个种（属），代表性的有葛式斑鹿、肿骨鹿、东方剑齿象、巴氏大熊猫、中国貘、华南巨貘、李氏野猪等。动物群

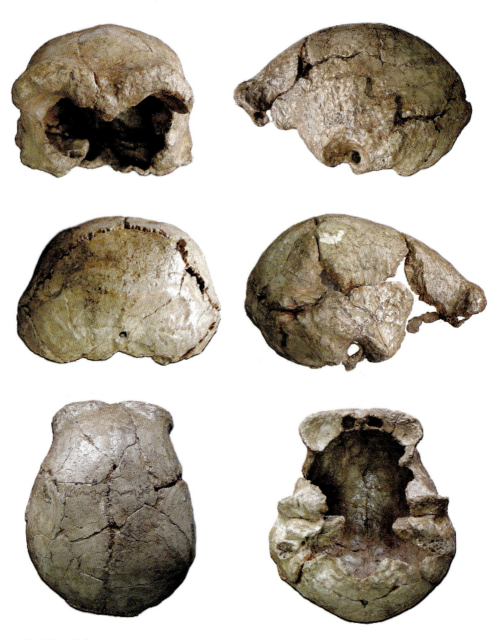

和县猿人头盖骨

的组成表明龙潭洞遗址地质时代应为中更新世中晚期。孢粉分析结果表明，直立人生存的古环境以森林为主兼有草原，古气候是由凉爽向温湿转变的过渡阶段。

那么，和县直立人生存活动的年代是怎么测定的呢？氨基酸法测定为距今30万—20万年，电子自旋共振法（ESR）测定数据有两个，分别为距今27万—15万年和距今40万—30万年，热释光法测定为距今19.5万—18.4万年，ESR与铀系法合并测年结果为距今约41.2万年。

2001年，郑龙亭、黄万波等在《和县人遗址》一书中指出，从龙潭洞动物组合特点来看，它与周口店第一地点情形相似。但是，第一地点堆积地层厚度大，有的化石自上而下都有分布，如剑齿虎最高层位在第五层，最低层位在第十一层；居氏大河狸最高层位也在第五层，最低层位在第八层。若从动物群整体来看，龙潭洞动物群含有绝灭种18个，而现生种则超过30个，且缺乏古老类型和早更新世典型成分，这就是说龙潭洞动物的时代，不能与第一地点者等同，只能是相当于其中一个时段。若从龙潭洞剑齿虎、居氏大河狸的牙齿形态较进步，肿骨鹿下颌骨的肿厚程度较弱等综合角度考虑，其时代似与第一地点第五层相当，或为中更新世中期。

"和县猿人"穿越几十万年的风尘，再一次来到世间。它是男是女？年龄大概多少？这些问题引起了大家浓厚的兴趣。迄今为止，和县猿人遗址共发现15件古人类化石，包括1件头盖骨、2件头骨碎片、1件附带有2颗牙齿的下颌骨残片、10颗单个牙齿和1件牙齿碎片。和县猿人头盖骨出土时已自然破裂成20多块，经室内修复整理，除一小部分枕骨和蝶骨缺损外，其余部分基本上保存了下来。它是我国迄今发现最完整的直立人头盖骨之一，因此其研究价值极高。头盖骨石化程度较高，呈土黄色。整个头骨显得粗壮而厚重，眉脊和枕脊比较发达；肌脊和肌线发育良好，额骨低平且明显向后倾斜，矢状脊明显，据此判断该头骨为男性个体；颅骨显得较宽，最宽处在颅基，颅骨的内、外骨缝除左侧的蝶顶缝的部分内缝已愈

和县猿人右侧顶骨碎片

和县猿人右上第二白齿

和县猿人左下第二和第三白齿

合外，其余均未见愈合，这些特征显示属青年期；眉骨粗壮且向前突出，连成一条横脊；额骨与顶骨之间没有十字隆起，顶骨与枕骨之间没有印加骨；头骨骨壁厚度没有超出北京猿人的变异范围，平均厚度是现代人的3倍；上颌向前突出，颞鳞较高，顶缘呈弧形上曲，不似北京猿人那样平直，形状和相对高度都已接近智人的水平；和县猿人的脑容量测定计算结果为1025毫升，比南方古猿脑容量（440—520毫升）约大一倍，接近北京猿人脑容量的平均值（1059毫升），可见和县猿人脑容量有了明显的增加，但与现代人脑容量（1400毫升）相比较明显较低。

近年来，对和县直立人化石的研究揭示出一系列中国早期人类演化与行为模式的信息。2015年，研究人员对颅骨进行三维几何形态测量，量化其表面形态特征，发现其一些形态与周口店直立人接近，一些与南京直立人1号头骨接近，一些则与印尼早更新世直立人十分接近。这表明东亚中更新世古人类的演化历史要比以往研究所认为的更加复杂，中国中更新世直立人可能共存着不同的支系。同年，学者对和县直立人10枚牙齿的深入研究同样表明东亚直立人演化历史的复杂性。和县直立人牙齿形态在人属成员中保持相对原始的状态，明显区别于欧洲中更新世人群、尼安德特人和现代人，而与其他直立人或匠人接近。2017年，有关学者对左侧下颌骨及附带牙齿开展形态分析，结果显示和县直立人下颌骨和牙齿特征与以周口店人为代表的中国北方直立人以及欧洲中更新世人类的明显不同，但与非洲更新世早期匠人以及印尼爪哇直立人的具有许多相似点，特别是与在中国台湾澎湖发现的更新世中期或晚期人类下颌骨具有一定程度的相似性。与同时代东亚大陆古人类相比较，和县直立人化石代表一种残存的原始人类，中国不同地区的直立人演化速率不完全一致。2021年，研究者对头盖骨化石表面的三种异常痕迹进行系统阐释，发现和县直立人死亡年龄在20岁左右，生前头骨后部遭受过创伤，死后埋藏环境导致其眉脊处发生腐蚀，化石出土时，地层挤压造成头盖部出现多处裂痕。

和县猿人遗址发现至今已40多年，尤其是完整直立人头盖骨的发现，堪称中国之最，长期以来一直受到国际古人类学界的高度关注。和县猿人头盖骨发现之初，1981年春，北京猿人头盖骨的发现者、著名旧石器考古学家贾兰坡院士亲赴遗址考察、指导发掘工作，并高度赞誉和县猿人头盖骨为科学上的"珍贵"。

多年来，国内外诸多专家学者纷至沓来，安徽博物院原副院长郑龙亭研究员先后陪同美国国家科学院院士、哈佛大学人类学系主任欧弗·巴尔-约瑟夫教授，美国国家科学院院士、南非金山大学克拉克教授，美国衣阿华大学人类学系主任石汉教授，中国科学院院士吴新智，国家文物局考古专家组成员张森水研究员等数十位著名专家学者，对遗址进行考察。他们不仅充分肯定了和县猿人的科学价值，还对遗址的研究和保护工作提出了很多建设性意见。

（撰稿：郑龙亭）

参考文献

［1］黄万波、方笃生、叶永相：《安徽和县龙潭洞发现的猿人头盖骨的观察》，《科学通报》1981年第24期。

［2］吴汝康、董兴仁：《安徽和县猿人化石的初步研究》，《人类学学报》1982年第1期。

［3］黄万波、方笃生、叶永相：《安徽和县猿人化石及有关问题的初步研究》，《古脊椎动物学报》1982年第3期。

［4］吴茂霖：《1981年发现的安徽和县猿人化石》，《人类学学报》1983年第2期。

［5］李虎侯、梅屹：《和县人的上限年龄》，《科学通报》1983年第11期。

［6］郑绍华：《和县猿人地点的小哺乳动物群》，《古脊椎动物学报》1983年第3期。

［7］徐钦琦、尤玉柱：《和县动物群与深海沉积物的对比》，《人类学学报》1984年第1期。

［8］陈铁梅、原思训、高世君、胡艳秋：《安徽省和县和巢县古人类地点的铀系法年代测定和研究》，《人类学学报》1987年第3期。

［9］黄培华、梁任友、郑丽珍、全裕才、徐云华、房迎三、方笃生：《和县猿人年代的研究》，《人类学学报》1995年第3期。

［10］郑龙亭、黄万波等：《和县人遗址》，中华书局2001年版。

［11］黄万波、魏光飚、陈少坤、贺存定：《和县猿人》，科学出版社2012年版。

东至华龙洞遗址

揭开东亚地区最早的"准现代人"面纱

东至华龙洞遗址是安徽省继和县猿人遗址、巢湖银山智人遗址之后发现的第三处古人类遗址，也是继周口店北京猿人遗址之后，在中国发现的出土古人类化石最为丰富，同时包含石制品、骨制品等古人类生存活动证据，以及大量动物化石在内的综合性古人类遗址，对研究中国古老型智人镶嵌演化与行为模式具有重要学术意义。

安徽东至县华龙洞遗址是继北京周口店之后在中国发现的人类化石数量最为丰富、包含有石器等人类活动证据的更新世中期人类化石地点。通过对一件完整头骨的研究，考古学家揭开了30万年前"华龙洞人"面纱，发现其具有丰富的现代人面部特征，初步判断这位"华龙洞人"为一名13岁至14岁的女性个体。华龙洞位于尧渡镇（原建新乡）汪村村庞汪村民组被当地人称为"梅源山"的石灰岩山体上，北距长江约10千米，发现之初这里曾被命名为"梅源山旧石器地点"。2019年10月，华龙洞遗址被国务院核定并公布为第八批全国重点文物保护单位。

2004年的一天，村民庞金木在梅源山上整修羊圈，他偶然发现一块"龙骨"，于是将发现"龙骨"的消息上报给东至县文物管理所，引起当

东至华龙洞遗址

地文物部门的重视。同年5月，安徽省博物馆在沿江地区开展第四纪古生物调查时，也曾在华龙洞遗址附近发现哺乳动物化石。2006年7—9月，为配合安景高速（安徽安庆—江西景德镇）沿线施工建设，安徽省文物考古研究所主持对华龙洞遗址开展首次考古发掘，发掘面积72平方米。本次野外发掘获得了一批重要的考古标本，除大量动物碎骨化石外，还发现少量以脉石英为原料的石制品，更为特殊的是，本次发掘还出土2件可拼合在一起的古人类顶骨化石和1枚古人类臼齿。其后，经中国科学院古脊椎所吴新智院士和张森水研究员分别现场鉴定，确认为古人类化石并肯定了石质标本的人工属性。

既然遗址最初被称为"梅源山旧石器地点"，那么为何在以后它被广泛称呼为"华龙洞遗址"呢？原来在2006年发掘结束后，发掘者根据堆积特征与动物群组成，推测该遗址与现代人起源有关，因此将其改名为"华龙洞"，寓意"中华始祖，龙的传人"。为了守护华龙洞遗址的主体堆积

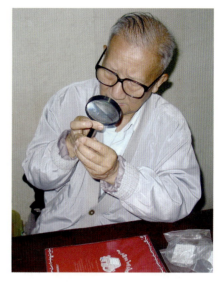

2006年吴新智院士现场观察古人类牙齿

不被破坏，他们在遗址附近设立保护界碑，在村落房屋墙壁上粉刷文物保护标语，还聘请村民做业余文保员，这些工作为遗址日后的发掘与研究奠定了坚实的基础。

为了寻找更丰富的古人类化石资源及其文化遗物，进而为中国古人类连续演化与适应方式提供更充实的考古学证据，同时也为解决遗址绝对年代缺失对考古学家的困扰，2013年12月中国科学院古脊椎所、安徽省文物考古研究所和安徽博物院等专家学者，赴华龙洞遗址现场考察，并拟定次年进行小面积试掘，以弄清遗址堆积层位与遗物出土情况。2014年10—11月，中国科学院古脊椎所与安徽省文物考古研究所合作，时隔8年后再一次对华龙洞遗址开展试掘，东至县文物管理所全程配合。本次试掘布设3米×6米探沟1条，向下发掘近2米未见底。试掘同样获得大量动物碎骨化石、少量脉石英石制品和几枚古人类牙齿，并确认华龙洞遗址具有良好的工作前景。在发掘过程中，西班牙国家人类演化研究中心教授、古人类学家José María Bermúdez de Castro和María Martinón-Torres应邀来华龙洞遗址考察指导发掘工作。

2015—2018年，安徽省文物考古研究所与中国科学院古脊椎所合作，东至县文物管理所配合，连续4年对华龙洞遗址开展主动性考古发掘，中国科学院古脊椎所由刘武研究员带队，主要成员还包括吴秀杰等4位研究员。按照1米×1米规格布设考古发掘探方，遵循国际旧石器考古探方编号

典型石制品

惯例，东西横向以26个英文字母编号，南北纵向以阿拉伯数字标识，发掘面积合计73平方米。发掘出土30余件古人类化石，主要有8件不同程度保留面部的头骨化石、7枚单个牙齿、3件股骨骨干部分化石，以及1件绝大部分保留的年轻的头骨化石。

遗址发现有38件石制品以及超过200件可能由古人类搬运至洞穴作为储备材料的原料。原料主要为取自周边岩层内的脉石英、燧石和熔岩，石制品类型包括石片、断块和断片，石器工具仅有1件。石制品尺寸以小型居多，剥片的主要方法为硬锤锤击，砸击法次之。石制品组合总体显示早期人类的模式一技术特点。部分哺乳动物化石骨骼表面具有切割和砍砸痕迹，推测与人类肢解动物、敲骨吸髓等行为有关。以上早期人类的行为证据表明，华龙洞遗址为一处古老型智人临时或短暂的活动遗址。

此外，考古工作者还在遗址发现大量哺乳动物化石，经鉴定有8目24科43种（含未定种），代表性的有巴氏大熊猫、谷氏大额牛、东方剑齿象和大角鹿等。化石保存状况较差，以碎骨为主。动物群组成，反映出古人

动物骨骼表面有切割、砍砸等人工痕迹

类生存活动的地质时代为更新世中期。对于动物化石在遗址富集的成因，除古人类有意搬运、开发利用肉食资源或敲骨吸髓外，动物化石表面食肉动物的啃咬痕迹暗示了大型动物对猎物的搬运可能是大量动物骨骼在华龙洞遗址聚集的重要原因。

如果人们亲临遗址现场，一定会心生疑问——既然叫华龙洞，为何见不到印象中的"洞穴"呢？针对这一问题，最新的考古学研究表明，华龙洞地处扬子陆块区西北缘，周边呈现低山—丘陵—湖泊—平原地貌景观。

部分种属动物化石

2015 年出土保留有较为完整面部的
古人类头骨化石

与华龙洞密切关联的岩溶洞穴，发育于上寒武统微晶灰岩和白云质灰岩岩系内，中更新世以后的地壳运动和岩溶发育是其形成的主要营力。华龙洞遗址是一处坍塌的古老洞穴，其发育大致经历发育初期—稳定发育期—坍塌埋藏期三个阶段，古人类在遗址的活动时间处在稳定发育期。也就是说，本来是有个洞穴的，后因地壳运动等，洞穴坍塌了。

　　既然华龙洞遗址为一处坍塌的古老洞穴，那么它又有多"古老"呢？通过铀系测年和动物群化石组合特征分析，考古学家将遗址堆积年代确定为距今33.1万—27.5万年。因此，今天的考古发现，体现了距今约30万年前古人类在华龙洞遗址的生存活动。

　　毫无疑问，围绕古人类化石的几何形态学研究是华龙洞遗址综合研究中的重中之重。研究表明，华龙洞人面部呈现镶嵌性形态特征，除部分眶上部和颧部特征与周口店、南京、大荔、金牛山等更新世中期直立人及古老型人类相似外，多数面部特征位于早期现代人及现代人类变异范围，这是东亚发现的迄今最早具有现代人面部特征的古人类。华龙洞人股骨在保留中更新世股骨特征（无股骨脊）的同时，显著的臀肌粗隆和第三转子这组性状已经与早期现代人接近，这对追溯现代人肢骨形态的出现模式具有重要意义。

　　因为一系列重要的考古发现，华龙洞遗址入围"2015年度全国十大考古新发现"终评名单，并入选"2018—2019年安徽十大考古新发现"。遗址考古发现的1件保存比较完整的古人类头骨化石，被评为"2019年中国古生物学十大进展"。该遗址的发掘与相关研究，对探讨中更新世中晚期中国古人类演化区域连续性与多样性及其对现代人的形成贡献、古老型智人的生存行为等学术问题具有重要意义。

（撰稿：董　哲）

参考文献

[1] 安徽省文物考古研究所、吉林大学边疆考古研究中心：《安徽东至县华龙洞旧石器时代遗址发掘简报》，《考古》2012年第4期。

[2] 宫希成、郑龙亭、邢松、吴秀杰、同号文、刘武：《安徽东至华龙洞出土的人类化石》，《人类学学报》2014年第4期。

[3] 董哲、战世佳：《安徽东至县华龙洞旧石器时代遗址出土石制品研究》，《东南文化》2015年第6期。

[4] 董哲、裴树文、盛锦朝、金泽田、宫希成、吴秀杰、刘武：《安徽东至华龙洞古人类遗址2014—2016年出土的石制品》，《第四纪研究》2017年第4期。

[5] 李潇丽、董哲、裴树文、王晓敏、吴秀杰、刘武：《安徽东至华龙洞穴发育与古人类生存环境》，《海洋地质与第四纪地质》2017年第3期。

[6] 同号文、吴秀杰、董哲、盛锦朝、金泽田、裴树文、刘武：《安徽东至华龙洞古人类遗址哺乳动物化石的初步研究》，《人类学学报》2018年第2期。

[7] 裴树文、蔡演军、董哲、同号文、盛锦朝、金泽田、吴秀杰、刘武：《安徽东至华龙洞遗址洞穴演化与古人类活动》，《人类学学报》2022年第4期。

[8] Wu Xiujie, Pei Shuwen, Cai Yanjun et al. *Archaic human remains from Hualongdong, China, and Middle Pleistocene human continuity and variation. Proceedings of the National Academy of Sciences*, 2019.

[9] Xing Song, Wu Xiujie, Liu Wu et al. *Middle Pleistocene human femoral diaphyses from Hualongdong, Anhui Province, China. American Journal of Physical Anthropology*, 2021.

[10] Wu Xiujie, Pei Shuwen, Cai Yanjun et al. *Morphological description and evolutionary significance of 300 ka hominin facial bones from Hualongdong, China. Journal of Human Evolution*, 2021.

银山智人遗址

早期智人江淮首现

　　银山智人遗址是安徽乃至整个长江下游地区首次发现早期智人化石的古人类遗址，也是安徽省继和县猿人遗址之后发现的第二处古人类遗址。银山智人遗址的重要考古发现，展示出安徽省在研究中国境内直立人向智人连续演化过程中所具有的重要学术地位和价值，银山早期智人化石的几何形态学观测结果，显示出与中国其他早期智人化石具有相似的镶嵌演化特征。

　　智人，又称人类，包括人属下的唯一现存物种（现代人），属哺乳纲灵长目人科人属，分为早期智人和晚期智人两个发展阶段，早期智人又可称古人，晚期智人则为新人。智人分布于世界所有大洲，早期类型仅分布于亚洲、非洲和欧洲的温暖地区。银山智人遗址的发现对古人类学研究有着重要意义。

　　银山智人遗址位于安徽省合肥市巢湖市（原巢县）南7.5千米银屏镇岱山村名为"银山"的一座小山丘上，巢（巢湖）无（无为）公路东侧，北距巢湖市城区约6千米，东北距和县猿人遗址约50千米。2013年5月，银山智人遗址被国务院核定并公布为第七批全国重点文物保护单位。

银山智人遗址

    遗址所处银山的西面和南面为低山丘陵地带，鸡毛燕山最高，其次为银屏山，海拔均在500米以上，其北部和东部为宽阔的河漫滩阶地。银山为一孤立小丘，形似馒头，顶部平缓，海拔25米左右，相对高度约16米。其顶部有一道近南北向的断层，在断层之东出露三叠统殷坑组砂页岩，在断层之西为上石炭统黄龙组、船山组和二叠统栖霞组（均为石灰岩）。断层附近的灰岩裂隙发育的主要方向为北北西—南南东。而浅灰色的中厚层黄龙灰岩又易溶解，形成大小不等、形状不一的溶洞和裂隙。溶洞的延伸方向基本与裂隙一致，它们分布的相对高度是10.5—13.5米。由于长期的侵蚀和崩塌，溶洞顶部的石灰岩都已不存在，而化石就分布在这些溶洞的堆积中。

    银山智人遗址是怎么被发现的呢？1981年底，安徽省地质局区域地质调查队在巢县（今巢湖市，下同）进行地质调查时首次发现该遗址。1982年3月，安徽省巢县银屏区文化站陈先训写信给中国科学院古脊椎所，反映在岱山公社岱山大队银山村采石场发现第四纪哺乳动物化石。1982年4月，中国科学院古脊椎所、安徽省文物考古研究所和安徽省地质局区调队对该遗址进行

1982 年出土的人类枕骨化石

第一次考古发掘，获得一块不太完整的人类枕骨化石和大量哺乳动物化石。发掘者将银山智人遗址的堆积划分为5层，并将1—2层划为上部堆积，3—5层划为下部堆积，分别对应中更新世和早更新世两个时期。在上部堆积中，除出土人类枕骨化石外，还发现豺、熊、中国短吻鬣狗、豹、马、貘、犀、肿骨鹿、鹿、猪、牛和羊的骨骼化石；在下部堆积中发现的化石，经初步鉴定则有拟豺、桑氏短吻鬣狗、巨剑齿虎、豹、四棱嵌齿象、剑齿象、长鼻三趾马、马、貘、犀和鹿的骨骼化石。经发掘者研究，发现的人类枕骨化石代表一个青年女性个体，枕骨骨壁较薄，枕骨弯曲较直立人的要大，枕外圆枕不发育并具有类似于圆枕上凹的结构，很可能是一个早期智人的枕骨。

　　1983年10—11月，中国科学院古脊椎所和安徽省文物考古研究所合作，对银山智人遗址进行第二次考古发掘。本次发掘除发现大量哺乳动物化石外，在人类枕骨化石发现的层位（第二层）又找到一块不太完整的人类上颌骨化石。哺乳动物化石种属经鉴定，为新发现的獾、猫和小猪的化石。发现的人类上颌骨化石，显得颌稍突，有较大的鼻颌面、较粗壮的牙齿等，接近直立人的特征；其发育的鼻前棘、门齿孔的位置、门齿管的走向、扩展的上颌窦，也许还有不发达的犬齿齿槽轭等特征，表明其属于早期智人而非直立人。中国科学院古脊椎所张银运特别注意到银山智人上颌

1983 年出土的人类上颌骨化石（底视图）　　　1983 年出土的人类上颌骨化石（侧视图）

骨前部齿的磨耗程度较高，据此推测可能是与前部齿使用习惯上的非咀嚼性机能和经常啃咬坚韧的食物有关，进一步提出"早期智人前部齿工具机能"假说。

　　早期智人生活在距今25万—4万年前，主要特征是脑容量大，眉脊发达，前额较倾斜，枕部突出，鼻部宽扁，颌部前突；晚期智人从距今四五万年前开始出现，是解剖结构上的现代人。既然银山智人遗址有如此重要的考古发现，那么早期智人在银山遗址生存活动的具体年代是多久之前呢？北京大学陈铁梅等在对出土人类化石的上部堆积中的哺乳动物骨化石样品进行铀系法测年后，得出银山智人生存活动的时间为距今20万—16万年的年代学数据。南京师范大学沈冠军等曾采集、分析银山智人遗址8个钟乳石碳酸岩样，并分析了3个骨化石样品（2个来自出土人类化石的下部堆积，1个来自出土人类化石的上部堆积），认为银山智人遗址的年代上限为距今31万年，并进一步认为银山遗址发现的人类化石可由早期智人划分为晚期直立人。中国科学技术大学梁任又等对银山智人遗址第二、三、四层出土的四种动物牙齿化石进行电子自旋共振测年，得出其埋藏年龄分别为21.2万年、36.1万年和45.6万年，并由此推测第二层出土古人类化石的年代为距今20万年左右。综上所述，银山智人生存活动的年代在距今20万—16万年是可信的，并得到当今学术界广泛引用。

　　那么，该如何认识以银山智人为代表的早期智人在中国古人类演化过程中所扮演的角色与所处的地位呢？这是目前古人类学界的一个学术热点问题，且争议较多，尚未形成普遍接受的较为一致的观点。欧洲、非洲和亚洲发现了一些体质特征介于直立人和现代人之间的古老型人类（中更新世中晚期至晚更新世早期过渡阶段），这些古老型人类不仅在生存年代范围上有较大的重叠，在多数形态特征的表现上也没有明确的界限，因此对其命名也不尽相同。根据发现的地点、分布范围或者大体形态特征，这些古人类成员先后被命名为海德堡人、尼安德特人、古老型智人、早期智人或者晚期古老型人类、丹尼索瓦人和博多人等。

多年来，古人类学界一直认为中国存在"古老型智人"或者"早期智人"。这些古人类成员生存的时间为距今30万—10万年，体质特征位于直立人和现代人之间，典型代表如大荔、金牛山、马坝、灵井、华龙洞、澎湖、哈尔滨等地的早期智人。对于在中国境内发现的这些早期智人的来源，目前还不甚清楚。一些学者认为，中国的早期智人是由本土的古人类连续进化附带杂交演化而来的，大荔人、金牛山人、马坝人、许家窑人等既残留有中国直立人的一些性状，同时又具有与欧洲尼安德特人相似的一些特征，可能同中国古人类与欧洲和非洲古人类之间的基因交流有关。研究人员对银山智人上颌骨化石的观察发现，其牙齿前部和后部存在不对称磨耗的特征，这常见于尼安德特人牙齿上，也从侧面暗示了银山智人与欧洲古人类之间或许存在远古的基因交流。

研究人员最新研究发现，大荔、金牛山、许家窑、灵井、华龙洞、马坝、盘县大洞等地中更新世晚期的人类化石形态复杂多样，将其全部归入古老型智人不能准确反映中更新世中国古人类演化的模式及规律。鉴于此，有学者对中更新世晚期中国古人类头骨、下颌骨、牙齿形态特征数据进行汇总，总结出其呈现不同程度的镶嵌性或混合性特点，具体表现为四种类型：具有较多中更新世晚期人类共同特征，银山智人即属此类；具有较多原始特征；具有较多进步或现代人特征；呈现特殊组合或具有其他古人类成员的特征。中更新世晚期古人类化石的多样性，充分展示出这一时期不同古人类群体在中国大地上演化和变异的勃勃生机。

在安徽省乃至整个长江下游地区首次发现的银山早期智人化石，为研究中国直立人向智人连续演化过程提供了丰富的古人类化石资源。遗憾的是，在银山智人遗址的两次发掘过程中，人们都未发现体现古人类生存活动的文化遗存，这是在未来工作中需要着重关注的考古学问题。

（撰稿：董　哲）

参考文献

［1］许春华、张银运、陈才弟、方笃生：《安徽巢县发现的人类枕骨化石和哺乳动物化石》，《人类学学报》1984年第3期。

［2］许春华、张银运、方笃生：《安徽巢县人类化石地点的新材料》，《人类学学报》1986年第4期。

［3］陈铁梅、原思训、高世君、胡艳秋：《安徽省和县和巢县古人类地点的铀系法年代测定和研究》，《人类学学报》1987年第3期。

［4］张银运：《安徽巢湖早期智人的牙齿磨耗和早期智人前部齿工具机能假说》，《人类学学报》1989年第4期。

［5］沈冠军、房迎三、金林红：《巢县人年代位置新证据及其意义》，《人类学学报》1994年第3期。

［6］梁任又、徐云华、彭子成、奥水达司、户村健儿：《安徽巢县银山古人类化石遗址年代的ESR研究》，《核技术》1995年第8期。

［7］吴秀杰：《中国古人类演化研究进展及相关热点问题探讨》，《科学通报》2018年第21期。

［8］刘武、吴秀杰：《中更新世晚期中国古人类化石的形态多样性及其演化意义》，《人类学学报》2022年第4期。

［9］Shara E. Bailey, Wu Liu. *A comparative dental metrical and morphological analysis of a Middle Pleistocene hominin maxilla from Chaoxian（Chaohu），China. Quaternary International*, 2010.

水阳江流域旧石器地点群

安徽旧石器考古的滥觞

　　水阳江流域旧石器时代早期地点（或遗址）群的发现，标志了安徽旧石器考古的开端，其中以宣城陈山、麻村和宁国官山、毛竹山、安友庄等遗址或地点最具代表性。传统上，人们认为这一区域古人类的石器技术为简单的砾石石器工业。最新研究显示，以手斧、薄刃斧等大型切割工具为代表的更为复杂的技术元素已经出现，暗示在这一区域古人类可能与旧大陆西侧人群存在文化交流。

　　水阳江为中国长江下游右岸（南岸）支流，发源于安徽省和浙江省交界的天目山脉，其上游有西津河、中津河和东津河三条主要支流，其中以源自绩溪县龙丛的西津河水量最大，中津河与东津河在中河口相汇，始称水阳江。水阳江自东南向西北，依次流经安徽省宁国市、宣城市和芜湖市，之后注入长江，河流全长约254千米。水阳江自宁国市河沥溪镇以北进入宣南中生代断陷盆地，盆地中有一套厚1000米以上的紫红色细粉砂岩和泥质粉砂岩，二者构成河流两岸相对高度5—10米和20—30米的两级台地的基座，以及相对高度70米以上的低丘。水阳江流域的河流阶地底部广泛发育第四纪红土及红土风化壳，在堆积中常有旧石器标本被发现。

陈山遗址

　　水阳江流域旧石器地点群主要分布在长江二级支流水阳江流域东西两岸的河流二、三级阶地上，范围主要包括宣城市宣州区、宁国市、郎溪县和广德市，迄今已发现、发掘40余处遗址或地点。2001年6月，陈山遗址被国务院核定并公布为第五批全国重点文物保护单位；2013年5月，官山和毛竹山遗址被国务院核定并公布为第七批全国重点文物保护单位。

　　水阳江流域旧石器地点群的考古调查与发掘工作是什么时候开始的呢？那是1987年10月，当时安徽省文物考古研究所房迎三在宁国县轮窑厂、百货公司纺织品联合仓库和英雄岭三处地点的网纹红土层中采集到一批石制品，类型有砍砸器、手镐和石球等，这是安徽首次发现旧石器标本。同年，因宣州市向阳砖厂烧砖取土暴露地层剖面，房迎三发现该旧石器地点，由于旧石器出土于一条西南—东北走向的陇岗的东北端，当地俗称"陈山"，房迎三据此将向阳地点更名为陈山遗址。

　　1988年，房迎三对宣州市陈山遗址进行试掘，试掘面积193平方米。1992年和1995年，房迎三又对陈山遗址先后开展两次发掘，发掘面积共270平方米。对陈山遗址的三次考古发掘及历年考古调查，共获得石制品1400余件，其中包括发掘出土的石制品414件。房迎三及其后一些地质学家将陈山遗址地层剖面划分为10余个层组，然后又将不同层位按大概所处地质时期进行整合，大体上将遗址地层堆积划分为上、下两组，代表了两个不同的地质时期。由于陈山遗址属于中国南方典型的露天旷野类型遗址，石制品普遍埋藏于网纹红土层中，缺乏哺乳动物化石等可用于测年的材料，因此考古专家对陈山遗址的测年只能依靠地层对比和电子自旋共振、热释光和古地磁等技术。综合电子自旋共振、古地磁等测年结果，考古专家初步认为陈山遗址古人类生存活动的时间主要介于距今73万—12.6万年。向阳剖面也是中国南方第四纪红土的标准剖面。

　　1988年，房迎三在宁国县河沥溪镇罗溪村调查发现罗溪砖厂地点，这就是官山遗址最初的名字。1993年和1996年，房迎三先后两次主持官山遗址的考古发掘工作，发掘面积250平方米，野外调查和发掘出土石制品超过300件。房迎三将遗址砾石层以上厚达7.5米的堆积分为八层，其中石制品集中出土于第三至第六层，而第三、第四层与第五、第六层之间有明显的沉积间断，据此推断官山遗址存在早、晚两期旧石器文化。2020年9月15日，安徽省文物考古研究所董哲主持申报的国家社会科学基金青年项目

官山遗址

"安徽水阳江流域官山旧石器遗址出土遗物整理与研究"获准立项，批准号20CKG001。这是安徽省首个旧石器时代考古课题，充分显示官山遗址在水阳江流域旧石器地点群中的重要地位。

1996年房迎三在官山遗址发掘结束后，又在与遗址相距不远处调查发现桥门窑厂地点，由于遗址地表毛竹遍布，房迎三将其更名为"毛竹山遗址"。1997年房迎三主持开展对毛竹山遗址的考古发掘，发掘面积195平方米。与之前陈山遗址、官山遗址的情况不同，毛竹山遗址的发掘是由安徽省文物考古研究所联合北京大学考古学系共同进行的。本次发掘有着极为重要的发现，即在网纹红土层底部发现一处疑似古人类生活面遗迹，由砾石环带和砾石小圈组成，在构成砾石环带和砾石小圈的石质标本中，有

毛竹山遗址

不少是人工特征明显的石制品。对于砾石环带和砾石小圈的成因，一些学者认为其主要受地质营力作用影响。通过电子自旋共振技术对遗址测年，并与陈山遗址堆积对比，房迎三认为毛竹山遗址"遗迹"的年代为距今60万年。

除房迎三以外，同样任职于安徽省文物考古研究所的韩立刚，也在水阳江流域开展过旧石器考古调查和发掘工作。2003—2004年，他主持对宁国安友庄遗址开展调查和发掘工作，发掘面积250平方米，发现石制品52件。同年，他还主持了宣城麻村遗址的考古调查和发掘，发掘面积100平方米，共获得石制品149件。遗憾的是，无论是麻村遗址还是安友庄遗址，当时的发掘都未对遗址开展年代学测试工作，两次发掘都属于配合基本建设

石制品集中出土的网纹红土层剖面

　　的考古，如今遗址原始地貌彻底改变，已无法重新开展测年工作。根据两处遗址石制品主要埋藏于网纹红土层的特点，初步推测该遗址的发现代表了中更新世中晚期古人类的生存活动。

　　为什么能够将水阳江流域发现的一系列旧石器遗址或地点统称为"水阳江旧石器地点群"呢？那是因为这些分布区域相对集中的遗址或地点发现的石制品具有若干相似的特征，具体表现在：石制品出自砾石层之上的网纹红土层中；原料以石英岩为主，古人类就地取材开发利用当时河漫滩上的砾石；石制品尺寸较大，加工技术简单，风格粗犷；普遍属于旧石器时代早期遗址或地点。2017年，安徽省文物考古研究所董哲曾在宁国市调查发现五磁地点，石制品埋藏于棕灰—灰黑色黏土中，不同于以往埋藏于网纹红土层中的特点，推测该地点为晚更新世地点，对于完善水阳江流域旧石器地点群的旧石器年代序列，对比早、晚两期遗存的文化面貌等具有重要意义。

　　认识水阳江流域旧石器地点群的众多地点和丰富的石制品，需要旧石器考古学家和青年考古工作者的不懈努力。20世纪80年代，著名旧石器考古学家张森水曾基于湖北大冶石龙头遗址的旧石器文化面貌将其

陈山遗址出土的部分大型切割工具

麻村遗址出土的石制品

归纳为"长江边上的粗放文化",后将包括水阳江流域旧石器地点群在内的中国南方部分区域旧石器时代早期遗址同样归纳为这一石器工业类型,并于新千禧年之际发展出"南、北两个主工业"的学术观点:与北方石片石器工业类型不同,南方笨重、粗大,风格粗犷的旧石器标本代表了砾石石器工业类型。房迎三基于水阳江流域旧石器地点群普遍发现砍砸器的技术特点,结合中国南方其他区域同期相似的文化特征,提出中国旧石器文化中的"砍器传统"。近年来,董哲先后对水阳江流域旧石器地点群中的陈山、官山、麻村和安友庄4处遗址古人类的石器技术开展研究,认为简单地将水阳江流域旧石器地点群古人类的石器技术归纳为"砾石石器工业"值得进一步商榷,他在不同遗址的石制品组合中均甄别出更为复杂的技术元素,如尺寸大于10厘米的大石片,以手斧、薄刃斧和手镐等为代表的阿舍利技术大型工具等。这种更为复杂的石器技术在旧大陆东侧的出现，更多被认为与匠人（直立人）从非洲逐渐向欧亚大陆扩散这一过程相关，或许它在水阳江流域旧石器时代早期遗址的出现，代表着这一地区在旧石器时代早期可能就存在旧大陆东、西两侧人群的基因与文化交流。

该如何认识水阳江流域旧石器地点群的性质呢？在茹毛饮血的旧石器时代，特别是旧石器时代早期，古人类一般会选择背风、向阳、靠近河流并有与其存在一定高差的洞穴或岩厦作为居址，会前往河边利用河漫滩上的砾石制作石器工具。因此，水阳江流域旧石器地点群的考古发现，代表

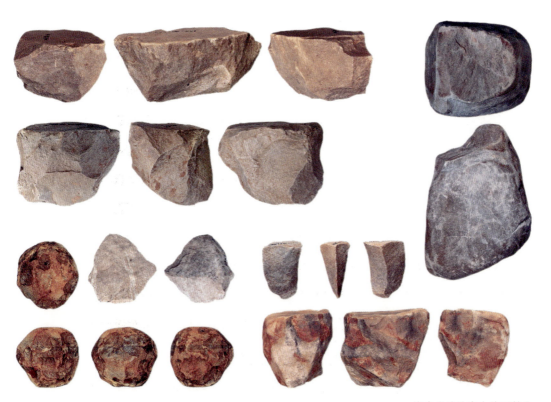

安友庄遗址出土的石制品

了古人类在水阳江边剥片与制作石器的行为，水阳江流域旧石器地点群属于临时活动地点而非中心营地。

（撰稿：董 哲 刘 政）

参考文献

［1］房迎三：《皖南水阳江旧石器地点群调查简报》，《文物研究》1988年第3辑。

［2］杨达源、韩辉友、周旅复、房迎三：《安徽宣城地区中晚更新世风成堆积与环境变迁》，《海洋地质与第四纪地质》1991年第2期。

［3］房迎三、杨达源、韩辉友、周旅复：《水阳江旧石器地点群埋藏学的初步研究》，《人类学学报》1992年第2期。

［4］赵其国、杨浩：《中国南方红土与第四纪环境变迁的初步研究》，《第四纪研究》1995年第2期。

［5］杨浩、赵其国、李小平、夏应菲：《安徽宣城风成沉积—红土系列剖面ESR年代学研究》，《土壤学报》1996年第3期。

［6］房迎三：《安徽省宣州市陈山旧石器地点1988年发掘报告》，《人类学学报》1997年第2期。

［7］房迎三：《水阳江旧石器地点群的考古发掘与研究》，《文物研究》1998年第11辑。

［8］房迎三、黄蕴平、梁任又、陈勇、彭道起：《安徽宁国毛竹山发现的旧石器早期遗存》，《人类学学报》2001年第2期。

［9］裴树文：《旧石器时代旷野遗址形成过程研究综述》，《人类学学报》2019年第1期。

［10］董哲、裴树文、袁四方：《安徽水阳江流域2017年旧石器考古调查简报》，《人类学学报》2019年第2期。

［11］董哲、战世佳：《安徽省宣城麻村旧石器遗址调查及发掘简报》，《人类学学报》2020年第1期。

［12］董哲：《安徽水阳江流域陈山遗址古人类石器技术研究》，中国科学院大学2020年博士学位论文。

［13］董哲、战世佳：《安徽省宁国市安友庄旧石器遗址调查及发掘简报》，《人类学学报》2022年第2期。

柳家二号遗址

安徽迄今石制品最丰富的旧石器遗址

柳家二号遗址是安徽省第一个有绝对年代数据的旧石器时代晚期遗址，古人类生存活动的年代集中为距今7.8万—3万年。对燧石原料的开采利用、以石片为毛坯精致加工石器等技术特点，在安徽省尚属首次发现。它打破了以往将安徽省旧石器时代石器文化面貌归纳为砾石石器工业的传统认识。柳家二号遗址的石片石器工业是安徽省首次发现的。该遗址是迄今安徽省发掘、发现石制品数量最为丰富的旧石器遗址，为研究华南地区早期现代人演化与适应模式、早期现代人的南方扩散路线等学术热点问题提供了最新的考古材料。

巢湖，曾称南巢、居巢湖，俗称焦湖，长江水系下游湖泊，位于安徽省中部，由合肥、巢湖、肥东、肥西、庐江环抱，是中国五大淡水湖之一。关于生存于巢湖沿岸古代先民，众多历史文献和文学作品均有记载，远古时期部落联盟首领之一的"有巢氏"，被专家定位为人类原始巢居的发明者。如《路史·禅通纪·有巢氏》载："昔载上世，人固多难，有圣人者，教之巢居，冬则营窟，夏则居巢。未有火化，搏兽而食，凿井而

柳家二号遗址发掘现场

饮，桧秸以为蓐，以辟其难。而人说之，使王天下，号曰有巢氏。木处颠，风生燥，颠伤燥夭。于是有圣人焉，教之编橿而庐，缉蘁而扉，塓涂茨翳，以违其高卑之患；而违风雨以其革有巢之化，故亦号有巢氏。"

《庄子·盗跖》："古者禽兽多而人少，于是民皆巢居以避之。昼拾橡栗，暮栖木上，故命之曰有巢氏之民。"

《韩非子·五蠹》："上古之世，人民少而禽兽众，人民不胜禽兽虫蛇。有圣人作，构木为巢，以避群害，而民悦之，使王天下，号曰有巢氏。"

《太平御览》引项峻《始学篇》："上古皆穴处，有圣人教之巢居，号大巢氏。"

关于"有巢氏"的各种记载，充分展示了历朝历代探究中华民族和中华文明之源的美好向往，也从侧面反映出巢湖沿岸或许深埋着早期人类生存活动的关键线索。

　　从地质学上看，巢湖及周边地区属于下扬子地层分区巢湖地层小区，地层发育较全，从寒武系至全新世皆有，岩层由石灰岩、页岩、红砂岩、石英砂岩和磷灰岩等组成，斜节理发育。这一地区第四纪地壳活动以抬升运动为主，山峦起伏、水系密布。石灰岩山体因流水侵蚀形成喀斯特溶洞，洞内常有动物甚至早期人类活动，形成洞穴堆积，比较有代表性的有巢县（今巢湖市）银山智人遗址、钓鱼台（也称望湖山）哺乳动物化石地点和猫耳洞（也称试刀山）哺乳动物化石地点等。

　　除上述洞穴类型堆积以外，在巢湖沿岸古老河流的二级阶地上，也陆续发现一批露天旷野类型的旧石器遗址。1988年，安徽省文物考古研究所在巢湖南岸名为望城岗的区域调查，发现屏峰、三合、三胜、红星、望城5处旧石器地点，在网纹红土层中及地表采集319件石制品，这是在巢湖

典型大石片及石片石器

石片与轻型工具

沿岸首次发现古人类生存活动的文化遗物。1991年，安徽省文物考古研究所主持，对屏峰和红星两处地点进行考古发掘，发掘面积100平方米。考古发掘在红色、黄色亚黏土层中出土65件石制品，发掘出土石制品文化面貌整体上与1988年调查采集获得的标本相似或相近，即原料以石英砂岩为主，尺寸普遍较大，类型主要包含石核、石片、砍砸器、手镐和石球等，属南方砾石石器工业类型。根据石制品埋藏层位，原发掘者推测望城岗发现的地点年代为中更新世中晚期，属旧石器时代早期。

为了进一步确定巢湖沿岸石制品原始埋藏地貌单元及详细出土层位，进而系统摸清旧石器资源的分布规律，2019年10月安徽省文物考古研究所联合中国科学院古脊椎所等单位，在巢湖沿岸开展旧石器考古专题调查。本次调查新发现16处地点，并对既往发现的望城岗地点进行复查，调查发现939件石制品。本次调查最为重要的是发现了柳家二号遗址，在该遗址地表及红土风化壳中采集石制品数百件，特别是发现不少使用燧石等优质原料精制加工的刮削器等石器工具，这在安徽省内属首次发现，显示了柳家二号遗址存在与既往考古发现迥异的石器文化面貌。

柳家二号遗址是安徽巢湖沿岸旧石器时代晚期露天旷野遗址，位于安徽省合肥市巢湖市天河街道蛇山社区柳家自然村东南约500米一处名为"大岗头"的台地上，北距巢湖约1.5千米，海拔约79米。

2020年9—10月，安徽省文物考古研究所对柳家二号遗址进行试掘，布设1米×2米的探沟1条，在地层堆积中出土石制品68件。通过本次试掘，专家基本确认柳家二号遗址具有良好的工作前景。

2021年9—12月，安徽省文物考古研究所联合中国科学院古脊椎所，对柳家二号遗址进行主动性考古发掘，发掘面积36平方米。按正南北向布方，规格1米×1米，分第一（24平方米）、第二（12平方米）两个发掘区。使用RTK（实时动态）测量仪测绘等高线地形图，使用ArcGIS制作遗址周边地貌DEM（数字高程）模型。

本次发掘以10厘米为1个水平层，逐层发掘至底砾层，详细记录每个水平层出土石制品的三维坐标、产状（包括倾向、倾角）和保存状况（包括风化和磨蚀程度），并对部分石制品呈簇状出土的迹象进行单独拍照记录。

通过系统的考古发掘，考古工作者在红土风化壳中发掘出土石制品1123件，柳家二号遗址成为安徽省内迄今发掘出土石制品最丰富的旧石器遗址。结合2019年野外调查和2021年发掘间歇调查所获石制品，该遗址已发现石制品数量超过2100件，柳家二号遗址也成为安徽省目前发现石制品数量最多的旧石器遗址。

既然柳家二号遗址出土石制品如此丰富，那么它们是否在不同水平层分布密度相同或相近呢？答案是否定的。通过野外发掘，可以初步将遗址地层堆积划分为4个大层，自上而下依次为表土层、均质红土层（下部夹杂黑色铁锰结核）、网纹红土层和底砾层。在均质红土层中出土石制品数量极为丰富，而网纹红土层中石制品分布密度则小得多。问题接踵而至：上层如此丰富的石制品，代表着古人类在什么时间段内对遗址的开发利用呢？为了解决这一重要问题，2022年3月，董哲邀请南京大学地理与海洋科学学院光释光测年实验室专家对柳家二号遗址进行光释光（OSL）采样测年。其中在第一发掘区的探方北壁自下而上采集7个年代学样品，在第二发掘区探方东壁自下而上采集4个年代学样品，同时对第一、第二两个发掘区自下而上每隔10厘米采集磁化率土壤粉样随光释光样品一同送检。截至目前，初步获得柳家二号遗址上层堆积（石制品密集出土的层位）的年代，为距今7.8万—3万年，下层年代早于距今22.4万年。这使得其成为安徽省唯一一处有绝对年代测年数据的旧石器时代晚期遗址，完善了安徽省旧石器时代从早期到晚期文化发展的链条。以往有报道，在安徽省内发现旧石器晚期遗址，如五河西尤遗址和怀宁腊树钱岭遗址，但是没有年代数据，柳家二号遗址填补了上述遗憾。

考虑到柳家二号遗址是目前安徽省唯一一处有绝对年代数据的旧石器时代晚期遗址，那么生活于当时的古人类的行为方式与旧石器时代早期相比，又有着什么样的差别呢？要释疑这一问题，就需要通过石制品的技术类型学研究来加以解答。安徽省旧石器时代早期遗址，以地处水阳江流域旧石器地点群的陈山、官山和毛竹山遗址为代表，其石制品原料以河漫滩常见的石英岩砾石占据绝对主导地位，石制品尺寸较大，石器工具加工粗糙，类型大多为以砾石为毛坯加工的砍砸器、手镐等重型工具，按照石器工业的二元划分方法，其属于砾石石器工业。相比之下，柳家二号遗址上层的石器文化则具有显著区别，具体表现在：石制品原料多元，除石英岩外，还包括燧石、脉石英等，尺寸普遍以中小型为主，不少石器工具是精制而成的，类型大多为以石片为毛坯加工的各式刮削器和雕刻器等轻型工具，按照石器工业的二元划分方法，其属于石片石器工业。这是安徽省内首次发现确凿无疑的石片石器工业遗存，以往认为其分布范围主要局限在

遗址光释光和磁化率采样现场

第一部分　百万年人类史的安徽考古学实证

中国的北方地区，柳家二号遗址的发现，将石片石器工业的分布范围极大地向南推移。结合中国古人类连续演化的脉络，可以做出如下科学推断：柳家二号遗址的重要发现，为长江下游乃至整个华南地区早期现代人的生存演化提供了最新的考古学证据，它弥补了早期现代人南方扩散路线上的缺环，完善了安徽从晚期直立人向智人镶嵌演化过程中行为模式的发展脉络，进一步实证了安徽是长江文化探源不可忽视的一个重点地区。

正是由于柳家二号遗址的重要考古发现和对其科学严谨的发掘过程，其荣获"2020—2021年安徽十大考古新发现暨优秀考古工地"两项殊荣，未来研究者将围绕石器技术类型学、拼合研究、微痕分析等方面对该遗址开展全面系统的研究。

（撰稿：董　哲）

参考文献

［1］郑龙亭：《安徽巢县猫耳洞的*Microtus brandtioides*》，《文物研究》1986年第2辑。

［2］郑龙亭：《安徽巢县猫耳洞哺乳动物群》，《文物研究》1988年第4辑。

［3］方笃生：《巢湖市望城岗旧石器的发现与研究》，《文物研究》1990年第6辑。

［4］韩立刚：《安徽巢湖市附近第四纪洞穴堆积》，《安徽地质》1992年第2期。

［5］方笃生、韩立刚：《巢湖市望城岗旧石器地点发掘报告》，《文物研究》1993年第8辑。

［6］战世佳、董哲、弋双文、张红艳、李浩、裴树文：《安徽巢湖地区2019年旧石器考古调查的新发现》，《人类学学报》2022年第5期。

科普知识词条（旧石器时代）

第四纪

第四纪，地质学名词，是新生代的第三个纪，包括更新世和全新世。第四纪是地质历史上最新的一个纪，下限年代多采用距今258万年。第四纪最为重要的一个事件，即为人属的出现与进化。

更新世

更新世，地质学名词，英国地质学家莱伊尔1839年创用，也称"洪积世""冰川世"，为第四纪的早期。更新世全球环境的显著特征是冰川作用活跃，冰期和间冰期明显交替。更新世可分为早更新世Q1、中更新世Q2和晚更新世Q3三期，分别对应约距今258万—78万、78万—12.8万、12.8万—1.1万年。

直立人

直立人，指距今180万—30万年前生活在旧大陆的古人类，意为"能直立行走的人属成员"（后期的人科成员化石发现与研究结果表明，在人类演化的更早阶段即具备直立行走的能力，但仍保留该名称）。直立人亦称"猿人"，代表性化石产地有爪哇特里尼尔、北京周口店第一地点、郧县梅铺、和县龙潭洞等。2003年在印度尼西亚弗洛勒斯岛发现弗洛勒斯人化石，考古学家认为其消失的时间可能为距今五六万年，属于直立人的后裔。

古老型智人

古老型智人，支持现代人多地区演化模型的学者通常认为，智人包括古老型智人和晚期智人。古老型智人一般指中更新世中晚期—晚更新世早期过渡阶段，欧洲、非洲和亚洲发现的一些体质特征位于直立人和现代人之间的古老型人类，这些古老型人类不仅在生存年代范围上有较大的重叠，在多数形态特征的表现上也没有明确的界限。

镶嵌演化

镶嵌演化，指演化过程中各个表现性状独自地进行演化，因此一些生存时间较晚、所处演化阶段更"进步"的古人类，往往仍保留有某些古老而"原始"的性状。

石核

石核，旧石器时代考古学术语，指的是原料剥取石片后的剩余部分，是剥片的母体。石核可以进一步加工成为重型石器工具。

石片

石片，旧石器时代考古学术语，指的是通过锤击、砸击、摔击、碰砧或间接压制等技术，从石核母体上剥取的产品。石片可以由剥片产生，也可以由加工石器工具时产生，后者为修理行为的副产品。石片可以直接使用，也可以作为毛坯进一步加工成为石器工具。

工具

工具，即石器，旧石器时代考古学术语，可进一步划分为两类：一类工具指生产石器的工具，包括石锤和石砧；二类工具指石核或石片经过进一步加工修理后使用的石器，常见类型有刮削器、砍砸器、尖状器等。著名旧石器时代考古学家张森水在这两类工具的基础上又增加一类工具，即使用石片。

石制品

石制品，旧石器时代考古学术语，指在旧石器时代考古遗址或地点中发现的与古人类生存行为相关的石质标本总称，常见的种类包括备料、石锤、石砧、石核、石片、断块、碎屑和使用的石片、石器工具等。石制品是旧石器时代考古学最基本的研究对象。

石器"技术模式论"

石器"技术模式论",最初由英国史前史学家克拉克于1961年提出,用来在世界范围内进行旧石器文化的比较研究。他根据非洲旧石器时代考古发现,将旧石器时代文化划分为5种模式(模式1—模式5),并逐渐加以完善。本书涉及模式1—模式3,模式1也被称为"奥杜威工业",石器类型简单、粗犷;模式2也被称为"阿舍利工业",代表性器物为两面加工、中心对称的手斧;模式3也被称为"莫斯特—勒瓦娄哇工业",代表性器物为各式边刮器、锯齿刃器和预制的龟背状石核与从上剥取的勒瓦娄哇石片。在中国的广泛地区,模式1技术自旧石器时代早期一直延续到晚期,学者常以"石核—石片技术体系"代称。

水平层

水平层,旧石器时代考古遗址或地点野外发掘基本操作单元,是人为按照一定深度(一般为5—10厘米)划分的水平地层单元。按水平层发掘是按照人为划分的水平层区分地层序列的发掘方式。值得注意的是,水平层与地层划分是不同步的,水平层不是地层划分的依据,而是发掘时的控制层和记录单位,发掘结束后根据地层沉积物特点划分出堆积地层序列并将水平层合并归入堆积地层序列中。对水平层的使用只局限于发掘,并不作为地层单位讨论其中的石器文化面貌或不同水平层石器技术演变等旧石器时代考古学基本问题。1933年发掘山顶洞人遗址时,水平层厚度为0.5米;1934年发掘北京猿人遗址时,水平层厚度为1米;1990年泥河湾盆地中美合作项目发掘时,则以5—10厘米为一个水平层,少数遗址使用以20厘米为一个水平层的做法。

石器工业二元划分法

石器工业二元划分法,最早由著名旧石器时代考古学家张森水于1999年正式提出,他基于1949年以来在中国开展的旧石器时代考古工作,提出中国南、北方主工业二元结构与多种区域性工业类型并存的看法。北方为石片石器工业，南方为砾石石器工业。在两大主工业区内，存在若干区域性工业类型。石器工业二元划分法，实际上是将著名考古学家苏秉琦"区系类型"理论在旧石器时代考古学研究中的尝试运用。

电子自旋共振测年法（ESR）

电子自旋共振测年法，是20世纪70年代末开始应用的绝对年龄测定技术。测年范围视样品的矿物成分而定，碳酸盐矿物（方解石和白云石）的可测范围相对较小，为数千年至数百万年，主要应用于第四纪沉积物和考古样品的年龄测定；石英可测范围较大，从数百万年至数亿年，以用于地质研究为主。

释光测年法、光释光测年法

释光测年法又叫热释光测年法，或称热荧光测年法，是利用热释光效应测量含有结晶体的矿物或烧制文物，自加热或烧制后经过时间进行测年的一种方法。利用热释光效应，可以根据样本所释放光子的能量判断出样本自从上一次被加热后至今所接受的环境背景辐射能量之和，因而估算自加热时间点至今经过的时间。光释光测年法是一种在热释光基础上发展起来的测年技术。石英等矿物晶体里存在着"光敏陷阱"，当矿物受到电离辐射而产生的激发态电子被其捕获时就成"光敏陷获电子"，它们可以再次被光激发逃逸出"光敏陷阱"，重新与发光中心结合再发射出光，这种光就是光释光信号；利用这种信号进行测年的技术即光释光法。测年范围从数百年到100万年。

铀系测年法

铀系测年法，同位素地质测年方法之一。是根据铀系核素的放射性比值来测定沉积物的地质年代。常用的测量法有钍法、铀法、钍—铀法、钍—铅法。测定原理为：同位素U238和U235所产生的衰变系列中含有多种放射性同位素，在正常的地质过程中，这些铀的子体从母体中分离，按其各自的半衰期所决定的速率进行衰变，母体则衰变形成子体核素。利用辐射探测器可测定核素的放射性比值，以此推算出沉积物的年龄。铀系法测年范围可从几十年至100万年。

古地磁测年法

古地磁测年法，在地球历史上，地球磁场的南极和北极曾颠倒过多次，称为极性倒转。其中，105—106年长度的极性变化称为极性期，与现代磁场方向相同的时期称正向极性期，反之称反向极性期。地球磁场的极性变化特征在岩石或沉积物中矿物冷却、沉积或蚀变时，被记录在这些物质的剩余磁性记录中。全球各地所记载的极性变化的历史是一致的。因此，如果对每个极性倒转事件发生的时间进行测定，就可以建立起一个在全球都可对比的古地磁年表，成为全球对比的时间标尺。目前已建立起距今500万年以来较高分辨率的古地磁年表和距今1亿年以来较粗分辨率的古地磁年表。任一地区内地层的古地磁年代都可以通过与已知的古地磁年表对比来确定，这就是古地磁测年的原理。基于极性倒转的古地磁测年方法，可用于距今100万—5万年的年代测定。可用于古地磁测年的样品包括火山沉积物、黄土、湖泊沉积、海洋沉积等。

（撰稿：战世佳）

第二部分

一万年文化史
早期阶段的
安徽重点遗存

概　述

　　按照地质学的划分，到了距今1.2万年左右，全球气候普遍转暖，中、高纬度的冰川大量消融，海平面迅速上升，喜暖动植物逐渐向较高纬度和较高山迁移，全球自然地理环境演进到现代面貌，进入地质年代上的全新世。

　　与此同时，在考古学上相对于旧石器时代而言，人类开始进入新石器时代，一般认为新石器时代有四大特征，即农业的产生、动物的驯养、陶器的制作、磨制石器的使用。但这四个特征并不一定同时出现，而且我国幅员辽阔，各地气候自然环境不同，各地进入新石器时代的时间也不一致，而且不同地区这四大特征也不是同时具备。但总体而言，由食物采集向食物生产转变，即农业的产生，自然型经济社会向生产型经济社会的转变，是新石器时代文化开始的重要标志。

　　根据社会发展程度的不同，中国的新石器时代又可分为早期、中期、晚期和末期四大阶段。早期距今12000—9000年，中期距今9000—7000年，晚期距今7000—5000年，末期距今5000—4000年。

　　目前，全国新石器时代早期遗存发现得还比较少，华北地区主要有河南新密李家沟遗址、山东沂源扁扁洞遗址等，华南地区主要有湖南道县玉蟾岩遗址、江西万年仙人洞遗址、浙江浦江上山遗址等。

　　目前，安徽地区尚未发现新石器时代早期遗存。结合周边地区新石器早期遗址的分布位置、地理环境、文化面貌，可以推测安徽地区也应当有新石器时代早期遗存的存在，对早期遗存的探索也一直在进行中，探索的重点也集中于皖北淮北、宿州一带的丘陵山地，沿江丘陵山地的一些洞穴。

目前，安徽省发现的年代最早的一批新石器时代遗址属于新石器时代中期，距今8000多年，集中于淮北、宿州一带山前平原地带，经过考古发掘的有淮北渠沟遗址、石山孜遗址，宿州小山口遗址、芦城孜遗址等，经过考古调查的有泗县于庄遗址。这些遗址所代表的文化被称为"石山孜早期文化"或"小山口一期文化"，其文化面貌与苏北顺山集文化、山东后李文化、河南贾湖文化都有一定的共性，表明当时淮河流域的史前文化已经比较发达。

经过碳十四测年，这些遗址中数据最早的来自淮北渠沟遗址，距今约8800年。这几处遗址的共同点是：遗址都分布在山麓地带，临近河流，自然环境优越；出土的遗物中动物骨骼都比较多，石器中既有大量的磨制精美者，也有少量的打制石器，磨盘、磨棒普遍存在；陶器大多制作得比较粗糙，手制而成，陶土中多掺和蚌末和植物茎，火候较低，陶色多斑驳，以红褐陶为主，陶器的器型还比较简单，器物群也不多，炊煮用的炊器是釜与支座相配，还没有发明陶鼎。

植物考古研究表明，这一时期的先民已经掌握了稻粟兼作的农业模式，同时采集薏苡、小麦族等野生植物种子作为食物的重要来源。动物考古研究表明，这一时期鹿等野生陆生哺乳动物及鱼、龟等淡水产品丰富，在人们的肉食结构中占据很大比重。

考古证据显示，这一时期农业起源已经由起步阶段进入了快速道，但采集、狩猎仍然是人类获取食物的重要手段。

进入距今7000年前后，安徽省各主要地区都已经存在比较发达的史前文化了。已经发掘的遗址主要集中在皖北地区，如淮北石山孜、宿州古台寺、蚌埠双墩、怀远双古堆、凤台硖山口、淮南小孙岗、临泉王新庄，江淮之间主要有定远侯家寨、蚌埠禹会村、肥东南院，江南地区还没有正式发掘的遗址，已调查的有繁昌缪墩遗址等。

这一时期，在淮河中游地区生活的先民因有共同的文化面貌和特征，表现在考古学上是有共同的陶器、石器、骨器等器物群，以及由此反映的生产生活方式和思想，因为蚌埠双墩遗址发掘的成果比较丰富，所以在考古学上将其称为"双墩文化"。双墩文化的年代距今7300—6800年，最有代表性的是一批陶釜、陶鼎、鹿角靴形器、刻画符号等，其主要分布在淮河中游地区，向北可影响到山东地区，向南影响到长江沿岸地区，是当时中国东部地区一支比较发达强势的考古学文化。

江南地区从已调查的繁昌缪墩遗址材料来看，其文化面貌与环太湖地区的马家浜文化比较相似，尤其是与环太湖西部地区的宜兴骆驼墩文化较为接近，总体特征是夹蚌陶比较多，陶器表面流行刻画等各种装饰。同时，一定数量的白陶也说明与长江中游湖南地区的高庙文化等也存在一定程度的联系，说明长江在距今7000年前就是中下游之间沟通交流的纽带。

距今6800—6300年之间，安徽省发现的考古学文化遗存还比较少，在淮北石山孜、渠沟和定远侯家寨等遗址存在这一时期的少量遗存，反映出这一时期可能受环境的影响，文化发展处于低谷阶段，文化面貌和格局在延续上一时期的基础上，更多的是开启下一阶段更繁荣的文化图景。

到了距今6000年前后（尤其是距今6100—5500年），安徽各地的史前文化均已发展到比较成熟的地步，已经发掘的遗址虽数量不是很多，但遍布各主要地区，已调查的遗址数量也多达百余处。对这些考古发掘资料的研究，可以清晰地勾画出安徽省这一时期主要的考古学文化面貌与特征，大体与地理环境相对应，可以划分为四大区域，即皖北地区、江淮中部地区、皖西南地区、皖江下游南岸地区。

皖北地区已发掘的遗址有淮北石山孜、亳州后铁营、临泉宫庄等。其共同特征是：陶器以夹植物陶为主，陶色偏黄，有红衣陶和彩陶，彩陶图案多为条带纹和少量几何纹，多施于豆、圈足碗上。器物组合以鼎、豆、圈足碗、钵、三足钵、双耳罐为主。鼎足早期多圆锥形，晚期多带凹槽扁铲形。这一时期，豫西的庙底沟文化即将诞生，苏北鲁南的大汶口文化也强势登场，二者之间发生了频繁的交流，处于中间的皖北地区在文化面貌上不可避免地受到二者的影响，呈现出一种比较复杂的状态。

江淮中部地区已发掘的遗址有定远侯家寨、叶集红墩寺、霍邱扁担岗、肥西古埂、含山大城墩、含山凌家滩等。近年，有研究者用侯家寨文化来指代江淮中部地区这一时期的考古学文化。

皖西南地区已发掘的遗址有宿松黄鳝嘴、潜山薛家岗、怀宁孙家城等，被称为"黄鳝嘴文化"，距今6100—5500年。

皖江下游南岸地区这一时期处于马家浜文化末期、崧泽文化早期阶段，与南京北阴阳营文化和环太湖地区的文化面貌较为统一，已发掘的遗址有马鞍山烟墩山、芜湖月堰等。

总体来看，皖北北部地区更多地受到山东大汶口文化的影响，沿淮及整个江淮江南地区更多地属于一个大的文化共同体，总体上属于南方文化体系。

考古资料表明，这一时期，长江流域和淮河中下游地区是单一的稻作农业模式，农业经济已经形成。虽然仍存在一定的采集狩猎活动，但是农业种植成为先民获取植物性食物资源的主要途径。稳定的农业经济、定居的生活、彩陶的繁缛、玉器的出现、丰富的陶器群、特异的陶器造型、拥有一定数量随葬品墓葬的出现，无不彰显着当时社会的富足开放。

　　这种文化分区模式和特征一直延续影响到之后的新石器时代末期，并且在其中一些文化积淀比较丰厚和自然经济资源优越的地区，率先产生了文明的曙光。

（撰稿：张小雷）

渠沟遗址

淮河中下游年代最早的新石器时代遗址

渠沟遗址是目前淮河中下游发现的年代最早的新石器时代遗址，早期距今8800—6900年，晚期距今6600—6000年，是了解淮河流域史前文化发展不可多得的珍贵材料。

"一方水土养一方人"，流淌了数千年的濉河，古称濉水，是淮北人民的母亲河。濉河沿岸分布着大量古代文化遗存，著名的石山孜遗址即位于濉河下游南岸。而在距石山孜遗址西北直线距离约14千米的濉河东侧，有一处渠沟遗址，则是淮河中下游史前考古的最新重要发现。

渠沟遗址在淮北市相山区渠沟镇的渠沟路与西山路交叉口西北，主体分布于河谷边缘的凤凰山山前台地。因历史上古濉河和黄河的多次泛滥和泥沙沉积，现如今的渠沟遗址已被深埋在平均厚约1.6米的淤土层下，像一段被封存的记忆。

2012年的一天，在淮北市旧城区改造的过程中，工作人员发现了一些陶片，经考古工作者认定，陶片的出土地是一处新石器时代遗址。因遗址中心原属渠沟村渠沟组八队居民区，所以命名为"渠沟遗址"。不过，因周边已建起部分现代建筑，遗址的全貌已无法了解，后续的考古工作也只

早期阶段陶片堆积

能在有限范围内展开。渠沟遗址到底封存了哪些秘密？只能等后来的考古发现来揭开。

2016年2—10月，渠沟遗址终于交出了谜底。安徽省文物考古研究所联合淮北市博物馆对遗址展开抢救性发掘，揭露面积约2100平方米。发掘结果表明，遗址主体可分为两部分，南部、东部为战国早期至东汉时期的墓葬，北部以新石器时代遗存为主。

史书记载："于是齐遂伐宋，宋王出亡，死于温。齐南割楚之淮北，西侵三晋。"渠沟遗址墓葬区共清理了各类墓葬85座，其中69座土坑墓推测大部分系战国时期宋国平民墓，少量为楚墓，这一现象与史书记载相吻合。

而年代更为久远的新石器时代遗存，又有哪些发现呢？渠沟遗址没有让人们失望，其堆积丰富，文化层厚度近2米，可分为早晚两个阶段，早期距今8800—6900年，晚期距今6600—6000年。

穿越历史的风尘，渠沟遗址封存的时间之门被逐一打开。早期阶段是渠沟遗址最重要的发现，以遗址第八至十四层为代表，清理出灰坑、灰沟、房址、柱洞、灶坑、墙基、陶片堆积等重要遗存，出土了大量陶器、石器和骨器等人工遗物。通过这些物品，考古人员可以推测出新石器时代淮河流域人类生存的状况，想象他们与自然相互依存的生活图景。

当我们住在宽敞明亮的高楼大厦里，时常会想起远古时期的人们：他们的居住环境如何？他们的家是什么样子？渠沟遗址共发现17处房屋遗存，可分为两种类型：一种是一部分低于地面的半地穴式房屋，类似于"窝棚"。这种房屋由门道、房屋主体和柱洞等组成，房屋内通常形成有多层厚薄不一的堆积。另一种是地面式房屋，由主体和柱洞组成，房屋内通常有灰白色踩踏面，柱洞分布在周围。在没有混凝土的时代，人们是用什么方法固定房屋木柱的呢？从那些遗留下来的柱洞来看，有两种不同的固定方法，体现了我们祖先"就地取材"的生存智慧：一种是以石块填塞周边固定木柱，另一种是以土填夯周边固定木柱。

陶器是用黏土制作成形后烧制出来的器具，已有一万多年的历史。渠沟遗址的陶片堆积共有两处，其中一处范围较大，表面高低不平，底部无基槽，由平地铺垫的陶片、兽骨、砂壤土等堆积而成。大体可分为3层，中间为黄褐色砂壤土间隔层，上下为陶片层，间以石料和兽骨。

由于时代久远，出土陶器较为破碎，以夹砂陶为主，少量为泥质陶及夹砂夹蚌陶，陶色不均匀，以红褐色为主，其次为灰褐色、灰色，内壁多呈纯黑色。器表以素面为主，饰纹饰者较少，主要为附加堆纹、指甲纹、刻画纹、网格纹等，代表着先民简单朴素的审美倾向。主要器型有釜、罐、盆、钵、碗、支脚、纺轮、陶拍等。一件件陶器乃至于一块块碎片，无不凝聚着先民的智慧和汗水，我们可以通过它们感知到历史的烟火气和真实度。

早期阶段陶罐　　　　　　　　　　　　　　早期阶段陶支脚

出土的石器，有斧、锛、磨棒、磨盘、刀、凿、支脚、砺石等。骨角器有骨针、锥、镞、鱼镖和角锥等，大量骨角器磨制光滑且带有穿孔。蚌器有刀、镰等。以上器具集中地反映了人们生产生活的各个方面，他们用石斧砍伐，用骨针、角锥穿孔、缝纫，用石刀、蚌刀、蚌镰收割采集，在这块土地上日出而作、日落而息，创造了灿烂的文明。

渠沟遗址晚期阶段以遗址第五至七层为代表，堆积较为单薄，遗迹形态相对单一，主要为灰坑和柱洞等。出土的陶器也较为破碎，以夹砂陶和夹蚌陶为主，还有少量的泥质陶及夹砂夹蚌陶。陶色与前一阶段相同。器表以素面为主，纹饰较少，主要为附加堆纹。主要器型有釜、鼎、罐、盆、碗、支脚等。石器有斧、锛、磨棒、磨盘、刀、凿、砺石等。骨器有骨镞、鹿角靴形器等。

这些物品距今多少年，是大家普遍关心的一个话题。经过测定的碳十四数据共有15个，来源有二：一是遗址炭化植物遗存与植硅体的加速器质谱（AMS）碳十四年代测定，共9个数据；二是遗址出土兽骨的加速器质谱碳十四年代测定，共6个数据。根据上述测年数据判断，遗址早期阶段的绝对年代距今8800—6900年，晚期阶段距今6600—6000年。巍巍中华，绵延至今，浩瀚璀璨，不得不让我们心生豪情，感叹中华文明之博大

早期阶段石斧

早期阶段石锛

早期阶段石支脚

精深。

　　那么，渠沟遗址和淮河流域其他遗址相比，有哪些共性和特点呢？从年代和文化序列上来讲，渠沟遗址早期早于淮河下游的顺山集文化和同在濉河流域的石山孜遗址，与山东地区的后李文化早期相近，接近淮河上游的贾湖文化（第一、第二期）；晚期处于淮河中下游的双墩文化至大汶口文化之间。大量釜、支脚、盆等器物的面貌，更接近东部的顺山集文化和后李文化，而与西部淮河上游的贾湖文化、中游的蚌埠双墩文化区别较大，有其自身特点。渠沟遗址的发掘和研究，更加凸显古濉水流域在新石器时代考古学文化发展中的重要性与独立性。

早期阶段骨针　　　　　　早期阶段角锥　　　　　　早期阶段磨光骨器

早期阶段穿孔骨器　　　　晚期阶段鹿角靴形器

民以食为天。从远古时代开始，水稻、黍、粟等农作物，哺育了世世代代在淮河岸边生活的芸芸众生。现有资料显示，淮河中下游地区自新石器时代以来，人类植物性食物资源利用与农业发展的基本过程已相对清楚。水稻在顺山集文化时期（距今8500—7500年）已作为一种重要的植物资源被人们利用和栽培，至双墩文化时期（距今7300—6800年），则出现了稻黍共存的现象；同时，仍然存在大量采集各类野生植物资源的情况。到了距今6000年的大汶口文化早期，淮河中下游仍是单一的稻作农业模式，但种植成为先民获取植物性食物资源的主要途径，人类对环境的依赖性大为减弱，生存能力大大增强。此后，到了距今5500年左右的大汶口文化中期，农业经济进一步发展，出现了水稻、粟和黍并存的稻旱混作技术的农业模式，得以养活更多的人口。值得注意的是，该区域仍有两个阶段缺乏植物考古的相关材料：第一个阶段是顺山集文化之前（距今8500年以前），第二个阶段是双墩文化至大汶口文化之间（距今6500—6000年）。两者之间有2000多年的植物考古空白，而渠沟遗址的发掘，正好弥补了这一缺憾。

为了解先民植物性食物资源利用情况及部分石器功能，利用淀粉粒分析方法，专家对15件石器进行了残留物提取分析，同时还利用植硅体分析方法对土壤进行了分析，结果令人大为惊叹：发现了粟、薏苡、小麦族、菜豆族等4类植物种属的淀粉粒共24粒以及黍的植硅体，其中黍是迄今为止淮河中游地区年代最早的旱地农作物证据！结合炭化植物遗存分析结果，发现早在距今8800年左右，渠沟遗址先民就已经开始种植黍、水稻两种农作物，同时采集薏苡、小麦族等野生植物种子，这也是他们获取植物性食物的重要途径。遗址出土的石磨盘、磨棒、刀等表面淀粉粒残留物的种类以及损伤特征表明，石磨盘和石磨棒在当时曾被用于粟、小麦族及薏苡等植物种子的脱壳、碾压或研磨等加工处理，而石刀可能主要是用于收割禾本科植物。种种迹象表明，渠沟遗址先民或种植，或采集，他们的植物性食谱非常丰富，加工食材的方式多样。

当然，人类属于杂食性动物，淮河流域先民也不仅仅从植物身上获得热量。在他们的荤菜食谱上，猪肉是第一选择，猪肉为淮河流域先民提供了多数的脂肪、蛋白质等人体需要的物质。根据动物考古、古DNA、几何形态测量等研究可知，大约9000年前淮河上游的贾湖遗址就开始了家猪的饲养活动。自此，家猪的饲养揭开了新石器时代古代居民肉食资源获取方式变革的序幕，人们从自然狩猎走向人工养殖，一定程度上摆脱了自然环境的限制，有利于部落的稳定和壮大。但是受自然和人文等因素影响和制约，家猪驯化和饲养的发展在全国各个地区并非均衡的，呈现出不同的地域性特征。

简而言之，黄河流域家猪饲养发展水平最高，自新石器时代中期开始，家猪饲养发展迅速，表现在诸多考古遗址中，家猪逐渐取代以鹿科动物为主的野生动物，在数量和比例中占据绝对优势。在长江流域，情况却大为不同，一直到新石器时代晚期的考古遗址中，家猪都未能在人们的肉食结构中占据主导性地位。而在淮河流域，囿于早年考古工作的不足和动物考古数据及相关资料的匮乏，家猪的驯化和发展脉络始终不清晰。因此，辨析淮河流域家猪的饲养及驯化特征，探讨其与当地的农业结构及自然资源等因素之间的相互关系，不仅可以完善对淮河流域早期生业活动的认识，而且对探讨我国古代家猪饲养模式的多样性具有重要意义。于是，渠沟遗址动物骨骼的发掘和研究，有着不言而喻的价值。

渠沟遗址包含了大量的动物骨骼。那么，渠沟遗址中有没有家猪的骨骼？渠沟遗址先民有没有将猪肉作为食材，让其成为补充热量的来源？对于动物骨骼，发掘者根据实际情况使用两种不同的方法予以采集：一是考古发掘过程中对肉眼可见的动物骨骼进行手工采集，二是在植物考古浮选剩下的样品中采集。研究结果显示，距今约7000年前后，渠沟遗址已经存在家猪饲养，但处于家猪饲养的初期阶段，规模亦较小。相比之下，鹿

龟甲

等野生陆生哺乳动物及鱼、龟等野生淡水产品，在人们的肉食结构中占据很大比重，证明野生动物的猎取是人们获取肉食资源的主要途径。通过梳理淮河流域多处遗址的动物考古数据发现，该地区家猪的饲养和发展较缓慢，可能与当地丰富的自然资源有关，家畜饲养的驱动力比较弱。遗址中的大量鱼、贝及龟类骨骼的发现，反映出当时渔猎活动发达。此外，鹿骨和鹿角是加工工具的主要原材料。种种迹象表明，当时的淮河流域气候温暖，水草丰茂，鱼虾肥美，野生动物资源丰富多样。先民们无须经过长久的驯化、饲养，只需经过简单的狩猎、捕捞就可以获得肉食。

渠沟遗址是目前淮河中游发现的年代最早的新石器时代遗址。在这片土地上，先民们种植、采集、养殖、猎捕……他们在几近蛮荒的生存环境下坚韧地生活，一代代地繁衍生息，组成了波澜壮阔的生命乐章。渠沟遗址堆积较厚，文化面貌独特，内涵丰富，对于厘清和完善该地区新石器时代考古学文化序列意义重大。同时对研究聚落形态、功能布局、房屋建筑、文化分期、文化交流以及古人的生业模式和生活环境等均具有重要意义。考古是对人类童年的一种回望，而历史滚滚向前，像濉河经久不息地流淌在大地上。

濉河北接溪河，南连浍水，温情脉脉地滋润着皖北大地。唐朝诗人白居易，常携"符离五子"游车登山，泛舟濉水，诗酒盘桓，留下了"濉水清怜红鲤肥……相扶醉蹋落花归"的佳句。沧海变桑田，人世多变幻。近些年，濉河流域分布的一批年代较早的新石器时代文化遗址陆续被发现，为寻找淮河流域文化的来源提供了极具价值的线索，对重新认识淮河文明及其对中华文明的贡献具有重要意义。

（撰稿：张义中　杨玉璋）

参考文献

[1]戴玲玲、张义中：《安徽淮北渠沟遗址出土动物遗存的初步分析》，载教育部人文社会科学重点研究基地、吉林大学边疆考古研究中心、边疆考古与中国文化认同协同创新中心编《边疆考古研究》（第30辑），科学出版社2021年版。

[2]戴玲玲、张义中：《稳定同位素视角下淮北地区新石器时代家猪的饲养策略研究——以安徽渠沟遗址（公元前6700—公元前4000）的分析为例》，《第四纪研究》2021年第5期。

石山孜遗址

淮北地区一万年文化史早期阶段的突出代表

　　石山孜遗址位于淮北市经济开发区，北临濉河，面积约12万平方米。1988年、1992年和1993年进行3次发掘，总发掘面积为450平方米，出土了大量陶器、石器、骨器等遗物。遗址新石器时代遗存分为四期，其中石山孜一期距今8000年前后，是安徽发现的年代较早的新石器时代文化遗存。

　　安徽省的淮北平原北部地区有一片低山丘陵分布区，得益于优越的自然环境，这一地区是人类较早开发的地区。目前，安徽省经过考古发现的几处距今约8000年的古代遗址均分布于这一地区，如淮北渠沟遗址、石山孜遗址、宿州小山口遗址、泗县于庄遗址等。其中，石山孜遗址因面积大、内涵丰富、文化延续性强、发掘成果丰硕而成为安徽省新石器时代较早阶段的突出代表。

　　1984年，濉溪县文物管理所在文物普查时，在当时的濉溪县平山乡（今属淮北市经济开发区）发现了石山孜遗址。这个遗址在地形地貌上的一个最大特点就是虽然遗址地处一片平地，但平地之上有一座孤耸奇秀的小石山，堪称奇观。该山在清光绪年间编纂的《宿州志》中就有记载，

石山孜遗址

曰："濉溪县城东南约五华里处有一石山，巨石磷山间，突兀于平原之上，名曰飞来峰。"清光绪《凤阳府志》中也有记载："宿州西北五十余里有石山，周围一里许，纯石无土，介然独峙，层层迭起，嵌空玲珑，如雕如画。"可见，在清代时，该石山已是濉溪名胜之处。石山南侧有个小村庄也就被命名为石山孜村，这个遗址也自然就被命名为石山孜遗址。

几年后，石山孜遗址的发掘被提上了日程。1987年国家文物局设立了苏鲁豫皖古文化研究课题，安徽省文物考古研究所成立了淮河以北地区古文化研究课题组，对该区域内的史前文化遗存展开了广泛的考古调查，并对以往调查确定的古文化遗存进行了复查。在调查和复查的百余处古遗址中，课题组认为石山孜遗址的年代较早，需要进行考古发掘，一探究竟。经国家文物局批准后，安徽省文物考古研究所于1988年秋对石山孜遗址进行了首次发掘，这次发掘面积很小，仅有100平方米。

石山孜遗址距今约多少年？这是人们普遍关心的话题。经过发掘得知，该遗址的文化堆积比较厚，通过对出土器物的分析，遗址的年代应在距今7000年前后。

1991年春，全国苏鲁豫皖考古座谈会在合肥召开，石山孜遗址的发掘成果得到了与会专家的关注，但因发掘面积较小，资料有限，难以全面反映该遗址的文化内涵。经国家文物局批准后，安徽省文物考古研究所于1992年冬对该遗址进行了第二次发掘，发掘之前对遗址进行了初步钻探。从钻探情况分析，该遗址东西宽340米，南北长400米，面积约12万平方米，文化层最深达4.5米，远大于一开始认为的3万平方米。依据钻探资料，在小石山西北部和东北部分两处布方，发掘面积250平方米。1993年10月，又开始了第三次发掘，这次发掘面积也很小，只有100平方米。

通过1988年、1992年和1993年这3次发掘，石山孜遗址的总发掘面积为450平方米，发现房址15座、灰坑393座、墓葬15座，出土了大量陶器、石器、骨器等遗物。对这个遗址的文化面貌算是有了相对完整的认识。

石山孜遗址第一次发掘成果发表在《考古》杂志1992年第3期。经过20多年的整理研究，2017年，《濉溪石山孜——石山孜遗址第二、三次发掘报告》由文物出版社出版，对石山孜遗址的第二、三次发掘资料进行了深入研究和详细发布。

当发掘成果呈现在人们面前时，石山孜遗址的神秘面纱终于被揭开。石山孜遗址的主体是新石器时代文化遗存，另有少量汉代遗存。发掘报告将石山孜遗址新石器时代的遗存分为四期，这四期代表了距今8000—4000年先民在石山孜这块土地上的发展演变过程。

首先，在距今8000多年的时候，这一地区气候适宜，水草丰美，物产丰富，有一批先民沿着濉河来到这片富饶的土地开始定居。他们开始建造简单的房屋，烧制陶器用以炊煮、盛放食物，制作石器用以砍伐，制作骨器用以渔猎。

　　陶器是考古学家研究最多的对象。这时的陶器多掺和蚌末、细砂和植物茎秆，用这种方法制作陶器时不容易开裂。但由于对火候的掌握还不够精准，烧出来的陶器颜色多斑驳不纯，总体以红褐色为主，最常见的是器表呈红褐色，器内及口沿呈灰黑色，这说明烧制时器物应该是倒扣着放置的。陶器的制作方法以手制为主，采用泥圈叠筑和泥条盘筑，然后拍打成型，因此，有些器型不够圆整，器壁也厚薄不一。器表装饰较为简单，以压印指甲纹为主，另有少量的乳丁纹、戳点纹等。

　　陶器群的基本器类主要有釜、鼎、钵、盆、碗、罐、支脚。石山孜一期稍晚阶段出现了灶与釜相配套的炊具样式。釜的形态多样，但总体上器型较大，器物的口沿下多安装錾手或一圈附加堆纹等附件，便于拿取搬运，有一种口沿做成花边状的也很有特色。

　　这一时期的先民出于原始信仰，制作一些动物形象的器物，如出土了一件支脚的残件，雕塑有双眼、鼻梁等。

一期陶塑动物模型

一期石磨盘

二期陶釜

二期鹿角靴形器

二期石柄形器

二期陶碗底上的刻画符号

　　石器的种类不多，形体较厚重，制作方法以打制、琢制和磨制三种为主，除常见的石斧、石锛外，最有代表性的是石磨盘和磨棒，用以加工谷物或果实。

　　这一时期由于环境优越、水草丰美，因此各类动物也比较多，尤其以猪、鹿居多，先民便利用动物的骨骼来制作工具，所以骨器、角器的制作技术较为发达。骨器主要有镞、锥、鱼镖、针等渔猎工具和日常生活用品。

从上述陶器、石器、骨器工具的类别以及动物遗骨中有家猪等现象分析，当时居民的经济生活应是以农业、制陶业、渔猎和家畜饲养业并重的综合经济。当时人们的肉食来源主要是猪和鹿，还有少量的鱼、螺蚌类。

石山孜一期文化虽然没有经过碳十四测年，但通过与周边文化的对比，可以推测年代距今8000年前后，与宿州小山口一期文化相当，有学者将其称为"石山孜早期文化"，是安徽发现的年代较早的新石器时代文化遗存。

到了距今7000年左右时，石山孜先民继续在此生活，但他们的文化面貌与一期略有变化，这被称为"石山孜二期文化"。

石山孜二期文化遗存发现的房址为长方形的地面式建筑，虽然多为残存的基址，但尚可看出其经过平整地面、挖槽竖柱、筑墙棚顶、室内地面多用红烧土与黏土相混合砸实等工序。发现的墓葬较少，且为未成年人墓，既无葬具，亦无随葬品。

石山孜二期文化遗存的陶器制作技术比一期有所进步，陶器的火候较高，外红内黑陶和内外有黑色斑点的器物已大为减少。典型的泥质红陶已经出现。泥质陶的器表装饰也有了显著的变化，均为磨光或饰红陶衣，并出现了为数不少的上红下灰的"红顶式"器类。这一时期开始出现了彩陶，多为红彩，彩绘纹样以宽带式和方格网状纹、放射状条纹为主。此外，在有些陶器的底部还出现了少量的席纹、篦点纹、谷糠纹等装饰手法，说明当时在制作陶器时是将其放置于编织物上的。

陶器的基本器类为鼎、釜、钵、碗、盆、小口双耳罐，此外，新出现了陶盂、带把器、带流器等器类。这时的先民对原来的炊具进行了创新，直接在陶釜的底部安装了支脚，这样就发明了陶鼎，用以炊煮就方便多了。

石器类的数量有所增加，通体精磨者也不在少数，如石柄形器、石斧、石凿、石锛、砺石等。

　　骨器总体说来较为发达，主要有镞、锥、刀、针等渔猎和日常生活用具，鱼镖的数量在减少，最有代表性的是一种样子像靴子的小型骨器，专家们将其命名为鹿角靴形器。关于它的功能却没有定论，有的认为是打磨陶器口沿的，有的认为是打磨兽皮用的，有的认为是纺织工具，有的认为就是普通的用来勾取树上果子的工具。但能够确认的是这种器物在距今7000年左右的安徽淮河中游地区最为普遍，如蚌埠双墩、定远侯家寨等遗址均有大量出土。

　　石山孜二期文化年代距今7200—6500年，鉴于其文化面貌与蚌埠双墩遗址有许多相似特点（如还出土了双墩遗址常见的刻画符号），双墩文化的命名又得到公认，有学者将石山孜二期遗存列为双墩文化在淮河中游偏北地区的一个地方类型——石山孜类型。

　　到了距今6000年的时候，可能是从北部（今山东地区）又有一批新的先民看中了这片地方，开始在此生活，他们的文化面貌被称为"石山孜三期文化"。

三期陶鼎

三期三足钵

三期玉璜

　　石山孜三期文化的房子、墓葬，不仅数量增加，而且规模增大，反映了这一时期的生产力水平有所提高。房址虽多为残基，但营建技术、数量和规模均有了较为明显的进步。所发现的少量墓葬多无葬具，其中M10是唯一一座有随葬品的墓葬，随葬器物为三足钵和带把钵。

　　石山孜三期文化的陶器与一、二期明显不同了，陶鼎明显增多了，如小型带把罐形鼎，鼎足多为圆锥形，足根多有附加泥条；也出现了淮河以南常见的扁凹槽足；三足钵也很有特色，有的钵足做成外撇类似钺的样子。此外，陶豆、圈足碗等带圈足的器物也开始流行起来，圈足部位多戳印或镂刻各种复杂的图案，有的还涂上红衣，显得更加美观；有的陶碗（或钵）的口沿上也涂一圈红衣。

　　这一时期的先民开始佩戴一些玉器作为装饰品，如出土了一件玉璜，两端有钻孔。

　　石山孜三期文化年代距今6000—5500年，文化面貌与山东南部的大汶口早期文化相似，同时还有一些江淮地区的因素，反映出这一时期的先民与周边的交流已经很频繁了。

　　令人不解的是，不知什么原因，之后有2000年左右时间，这里就没有先民在此生活了。其间到底发生了什么？不得而知。一直到了距今大约4200年的时候，又有少量先民在此生活。这一时期文化面貌在考古学上被命名为"龙山文化"。

龙山文化时期，因为人类在此生活的时间不是很长，所以产生的文化堆积较薄，出土遗物较少。陶器以深灰色和灰黑色为主。器物的制作技术已经相当高超了，器壁较薄，多为轮制，制作较精致，器表装饰有篮纹、方格纹、凸弦纹等。器类以深腹罐为主，其次为鼎、平底盆、碗、器盖、筒形杯等。

从这些陶器的特点可以看出，其既有中原龙山文化的因素，也含有山东龙山文化的因素，反映了同一时期不同人群之间的交流和相互影响。

石山孜遗址的发掘，为研究淮河中游地区史前考古学文化提供了丰富的资料。

首先，通过发掘获得了龙山文化遗存—石山孜三期文化遗存—石山孜二期文化遗存—石山孜一期文化遗存的地层叠压关系，从而明确了这一地区新石器时代中晚期考古学文化的序列。

其次，石山孜一期、二期文化遗存的大量发现，代表了本地区新石器时代中期的文化面貌。目前学界普遍认为，在距今8000年左右的石山孜一期文化时期，淮河中游北部地区已经存在一支比较发达的史前文化，有研究者也提出过"石山孜文化"的命名。

同时，石山孜一期文化的发掘，为研究与周边同时期文化（如苏北顺山集文化、山东后李文化、中原裴李岗文化与贾湖文化）的关系提供了基础。石山孜二期文化作为双墩文化的一个地方类型，也显示了距今7000年前后淮河中游地区文化的发达和高度统一。

正是鉴于石山孜遗址的重大价值，1989年，石山孜遗址被安徽省人民政府公布为第三批省级文物保护单位，并于2012年编制了遗址保护规划。2013年，石山孜遗址被国务院公布为第七批全国重点文物保护单位。目前遗址已经得到有效保护，创建考古遗址公园等有效利用工作也在积极谋划之中。

（撰稿：张小雷　解华顶）

参考文献

［1］贾庆元：《安徽濉溪石山子新石器时代遗址》，《考古》1992年第3期。

［2］安徽省文物考古研究所、淮北市博物馆、濉溪县文物事业管理局：《濉溪石山孜——石山孜遗址第二、三次发掘报告》，文物出版社2017年版。

小山口与古台寺遗址

皖北地区新石器时代较早阶段的代表

安徽省宿州市埇桥区的曹村镇，北邻江苏徐州，地形地貌虽以平原为主，但也有多座残丘相间其中。这里历史文化资源十分丰富，不仅是七十二贤之一闵子骞的墓祠所在地，更有两处全国重点文物保护单位——小山口遗址、古台寺遗址。这两处遗址均因年代较早、发现发掘时间较早，在全国尤其是在淮河流域新石器时代中期考古研究中占有重要地位，其中，小山口遗址一度被认为是安徽最早的新石器时代遗址。

小山口遗址南距曹村镇6千米，地处皇藏峪山系东北麓的平原地带，西距山系2.5千米，东南50米即为小山。遗址西距倒流河20米，东距京沪铁路450米，南侧为小山口村农田，西南距小山口村约1000米。小山口遗址地势相对较为平坦，中心高出四周1米左右。

小山口遗址发现得比较早，而且跟玉器有关。1953年，治淮文物工作队苏北组曾调查过，采集有玉璜、玉环、玉连环、绿松石饰等。1959年冬，南京博物院尹焕章等再次调查，并将遗址命名为小山口曹庄遗址，将调查结果发表在《考古》1960年第3期："在河东岸，在河边的断崖上可看出古代的文化堆积，在50厘米左右的黄淤土下有2米多厚的灰层，南

小山口遗址

北长约100米，东西范围在地面上较难确定，估计有80米。沿河往北约50米，是1953年采集上述玉饰的地方，那些遗物集中出土，可能是葬地，其范围不大，现已挖完。"

20世纪七八十年代，小山口村村民雨后经常能在小山口遗址西北部的倒流河边捡到小件玉器，多为玉管、玉璜等小件器物。

20世纪80年代初期，在第二次全国文物普查时，原宿县文物部门对小山口遗址进行了调查。

1987年，国家文物局设立苏鲁豫皖古文化研究课题，中国社会科学院考古研究所成立了安徽工作队，对安徽淮河以北地区的先秦遗址进行了集中调查。1990年春，在对小山口遗址调查过程中发现有别于大汶口文化的遗存，并敏锐地意识到年代可能较早，为寻找皖北地区新石器时代早期遗存提供了线索。于是1991年秋考古人员对该遗址进行了试掘，开3米×10米探沟一条，发掘面积30平方米。

小山口遗址所处地理环境优越，适宜人类生存，发掘结果也显示，从距今8000年到距今5000年、4000年、2000年一直有先民在此居住。

遗址第二、第三层为龙山文化层，第四层为大汶口文化层，第五、第六层为新石器时代中期文化层。发现新石器中期灰坑1个、大汶口文化时期墓葬1座和龙山时期灰坑2处等遗迹现象，出土少量陶器、残石器和骨器。

第五、第六层出土的陶片以夹砂红褐陶为主，但陶色不纯，多呈外红内黑，常见陶片内夹草木灰的现象，另有少量夹蚌陶；陶器烧制的火候较低，显得比较酥脆，有的出土时手触即成粉末。因为都是残片，从口沿能分辨出器型以釜为主，另有钵和碗等。釜多在口沿外侧有一周链式附加堆纹，敞口；有的在口沿下有椭圆形錾手，为直口。

石器有刮削器、尖状器、石锛、石斧、磨盘、磨棒。骨角器有骨笄。

小山口遗址新石器时代中期共有2个碳十四测年数据，校正年代分别为公元前6077—公元前5720年，公元前5958—公元前5650年。

小山口遗址仅有少量大汶口文化遗存，虽然试掘发现1座墓葬，但没有随葬品，仅有2片陶片可以判断属于大汶口文化时期。地层中出土一些陶片，多为红陶，值得注意的是出土了1片彩陶，为红底黑彩，为陶钵类器物的口沿，口沿上饰椭圆形黑彩，之下为斜方格纹。这种类型的彩陶与距此西南10千米的萧县金寨遗址出土的大汶口文化彩陶一样，可以判定出它的年代为大汶口文化中期，距今5000年前后。

小山口遗址龙山文化遗存比较丰富，出土了一些可以复原的器物，如鼎、罐、杯、器盖等。尤其是鼎足比较有特色，类似鸟头的形状，考古学上称之为"鸟首形"。此外，还有一些磨光黑陶，这都与山东地区的龙山文化面貌一致。碳十四测年为公元前2032年。

小山口遗址的发掘不仅为建立皖北地区新石器时代文化序列提供了一个标尺，而且其新石器时代中期遗存的发现更为珍贵。从器物组合和陶器特征来看，小山口遗址新石器时代中期遗存均与西南方向40千米的淮北石山孜遗址一期相似，如口沿外侧饰链式附加堆纹、口沿下有椭圆形錾手。20世纪90年代，在石山孜一期发掘材料公布之前，多数研究者认为小山口一期可作为皖北地区新石器时代最早遗存，可称为"小山口一期文化"，与北部的山东后李文化年代相当。随着近年石山孜一期发掘资料的详细发表和江苏泗洪顺山集遗址的大规模发掘，淮河中游北部地区新石器时代中期考古学文化的面貌逐渐清晰。

鉴于小山口遗址的重要价值，2004年10月，小山口遗址被安徽省人民政府公布为第五批省级文物保护单位；2013年3月，被国务院公布为第七批全国重点文物保护单位。

为进一步了解遗址的准确分布范围和遗迹分布情况，做好遗址保护规划，2021年，安徽省文物考古研究所对小山口遗址进行了考古勘探，确定了小山口遗址的准确分布范围和面积。遗址面积约27000平方米，总体平面呈不规则形。

古台寺遗址位于曹村镇闵贤行政村腰庄自然村南侧，北距小山口遗址10千米，东距206国道350米。从地形地貌上来看，其比小山口遗址略远于西侧的山系，西距山系4千米，东、南侧700米处也有残丘分布。遗址之所以被命名为古台寺，是因为遗址上有一个高出地面约8米的土台，据说，土台上曾有寺庙建筑，故称"古台寺"。

20世纪80年代初期，古台寺遗址在第二次全国文物普查时被原宿县文物部门发现，并被确定为一处新石器时代遗址。

1990年春，中国社会科学院考古研究所安徽工作队对古台寺遗址再次进行调查。

古台寺遗址

　　1991年春，中国社会科学院考古研究所安徽工作队对古台寺遗址进行试掘，在遗址的东北部开5米×5米探方三个（编号T1—T3），在西南部开3米×7米探沟1个（编号T4），发掘面积96平方米。在探沟最下层发现了新石器中期文化遗存，并在编号T1大汶口文化层中发现2座儿童瓮棺葬。

　　与小山口遗址相比，古台寺遗址的地层堆积缺少龙山文化地层，但多出周代、唐宋时期的堆积，也就是说，其比小山口遗址延续的时间还要长，文化序列更为完整。

　　古台寺遗址新石器时代中期地层较薄，仅出土少量陶片，均为手制，火候较低，陶质较软，陶色不纯，外表多为红褐色，内壁多为灰黑色。器表纹饰较少，有戳印纹、指甲纹、附加堆纹等。器型以釜、罐为主，与

考
古
安
徽　先
秦
篇

古台寺遗址采集陶片

小山口遗址同一时期地层相比最大的变化就是出现鼎足，多呈圆锥状。鼎的出现说明其年代要比小山口一期略微晚一些。通过与周边文化遗存的对比，其文化面貌与淮北石山孜二期较为相似，并与淮河北岸的蚌埠双墩遗址较为相似，年代距今约7000年。

古台寺遗址大汶口文化遗存相对丰富，出土了一些陶鼎，鼎足以凿形足居多，鼎身多施以篮纹或绳纹，制作得非常规整。这种类型的鼎并由此代表的文化面貌在这一时期的淮河以北地区广泛分布，以蒙城尉迟寺遗址发掘面积较大、发掘时间较早、成果最为丰硕，因此考古界用"大汶口文化尉迟寺类型"来指代距今4800—4300年淮河中游北部地区的社会。

鉴于古台寺遗址的重大价值，2004年10月，古台寺遗址被安徽省人民政府公布为第五批省级文物保护单位；2013年3月，被国务院公布为第七批全国重点文物保护单位。

为进一步了解遗址的准确分布范围和遗迹分布情况，做好遗址保护规划，2021年，安徽省文物考古研究所对古台寺遗址进行了考古勘探，基本确定了古台寺遗址的准确分布范围和面积。遗址面积约13万平方米，远大于早年估计的6万平方米，总体平面呈不规则形。

通过勘探确定了遗址文化层的分布情况。在土台区域探至2.6米时，发现有大量乱砖、石块，这就证明了土台上确实有晚期寺庙类建筑。土台底部还新发现有龙山、西周、春秋战国时期的堆积。这就更好地证明了古台寺遗址几千年的聚落演变态势：在距今7000年左右，先民开始在此定居；距今4800—4300年，大汶口文化先民在此生活；到了距今4000—2500年，可能是由于水患，先民开始在此堆土筑台，在其上建造房屋生活；到了距今2000年的汉代时期，因为这一地区汉代历史文化非常发达，聚落的规模扩大为10多万平方米；到了唐宋明时期，土台上开始建造了寺庙。

如今站在土台上，看到周边的工厂和原野，几千年变化似沧海桑田。

目前，当地政府正在编制古台寺遗址保护规划，并积极创建考古遗址公园。

（撰稿：张小雷　高　雷）

参考文献

［1］尹焕章、张正群：《1959年冬徐州地区考古调查》，《考古》1960年第3期。

［2］王吉怀、吴加安、梁中合：《安徽宿县小山口和古台寺遗址试掘简报》，《考古》1993年第12期。

芦城孜遗址

淮北平原一万年文化史、五千多年文明史的见证

芦城孜遗址位于宿州市埇桥区，南邻浍河，地处皖北平原腹地，1990年、2009年安徽省文物考古研究所对该遗址进行发掘。遗址地层堆积丰富，文化序列完整，包含有新石器时代中期，大汶口文化晚期，龙山文化时期，岳石文化时期以及周代、汉代、隋唐时期文化遗存。其中尤以龙山文化遗存最为丰富，是皖北地区龙山文化的代表。

安徽北部地区，又称"皖北"，处在南下北上、东进西出的战略要地。这是一片广袤的平原，地势上西北略高，东南略低，颍、涡、浍、灞、浍、沱、濉等河流从西北流向东南，注入淮河。其中浍河地处皖北平原腹地，沿岸分布着众多的古代遗址，在浍河中游北岸就有着一处重要的遗址，见证了皖北平原8000年以前先民的生活图景，这就是芦城孜遗址。

芦城孜遗址位于宿州市埇桥区桃园镇芦城孜自然村西南，南邻浍河，北、东临一小河，总面积约8万平方米。遗址略高于周边地区，呈台地状。

芦城孜遗址的发现，距今已近40年。20世纪80年代，宿州市文物管理所调查发现了该遗址。1987年，安徽省文物考古研究所淮河以北地区古文

芦城孜遗址

化研究课题组对芦城孜遗址进行考古调查，认为芦城孜遗址面积大、堆积丰富、保存好，决定进行发掘。

1990年秋，考古人员对芦城孜遗址进行了发掘，发掘面积100平方米。虽然发现的遗迹不多，但出土的陶片较多，而且还有较多的动物骨骼。从遗址的文化堆积情况得知，遗址的年代以龙山文化为主，另有商周、唐宋时期的遗存。

2009年6—9月，为配合钱营孜煤炭专运线的建设工程，安徽省文物考古研究所对芦城孜遗址进行了第二次大规模发掘，发掘面积4020平方米。

这次大规模发掘，发现了大量的遗迹，出土了大批的文物，更加详细了解了遗址的文化面貌。

发掘结果显示：遗址文化层深1—3.2米，文化序列完整，包含有新石器时代中期，大汶口文化晚期，龙山文化时期，岳石文化时期以及周代、汉代以及隋唐时期文化遗存。其中以龙山文化遗存最为丰富。

遗址中，新石器时代中期文化遗存分布较少，仅出土了少量陶片。以夹砂、夹蚌红褐陶为主，火候低，陶质疏松；器型以陶釜为主，有少量

新石器时代中期陶片

大汶口文化晚期陶鼎形甗

大汶口文化晚期陶盆

罐、盆、钵，陶釜的口沿外侧多附有一周泥条，称为"叠唇"。碳十四测年结果为公元前6220—公元前6060年，与宿州小山口一期、淮北石山孜早期文化面貌较为相似。

　　大汶口文化晚期遗存也不多，出土遗物有石器、骨器和陶器。陶器烧制技术有了很大提高。以夹砂、夹蚌红褐陶为主，纹饰以篮纹为主，有少量绳纹，典型陶器有鼎、鬶、甗、盆、器盖等，骨器有骨锥、骨针等。碳十四测年结果为公元前2580—公元前2460年，文化面貌与大汶口文化尉迟寺类型相同。这再次表明，皖北地区在距今4500年前后文化面貌高度统一，区域性社会或许已经形成。

　　龙山文化遗存保存比较好，各类遗迹遗物丰富。

　　遗迹主要有房基、垫土台基、墓葬和灰坑。房基都是地面建筑，多为排房形式，个别有单间和双连间，房间以长方形为主，一般的建筑基址四周挖有基槽，槽内布有柱洞，槽底多经夯打加固。石灰作为建筑材料被广泛使用，晚期开始用土坯作为建筑材料。共发现22座墓葬，有9座儿童墓，为长方形土坑竖穴，无葬具，未发现任何随葬品，以单人一次仰身直肢葬为主，19座头向东，3座头向北；有些墓葬在房基或墙基下，有些墓葬位于房基之旁，这些墓葬应为建造房屋之前特地埋葬，被称为"奠基葬"。

芦城孜龙山文化遗物主要有陶器、石器、角器、骨器、蚌器。

陶器烧制技术大幅提高，快轮制陶技术广泛使用，器型规整，火候较高，器表均打磨光亮。陶色以灰褐陶为主，其次是黑陶和灰陶。有少量的红褐陶和白陶。纹饰有篮纹、绳纹、方格纹，此外，还辅以弦纹附加堆纹、镂孔等，将耳鼻、泥饼、索条融实用和装饰于一体。陶器器型多样，主要有鼎、罐、盆、盘、豆、壶、鬶、杯、箅子、器盖等，较有代表性的有鼎、鬶、圈足盘，还出土了一批光洁明亮、几近蛋壳陶的陶杯残片。

陶鼎主要是罐形鼎，多呈灰黑色，器身饰绳纹或篮纹，鼎足是侧三角形，足根多有捺窝。到了晚期，鼎足多呈"V"字形，且多与大型盆形鼎相配。

陶鬶主要有两类，早期多是夹细砂红陶，还有少量白陶，器壁较薄，

大汶口文化晚期墓葬

龙山文化陶鼎

龙山文化陶鬶

三个肥大的袋足，制作精美。因为白陶所用的高岭土不是每个地区都有，加上山东地区是这种白陶鬶的制作中心区，所以，这里出土的白陶鬶有可能就来自山东地区。到了晚期，薄胎红白陶鬶演变为厚胎灰黑陶鬶，制作水平明显不如早期。

这里还出土了与陶鬶很相似的一种器物，只是器物的流口制作成管状，这被称为陶盉，泥质红陶，器表又涂有一层红衣，也是一种酒器。

圈足盘也很有特色，多是泥质灰黑陶，器表打磨光亮，多呈浅盘，下附高高的圈足，圈足上还有镂孔。

石器有石斧、石锛、石刀、石镞。角器有角锄、角镐、角锥。骨器有骨镞、骨针、骨簪。蚌器有蚌刀、蚌镰。

根据出土陶器特征，研究者又将芦城孜龙山文化分为三期六段，涵盖

龙山文化陶盉

龙山文化圈足盘

了龙山文化的早中晚期。绝对年代距今4200—3800年。文化面貌既具有豫东地区王油坊类型特征，又具有海岱龙山文化的特征。

芦城孜遗址相当于夏商时期的遗存，只发现一个灰坑，出土少量陶片。陶器色泽多样化，以褐色为主，往往表里不一，深浅不均，一器多色。纹饰以素面为主，个别器物有划纹。在制作工艺方面，陶胎厚薄不均，因而器型不规整。可辨器型有罐、盆、碗、器盖等。通过陶器特征比对，可以判定这些遗存与主要分布于山东地区的岳石文化相同，因此，这就从考古学上证明当时芦城孜一带是岳石文化的分布范围。

芦城孜遗址的再度繁荣是在龙山时期文化1000年之后的两周时期。周代文化遗存延续时间较长，年代为西周中期至春秋晚期。周代时期的文化遗存以灰坑为最多，共清理灰坑25座，此外，还清理灰沟3条、墓葬4座。

4座墓葬较有代表性，均为成人单人葬，形制为口大底小的长方形土坑竖穴。其中编号M20墓底四周有生土二层台，随葬品石镞1件放置于墓主头部右侧，另有陶鬲1件、陶簋2件、陶罐1件置于墓室南侧二层台上。编号M23墓随葬陶器均置于南侧，有陶鬲、簋、豆、罐各2件。编号M26墓随葬玉玦2件分别置于左右两肩，其余4件陶器均放在二层台上，计有陶鬲、簋、豆、罐各1件。编号M24墓形制较大，墓口长5.4米、宽4.6米、深度近7米，为双椁，椁木保存得很好，外椁室长3.4米、宽2.3米、深1.5米，椁室

周代墓葬出土的陶鬲、陶簋、陶豆、陶罐

内侧一周有8根立柱；内椁长2米、宽1.5米、高1.5米。该墓出土各类陶器50件，其中主要是一些黑陶双耳罐，器身拍印绳纹。

芦城孜周代遗存主要文化因素来自丰镐之地，但同时也有鲁国的文化因素和淮夷的文化因素。

此外，芦城孜周代遗存还出土了较多的动物骨骼，通过对骨骼的鉴定研究可以了解当时的环境和生业经济。这一时期体形较大的淡水软体动物基本没有发现，可能昭示着遗址周围水域发生了一定变化，野生哺乳动物种类与龙山文化时期无甚差别，据此推测，这一时期遗址周围环境与地貌变化不大。这一时期的生业经济，从哺乳动物数量来看，以家猪为多，占65%，鹿类等动物仅占35%，这表明家畜饲养规模进一步扩大。鉴定出较多稻、麦等植物遗存，这反映出农作物种植面积增长，有较多镰、锄、铲等农具出土也证明农业活动达到盛期。有较多陶网坠出土，说明渔业在当

周代墓葬出土的双耳陶罐

时生业经济中还占有一定比重。

周代以后，汉代、隋唐时期陆续有先民在芦城孜遗址生活。

芦城孜遗址的发掘和研究工作，再次确立了皖北平原腹地新石器时代中期—大汶口文化晚期—龙山文化—岳石文化—周代文化—汉代文化—隋唐文化的完整序列，为研究该地文化演变提供了标尺。特别是大量龙山文化时期遗物的出土，对研究本地龙山文化的社会面貌和文化性质及与其周边文化的关系提供了丰富的资料。

芦城孜龙山文化一类遗存在皖北分布广泛，经过发掘的遗址有宿州小山口、蒙城尉迟寺、亳州富庄、萧县花甲寺等。从其文化面貌来看，其主体是龙山文化王油坊类型的因素，又有较多的海岱龙山文化的因素。

（撰稿：张小雷　邱少贝）

参考文献

［1］叶润清：《安徽省宿州市芦城孜遗址发掘简报》，《文物研究》1994年第9辑。

［2］安徽省文物考古研究所、宿州市文物管理局、宿州市博物馆：《宿州芦城孜》，文物出版社2016年版。

双墩遗址

淮河流域早期文明的曙光

距今约7000年前的双墩遗址，发掘出土了数量众多的陶器刻画符号，构形种类丰富，在国内外同时期遗址中罕见，成为研究中国早期刻符与文字起源问题的重要资料。以遗址命名的"双墩文化"是淮河流域新石器时代具有地域特色的考古学文化。

汉字是世界上最古老的文字之一，至少有3000年历史。从仓颉造字的古老传说到120多年前甲骨文的发现，历代中国学者一直致力于揭开汉字起源之谜。双墩遗址的年代比发现甲骨文的殷墟早了几千年，这里出土的数量众多的神秘陶器刻画符号，成为研究中国早期刻符与文字起源问题的重要实物资料。

双墩遗址位于安徽省蚌埠市淮上区小蚌埠镇双墩村北，南距春秋钟离国国君墓约300米。1985年全国第二次文物普查期间，蚌埠市博物馆调查发现了该处新石器时代遗址，1986年进行了试掘。1991年、1992年，安徽省文物考古研究所为配合国家文物局"苏鲁豫皖先秦考古"课题，又先后进行了两个季度的考古发掘。出土的大量陶器、石器和骨角蚌器，以及内容丰富的陶器刻画符号，极大地扩充了学术界对淮河中游新石器时代中晚

双墩遗址

期文化面貌的认识。第一阶段的考古发掘获得了一批具有鲜明地方特点的器物组合，发掘者提出"双墩文化"的命名。2013年3月，双墩遗址被国务院公布为第七批全国重点文物保护单位。

2014年，中国社会科学院考古研究所在蚌埠成立"淮河古代文明研究中心"，启动"淮河中游史前聚落考古"项目，并对双墩遗址展开聚落考古研究。经过2014—2019年连续的考古工作，目前已初步摸清双墩遗址核心区的聚落结构和双墩遗址周边的古环境演变。

双墩遗址位于淮河中游北岸的一条天然岗地的中部，这条岗地上分布有众多先秦时期的遗址和墓地，当地俗称"九里十八岗"。考古勘探表明，岗地主要以红褐色和黄褐色黏土为基底，形成于更新世晚期之前。岗地受到长时间流水剥蚀的作用，表面凹凸不平，边缘位置参差不齐。岗地周边为大面积的湖沼淤积，其淤积时间长达数千年，核心区北部的淤积厚度至少距现今地表7米深。据此推断，双墩遗址早期周边为湖沼密布的湿地环境。

双墩遗址核心区位于岗地北部边缘，现存面积不足2万平方米，东部

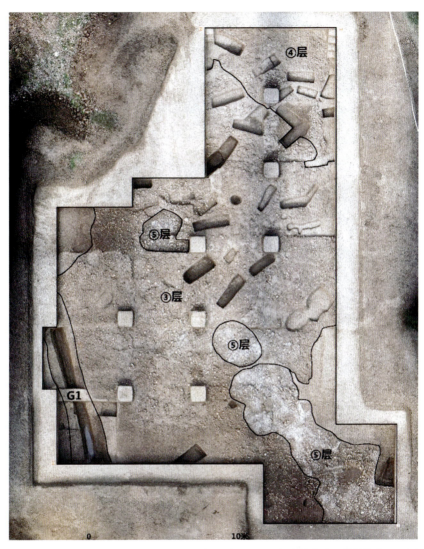

2014—2016年发掘陶片、兽骨堆积平面图

因取土被破坏，形成了断崖。1986—1992年的考古发掘区恰巧位于核心区东南部的凹沟范围，该凹沟西北坡坡度较陡，因此文化堆积倾斜角度明显。2014—2019年考古发掘区则位于核心区西南的凹沟范围，该凹沟东北坡坡度平缓，因此文化堆积倾斜角度不大。两处凹沟中间及北部区域即为遗址核心区，核心区向北延伸至湖沼淤积层之下。

2014—2016年，考古人员在核心区西南凹沟坡面上发现了大规模的陶片兽骨铺垫层，分布面积超过1000平方米。考古勘探表明，陶片兽骨铺垫层下有人为铺垫和堆筑的迹象，有学者推断大规模的陶片和兽骨堆积暗示了人工堆筑台基的祭祀功能。考古人员首先对陶片和兽骨铺垫区的堆积内涵进行了抽样统计，陶片均为双墩文化的日用陶器，破碎严重，拼对率很低，口缘和底缘有使用痕迹。兽骨的破碎度也很高，经观察应为食用残骸，大部分兽骨经过火烧或人为砸击。动物种类相当丰富，以鹿科和猪居多，螺蚌和鱼类水生动物量非常大，均和人类取食有关。另外，考古人员在铺垫堆积中还发现了鹿角靴形器、骨锥、骨针、陶拍、陶纺轮、陶网坠、石斧和石锛等种类繁多的工具。种种迹象表明，陶片和兽骨应为废弃后不久，人为混杂后倾倒、铺垫形成的，倾倒方向则主要来自遗址核心区。

2018—2019年，考古人员对南部的陶片兽骨堆积进行了解剖，证实了台地西南凹沟洼地的存在，陶片兽骨堆积的分布范围与凹沟一致，延伸至台地边缘的坡面上。陶片兽骨堆积清理后还发现一处灶址和一段灰沟。

与此同时，考古人员还对台地顶部进行了全面揭露。现存台地的东北部为双墩文化遗迹密集分布区，主要为集中分布的坑状遗迹和零星的柱洞。台地顶部还发现有岳石文化时期灰坑和汉代以后文化层，被晚期耕种和埋墓行为破坏得非常严重。坑状遗迹坑口都呈圆形，直径集中在1米左右。坑为直壁平底或斜直壁平底，其功能很可能为双墩早期的储藏坑。

目前已经可以大致判断双墩遗址核心区的形成过程：早期人类在台地顶部的居住活动留下了柱洞、储藏坑和灶址等遗迹，该区域应该是早期人类的定居聚落；晚期台地经过人为平整，主要是将台地边缘的凹沟洼地铺垫平整，甚至将早期的储藏坑夯填。由于历史时期严重的取土破坏，现在已经很难复原双墩晚期人类行为的目的。

双墩遗址的主体为双墩文化，测年在距今7500—7200年，处于中国新石器时代中期偏晚阶段。双墩文化陶器大多为形式多样的带錾平底釜（罐形

典型陶器组合

釜、盆形釜）、祖形支脚、圈形支架、敞口器座、锥足鼎和盆形甑的炊器组合，小口鼓腹罐、敞口鼓腹罐的储器组合，矮圈足碗、平底钵、敞口盆和高圈足豆的盛器组合，管流盉和小陶杯的饮器组合。其中饮器组合最具特色。

另外，功能多样的骨角蚌器相当发达，其中以钩状的鹿角靴形器最为鲜明，此类器物绝大部分应和毛皮加工和编织工艺密切相关。双墩文化的艺术内涵相当丰富，夹云母的陶塑雕题人面像在眉目刻画方面匠心独具，猪形陶塑、龟形陶塑和鸟喙形鋬手惟妙惟肖，种类繁多的碗底刻画符号的构图也凸显了淮河流域史前艺术的高超。双墩文化的夹蚌陶技术、陶器内壁渗碳技术和红衣彩绘技术也相当成熟，是淮河流域新石器时代中晚期制陶技术的代表。双墩文化的磨制石器最主要用于木器加工，以石斧和石锛最多，还有少量加工骨器的砺石。

双墩文化最为神秘和最受学术界关注的就是发掘出土的近700件陶碗等底部的刻画符号。这些符号有什么特点？是不是一种古老的文字？是不是汉字的前身？这批刻画符号总体可以划分为象形和几何两大类，具体划

陶塑人面

分时则可细分为动物形、植物形、三角形、方框形、弧线形、半框形、圆圈形、数字形、钩形、叉形和房屋形等项。另外，根据符号构形的不同，同时并用了单体、重体（≥2个相同符号）和组合符号（≥2个不同符号）的分类方法。有古文字学家将众多刻画符号归为象物和象事两大类，更直观地说明了符号与文字之间的联系。学术界在此基础上，开启了数十年的符号释读，成果众多。

那么，这些刻画符号是谁留下的呢？初步梳理双墩文化刻画符号的物质载体，已经可以判断为夹炭陶，尤其是矮圈足陶碗或豆的底部。夹炭陶主要用于储器和盛器。其特性在于塑形性好，轻便易持。陶器的制作、使用、修补到废弃是一个不间断的时间过程（陶器生命史），如果把这个过程放大，单就陶器的制作来观察还可以分为备料、制坯、成型、修坯、晾坯到烧制的时间过程。每个阶段都可能留下"遗痕"，有学者将对其的研究称为"制陶操作链"的研究。将刻画符号置于整个陶器生命史，以及制陶的操作链中观察，发现其具有时间性的"遗痕"。绝大多数的刻画符号产生于制陶过程中的晾坯阶段，再由此作延伸性推断，刻画符号制作者的身份为陶工。在漫长的陶器晾坯过程中，陶工在特定陶器的底部刻画了其观察到的物象知识和抽象知识。

双墩遗址地处淮河中游，黄河与长江中下游的交界地带。新石器时代

陶碗底刻画符号主要类型

中晚期，中国史前相互作用圈逐渐形成，中华文明多元一体的格局逐渐定型。该地区为研究相互作用圈的形成与交流提供了独特的视角。双墩遗址及双墩文化所表现出的社会生活揭示了淮河流域早期文明的曙光，这缕曙光中最使人双眸一亮的光束无疑是那刻于陶碗等底部的神秘符号。

学术界长期争论于双墩刻画符号是否具有早期汉字的身份，文字标准的争论掩盖了双墩刻画符号具体社会功能的研究，汉字起源研究的重点也应放回到对相关实物的考古环境及其反映的社会背景的探索。双墩刻画符号与这个早期定居聚落密不可分，与刻画他们的陶工密不可分，高超制陶技术也折射出双墩陶工对史前景观中物象的描绘，如区分家猪与野猪、不同形态的鱼、形式各样的植物。也有学者认为这些物象置于圆形碗底，可能还表达了对于天象的比拟。总之，这是双墩先民对自然界知识的表达，在数千年后，同一片土地上的钟离国君柏墓室中的天象知识再现了这种表达。

环坯半湿

环坯成型

环坯干后

陶碗底刻画符号形成过程分类

　　从双墩新石器时代遗址和钟离国春秋墓中，人们可以观察到淮夷族群祖先从物象到天象的知识表达，这是中国先秦时期人与自然关系的朴素表达，这种精神层面的遗产价值既传承双墩的地方性知识，又融入中华文明多元一体的历史进程中，弥足珍贵。

（撰稿：张　东）

参考文献

［1］安徽省文物考古研究所、蚌埠市博物馆：《蚌埠双墩——新石器时代遗址发掘报告》，科学出版社2008年版。

［2］张东：《安徽蚌埠双墩遗址2014—2015年发掘收获》，载国家文物局主编《2016中国重要考古发现》，文物出版社2017年版。

［3］张东：《安徽蚌埠双墩新石器遗址聚落考古获得新收获——遗址核心区的聚落结构更加清晰》，2019年1月25日《中国文物报》。

侯家寨遗址

连接长江、淮河中下游的史前文化桥梁

　　侯家寨遗址是淮河中下游之交的重要遗址，距今7000年左右的一期双墩文化的面貌具有该区域的特色；彩绘陶器展现了距今约6000年的二期侯家寨文化南北交流信息，与长江中下游诸文化有一定的交融。

　　在安徽省定远县七里塘镇，洛河缓缓流动，在它的南岸，有一个叫袁庄的小村庄。很多年前，十多户侯姓家族在此聚居，因而以前这里叫"侯家寨"。后因战乱，侯姓家族逐渐散离，新中国成立前尚有3户，新中国成立后全部迁往外地。这就是侯家寨遗址的具体位置和名称的由来。

　　侯家寨遗址是淮河中游重要的新石器时代遗址，在空间上处于长江下游与淮河中下游之交的南北文化交流节点上，距今7000—6000年，为"侯家寨文化"的命名地，1998年被列为安徽省文物保护单位。

　　该遗址是1977年阚绪杭进驻定远李巷时发现的。1985年春由安徽省文物考古研究所试掘了一条3米×10米的探沟，证明该遗址文化堆积层较厚，内涵丰富，年代较早，文化面貌新颖。1986年秋进行第二次发掘，开10米×10米、5米×10米、5米×7米三种规格探方共6个。两次总发掘面积（包括扩方）375平方米，出土一批陶器、石器、骨角器和动物骨骼等。

侯家寨遗址

　　侯家寨是一处较单一的新石器时代遗址，文化层堆积厚1.6—2.5米不等，可分四层。依据地层叠压关系和器物变化，可分为两期，第三、第四层为第一期，灰坑、房址和第二层为第二期。

　　一期侯家寨文化中出土的陶器多为手工磨光，胎壁粗厚，器型较大，除实用性外，还具备一定的艺术性。以夹蚌末或夹炭的红褐色和外红内黑陶为主，少数为黑陶和灰陶。器表饰有刻画纹、戳刺纹、指甲纹、堆纹、乳丁纹等，多以组合纹形式体现美感，并有一定数量的陶器表面施有红衣的彩陶。陶器流行平底、錾手、耳、矮圈足等，以四錾手钵形釜和罐形釜配套祖形支脚的炊器为其文化特征。还有碗、勺、盆、盂、器盖、甑、鬶类生活用具和纺轮、陶锉、圆饼类工具等。

　　石器数量少，多为残件，有磨制和打制两种，多数为打磨结合。器型有石锛、斧、铲、球，还有一部分天然石块。

　　骨角器有骨笄、骨针、骨镞、骨锥等，多数加工磨制比较精细。出土大量的鹿角钩形器是一个重要特点，器物以鹿角的主枝为钩、权枝为柄，先加工成毛坯钩型，再精磨，制作难度较大，切割、制坯、精磨均不易。

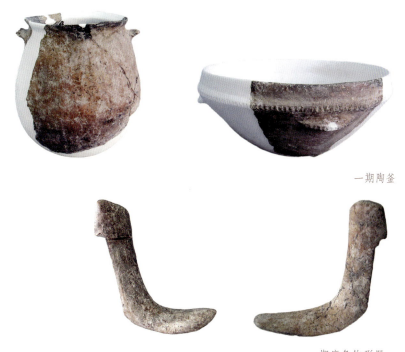

一期陶釜

一期鹿角钩形器

这种器物可能是绑在杆柄上的钩子，用来延长手臂，作为从树上或水面勾捞果实的采集工具，但也有作为其他工具使用的不同说法。

90多件陶器刻画符号是一期侯家寨文化的重要发现，与双墩遗址出土的相同，会不会是某种古老的文字？符号多刻画在碗底的圈足内，可分为象形、几何和其他三类，符号的形状似有一定的规律可循，比如具有字根性的单体、重体和组合体结构符号，构成了一套"形、意、指事"性文字属性的记事符号体系，这引起学术界广泛的兴趣。

二期侯家寨文化发现3座浅穴式房基，均遭到破坏，仅残存部分居住面。房基呈圆形或椭圆形，直径为2—2.5米，面积约为5平方米。居住硬面为灰黑色黏土铺垫并经压实处理，平整内凹20—30厘米不等。在居住面上残存有火塘和陶鼎等器物碎片及猪头骨等。中间有1或2个柱洞，应为房顶中间支撑木柱所凿，其结构似为一种四周屋檐直接连到地面的浅穴草棚类

一期陶器刻画符号

型房子。在房基周围通常会有1—2个灰坑遗迹。

　　二期侯家寨文化陶器主要为夹砂或夹蚌末红褐色陶，少数为夹炭、夹云母的灰、黑色陶。纹饰有少量弦纹、附加堆纹、镂孔等，开始流行泥质红衣陶和绘彩的陶器，一般在橘色底上施红衣或在肩腹部绘红彩带，间饰以水波纹、勾连云纹、连续三角纹、网状纹等。以炊器三足鼎和具有标志性的红色彩陶器为其典型器物群特征，如彩陶罐、彩陶器盖、彩陶豆、彩陶器残片，还有钵、盂、甑、盆、盖、罐等。

　　石器数量少，有石锛、斧、铲等。玉器开始出现，但种类、数量都极少，仅有体量很小的玉璜等。

　　骨器数量也较少，多为工具类，有骨笄、凿、尖状器、镞、锥等。

　　侯家寨遗址先民的经济生活形式是什么样的？是种植粮食作物、养殖家畜还是狩猎、捕捞？经考证，侯家寨遗址存在多种经济生活形态。稻作农业是其中的重要组成部分，发现过粳稻、籼稻炭化的稻谷和稻壳。但渔猎经济仍占据主导地位，出土大量的鹿、羊、狗、鸟、鱼、龟、鳖、蚌、螺等动物骨骼。采集经济作为日常生活的重要补充，同样是不可或缺的，鹿角钩形器和炭化的果核等都应是采集经济的具体表现。此外，发现一定数量的野猪家养的情况，也是先民经济生活来源的补充。

　　侯家寨遗址两期文化距今约多少年呢？经研究，其一期的文化面貌与

二期陶鼎

二期绘彩陶罐　　　　　　　　二期绘彩陶豆　　　　　　　　二期绘彩陶器盖

双墩遗址相同，称为"双墩文化"，年代距今7000年前后。二期文化距今6100—5300年，命名为"侯家寨文化"。

　　以上结论不是一次性得出的，对于侯家寨遗址文化面貌和属性研究，经历了一个过程。1991年，国家文物局在合肥召开"苏鲁豫皖先秦考古重点课题"学术座谈会，与会领导、专家参观考察了双墩遗址发掘现场和侯家寨出土文物，发掘者在汇报中提出了"侯家寨文化"和"课题不能以淮河划界，水是哺育文化的源泉，大山才是阻隔文化分布唯一的天然屏障"的认识。与会领导、专家认为侯家寨和双墩遗址的文化面貌与周边文化不一样，是淮河中游地区单独的文化，因而被列入"苏鲁豫皖先秦考古"发掘项目。随着考古工作的进展和双墩遗址发掘材料的整理研究，在"2005年全国蚌埠双墩遗址暨双墩文化学术研讨会"上，与会专家认为侯家寨遗址一期与双墩遗址文化面貌同属于一个文化，提出了"双墩文化"的命名。包括侯家寨一期、小孙岗一期、吴庄一期和石山孜二期等，与山东北辛文化和浙江马家浜文化年代差不多。原先提出的侯家寨文化被一分为二，一期归属双墩文化。

考
古
安
徽
先
秦
篇

二期彩绘陶片

　　侯家寨文化影响深远，是连接长江、淮河中下游的史前文化桥梁。其分布范围基本覆盖了双墩文化的范围，且向安徽东南和西南部进一步扩展，与江淮东部和西南部文化交流频繁，显示了强劲的生命力，对凌家滩、北阴阳营、薛家岗、塞墩等文化产生了影响。

　　侯家寨遗址内涵丰富、文化面貌清晰，具有典型性和代表性，为淮河中游新石器时代考古树立了标尺，填补了该地区考古学文化的空白，为建立淮河中游区域新石器时代文化发展序列提供了重要参考。

（撰稿：阚绪杭）

参考文献

［1］阚绪杭：《试论淮河流域的侯家寨文化》，载《中国考古学会第九次年会论文集》，文物出版社1997年版。

［2］安徽省文物考古研究所：《安徽定远侯家寨新石器时代遗址发掘》，《考古学报》2019年第1期。

［3］阚绪杭、周群等：《安徽淮河流域的史前文明——双墩文化及其序列的初步探讨》，《文物研究》2007年第15辑。

红墩寺遗址

江淮西部地区六千年文化史的标尺

　　红墩寺遗址位于江淮西部六安市叶集区，地处大别山东北麓的岗地平原地区，遗址呈台墩形，面积近2万平方米，1987年进行小面积发掘。遗址文化堆积厚、序列完整，从距今6000年的新石器时代一直延续到夏商周时期，是目前经过考古发掘的江淮西部地区年代最早和序列最完整的新石器时代遗址，对探索江淮西部地区先秦古文化具有重大价值。

　　江淮西部地区地处大别山东北麓与淮河之间，淠河、汲河、史河等自东向西依次分布，平原岗地相间，气候温和，自然资源丰富，除有时会面临洪涝灾害外，是适宜人类生活的地区之一。同时，该区地处淮河上游与江淮中东部交通的必经之地，也是中原地区与东南地区交流的中间地带，因此，在考古学文化上反映出来的就是其文化面貌的独特性和复杂性。

　　这一地区经过正式的大规模考古发掘的不多，主要有叶集红墩寺、霍邱堰台、寿县斗鸡台等遗址，尤其是叶集红墩寺遗址的发掘，完整展示了这一地区从距今6000年的新石器时代一直到距今2000多年的春秋时期的完整的文化序列，堪称江淮西部地区先秦文化的标尺。

红墩寺遗址

红墩寺遗址位于叶集区姚李镇北2千米，西距叶集20千米，东南距六安30千米，北距霍邱55千米。遗址地处大别山东北边缘与平原过渡地带的岗地区域、西汲河中游，南临一小河。遗址形态为江淮地区常见的台墩形，平面接近圆角方形，面积近2万平方米，高出周围3—5米，在江淮地区台墩形遗址中算是偏大型的。

1987年秋，为探索江淮西部地区先秦尤其是新石器时代考古学文化，安徽省文物考古研究所对当时还是属于霍邱县的红墩寺遗址进行了发掘，在遗址的东北边缘发掘300平方米，了解了遗址的地层堆积情况，出土了一批文物，以陶器和石器为主。根据地层和出土器物特征，可将遗址分为6个时期，代表了新石器时代和夏商周时期。

遗址第一期最早，位于台墩的最下层，也是该遗址距今6000年的证明，出土了一些陶器残片。以夹细砂的红褐陶为主，鼎足为圆锥形，有的

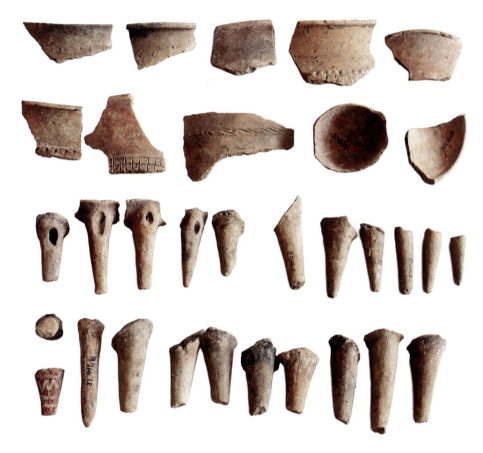

一期陶器

根部有椭圆形捺窝和一排乳丁。有肩部刻画成组正反三角几何纹的折腹鼎；有一种三足钵，钵足呈矮扁形，施红衣，上有曲折戳印纹；其他有施红陶衣厚胎敛口钵。

红墩寺一期足根带捺窝或乳丁的圆锥形鼎足，见于山东北辛文化晚期、郑州大河村仰韶文化前一期，肩部饰曲折三角纹的折腹釜形鼎也多见于二者，属仰韶时代早期偏晚阶段，距今6000年前后。红墩寺地处江淮中部偏西，北距大河村和北辛遗址近400千米，中间隔着淮北平原。红墩寺一期遗存表明在距今6000年前，中原和泰沂山地与江淮地区已经有了

二期陶釜

二期彩陶豆陶片

二期彩陶豆圈足

交流。

　　红墩寺第二期也是仅出土一些陶器残片，少量能够复原。与第一期相比，陶器的风格明显改变，陶质从一期的夹细砂陶演变为夹植物陶，陶色从一期的红褐色演变为黄褐色，器表涂有红衣，器内壁多呈黑色。而且器型也有明显变化，尤其是最有代表性的鼎足，鼎足为带凹槽扁铲形，比一期的鼎足要宽大一些，与此相配，鼎身也为圆唇大折沿盆形，这样鼎的容量就增大了，这从一个侧面能够反映出当时的家庭组织可能也发生了一定程度的变化。除这种盆形鼎外，一种釜形鼎也很有特色，夹植物黄褐陶，高领，扁折腹，折腹处饰一周附加堆纹，肩部等距装饰小泥饼和齿突，造型顿时生动起来。还有一些陶罐的器耳也有特色，为环形，边缘刻有齿纹。

龙山文化陶鼎

红墩寺二期还出土了一些彩陶，主要为黑彩和红彩，装饰于陶豆、陶杯等器物的肩部和圈足部分。这些器物多由细泥黄陶制作而成，再配以彩绘，显得异常精致。彩绘纹样总体以条带纹为主，中间配以圆点纹、三角纹等简单的几何纹。如在一件陶豆的口沿下绘三周细条带纹，条带之间绘成组圆点纹和竖线纹。

江淮中部地区已发掘的与红墩寺二期相当的遗址有定远侯家寨、霍邱扁担岗、肥西古埂下层、含山大城墩一期等，已调查的有寿县刘家岗头遗址等。红墩寺遗址没有进行碳十四测年，通过与上述这些遗址的对比，可以推断红墩寺二期的年代距今5700—5500年。江淮中部地区这些已发掘的遗址以侯家寨二期最有代表性，发掘成果发布得较早和全面，研究者将江淮中部地区距今6100—5300年的遗存统称为"侯家寨文化"。

红墩寺第三期相当于龙山文化时期，距今4300—3900年。第三期也是仅出土了少量陶器。这时的陶器与1000年之前的红墩寺二期的更是明显不同，陶色由原来的以红陶为主转变为灰陶占绝对多数，器物群更是明显不一样。陶鼎为夹细砂陶，以罐形居多，鼎身拍印篮纹或绳纹，鼎足也是侧三角形，多有捺窝。这种鼎的形态也是广泛见于龙山时代淮河中下游的南北广大地区，说明到了龙山文化时期，中国东方地区已出现文化的高度统一性。

　　红墩寺已发掘的夏商时期的遗存很少，发现陶窑1座。出土的陶器以碎片为主，极少能复原者。可以看出器型的有鼎、豆、鬲、罐等。其中有一些花边罐可以看出与中原二里头文化相似。还有一些尊形器，是山东及淮北地区岳石文化的典型器。

　　江淮西部地区夏时期的考古学文化遗存以在寿县斗鸡台遗址发掘的材料较早和独特，因此被称为"斗鸡台文化"。斗鸡台文化有自身特色的同时也受中原夏王朝二里头文化和东北方向海岱地区岳石文化的影响，反映了这一时期中原和东方对南方地区的扩张。

　　红墩寺遗址上层是西周时期的文化遗存，发现竖穴土坑墓1座，墓主为儿童，无随葬品。地层和灰坑内出土陶器有鬲、罐、钵、碗、瓮等；石器有斧、锛等。红墩寺遗址文化为典型的受西周宗周文化影响的本地文化，这在距此不远的霍邱堰台遗址中更能够清晰地反映出来。

　　红墩寺遗址是目前经过考古发掘的江淮西部地区年代最早的新石器时代遗址，距今约6000年，为探索江淮西部地区万年文化史提供了起步的基础。当然，生活在红墩寺遗址上的先民肯定不是最早的一批踏上江淮西部

西周陶鬲

西周陶簋

的先民，在江淮西部北侧靠近淮河的地区，经过调查，已发现有相当于双墩文化时期的遗址，距今7000年前后。

红墩寺遗址另一个重要价值就是其文化堆积厚、序列完整，从距今6000年的新石器时代一直延续到夏商周时期，对探索江淮西部地区先秦古文化具有重大价值。其夏时期的文化遗存，属于本地的斗鸡台文化，同时又有中原二里头文化、山东岳石文化的因素。

正是鉴于红墩寺遗址的重大价值，1989年，安徽省人民政府将红墩寺遗址列为第三批省级文物保护单位。

（撰稿：张小雷）

参考文献

杨德标：《霍邱县红墩寺新石器时代至周代遗址》，载中国考古学会编《中国考古学年鉴（1988）》，文物出版社1989年版。

第三部分

中华文明
起源、形成和
古国文明时代的
安徽图景

概　述

中华文明探源研究认为，文明起源是指史前时期生产力取得较大发展，物质和精神生活逐渐丰富，社会开始出现脑力劳动与体力劳动的分工、贵贱与贫富的分化，文明因素开始孕育。进入文明社会的标准，一是生产发展，人口增加，出现城市；二是社会分工，阶层分化，出现阶级；三是出现王权和国家。进而认为，距今5500—5000年，长江中下游等地区相继进入了文明社会。

安徽地跨长江、淮河、新安江三大流域，距今6000—4000年的一系列重要考古发现，初步展现了中华文明起源、形成和古国文明时代的安徽图景。

先看长江流域：

可划分为巢湖流域与皖南长江流域、皖西南两大历史文化区。

巢湖流域与皖南长江流域是新石器时代晚期一个相对独立的文化区，也是安徽史前社会复杂化和文明进程起步最早的地区。距今约6000年前后，以郎溪磨盘山、芜湖月堰、繁昌缪墩等为代表的中心、次中心聚落的出现，展现了该地区中华文明起源时期的基本图景。

郎溪磨盘山遗址面积超过6万平方米，是水阳江流域迄今发现最大的史前聚落。该遗址涵盖了从马家浜文化末期、崧泽文化、良渚文化到钱山漾文化等多个史前时期遗存，前后延续时间长，且地处古代文化东传西递、南来北往的交通要道和文化走廊上。芜湖月堰遗址从马家浜文化末期、崧泽文化一直延续至良渚文化晚期，文化序列完整清晰且中间没有缺环。繁昌缪墩遗址发现几何形图案压印纹白陶，与长江中游湖南地区高庙文化同类陶器纹饰风格接近，反映了相互之间的密切联系。

最能体现崧泽时期社会最上层文化面貌的，是含山凌家滩遗址的重要考古发现。

张忠培、严文明等著名新石器时代考古学家一致认为，凌家滩是中华文明的曙光，是中华早期区域文明的代表——良渚古国文明的源头，在中华文明起源和形成进程中具有标志性地位；中国社会科学院学部委员、历史学部主任王巍认为，凌家滩彰显中华文明起源的过程，是中国五千多年文明的重要实证；上海博物馆研究员宋健认为，凌家滩是世界古代文明的重要源头之一。

在凌家滩中心聚落外围的马鞍山采石河流域，发现具有次中心地位的烟墩山聚落遗址，年代与凌家滩遗址晚期的祭坛、墓地年代基本相当。

巢湖流域与皖南长江流域新石器时代晚期考古学文化谱系为：马家浜文化（距今7000—6000年）—崧泽文化（距今6000—5300年）—良渚文化（距今5300—4300年）—广富林文化（距今4300—4000年）。

安徽长江流域的另一个重要区域是皖西南地区。

该区域背靠大别山，面向长江，以狭窄的长江北岸平原、数量众多的河流湖泊、纵深绵延的山地构成一个相对独立的地理单元。该地区是安徽新石器时代考古起步最早的地区，新石器时代晚期考古学文化谱系为：黄鳝嘴文化—薛家岗文化—张四墩文化。

黄鳝嘴文化年代距今6100—5500年，已发现的主要遗址有宿松黄鳝嘴、怀宁孙家城、太湖王家墩、枞阳小柏墩、安庆墩头等。

主要特征包括：墓葬多东北—西南向，随葬品以陶器为主，同时有斧、锛、镞、弹丸等石器，玉器则只有玦和璜。陶器多为夹砂红陶和泥质红（灰）胎黑衣（皮）陶，夹砂黑陶和泥质红陶次之；纹饰以刻画纹、刻点连线纹为主，并有较多的彩绘陶；多圈足器、三足器，平底器较少，圜底器罕见；鼎、豆、杯为主要器类，圆腹罐形鼎、釜形鼎、高柄钵形豆、大喇叭形圈足豆、单耳杯、釜形杯为典型代表性器类；鼎足以近圆锥状略弯曲、足面略内凹、近根部饰捺窝为特点。

薛家岗文化是安徽确立的第一个新石器时代考古学文化，年代距今5500—4600年，因1977年发现的潜山薛家岗遗址而得名，迄今已发现遗址近百处，经过发掘的有20余处。除薛家岗外，代表性遗址有怀宁孙家城、黄龙，潜山天宁寨，桐城鲁王墩、魏庄，望江汪洋庙，太湖王家墩，安庆夫子城等。

文化类型与分布范围：分别以安徽潜山薛家岗遗址、湖北武穴鼓山遗址为代表，划分为薛家岗和鼓山两个类型。分布范围涉及皖西南、鄂东黄梅、黄冈和赣北的靖安、九江地区。以皖河流域及其南部武昌湖、泊湖湖区为中心，西到武穴，北到桐城大沙河流域，东到菜子湖、白荡湖一带，南至九江一线。

主要特征包括：陶器以夹砂红陶、泥质灰（黑）陶和黑皮陶为主，以鼎、豆、壶、鬶、碗为主要组合，陶球制作工艺高超。玉器较多，有璜、镯、环、管、珠等。石器制作精细，特别是以薛家岗遗址为代表的石器工业十分发达，多钺、锛、刀，其中1—13奇数孔系列大型石刀是最具地方特征的典型器之一。

张四墩文化年代距今4600—4200年，以安庆张四墩、怀宁孙家城等遗址为代表，较薛家岗文化遗址数量大增，分布地域也稍有扩大：北到桐城北部，东至枞阳东部的陈瑶湖附近，南界尚不清楚，西与薛家岗文化鼓山类型基本一致。在皖西南，凡有新石器时代文化遗存的遗址大多数有张四墩文化因素，目前已知的遗址不下百处，但经过正式发掘或试掘的只有安庆张四墩、潜山薛家岗、岳西祠堂岗等几处。

主要特征包括：石器个体较小，磨制精细，种类仅有斧、锛、镞等，镞类最多，并出现了圆锥状或三棱锥状镞。玉器已衰落，仅见少量璜类器。陶器以夹砂陶占绝对优势，其中夹砂黑皮陶最具地方传统文化特征；纹饰以篮纹为主；器形有鼎、豆、甗、鬶等。除少量文化因素外，与薛家岗文化没有明显的传承关系，可能与北方南下的外来文化有关，但发展过程中受到石家河文化的较大影响和良渚文化的部分影响。

怀宁孙家城遗址北隔大沙河与桐城为邻，地貌为冲积平原。2007年发掘并确认了东、南、西三面城垣，现存面积约25万平方米，绝对年代距今4300—4200年，为长江下游地区古国文明阶段良渚古城之外迄今发现的唯一一座城址，是长江下游史前城址考古的又一重大突破。

再看淮河流域：

双墩文化之后，安徽淮河流域新石器时代晚期考古学文化谱系基本为：侯家寨文化—大汶口文化中晚期—龙山文化王油坊类型和禹会村类型。

侯家寨文化距今6100—5800年，以定远侯家寨遗址上层为代表。分布范围主要在淮河中游地区。

基本内涵与特征：一是陶器有夹砂、夹蚌末陶和泥质陶；陶色有红褐、外红内黑、黑色等；多素面，有少量弦纹、指甲纹、捺窝纹、戳刺纹、附加堆纹和镂孔；流行三足、圈足、平底器及錾手、鸟首形器耳，典型器类有鼎、碗、豆、钵、盆、罐、盂、甗、纺轮、陶球和陶塑动物艺术品。二是彩陶发达，多红色彩绘陶，通体红衣、口部施红彩或在器物肩腹部饰水波纹、勾连云纹、连续三角纹、网状纹等几何纹红彩。三是玉器、石器数量少，但发现了两件磨制较精的半月形玉璜；石器多为锛、斧、铲等。四是不见双墩文化流行的鹿角钩形器和陶器刻画符号。

在安徽淮河流域西南部地区发现的六安红墩寺遗址，有与侯家寨文化基本处于同一时期的遗存。

　　与侯家寨文化关系最密切的是长江下游地区的崧泽文化和海岱地区的大汶口早期文化。

　　距今5500年前后，大汶口文化强势南下与当地及周边文化相融合，在距今5000—4500年形成了大汶口文化尉迟寺类型。

　　尉迟寺类型因蒙城尉迟寺遗址的重要发现而得名，主要分布于鲁西南、皖北及豫东的部分地区，处于东西方两大集团交汇和碰撞地带，文化面貌表现为多种因素的混合体，在器物形态上与大汶口文化密不可分，同时在建筑形式、技术和埋葬习俗方面又受到来自中原的强烈影响。迄今发现的主要遗址，除尉迟寺外，有萧县金寨、花家寺，宿州古台寺和小山口、芦城孜，亳州付庄，灵璧玉石山，阜阳岳家湖，阜南高庄古城，固镇南城孜、垓下，泗洪赵庄，河南鹿邑栾台等，共有100多处，它们集中分布于淮河中游北部平原的宿州、淮北及涡河沿线，影响遍及江淮地区。

　　主要内涵及特点：一是尉迟寺遗址发现保存完整的大规模红烧土连间排房遗迹，一般为浅穴式，由主墙、隔墙、门道、室内柱及灶构成；流行儿童瓮棺葬，同时发现祭祀坑；遗址中心部分被一大型环壕围绕。二是陶器以夹砂红褐陶为主；篮纹占绝对多数，常见附加堆纹、弦纹、绳纹、方格纹、刻画纹和镂孔；典型器类有罐形鼎、袋足鬶、实足甗、浅盘豆、高领罐、长颈壶、背壶、筒形罐、大口尊、高柄杯、筒形杯、直壁缸等，地方特点明显；在一些大口尊上发现与山东莒县陵阳河遗址一样的刻画图案。三是发现固镇垓下城址，其平面呈不规则弧角四方形，城墙依地势堆筑而成，城墙外圈面积约15万平方米，包括壕沟在内约20万平方米，四周有宽达数十米的护城河环绕，是安徽淮河流域迄今发现年代最早的一座史前城址，为探索淮河流域史前城址形态与筑城技术等的发展演进提供了重要线索。

　　尉迟寺类型的发现，对于研究认识大汶口文化对淮河流域聚落形态、墓葬制度等方面的辐射与影响，以及新石器时代淮河流域与中原地区的文化交流和淮河流域早期文明社会形态特点等均具有重要意义。

肥西高古墩遗址是迄今发现的大汶口文化在安徽江淮地区影响最深远的遗址。

距今4600年前后，龙山文化王油坊类型、禹会村类型相继崛起，安徽淮河中游以固镇垓下大汶口文化晚期、蚌埠禹会村龙山文化早期两座城址为区域中心的早期文明社会格局基本形成。

王油坊类型，距今4600—4000年，以河南永城王油坊遗址龙山时期遗存为代表，发现同类遗存的其他遗址有安徽宿州芦城孜，河南淮阳平粮台、永城造律台、鹿邑栾台、杞县鹿台岗等，主要分布于豫东、鲁西南和皖西北地区，亦有学者称之为造律台类型。

主要内涵及特点：陶器以泥质和夹砂灰陶为主，褐陶占一定比例，有少量蛋壳黑陶和白陶；纹饰以方格纹为主，篮纹、绳纹次之；常见器型有鼎、甗、罐、瓮、盘、豆、盆、鬶、钵、碗、杯，以罐形鼎、深腹罐、子母口罐、镂孔高圈足盘、大口平底盆最具特色。石器有斧、铲、刀、镞，骨器有锥、针、簪、镞、匕、鱼镖等，蚌器有刀、镰等。少数遗址发现小铜块和小铜刀。

重要遗存有河南淮阳平粮台城址、儿童瓮棺葬及奠基人牲，王油坊和平粮台遗址排房，鹿台岗遗址高桩式仓储等。

禹会村类型，距今4500—4300年。主要文化内涵及特征：一是陶器以夹砂黑皮褐陶和红陶为主；器型以腹部饰弦断篮纹或绳纹的罐形鼎最具典型性特征；鼎足以侧三角为主，足尖正面有捺窝，内面削成弧形，也有不少正装带刻槽者；鬶主要为环耳瘦长袋足，晚段颈部加长，肩部有扉棱。二是禹会村遗址发现龙山文化早期城址，为淮河流域早期文明进程和社会形态研究的核心遗存。

新安江流域的歙县新州和黄山官山、刘家等遗址发现新石器时代晚期遗存，其中新州遗址与钱山漾文化面貌接近。

长江、淮河、新安江流域的一系列重要发现，构建了安徽新石器时代晚期的考古学文化谱系，揭示了其丰富内涵、主要特征和核心价值，展现了安徽各区域之间及其与海岱、中原、长江中游、长江下游环太湖、新安江下游钱塘江流域及宁绍平原等周边地区交流互鉴、融合发展的态势和特点，反映了安徽古代先民的科学、艺术、文化、社会、思想成就及其宇宙观、天下观、社会观、道德观和文明观，勾勒了安徽地区史前社会复杂化的演进和早期文明的形成过程，展现了中华文明起源、形成和中华早期文明——古国文明时代的安徽图景，实证了安徽地区是中华文明的重要发祥地之一。

（撰稿：叶润清）

黄鳝嘴遗址

薛家岗文化之源

　　介于大别山东南麓与长江之间的皖西南地区，地理位置独特，自然环境优越，是适宜人类生产生活的地区。但该地区尚未发现7000年以前的新石器时代遗址。在距今6000年前，开始出现了一批以鼎、豆、杯为主要器类，鼎足以足根带捺窝为特点的文化遗存。因最早发现确认于宿松黄鳝嘴遗址，被称为"黄鳝嘴文化"。

　　宿松县程岭乡西距县城25千米，东临泊湖，凉亭河穿境而过。程岭属皖西南丘陵地区，秋天的时候，稻谷飘香，层林尽染。黄鳝嘴遗址就位于宿松县程岭乡刘塝自然村北，坐落在大塔山的北侧缓坡上，所在的小山从空中俯瞰犹如黄鳝的嘴巴一样，因此被当地村民称呼为"黄鳝嘴"。凉亭河流经遗址东侧，东距泊湖7千米，总面积约12000平方米。总体地貌为长江北岸的丘陵岗地，南距长江35千米。这里山清水秀，岗地、河流、湖泊相间分布，自然资源丰富，是人类生产生活的绝佳地点。

　　时间回到20世纪70年代末至80年代初，那是安徽省新石器考古的起步阶段，因潜山薛家岗遗址的发现发掘，工作重点也集中于皖西南地区，当时对这一地区进行调查和集中发掘的遗址中就有宿松黄鳝嘴遗址。

黄鳝嘴遗址

　　黄鳝嘴遗址是什么时候被发现的呢？1981年春，在考古调查时，它首次出现在人们的视野中。1981年冬、1982年春、1984年春，由安徽省文物考古研究所对其进行了3次发掘，总发掘面积370平方米，进一步揭开了黄鳝嘴遗址的神秘面纱。在这里，发现新石器时代墓葬17座，出土文物140余件。黄鳝嘴遗址因其重要性和代表性，1983年被列为县级文物保护单位，2019年被列为第八批省级文物保护单位。

　　黄鳝嘴遗址地层堆积比较简单，表土下即是新石器时代文化层，且文化层较薄，厚0.3—0.5米。虽然文化层较薄，但出土遗物还是比较丰富的。

　　17座墓葬出土的随葬品是了解黄鳝嘴遗址的重要材料。这些墓葬人骨、葬具已腐朽无存，仅有随葬的陶器和石器，根据陶器和石器的摆放位置确定为墓葬。随葬品放置方向大多是东北—西南向，可知当时墓坑的方向也是东北—西南向。各墓随葬品多寡不一，但总体数量不多，一般6—7件，最少2件，多者13件。随葬品以陶器为主，有少量石器。

黄鳝嘴遗址出土了哪些陶器？有什么特点？随着发掘的深入，这些问题逐一被解开。陶器主要有鼎、豆、壶、杯、盆、钵、罐、纺轮等。这些陶器以夹砂红陶和泥质黑衣红陶为主。纹饰以凹弦纹、刻点连线纹、戳印纹为主，较有特色的是刻点连线纹和戳印纹，纹饰清晰，多角星装饰，十

陶鼎

陶豆　　　　　单耳陶杯

第三部分　中华文明起源、形成和古国文明时代的安徽图景

分规整，尤其是装饰于陶盆的口沿内壁，用刻点连线纹组成花瓣纹，有的在器盖上用刻点连线纹组成七角星纹。个别器物的口沿和圈足还施有红色陶衣或彩绘。代表性的器型有罐形鼎、高圈足钵形豆、盘形豆、碟形豆、单耳杯、釜形杯等。罐形鼎多为夹细砂褐陶，也有些是黑陶，腹部多有两周凹弦纹，鼎足多呈扁锥形，足根有个捺窝，有的陶鼎还配有器盖。陶豆全为泥质陶，器表还残存一些黑衣，内壁多是褐色，把手部分装饰较有特色，先刻画一圈圈的弦纹，再戳印一些小圆窝纹。单耳杯也很有特色，器表也多有一层黑衣，胎与内壁是红褐色，把手呈半环形置于一侧，把手上也有一个圆形镂孔。

黄鳝嘴遗址出土的鼎足也很有特色，主要形式有扁平形、圆锥形和凹面足三种，足根多饰有捺窝，有1—5个不等；有的足根按一大捺窝，周围或上部饰许多小捺窝纹。

该遗址出土的石器主要是石斧、石锛、石镞，而且个别墓葬和地层中还出土了少量玉器，主要是玉玦。

以出土随葬品最多的编号M14墓为例，随葬品呈东北—西南向分布，

玉玦

陶纺轮

陶钵

共有13件，其中陶鼎、豆、钵各2件，陶壶、杯、罐、残玉玦各1件，陶纺轮3件。

黄鳝嘴遗址的重要意义是以黄鳝嘴遗址为代表的一类遗存既具有鲜明的文化特色，又有一定的分布范围，最早确认于黄鳝嘴遗址，因此，被称为"黄鳝嘴文化"。

黄鳝嘴文化的提出和确立有个过程。随着20世纪70年代末至80年代初皖西南地区潜山薛家岗、望江汪洋庙、潜山天宁寨等遗址的发掘，薛家岗文化得以确立。

同时，考古工作者也注意到一些遗存可能早于薛家岗文化。如1981年秋枞阳小北墩遗址试掘，虽然认为其年代相当于崧泽文化中层，部分器物也与黄鳝嘴遗址同类器物如出一辙，但由于薛家岗文化的"干扰"，考古工作者只是从地域上指出这是个值得注意的现象。

1983年春太湖王家墩遗址试掘75平方米，发掘者注意到其一期遗存早于薛家岗文化，而与黄鳝嘴遗址较为接近，其二、三期遗存分别对应于薛家岗二、三期文化，因此，可以说太湖王家墩是首次发掘的兼有黄鳝嘴文化和薛家岗文化的遗址，只可惜未能继续大规模发掘以进一步揭示黄鳝嘴文化与薛家岗文化之间的承袭关系。

随后，中国社会科学院考古研究所于1986—1988年对湖北黄梅塞墩遗址进行发掘，揭露面积1680平方米，发现墓葬188座，出土了大量的器物。发掘者对其文化性质的认识从"是与薛家岗文化有关的一处重要遗址"到"有些与薛家岗文化相似，也新发现许多颇具特色的器物"，再到"与主要分布在安徽江淮地区西南部的新石器文化当同属一个文化系统"。1987年，向绪成在分析塞墩遗址的文化性质时，首提黄鳝嘴文化，但并没有展开论述。2006年，朔知在论述皖西南新石器时代文化变迁时，对"黄鳝嘴类型"进行了论述，只是没以文化命名之。2010年，《黄梅塞墩》大型发掘报告发表，详细公布了黄鳝嘴文化60座墓葬、336件陶器的资料，并对黄鳝嘴文化进行了深入论述，这些对研究黄鳝嘴文化的分期、年代、与周邻文化的关系等问题起到了积极的推动作用。

2007—2008年，随着怀宁孙家城遗址的发掘，孙家城一期材料的大量发现和与薛家岗文化的传承关系，再次证明黄鳝嘴文化的独立性和在长江中下游之交地区的代表性。

由于黄鳝嘴遗址、塞墩遗址、孙家城遗址这三处遗址的发掘和资料刊布，黄鳝嘴文化的面貌逐渐明晰。

黄鳝嘴文化集中分布于长江中下游之交的沿江地区，西至湖北黄梅，东至安徽桐城，主要集中于江北与大别山之间的岗地平原地区，长约200千米，宽约50千米，面积1万余平方千米，分布面积相对较小。江南尚未发现明确的遗址，已发掘的遗址有太湖王家墩、湖北黄梅塞墩、怀宁孙家城，已调查的遗址有枞阳小柏墩、安庆墩头。

有研究者将黄鳝嘴文化分为三期：第一期主要见于塞墩遗址、孙家城遗址，代表性器物有垂棱钵形豆、竹节筒形圈足杯；第二期以黄鳝嘴遗址为代表；第三期也主要见于塞墩遗址，复杂纹饰趋少，多孔石刀开始出现，文化面貌已比较接近薛家岗文化早期了。

通过碳十四测年和与周邻文化关系的对比，专家推断黄鳝嘴文化的年代距今6100—5700年，最晚可延至距今5500年。

黄鳝嘴文化是从哪里来的呢？是本地形成的，还是外迁而产生的？关于黄鳝嘴文化的来源问题，因为目前还没有在本地区发现早于该文化的遗存，所以还有待于新的考古发现。关于黄鳝嘴文化的去向问题，通过对众多遗址的地层关系、文化面貌的分析，可以明确黄鳝嘴文化发展为薛家岗文化，黄鳝嘴文化是薛家岗文化的最重要来源。黄鳝嘴文化在发展过程中，不断同周边地区考古学文化交流，最终发展演变为社会分化更复杂、聚落分布更密集的薛家岗文化。

因皖西南地区所处地理位置的便利性和特殊性，黄鳝嘴文化始终与周边地区，尤其是长江中游地区、江淮中部地区、环太湖地区，保持着频繁的互动与交流。在长江中游地区，与黄鳝嘴文化同时的文化有湖北汉东地区的油子岭文化、洞庭湖东南区域的堆子岭文化、洞庭湖西北—峡江地区的大溪文化。黄鳝嘴文化与这些文化之间有一些相似的器物，如近圆锥状略弯曲的足根饰浅窝鼎足、粗高柄钵形豆等，陶器上盛行的各种刻画、戳印纹等。

江淮中部地区与黄鳝嘴文化同时的文化在肥西古埂、定远侯家寨、含山大城墩遗址均有发现。黄鳝嘴文化与这些文化也有一些相似的器物，如罐形鼎等。长江下游环太湖地区与黄鳝嘴文化同时的文化是马家浜文化晚期、北阴阳营文化、崧泽文化早期。尤其是黄鳝嘴文化的折腹盆口沿内壁饰七角或八角图案，与北阴阳营文化同类器物几乎相同。这说明长江作为一条纽带沟通着中游与下游地区。

　　因此，黄鳝嘴文化为研究本地区一万年文化史的起源提供了起步之路，探索本地区距今6500年之前的文化便是下一步研究的重点了。

（撰稿：张小雷）

参考文献

　　［1］贾庆元：《宿松黄鳝嘴新石器时代遗址》，《考古学报》1987年第4期。

　　［2］中国社会科学院考古研究所：《黄梅塞墩》，文物出版社2010年版。

孙家城遗址

多元文化交汇的历史记忆

　　孙家城遗址是皖西南延续时间最长、各阶段特征都较明显的一个代表性遗址，文化面貌多元化，从东、西、北三个方向对皖西南的影响程度具有此起彼伏的特点。该城址的发现填补了皖江流域史前城址的空白。

　　孙家城遗址是长江下游地区重要的新石器时代遗址，主体年代距今5800—4300年，有较完整的史前城垣和数量众多的彩绘陶器，并有商周、汉代至明清时期的丰富遗存，是皖西南地区目前所见年代跨度最长、序列最完整、面积最大的中心遗址。孙家城遗址2000年被怀宁县人民政府公布为县级文物保护单位，2004年由安徽省人民政府公布为省级文物保护单位，2013年由国务院公布为第七批全国重点文物保护单位。

　　皖西南地区气候湿润，物产丰富，自古以来就是理想的人类生活场所。孙家城遗址位于怀宁县西北的马庙镇栗岗村孙家城和费屋两个村民组内，地处大沙河冲积平原的南侧，北靠大沙河，地势南部略高而北部略低，总体较为平缓，海拔高度28米左右，周边有土筑城垣，城外有宽阔的壕沟，城内面积有21万平方米，连同壕沟总面积约31万平方米。

　　在怀宁一带，一直广泛流传着曹操80万大军在此地驻扎的故事，并有

孙家城遗址

育儿、离子墩等地名，相传都与曹操有关。所以在1985年第二次全国文物普查孙家城遗址被发现时，其虽被确认为新石器时代遗址，但遗址上的土垣仍被当作汉代或三国时期的城址。在2004年申报省级文物保护单位前，由安徽省文物考古研究所对遗址进行了调查和评估，认为城垣可能与史前城址有关，具有重要的学术价值。

为了解遗址的内涵和城垣的年代，2007—2008年在遗址所在的费屋、孙家城等多个地点进行了2次发掘，总共发掘面积600多平方米，取得了重要成果：一是确认了城垣的主要堆筑年代为本地的张四墩文化时期，也就是距今4500年左右；二是发现遗址的堆积十分丰富，而且延续性较好，确立了皖西南地区距今5800—4300年期间三个连续的考古学文化堆积，即早于薛家岗文化的黄鳝嘴文化、薛家岗文化、晚于薛家岗文化的张四墩文化，中间几乎没有缺断，成为皖西南地区甚至整个长江中下游之交的新石器时代晚期文化的年代标尺；此外，还发现了各个时期的灰坑以及薛家岗文化早期墓葬1座等。除新石器时代之外，该遗址上还有较丰富的商周时期和汉唐、明清时期遗存。遗址中最重要的当属张四墩文化时期的城垣。筑城垣是一项庞大而非随性的工程，一般在一个区域的中心才会出现。孙家城城垣大致呈圆角长方形，东、南、西三面大体保存完好，东北角、西北角及北面被毁，其外围东西长约600米、南北宽约300米。城垣与内侧地表相比残高1—3米，与外侧地表相比残高2—5米，底宽12—20米，顶宽5—10米。墙体是平地起建，整个墙底宽20余米，最高约4米。在东、西侧和南侧外围大部分地段有洼地，宽度一般为70—100米，深数十厘米至两米不等，是当时城墙外的壕沟。城垣最高处与壕沟沟口的高差为4—5米，可以有效地起到排水和防护作用。

城垣是怎么建成的呢？经过认真细致发掘，目前可以了解到它的大致营建过程为：首先是平基定位，即在地表先简单地平整地面露出生土，但有起伏；其次，铺垫一层厚10余厘米的纯黄土，在两侧略微隆起，确定墙基的大致位置。然后是起垄奠基，从两侧的隆起部位往中心方向堆筑一层宽约3.5米、隆起高度0.8米的黄褐土，形成土垄状堆积。打好基础后，就可以堆筑心墙了。心墙主要有两层较厚土层，以黄土、褐土为主一层一层地交叠堆筑，最厚处分别达1.3米、1.7米，构成了城垣的核心。这类土具有较好的致密性和黏合性，可以承受上方沉重的压力。核心工作完成后，在心墙上方堆筑相对较厚的不同土层，并在外坡用护坡堆筑，起到防护坡脚的作用，平均每层厚度30厘米，目的在于培厚、增加外坡和顶部的高度。最后在墙体顶部用较纯净细腻的灰白土覆盖。这是一个明显分界，显示出堆筑过程基本完成，整个墙体高度已超过3.5米。

在皖西南，有一种古老的丧葬文化从新石器时代延续至今，那就是"暖坑"。暖坑是指挖完墓坑后，用柴草烧燎墓坑，意在表示让死者长眠暖和。在孙家城遗址费屋地点的发掘中，考古人员发现了一座距今5300年左右的薛家岗文化早期墓葬，墓坑呈长方形，南北长192厘米，北端宽47厘米，南端宽63厘米，残深26厘米，人骨无存，也未发现葬具。填土因夹杂较多红烧土块和颗粒而泛红色，土质略松，有较多的炭末。炭末多数似草木灰，尤以坑底为多，似有一薄层。填土中夹杂红烧土块和颗粒是南方地区较为流行的一种习俗，而坑底的草木灰，可能是下葬时铺烧所致，这

黄鳝嘴文化倒扣陶鼎

就是当时的习俗——"暖坑"。这个墓内有随葬品11件，除2件石锛在墓西侧外，其余均在东半侧，其中陶鼎、豆、鬶、碗集中于北部，陶杯、觚形杯、罐、石钺、长形石锛在南部。

在更早的黄鳝嘴文化地层中，有一种较特别的现象，发现了数十件呈直立、斜立或倒扣状的陶器，基本上为釜或鼎类，平地置放，未发现坑，主体完整，但足、底或口沿部位均有残缺，在分布上没有明显规律，以倒扣者为多，有的鼎足朝上尚未与鼎身脱离，有的鼎足被折断但仍置于鼎身之上。从器物的相对完整性和摆放特点来看，应属人的有意识行为，反映了某种习俗。

遗址中出土的器物具有较强的地域特点。年代最早的黄鳝嘴文化地层中，出现了少量的玉璜、石斧、石锛等残件。陶器以夹砂红陶占绝对多数，泥质陶较少但里面掺和了很多植物茎秆、壳，质地疏松，还有少量灰胎、外表为黑皮的陶器。陶器表面的纹饰多见戳印、刻画纹，并有极少量菱形或回形纹。器型有鼎、豆、盖、球、纺轮等，以鼎足数量最多，形态多样，很多鼎足的上端饰有多样的纹饰，包括捺窝或小三角形戳印，而在足根部加饰富有特点的1—2道横向凸棱。

这一时期还出现了较为朴实的艺术创造，少量的猪、鼠形等动物陶塑

黄鳝嘴文化家猪陶塑

黄鳝嘴文化野猪陶塑

黄鳝嘴文化鼠形陶塑

黄鳝嘴文化彩绘陶豆

黄鳝嘴文化彩绘陶豆盘残片

可能反映出当时人的生活与审美需求。猪可以分为家猪和野猪两种，家猪显得肥胖，在陶塑的表面还加饰了红彩；野猪则嘴较长，背部还有似鬃毛的突脊；鼠形动物好像蹲着凝视前方，两眼突出，尾端卷曲。

　　稍晚时候文化地层中出现了较多的彩绘陶片，总数有600多片。这也是该遗址重要的特点。绝大多数为外表施彩，主要施于豆类器的豆盘和豆柄上，也有少量内彩施于盆类口沿内表；以黄地红彩最多，另有红地黑彩、红地白彩等；纹饰以条纹为多，另有较多的网格纹、波浪纹和少量重三角纹、勾连云纹等，各类纹饰组合使用者较多。一件陶豆的表面施一层黄衣，再饰红色彩绘，口沿下一圈宽条带，以下由5条细条带将整个腹部分隔为5圈，每条细条带下饰一圈半圆形垂幛纹。

在黄鳝嘴文化之后，这里是薛家岗文化的范围，但由于发掘面积有限，薛家岗文化的早期只发现了少量红烧土坑、灰坑和个别墓葬。晚期的遗存虽广布于遗址之中，但还没有发现比较有特色的材料，总体上与薛家岗文化相同。出土的石器有薄体的"风"字形钺、锛，陶器有薛家岗文化晚期典型的枫叶形足盆形鼎、带錾碗等，也体现出这支文化已具有较强的统一性，在皖西南形成了自身独特的风格。

到了张四墩文化时期，这里成为皖西南重要的中心，但是文化面貌有了较大改变，不仅出现了高耸的城墙、宽大的壕沟，当时人们使用的陶器、石器也都发生了明显的嬗变。陶器以夹粗砂红褐陶最为常见，烧造过程中的渗碳处理使夹砂和泥质陶多为黑皮红胎或灰胎，这也是一个重要的特点。陶器以篮纹鼎、侧装三角形足鼎、卷叶流的长颈鬶为特点，这些都与淮河中下游的大汶口文化晚期较为接近，却与前期的薛家岗文化有很大不同，说明受到了北方文化较强烈的影响。另外，还有陶壶、扁腹壶形器，矮圈足的盘、杯、簋，以及凹口沿垂腹罐、带錾甗、夹砂黑皮陶厚胎

张四墩文化陶鼎、壶、罐

张四墩文化玉锥形饰

缸等。这些也是常见的器类，与长江中游的石家河文化比较相似，不少因素可以说就是受到了石家河文化的影响。至于东部的太湖流域良渚文化因素，在该遗址中发现的并不多。

张四墩文化时期的石器也有很大变化，石镞比重大增，形制多样，其中三棱形的箭镞厚重锋利，具有更强的杀伤力，这个现象与城墙、壕沟的出现，都显示出当时社会应该有了巨变甚至动荡。另外出土的较多石器半成品、残次品、废料，可以证实是本地制造。玉器只发现了极少量的玉璜残件、玉锥形饰品，已十分衰落，与整个长江中下游除良渚文化外的玉器锐减趋势相符。

孙家城遗址发现的黄鳝嘴文化与日常生活息息相关的材料，弥补了以往黄鳝嘴文化主要是墓葬材料的不足，极大地展现了皖西南地区这一时期的文化面貌。该遗址出土的较早阶段的器物反映出与东部宁镇、太湖流域马家浜最晚期到崧泽早期文化有较多联系，特别是大量彩绘纹饰与宁镇一带文化相近，最具特色的三角形或圆形戳印纹鼎足、陶球等则反映出与西部的长江中游油子岭文化的密切关系。这些联系主要表现为一种更偏向于西边的以吸收、融合、变异为主的文化倾向。

但是在黄鳝嘴文化偏晚阶段，东、西部文化因素的比重发生了变化，作为文化主体的釜形鼎、釜形罐、豆等与太湖和宁镇地区的同时期文化具有更多的相似性。这种文化上的向东趋同性似乎反映出东、西部文化在此地的消长过程，随着太湖流域崧泽文化的稳健发展，它对皖西南的影响日趋强烈。

薛家岗文化时期，整个皖西南的文化发展趋势发生了变化。来自其他文化的因素减少，一些自身的因素开始突显，随着自身的强盛，开始了向外辐射的过程，其影响向西已经深入鄂东腹地，而东部崧泽文化晚期也可见到薛家岗文化的凿形足等因素。到薛家岗文化最晚期，向外辐射的状况又发生了改变，太湖流域的良渚文化因素开始向皖西南渗透，尤其是北方淮河中下游的大汶口文化影响逐渐增强，最终使本地的文化蜕变为张四墩文化。张四墩文化的众多器物呈现出明显的大汶口晚期文化特点，但也具有浓厚的长江中游石家河文化因素。

孙家城遗址是目前整个皖西南延续时间最长、各阶段特征都较明显的一个代表性遗址，并填补了安徽史前城址空白。从孙家城遗址可以清晰地看出：整个皖西南新石器时代文化的来源具有多元化特点，东、西、北三个方向对皖西南的影响程度呈现出此起彼伏的特点。因此可以说，孙家城遗址见证了距今5800年前后皖西南地区较完整的人类生活史，也成为安徽难得的一处历史见证地。

（撰稿：吴卫红　何张俊）

参考文献

［1］安徽省文物考古研究所、怀宁县文物管理所：《安徽怀宁孙家城新石器时代遗址发掘简报》，《文物》2014年第5期。

［2］吴卫红：《安徽怀宁孙家城史前城垣结构与功能分析》，《考古与文物》2021年第3期。

［3］吴卫红、邱振威：《安徽怀宁孙家城遗址夹植物陶器初步研究》，《江汉考古》2020年第4期。

磨盘山遗址

环太湖西部地区延续时间最长的先秦中心聚落

　　磨盘山遗址是皖东南和环太湖西部地区内涵最丰富、保存最完好的史前中心聚落遗址之一，自马家浜文化晚期一直延续到春秋时期，发现多个时期的居址、墓葬，以崧泽文化墓地最为重要。出土遗物3000余件，且处于东西南北文化交流的要道，对于研究认识环太湖西部地区史前至青铜时代的聚落形态、人地关系、文化发展变迁和长江下游早期社会复杂化与文明化进程具有重要意义。

　　郎川河发源于皖南山系的广德县，注入南漪湖，然后经水阳江流入长江，为水阳江第一大支流。南漪湖是皖南地区最大的天然湖泊。

　　磨盘山遗址位于郎溪县飞鲤镇新法村磨盘山自然村，郎川河入南漪湖的湖东岸，东北距县城约12千米。该遗址处于由宁镇山脉、宜溧山地和皖南天目山脉围成低地的南部边缘，此处为古代文化东传西递、南来北往的重要地理节点。

　　早在20世纪70年代，当地居民在遗址北部开掘新郎川河时，就发现了大面积红烧土层、灰坑等遗迹，以及红陶和灰陶陶片、鱼鳍形鼎足、印纹硬陶、原始瓷器，磨光石斧、石锛等遗物。1981年6月，当地居民在遗址

磨盘山遗址

北部兴修水利时又挖掘出石器、陶器和大量红烧土堆积。1985年第二次全国文物普查时，郎溪县人民政府将其纳入不可移动文物名录。2003年安徽省文物考古研究所对遗址进行了调查，2008年第三次全国文物普查时又对其进行了复查，确定该遗址为一处新石器时代—商周时期遗址。初步认定遗址近椭圆形，面积约5万平方米，最高处海拔18.3米。2012年6月，安徽省人民政府将其公布为省级文物保护单位。2014年11—12月，南京大学考古专业师生对皖南地区的铜陵、芜湖、宣城地区的文物点进行调查，最终选择了磨盘山遗址作为考古实习地点，经报安徽省文物局同意，由当时的南京大学历史系与安徽省文物考古研究所签署了考古发掘与文物保护工作合作协议，随后于2015年和2016年连续进行了两次考古发掘。

考古勘探表明，磨盘山遗址主要区域为东西长293.8米、南北宽168.7

米的不规则长条状，面积约50000平方米。其中西部平面呈不规则椭圆形的区域文化堆积最为深厚，厚2—5米，面积约5000平方米。其他区域文化层间断分布。另外，南部区域还有约20000平方米的零星文化层分布区，勘探发现了零星红烧土堆积和少量陶片，且地势呈纵横分布的两条大沟状，沟内地层自然淤积堆积较明显。

2015年9月13日开始的第一次发掘，按"十"字形布设5米×5米探方29个，发掘面积725平方米，目的是整体了解遗址西部台地的地层堆积和文化内涵。发掘结果表明，该台地地层关系非常复杂，包含马家浜文化晚期、崧泽文化、良渚文化和商周时期的遗存，遗迹、遗物非常丰富。但受发掘面积的限制，未能对某一特定时期、特定性质的遗迹面貌进行全面揭露。因此，2016年7月22日开始的第二次发掘的学术目的就是整体揭露崧泽文化时期的台地形墓地。本次布方接续第一次发掘探方的北部，布设5米×5米探方16个，发掘面积400平方米。本次发掘进一步弥补了考古学文化时空格局上的缺环，新发现了钱山漾文化和夏时期的文化遗存，同时进一步丰富了各时期的墓葬和居址类遗存类型，为全面认识遗址性质奠定了较为坚实的基础。但仍未能全面揭露崧泽文化的台地形墓地。除遗址本身的工作外，考古队还对周边聚落进行了调查和整理，为全面复原这一地理区域内的聚落格局及其与周边文化的关系提供了初步的信息和资料。

两次发掘表明，该遗址至少包括马家浜文化晚期、崧泽文化时期、良渚文化至钱山漾文化时期、二里头文化至春秋时期四个阶段的文化遗存。共清理遗迹369处，包括162座墓葬、148个灰坑、36处房址、10条灰沟、8处陶片堆、2处灶址、1口水井和1处特殊遗迹。

生土为网纹红土，生土面呈由北向南的斜坡状。马家浜文化层主要分布在斜坡南部边缘地势较低的区域，堆积较厚，可分为11个亚层，地势较高的区域，仅可见1—2个亚层。主体土色为红中带黄，土质细腻、较硬、板结。崧泽文化层主要分布于发掘区较高位置，可分为3个亚层。主体土色为黄中带黑，土质板结，含较多红烧土。良渚文化至钱山漾文化时期遗存分布于较高区域的东部边缘和北部，可分为4个亚层。主体土色为黄中带灰，土质疏松，含少量砂和较多铁锈斑。二里头文化至春秋时期遗存分布范围较广，地势偏低的区域尤为深厚，可分为3个亚层。土色为白中带灰黄，土质疏松，含较多砂。

马家浜文化时期以生活遗存为主，分布有较多的红烧土堆积和居住遗存。崧泽文化时期以墓葬为主，并利用了马家浜文化时期的红烧土作为基础。良渚文化至钱山漾文化时期和二里头文化至春秋时期也以生活遗存为主，但少见红烧土堆积。

墓葬除3座马家浜文化晚期、2座良渚文化晚期至钱山漾文化时期和5座商周时期的外，其他均为崧泽文化时期。后者主要分布在南部土台之上。而前三者的墓葬基本分布在土台的边缘或外围区域。所有墓葬均为竖穴土坑墓，除南部几座保存有人骨架外，绝大部分人骨架无存。从保存骨架的几座墓葬来看，葬式为仰身直肢，均未发现棺的痕迹。土台上的墓葬分布非常集中，有较多的叠压、打破关系，多数墓葬为东北—西南向，也有相当数量的墓葬呈南北向，少量墓葬呈西北—东南向，结合随葬品和墓葬打破关系分析，南北向墓葬时代最晚，西北—东南向最早。发掘区北部也有几处小岗地，分布有零星的墓葬。

灰坑以良渚文化晚期至商周时期的为主，主要分布于墓葬台地的外围。

房址分为马家浜文化晚期、良渚文化至钱山漾文化时期和商周时期。马家浜文化时期的房址挖柱洞和圆形深坑，深坑中填满红烧土，柱洞分布于红烧土坑周边，并与红烧土坑之间有2米左右的间隔，可能作为房屋内的活动空间。良渚文化晚期设置柱洞和基槽，少见红烧土，居住面经过特殊处理。商周时期房屋有多层垫土，垫土内置若干石块起加固地基作用。

两次发掘共出土各类完整及可修复器物3000余件。

二里头文化时期墓葬

良渚文化晚期—钱山漾文化时期墓葬

崧泽文化晚期—良渚文化早期墓葬

马家浜文化晚期墓葬

墓葬随葬品以陶器、石器为主，少量玉器。陶器以壶、罐、豆、杯、鼎、纺轮为大宗，也有少量的盉、动物形器等，其中浅盘豆形器、带把鼎、平底釜、半月形石刀等具有明显的地域特色。石器以锛、凿、镞为主。玉器有璜、管、蝴蝶形挂饰、璧、坠、镯等。陶器盛行花瓣足、鸡冠形鋬等装饰，以灰黑陶为主。

墓葬随葬品10件以上者有18座，5—9件者有55座，1—4件者有87座，数量最多者为16件，没有随葬品者2座。墓坑规格相差不大。随葬玉器的墓葬并不是随葬品较多的墓葬，随葬品较多的墓葬也不一定会随葬玉器，表明使用玉器并不是等级高低的判断标准，可见这时虽已具有一定的贫富分化，但等级观念尚不强烈。

生活遗存中以陶器和石器为主，陶网坠的数量很多，一脉相承，不曾间断，说明当时居民对渔猎的依赖性较大。石器的数量也很多，主要为生产工具，且使用痕迹明显，表明木加工等生产性活动可能比较发达，而礼仪性的石器和未破损的石器数量较少。玉器的数量不多且体形都不大，可能说明当时人群类型单一，处于较为平等的社会状态。

对遗址周边及郎川河和南漪湖沿岸的区域调查，初步厘清了该地理单元中古代遗存的分布状况及相互关系。磨盘山遗址与钟桥河边的欧墩遗址、郎川河边的乌龟包遗址、邵村遗址延续时间和内涵基本一致，代表了环太湖地区西部边缘的聚落群，其中磨盘山遗址面积最大、内涵也最为丰富，可能为本区域的中心聚落。遗址群北部的建平土墩墓群分布有密集的50余座土墩墓，时代自西周中晚期一直延续到春秋时期，其同时代的文化遗存也体现在以上的3处遗址中，为探讨商周时期墓葬和生活区的关系提供了重要线索。

考古队与南京大学地理与海洋科学学院合作，对遗址的环境和生业进行研究。目前分析的初步结果为：未见明显的大植物遗存，农业种植活动不明显；砍伐类粗拙石器和切割类扁薄石器非常发达，且使用痕迹明显，

马家浜文化器物

应有相关的生产生活活动；农业生产类石器罕见，农业不发达；捕鱼和结网工具非常发达，渔业活动频繁。

南京大学多篇考古学毕业论文以磨盘山遗址为中心开展研究，内容涉及器物类型学研究、原始瓷器研究、锛形石器研究、陶器制作工艺与产地研究和作坊类遗迹研究等。

马家浜文化时期遗物与太湖西部更为接近，有牛鼻耳、红衣陶的罐、豆和足根带捺窝或镂孔的鼎足，与溧阳神墩遗址、宜兴西溪遗址等非常相似。崧泽文化时期与太湖西部和南部的溧阳神墩遗址、常州新岗遗址、高淳薛城遗址和湖州毗山遗址等更为接近，都有太湖东部地区不见的浅盘豆

考
古
安
徽

先
秦
篇

崧泽文化器物

形器和带把鼎。崧泽文化遗存中有少量的多孔石刀，可能说明与西部的薛家岗文化存在一定的交流。一些小型的三足器、带把器和条形玉璜可能也表明与北阴阳营文化有一定的互动关系。目前所见磨盘山遗址处于马家浜文化分布区较为偏西的位置，同时处于"大崧泽文化圈"的核心区域，为认识崧泽文化的形成、发展和衰落提供了重要的资料。

磨盘山遗址处于凌家滩文化和太湖南部良渚文化中间的地理位置，因而也成为研究认识两者之间关系的重要对象。从古代地理环境来看，这里

良渚文化器物

商周时期文化器物

　　属于山前湖边地区，通过湖区较为平静的水路可与太湖周边地区相连，也可通过河流与皖西南和宁镇地区沟通。但由于利用河流和长江的通道远没有湖泊水域的交通安全便捷，所以文化交流方向以东西向为主。此时的古丹阳大泽还连通着更西的芜湖、宣城和北部的高淳，湖边的这些地区应该也会存在相类的遗存，这有待更多的调查、发现和研究。

　　磨盘山遗址也发现有部分鱼鳍形鼎足，与钱山漾文化非常相似，说明当时应该存在交流。但并没有明确的良渚文化早中期的遗存发现，原因需要继续深入探讨。

二里头文化至商文化时期的遗存不丰富，但可见到具有岳石文化因素的墓葬，说明这个时期与北方和宁镇地区的关系较为密切。

西周至春秋时期基本上属于吴文化分布区，均为生活类遗存，此时的墓葬为土墩墓。

据地学研究，新石器时代这里存在一个巨大的湖泊——丹阳大泽。皖东南地区南连黄山—天目山脉，北接丹阳大泽。距今4000年前后，太湖形成，丹阳大泽逐渐被分割成众多湖泊，南湖、石臼湖、固城湖、长荡湖、滆湖等都是丹阳大泽的遗留。随着丹阳大泽的消失，皖东南地区的水系也不再东流太湖，而是北流长江。夏、商、西周王朝势力相继跨江南下，皖东南地区遂成为南通北达的中继站。距今3000年前后，随着吴国的兴起，皖东南地区与宁镇地区关系更加密切。

磨盘山遗址由于处于背山面水、东西南北通达的绝佳位置，无论是生计方式还是精神面貌都打上了兼容并蓄的烙印。磨盘山先民的文化产品融合周边而又创新发展，他们也可能利用自己丰富的水产资源与周边交换粮食作物，他们的墓葬统一规划而又平等共存，他们的居址修建考究而又不拘一格，他们拥有发达的生产和生活工具。这些都说明磨盘山遗址可能作为皖东南地区的中心聚落，为周边文化的东传西递、南通北达发挥着重要的作用。

磨盘山遗址涵盖从马家浜文化至春秋多个时期的遗存，新石器时代沿长江走廊东西向交流，商周时期南北向交流，是皖东南地区乃至长江下游地区一个非常重要的遗址，对该地区聚落形态、文化发展变迁以及"大崧泽文化圈"和长江下游社会复杂化研究均具有重要意义。先后被列入2020年度国家社科基金重大项目"长江下游地区的社会复杂化及中原化进程研究"课题、"考古中国——长江下游区域文明模式研究"课题和2023

年度国家社科基金重点项目"郎溪磨盘山遗址考古发掘资料整理与研究"课题，下一步将进一步开展区域系统调查、重点勘探和发掘工作，加强多学科合作研究和科技手段的应用，为后续保护、展示、利用工作奠定坚实基础。

（撰稿：赵东升）

参考文献

［1］李政：《专家学者为安徽郎溪磨盘山遗址发掘保护建言献策》，2017年1月3日《中国文物报》。

［2］徐燊：《磨盘山遗址墓葬随葬器物研究》，南京大学2017年硕士毕业论文。

［3］王梦月：《安徽郎溪磨盘山遗址原始瓷研究》，南京大学2017年硕士毕业论文。

［4］王瑞雪：《磨盘山遗址墓葬出土锛形石器的研究》，南京大学2017年硕士毕业论文。

［5］徐文婷：《安徽郎溪磨盘山遗址出土陶器制作工艺与产地研究》，南京大学2017年硕士毕业论文。

［6］曾馨仪：《磨盘山遗址作坊类遗迹初探》，南京大学2017年本科毕业论文。

［7］赵东升：《安徽郎溪磨盘山新石器时代至商周时期遗址》，载河南省文物考古研究院、山东省文物考古研究院、安徽省文物考古研究所、江苏省考古研究所、河北省文物研究所、陕西省考古研究院、山西省考古研究所编著《黄淮七省考古新发现（2011—2017年）》，大象出版社2019年版。

月堰遗址
安徽长江南岸从马家浜文化到良渚文化的演进轨迹

　　月堰遗址是安徽长江流域罕见的从马家浜文化末期、崧泽文化一直延续至良渚文化晚期的遗址，前后延续时间长，且文化序列完整清晰，中间没有缺环，对于新石器时代晚期长江下游地区社会复杂化和早期文明进程研究具有重要意义。

　　安徽芜湖市境内的长江一级支流漳河，地跨南陵、芜湖、繁昌三个县区，东邻青弋江流域，西界荻港河水系，自皖南山地向北汇入长江。

　　月堰遗址就是漳河流域的一处新石器时代晚期较大型聚落遗址：位于芜湖市弋江区峨桥镇响水涧村门村自然村东北约300米，东北距芜湖市约22千米，西南距繁昌城区约10千米，东距漳河约5千米，现存面积约2.35万平方米，相对高度1—2米，为较典型的滨河台墩形遗址。

　　遗址所在区域北连长江沿岸平原，东、西、南三面环山，为一处面向长江的敞开式微型盆地。这里属于长江下游沿岸平原与皖南山地的过渡地带，土壤肥沃，交通便捷，温湿度适宜，自然资源条件优越。除月堰遗址外，周边还发现瓜墩、船墩等周代聚落遗址以及汉唐至明清时期墓葬10多处，这说明该地区自新石器时代晚期以来一直是人类理想的栖息地。

月堰遗址发掘现场

　　月堰遗址是在芜湖响水涧抽水蓄能电站建设工程专项考古调查中被发现的。2007年3月至2008年1月，安徽省文物考古研究所与芜湖市以及当时的繁昌县文物部门对遗址重点区域进行了抢救性发掘，发掘面积6000平方米，发现新石器时代墓葬24座，房屋建筑基址5处，红烧土遗迹26处，灰坑、沟等遗迹100多处，出土了较丰富的陶器、石器，少量小件玉器及动植物遗存。

　　月堰遗址的基本特点可以从它主要的发现——新石器时代墓地说起。

　　该墓地位于遗址中部相对较高的位置，分东、西两个区域。东区15座墓葬分布集中，排列有序，似是经过规划的小型墓地。西区9座墓葬分布较为散乱。均为长方形或近长方形竖穴土坑墓，由于遭到晚期文化层和耕土层破坏，现存深度最浅的不到10厘米，最深的60多厘米。多数墓口呈不规则长方形，长宽比例多在3∶1到2∶1之间。坑内填土东区多为黄褐色土夹红烧土颗粒，少数夹碎陶片，较硬密；西区多为灰褐色硬土，少数夹红烧土颗粒和炭粒。编号M31和M34似为同坑异穴合葬墓。

绝大多数墓葬呈东南—西北方向，占近5/6，东南端方向介于108度—150度。西南—东北仅占约1/6，个别墓葬呈东西方向或南北方向。

可能是安徽长江沿岸多为酸性土壤的缘故，月堰遗址新石器时代墓地和该地区的众多古代墓葬一样，绝大多数未发现人骨架，仅少数发现有零星人骨残留。从M31北室发现的残存头骨、脊椎骨遗存的分布情况来看，该墓墓主头朝东南，葬式为仰身直肢。

均未发现葬具痕迹。

随葬品以陶器、石器为主，极少数随葬小件玉器和骨器。陶器基本组合为鼎、豆、壶（或罐），此外有钵、碗、盘、盆、杯、鬶、匜、陶丸、纺轮等；石器基本组合为钺、锛（或凿），此外有刀、斧、铲；玉器有环和管。有4座墓随葬陶纺轮，可能为女性墓。

随葬品摆放似有一定的规律，多数沿墓坑中轴线摆放，原应放置在葬具上面或葬具内墓主身边。除个别墓葬外，石钺多置于墓坑东南端或东端，且多呈南北方向摆放，刃部朝向东南或南方。

如何看待月堰遗址新石器时代墓葬的年代问题？

经与南京太岗寺、嘉兴南河浜、上海崧泽、潜山薛家岗等崧泽文化晚期和苏州张陵山、上海福泉山等地良渚文化早期墓葬随葬器物对比，月堰遗址新石器时代墓葬陶器、石器基本形制特征与崧泽文化晚期器物比较一致。虽然部分墓葬发现良渚文化早期的双鼻壶、有段石锛、双孔石钺等，但大多数器物仍为崧泽文化晚期风格，距离良渚文化早期已经不远，总体时代范围在崧泽文化末期或崧泽文化到良渚文化的过渡时期。

月堰遗址新石器时代墓葬与周边遗存有什么样的关系？

月堰遗址新石器时代墓葬均为长方形竖穴土坑墓，这与周边地区同时期墓葬基本一致。其方向多呈东南—西北和西南—东北方向，个别为南

考
古
安
徽

先
秦
篇

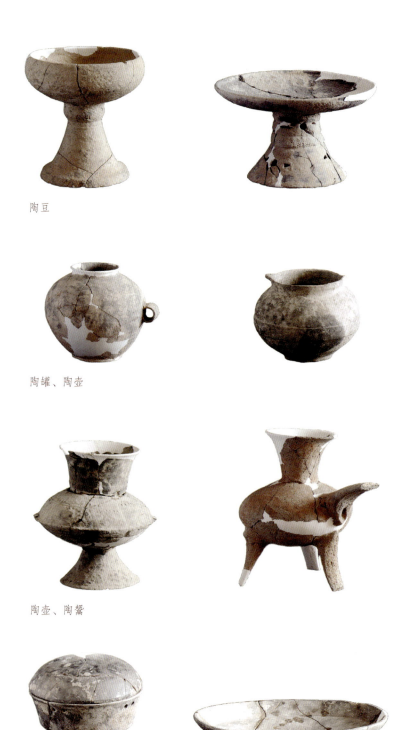

陶豆

陶罐、陶壶

陶壶、陶鬶

陶杯、陶盘

11号墓出土的石钺、石锛、石凿

21号墓出土的石钺、石锛

29号墓出土的石钺

第三部分 中华文明起源、形成和古国文明时代的安徽图景

3号墓出土的玉环

27号墓出土的玉管

31号墓出土的玉管

北和东西方向，由于人骨多已完全腐烂，头向情况不清楚。同时期崧泽遗址三期墓葬头向多数为南偏东，少数北偏东；南河浜遗址墓葬头向以朝南为主，少数朝北；北阴阳营遗址墓葬头向则绝大多数朝北或北偏东，少数朝南、朝东和朝西；薛家岗遗址墓葬方向以东北—西南向为主，南北向为次，只有极少数其他方向。可见，除北阴阳营外，崧泽文化时期墓葬以偏南北方向为主，但各处墓葬方向并不一致，当与本地传统埋葬习俗有关。

从随葬陶、石、玉器形制及组合特点来看，月堰遗址墓葬与邻近的南河浜、崧泽、薛家岗、北阴阳营、福泉山均有相同或相近之处，如陶器基本组合为鼎、豆、壶（或罐）。这种组合不仅是崧泽、良渚、北阴阳营、薛家岗等长江下游地区诸文化墓葬随葬陶器组合的共同特征，也是长江中游地区的大溪、屈家岭和黄淮下游地区的大汶口文化墓葬随葬陶器组合的基本特点之一。但从陶器器型以及颜色和质地来看，月堰遗址最为接近的还是崧泽文化和良渚文化，陶器器型最接近的有部分豆、罐、折腹壶、杯、纺轮和鼎足等。石器器型最接近的主要有钺、锛、凿和刀。石钺多长条状铲形，单孔，长梯形，尾端平直，两侧斜直，弧形刃，刃角明显，对钻单孔，孔眼规整，这类石钺在南河浜、福泉山等崧泽文化墓地中常见；少数有肩石钺和双孔石钺亦见于福泉山遗址良渚文化墓葬中；石锛、石凿同样为崧泽文化墓葬所多见。玉器中的玉环、玉管、玉挂饰等小件玉器，与崧泽晚期墓葬类似。同时，月堰遗址新石器时代墓葬自身特点也十分明显。

总体而言，月堰遗址新石器时代墓葬主体文化因素更多地接近太湖流域的崧泽文化和良渚文化，应是受崧泽文化和良渚文化影响较大的一个地方文化类型。同时，从月堰墓地反映的情况来看，崧泽文化和良渚文化在该地区的发展可能较太湖地区滞后，表现为当少数典型良渚文化因素如双鼻壶、有段石锛、双孔石钺已经出现的时候，墓地仍以崧泽文化为主体文化因素，这也许大致反映了该地区崧泽文化末期的基本面貌，其原因可能与该地区离良渚文化中心区较远有关。

除墓葬外，地层和灰坑等遗迹也出土了数量较多的遗物，以陶器为主，有鼎、豆、壶、罐、缸、碗等。鼎、缸多为夹砂红褐、灰褐陶，其他器类多为泥质红褐陶、灰陶和黑皮陶，多素面；鼎足多饰竖向刻槽和刻画纹，陶缸多饰附加堆纹。豆把多有圆形、三角形镂孔，牛鼻形耳罐亦多有两个圆形镂孔，以鱼鳍形、T形横断面鼎足，镂孔豆把最为丰富。牛鼻形耳罐大致可早至马家浜文化末期；鱼鳍形鼎足从其初始形态一直延续发展，经历了鱼鳍形—横断面呈窄T形—横断面呈宽T形三个阶段，基本与宁镇及太湖地区的崧泽文化、良渚文化相始终。

月堰遗址考古发现有哪些重要意义？

一是发现了安徽长江流域为数不多的新石器时代晚期墓地。虽然规模不大，但墓地布局、墓葬形制、随葬品组合及器类、器形特点清晰，墓葬区与居住区基本在一起，反映了居葬合一的特点。

二是延续时间长，演化轨迹清晰。月堰遗址是该地区新石器时代晚期延续时间最长、文化序列最清晰完整的一处遗址，可从马家浜文化末期一直延续至良渚文化晚期，存续时间距今6000—4300年。

三是与北阴阳营、薛家岗、凌家滩周边地区存在明显的文化交流互动，是长江下游地区社会复杂化和早期文明进程研究不可多得的重要案例。

与月堰遗址近在咫尺的繁昌缪墩遗址发现了长江中游湖南高庙文化时

缪墩遗址出土的几何形图案压印纹白陶

期几何形图案压印纹白陶。两遗址之间关系及其与长江中游湖南地区同时期文化的相互关系的揭秘，有待今后考古研究工作的进一步深入开展。

（撰稿：叶润清　李艳天）

参考文献

[1] 安徽省文物考古研究所：《安徽芜湖月堰遗址新石器时代墓葬发掘简报》，《文物》2009年第8期。

[2] 上海市文物保管委员会：《崧泽——新石器时代遗址发掘报告》，文物出版社1987年版。

[3] 南京博物院：《北阴阳营——新石器时代及商周时期遗址发掘报告》，文物出版社1993年版。

[4] 上海市文物管理委员会：《福泉山——新石器时代遗址发掘报告》，文物出版社2000年版。

[5] 浙江省文物考古研究所：《南河浜——崧泽文化遗址发掘报告》，文物出版社2005年版。

[6] 安徽省文物考古研究所：《潜山薛家岗》，文物出版社2004年版。

[7] 朔知：《皖江区域考古的意义》，《文物研究》2002年第14辑。

凌家滩遗址

长江下游文明化道路的先锋

凌家滩遗址位于长江以北、巢湖之东的含山县，遗址南临裕溪河，北望太湖山。1987年至今，安徽省文物考古研究所对该遗址持续开展了30多年的考古工作，确认了遗址的范围，了解了遗址的布局：遗址有着内、外两重环壕，内壕以内是生活区，内壕北侧是墓葬祭祀区；发现了60余座墓葬；出土了大批精美而又神秘的玉器，如玉龙、玉龟、刻图玉版、玉鹰、玉人、玉勺等。凌家滩遗址显示了高度发达的文明程度，是中华五千多年文明史的实证。

当人们打开卫星地图，定位在中国东部时，长江以北、巢湖之东，有一座高山，名曰太湖山。太湖山向南延伸出几条土岗，中间的一条土岗最长，向南直抵裕溪河畔，俗称十里长岗。

20世纪80年代，这条土岗上有一片乱坟岗。1985年的冬天，凌家滩村村民万传仓的老母亲去世了，他们在土岗上挖墓穴的时候，挖出了不少石器和玉器。含山县文物管理所得知情况后立即上报，随后，安徽省文物考古研究所派杨德标和张敬国到凌家滩进行调查。

经过调查，他们初步判断，这是一处新石器时代的遗址，面积比较

凌家滩遗址

大，葬坟地可能是墓葬区，有必要一探究竟。

1987年6月，张敬国作为领队，开始了对凌家滩遗址的试掘。他们在紧邻现代坟的西侧布设了两个5米×5米的小探方，在其中一个探方内，就发现了2座重要的墓葬，编号为M1和M4，出土了玉人、玉龟、玉版等129件让人耳目一新的玉器，引起了极大的反响。

M1出土了3件玉人。这3件玉人大小基本相同，高接近10厘米，宽2厘米，最厚的不过1厘米，最薄的只有0.5厘米。如此单薄的玉器背后都钻有隧孔，可知这玉人应该是穿绳或固定在某种器物上的。

这3件玉人均为方脸，两大耳穿孔。头上戴着中间凸起的纵梁冠。两臂弯曲，十指张开置于胸前，像是在祈祷，两臂刻弦纹，表示戴有镯子。腰部饰斜线纹，看上去像腰带。

此类玉人仅是一种饰品，还是另有他用？它们不同于红山文化的近圆雕立体像，也不同于良渚文化突出轮廓的侧面像，而是正面浅浮雕，写实性较强。推测是巫师作法时用的器具，墓主人可能是专职的巫师。

M4出土的玉器就更多了，达103件，其中，最为奇特的有玉龟、刻图玉版、玉勺、三角形玉片等。

玉龟由背甲、腹甲两部分组成。背甲的两侧和腹甲对应处各有2个穿孔，应是拴绳固定之用。背甲尾部对钻4个圆孔，腹甲尾部对钻1个圆孔。

关于这件玉龟的功能，结合其旁边出土的1件玉签，众多研究者都认为是占卜用具。

更为奇特的是，玉龟中间夹了一件玉版，玉版上的纹饰更为神奇。

玉版正面呈长方形，背面略内凹。玉版的中间刻有大小2个圆圈，小圆内刻八角星纹。大圆内刻8个圭形纹饰指向八方，外刻4个圭形纹饰指向玉版的四角。玉版的三边有牙口，四边各钻9个、5个、5个、4个孔，可能是连缀在某种有机物上的。

这件玉版究竟有什么用途呢？众多研究者对此进行了研究，所得结论多有不同，大体可概括为与"元龟衔符"的八卦有关，与天文观象授时有关，与占卜用的原始式盘有关，甚至认为与良渚玉琮仰视角度展开有关等。虽然结论不同，但有一点是一致的，即反映了凌家滩先民对空间和宇宙规律的科学认识。

1987年秋和1998年秋，张敬国作为领队对凌家滩进行了第二次和第三次发掘。第二次发掘面积275平方米，发现11座新石器时代墓葬，出土了虎首璜等360余件玉器。

第三次发掘，同时作为安徽省首期田野考古培训班实习。此次发掘仍以墓地为主，面积达1600平方米，另在山岗东、西两侧的裕溪河北岸发掘了225平方米，以了解居址的情况。在本次发掘中，发现新石器时代墓葬29座，又出土了玉人、玉鹰、玉龙等一些比较奇特的玉器。

玉龟

站姿玉人

玉版

在M29中，也出土了3件玉人，同1987年发掘的M1玉人不同的是，这3件玉人呈蹲姿状，其他形态都基本相同。

就在出土玉人的M29中，又出土了一件后来成为凌家滩和安徽考古的标志物——玉鹰。

这件玉鹰其实不大，宽只有6厘米多。鹰的两翅伸展，呈飞翔状，翅端雕刻成猪头状，鹰头朝向一侧，胸部刻有神秘的八角星纹。令人称奇的是，鹰的两面纹饰完全相同，展示了高超的制作工艺。这样奇特的造型可能具有宗教的寓意，这墓的主人也可能是一位颇为富有的巫师。

玉龙出自M16。呈扁椭圆形，两面刻相同纹饰，吻部突出，首尾相连，近尾部钻一孔，显示应属悬挂之物。在众多新石器时代龙的形象中，凌家滩先民对龙的想象，和明清时代固化的龙形象最为接近。

2000年秋，张敬国领队又对凌家滩遗址进行了第四次发掘，在祭坛的西北方向发掘了约300平方米，发现新石器时代墓葬21座，出土玉器、玉料35件；在墓地以西约50米外的碎石块密集处开挖一个10平方米的探沟，试图寻找玉石器作坊。此外，还在岗地东南端的红烧土密集区发掘了100余平方米，了解到这是一处总面积约2700平方米的红烧土分布区，红烧土最厚可达1.6米。

2007年春，张敬国在退休之前，对凌家滩遗址进行了第五次发掘，发掘工作进行了一个多月，只发现3座小墓。恰巧这个时候，墓地南部区域有一座现代坟迁走了，腾出一片狭窄的区域，离第一次玉人出土的位置只有5米远，张敬国决定在这里往下挖挖看。

考古队员在探方的边缘最先看到一个大石块，以为是普通的石头，在起运的时候才发现上面有雕刻，仔细一看居然雕刻成猪的形象，才知道这是一头大玉猪，重达88公斤。紧接着在其南侧发现一个长方形坑，坑内有一组陶器，考古队员在清理这组陶器时又发现了玉环、玉钺等器物，随后器物越挖越多，一直持续了20多天，考古队员才把里面的随葬品清理

双虎首玉璜

玉龙

2007 年发掘的 23 号墓

完毕。

　　经过清理，这座编号为M23的墓葬，长3.5米，宽2.1米。墓坑内有棺椁的痕迹，人骨已腐朽无存。随葬的玉石器排列紧凑，局部层层叠压，有2—6层。在墓坑南端大致为墓主头部的位置密集放置了20多件玉环，胸部位置放置有10件玉璜，在双臂位置，左右各有一组10件玉镯对称放置，在腰部位置，放置3件玉龟形器。墓坑底部排满了石锛。

　　这3件玉龟形器上也有钻孔，腹腔内各放置一两件玉签。初步推测这是一组占卜工具。

　　能有如此丰富的随葬品，那么这位墓主到底是什么样的人物？根据当时社会的特征和随葬品特点推测，在当时政教合一的政权中，墓主应该是既掌握神权又控制君（王）权的最高统治者。

张敬国主持的五次发掘，将凌家滩墓葬区的全貌基本揭露，出土的大量精美又神秘的玉器，让凌家滩为世人所熟知。

除以上列举的几件比较特别的玉器外，目前，凌家滩的玉器已经发现了1000多件，器型丰富多样，已超过30种，主要有兵礼器、动物或人物形象的象生礼器、饰品，此外，还有大量玉芯和边角料。兵礼器如斧、钺，象生礼器如玉龙、玉鹰、玉龟、玉人等，饰品有冠、玦、耳珰、璜、环、镯、璧、管、珠等。其中齿纹璜、虎头璜、出廓璜、耦合式璜比较有特点。耳珰大多打磨光滑，尤其是出玉龙的那座1998年发掘的M16，出土了1件玉喇叭形器，也就是耳珰，胎壁最薄处仅0.5毫米，堪称极品。

在治玉工艺方面，凌家滩玉器制造已经形成了切割、琢磨、钻孔、抛光一整套技术，实心钻、管钻技术广泛应用。掏膛、减地、阴线刻、镂

蹲踞玉人

玉鹰

孔、线锼、浅浮雕等体现了技术的多样化。

钻孔技术是凌家滩玉器制造的一种高度发达的技术，出玉鹰的那座1998年发掘的M29中出土的一件玉管，长达5.5厘米，孔径仅0.2—0.5厘米，其两面钻孔的深度近3厘米。先钻孔再线锼的镂雕技术在凌家滩已经出现，这种技术为后来良渚文化复杂线锼镂雕工艺发展打下了基础。凌家滩的这些玉器主要出自墓葬，而这些墓葬，又是与祭坛相互依托的。

祭坛呈圆角长方形，面积约600平方米。它坐落在凌家滩聚落中心最高处，祭坛表面类似圜形，从顶部到边缘最大高差约有1米。祭坛分三层筑成，表面有积石圈和祭祀坑。凌家滩先民死去以后，就按一定的秩序埋葬在祭坛周围和祭坛之上。

出土较多玉器的大墓基本上在祭坛南侧，而西北面则分布着一批随葬石器较多的墓葬，祭坛的北面则是一些随葬少量陶器的平民墓葬。

大型祭坛和集中埋葬的显贵墓葬和平民墓葬，体现了明显的社会等级划分和天人沟通等宗教的需求，但是这些不同等级的墓葬共处在同一个墓地，又反映出当时的社会分化可能还没有达到特别剧烈的程度。

2008年，张敬国退休，凌家滩遗址考古工作由吴卫红研究员负责。他将考古工作的重心从墓地和玉器转到聚落方面，进行了系统的调查、勘探、发掘，并做了大量的科技考古研究，以探寻凌家滩先民生活的世界。

首先对凌家滩及所在裕溪河流域进行了8次区域系统调查，调查面积达400平方千米。在凌家滩周边新发现了9处同时期的小聚落，它们的分布显然是以凌家滩为中心的，这证明了凌家滩是在社会发展的基础上产生的中心聚落。

对于遗址本身，则进行了全面的勘探。经过勘探，凌家滩遗址的真面貌终于显露出来：原来凌家滩是一个有着两道环壕的超大型聚落，面积达160万平方米。

为了验证勘探结果，同时因为遗址公园建设，2013—2017年，由吴卫红研究员领队，安徽省文物考古研究所对凌家滩遗址又进行了6次发掘。

2013年春，对东部平地石头圩的生活区进行发掘，发现一处面积达200平方米的红烧土遗迹分布区。

2014年春，对内壕的西段和北段进行发掘，确认了内壕的年代、结构。

2015年春，对岗地西南端的南半坎进行发掘，发现一条自然沟，沟内有红烧土等堆积。

2016年12月，对墓葬区万氏坟迁坟后暴露的2007年发掘的M22进行部分清理，出土编号玉器46件，令人惊喜的是，发现的半截玉璜与当年征集的玉璜居然能够拼合！

2017年春，对外壕西北段进行发掘，确认了外壕的年代、结构。

2017年冬，对石头圩堤内进行分段发掘，发现一些灰坑等普通遗迹。

2020—2022年，凌家滩的主动考古发掘工作均集中于岗地东南端的大型红烧土遗迹地点，试图寻找能与墓葬区和凌家滩超大型聚落相匹配的高等级建筑。

经过3年2500平方米的发掘工作，专家们确认了这处大型红烧土遗迹的范围、形状、局部结构，对其功能性质也有了初步的认识。

因遗址公园建设，2021年，还对墓葬区西侧休息广场区域进行发掘，发现一处重要的燎祭遗存，出土一批石钺等器物。对外壕北段缺口位置进行发掘，认为外壕缺口处并无防御设施，又对外壕沟体进行了解剖发掘，确认了外壕的年代。

通过做这些工作，目前，对凌家滩聚落的布局算是有了初步的了解：内环壕平面大体呈梯形，与裕溪河围成一个封闭空间。内壕以内面积近50万平方米，岗地东侧的石头圩平地是主要的生活区；岗地东南角则有一处面积近3000平方米的大型红烧土遗迹，红烧土普遍厚达1.5米。内壕的北部有一个宽15米的缺口，出了缺口向北就到了墓葬区，可知当时明显的

遗址祭祀墓葬区

规划。

在内壕西北500米处，发现了外壕，外壕只有西段和北段，在遗址的东北角消失了，可见外壕可能未完工。

凌家滩的壕沟是目前国内发现的同时期规模最大的壕沟之一，反映了凌家滩文化时期，社会已具有一定的公共资源调配能力。

此外，经过大量的科技考古研究，可以知道凌家滩遗址的年代距今5800—5300年，主体也就是墓葬的年代为距今5500—5300年。凌家滩是目前所知长江中下游地区同时期最大的聚落。凌家滩先民不仅能够制造、使用大量玉石器，还发展了稻作农业，饲养或捕猎猪、狗、鹿、鸟等多种动物。还采集莲藕、薏苡属等来补充食物来源。

纵观凌家滩30多年的考古工作，可以看出，凌家滩的考古实践是中华文明起源探索和中国考古学发展的一个缩影。

20世纪80年代后期，随着红山、良渚、凌家滩等重要遗存的发现，学术界开始了中华文明起源探索的第一次热潮。

凌家滩30余年的考古工作，是一个逐步从点到面、从小视角到大视野、从追寻热点到回归基础的过程，既是中国诸多重要考古学研究的典型个案，也反映了中国考古学发展的一段历程。

凌家滩与红山、良渚并列为中国史前三大玉器中心，是中国史前治玉的第一个高峰，而其年代略早于良渚文化，且对环太湖地区良渚文化玉器系统的形成产生过重要影响，出土的玉龙、玉鹰、玉人等玉器代表了当时中国治玉技术的最高水准，带有八角星图案的玉版包含的文化意义极其重要，体现了远古文化发展水平非同一般。

凌家滩遗址是整个长江中下游地区同时期最大的超大型聚落，面积达160万平方米。聚落有着明显的规划和布局，以环壕为代表的大型防卫工程，彰显了一定的社会组织能力。大型祭坛和集中埋葬的显贵墓葬和平民墓葬，体现了明显的社会等级划分和天人沟通等宗教的需求。

凌家滩遗址所显现的高度发达景象在同时期史前文化中具有明显的超前性，孕育的若干文明因素也不可否认。2009年以来，凌家滩作为区域核心性遗址，先后被纳入中华文明探源研究课题中，并被作为中华文明起源和早期发展重要的时间、文化节点。通过对凌家滩及其所在裕溪河流域的聚落形态的研究，结合对玉石器的综合研究，探讨凌家滩聚落产生、发展、衰亡的过程和原因，可以从更为宏观的角度审视其在中华文明形成中的作用。

凌家滩文化所反映的不仅仅是它发达的玉器文化，它的重要性更在于推动了对中华文明的探源。凌家滩文化和相近时代的其他文化已为中华文明起源打下了良好的基础，孕育了中华古代文明的多种特征。而凌家滩文化更由于其年代较早和内涵丰富，成为促进中华文明诞生的先行者之一，在中华文明起源和形成过程中具有标志性地位，是中华五千年文明的重要

石头圩生活区发掘现场

起源之一。

　　凌家滩遗址被评为"1998年度全国十大考古新发现"，2001年被
国务院列为第五批全国重点文物保护单位，2006年以来先后被纳入国家
"十一五""十二五""十三五"和"十四五"大遗址保护专项规划。
2013年12月，凌家滩国家考古遗址公园由国家文物局批准立项，为安徽省
首批。2021年，凌家滩入选"中国百年百大考古发现"，为安徽省唯一入
选项目。

　　著名考古学家严文明在凌家滩发掘报告的序言中写道："可以毫不
夸张地说，在长江下游，凌家滩人是首先走上文明化道路的先锋队。在凌
家滩之后，文化发展的重心可能有所转移，至少玉石工业的重心转到太湖
流域的良渚文化那里去了。因为良渚文化前身的崧泽文化玉器很少，加工
技术也不高，良渚文化的玉器工业则发展到了登峰造极的地步，如果没有
技术上的传承，这样突然爆发式的发展是难以想象的。事实上良渚文化玉

器制造的各种技术，除微雕式的线刻不见于凌家滩外，其他技术在凌家滩都已经采用。"严文明还作有《凌家滩之梦》："裕溪河边地，有座凌家滩。滩畔有良田，天赐米粮川。滩后有大山，安全有保障。滩前河水平，终年可行船。山上多美石，随时可采拾。石工造斧锛，石钺配亲兵。玉石技艺精，切磋费苦辛。贵胄讲阔气，玉器不离身。裕溪通巢湖，南巢是邻邦。裕溪过大江，视野更宽广。左观薛家岗，右窥北阴阳。远道有来往，直通牛河梁。如此形胜地，最宜建都城。围城两重壕，城中起宫殿。殿后设祭坛，祖茔建坛上。王者居南中，宝玉满墓坑。显贵居左右，平民皆殿后。职业有分工，墓区亦不同。神巫戴巫帽，坐立必守中。虔诚敬天地，双手紧贴胸。玉璜饰龙凤，彰显大王风。苍鹰胜金乌，载日又载猪。太平盛世日，神龙卷身躯。河图浮水面，神龟负洛书。美哉凌家滩，明珠耀眼亮。照彻江淮地，文明现曙光。惜哉凌家滩，辉煌不久长。考古费思量，宛若梦一场。"

著名考古学家张忠培也曾说："凌家滩的玉器，有别于良渚文化，异于红山文化，彰显出强烈的自身个性。其呈现的文化进程，领先于同期的其他文化。回溯其所处年代，当谓中国只此一家，世界别无分店。凌家滩的玉器，昭示出中华文明的多样性、复杂性和一体性，是中华五千多年文明不可多得的宝贵实证。凌家滩墓地所表现的社会，已迈进了文明社会的门槛。"

中华文明探源工程首席专家王巍在《中华5000多年文明的考古实证》中指出："安徽南部的凌家滩遗址，是良渚文化前身——崧泽文化时期的安徽南部中心性遗址。"

凌家滩国家考古遗址公园规划面积3.35平方千米，主要建设内容包括本体保护展示（含墓葬祭祀区、红烧土块区、手工作坊区、内外环壕、东西居住址等）、防洪工程、安全技防、文明探源、考古工作站、环境整治、村民搬迁、服务设施（入口游客中心、停车场、遗址博物馆）等，以

"彰显华夏玉文化，探源中华古文明"为主题，努力将遗址建设成融遗址展示、考古研究、农耕生产、生态游憩、文化教育等多项功能于一体的研学旅行目的地。

（撰稿：张小雷　唐　军）

参考文献

［1］安徽省文物考古研究所：《凌家滩玉器》，文物出版社2000年版。

［2］安徽省文物考古研究所：《凌家滩——田野考古发掘报告之一》，文物出版社2006年版。

［3］安徽省文物考古研究所：《凌家滩文化研究》，文物出版社2006年版。

［4］中华玉文化中心、中华玉文化工作委员会：《玉魂国魄——凌家滩文化玉器精品展》，浙江古籍出版社2012年版。

［5］杨晶、蒋卫东：《玉魂国魄——中国古代玉器与传统文化学术讨论会文集（五）》，浙江古籍出版社2012年版。

［6］吴卫红：《朔知东南风：从凌家滩到长三角的区域文明探源》，上海古籍出版社2021年版。

［7］吴卫红、刘越：《凌家滩：中华文明的先锋》，上海古籍出版社2022年版。

薛家岗遗址

安徽首个史前文化的命名地

薛家岗遗址是安徽最重要的史前遗址之一，出土的石钺，多孔石刀，玉璜，鸭嘴形足、枫叶形足陶鼎等具有鲜明的地域特征。该遗址是安徽省第一个被考古界确认的史前文化"薛家岗文化"的命名地，充分展现了距今五千年前后长江中下游地区文化互动的时代特征。

安徽省第一个被考古界确认的史前文化是什么？那就是薛家岗文化。它的命名地——薛家岗遗址是长江下游的新石器时代晚期重要遗址，主体年代距今5500—4800年。发现的1—13孔多孔石刀、精致石器和玉器、饰经纬式纹样的空心陶球和独具特色的陶器，具有鲜明特点。1981年，薛家岗遗址成为安徽省第一批省级文物保护单位，1996年经国务院批准成为第四批全国重点文物保护单位。

久负盛名的薛家岗遗址位于什么地方？在皖西南的平原圩畈区，有潜水自北向南流过，薛家岗遗址就位于安徽省潜山市王河镇永岗行政村与利华行政村交界处的潜水西岸。遗址主要依托在一处大体呈东西向、海拔20—30米的长条形岗地之上，总面积约10万平方米，可分为生产生活区和墓葬区两部分，其中墓葬区位于山岗东端。

薛家岗遗址

　　在薛家岗遗址被发现之前，安徽的新石器时代考古工作几乎呈空白状态，仅有十分零星的发掘。寻找并发掘一处保存较好的新石器时代遗址，成为安徽省文物考古的重要任务。薛家岗遗址的发现具有一定偶然性，但也是安徽考古工作在经历了长期探索之后的必然结果。

　　那么，薛家岗遗址是怎么被发现的呢？1977年11月，安庆地区文化局举办了一次文物普查培训班，潜山县文化馆余本爱在培训之后，回到县里试图寻找史料记载中的古"皖国"。12月底，余本爱与王河文化站的赵林根据民间传说，到利华村古城山进行调查，但并未发现文物。听说不远处的薛家岗发现过带圆孔的石头，两人便前往调查，果然发现了陶片和网坠，还在断面上掏出一件五孔石刀，当时判断为商代遗址，并及时向省文物部门汇报。

　　1978年5月，安徽省博物馆派阚绪杭等人复查，确认是一处新石器时代至唐宋时期的遗址。同年10月，省文物工作队杨德标等人再次调查后，认为是一处较难得的遗址，便向时任安徽省文物管理局局长洪沛作了汇报，说明了遗址的重要性，并提出要改变安徽新石器时代考古工作十分薄弱的局面，因薛家岗发现的五孔石刀，与江苏南京著名的北阴阳营遗址七孔石刀有关联，所以建议开展发掘工作。

1979年3月，由杨德标领衔的考古队开始对薛家岗遗址正式发掘，很快就发现了新石器时代墓葬，还出土了七孔石刀、石钺等重要文物，引起重视。当年秋天进行了第二次发掘，发现了60余座墓葬，出土了十一孔和十三孔石刀等更加引人注目的大批精美器物。此后到1982年共进行了五次田野发掘工作。2000年为编撰《潜山薛家岗》考古报告还进行了一次补充发掘，前后六次总发掘面积2330多平方米。

经过发掘了解到，整个遗址的内涵十分丰富，可以分为新石器时代晚期、夏商周时期、宋明时期三个大的阶段。新石器时代晚期是遗址最重要的内涵，发现了150多座墓葬，出土遗物1200余件，可以更细地分为六期：一至三期为薛家岗文化早期（距今5500—5300年），四、五期为薛家岗文化晚期（距今5300—4800年），第六期为张四墩文化（距今4600—4300年）。此外，夏商周时期也有较丰富的遗迹和遗物，宋、明两代因在遗址上建有永明寺也曾兴盛一时。

从5000多年前开始，薛家岗的先民们已将居住区和墓葬区分离，设置了一处独立的大型墓地，并按照一定的秩序分出两个主要的墓区，在两个墓区内部，还可以各自再分为几个相对独立的墓群。墓葬排列较为有序，不同墓群应是具有一定社会关系的群体，体现出归属的不同。这种埋葬方式在同一时期全国各地也都较为盛行，属于"聚族而葬"的体现。

考古工作者在最早发掘墓葬时并没有发现墓坑，但基本上可以根据随葬器物的分布确定各墓葬的范围，后来才找到一些长方形竖穴土坑。墓里的随葬品主要是陶器，但晚期因为社会的发展，随葬玉器、石器成为风气，与早期形成了鲜明对比，这种转变是社会发生较大变化的一种体现。早期墓葬的随葬品大多数在10件以下，总体来看还相对比较接近，没有特别明显的贫富分化现象，但晚期少数墓葬发现的随葬品有20多件甚至40多

40号墓发掘现场

件，且以玉器、石器为主，如编号M40的30件随葬品中就有玉钺1件、石钺8件、九孔石刀2件、三孔石刀1件；编号M44的45件随葬品中仅玉器就达33件，包括玉钺1件、石钺3件，更突出的还有十三孔、十一孔、五孔、三孔石刀各1件。这两座墓是整个墓地中随葬器物最多的，应属最高等级墓葬，说明当时社会贫富分化现象已十分明显，出土的器物也成为薛家岗文化的代表性器物。

当时长江下游地区的生业经济，一般包括稻作农业、采集、捕捞、狩猎、家畜饲养业几大门类，薛家岗遗址也是这样。但由于发掘的时间较早，技术手段有限，在遗址中没有发现稻粒等确凿的稻作农业证据，不过在陶片中见到掺和的稻壳痕迹，可以知道稻作农业已经出现。骨骼和植物因为土壤原因大都难以保存，但也还发现了少量猪牙或猪下颌骨、猪头，说明家畜饲养是一个相对稳定的产业。作为生业经济重要组成的采集、捕捞、狩猎，还没有太多证据证明它们的发展，出土的石箭镞等狩猎工具数量很少，捕捞工具基本未见，这些经济可能并不发达，不过陶片中还掺和了一些蚌末，说明捕捞水产品还是存在的。

手工业经济是薛家岗遗址十分发达的经济形态，尤其是陶器和玉、石器的制作具有较高的发展水平，此外还有纺织等。

陶器制造业是最主要的门类之一。在早期还没有拉坯成型的快轮制作技术，总体上是以手工制作为主，但能够使器表变黑的渗碳技术已被掌握得较好并得到了较为广泛的应用。这时的陶器在功能上有了进一步的划分，形成了以炊器鼎、盛器豆和碗、水器壶和鬶为主的器物群。较为稳定的器物群，可以让日常生活更加便利。审美观念在这个时期也有了明显的改变，为了使陶器更美观，各种装饰纹饰广泛应用，器物表面流行凸棱或凹弦纹，刻画、戳印纹也较多。

薛家岗文化晚期，陶器生产出现了较大变化，拉坯成型的快轮制作技术发展起来，这种利用轮的旋转快速拉坯的技术，极大地提升了陶器制

晚期陶鼎

晚期红衣陶球

作的工效，还使陶器的形态更加规范、圆润，促进了陶器生产进一步走向产业化。作为最重要炊器的折腹鼎数量大增，而模仿动植物形态制作的鸭嘴形鼎足和枫叶形鼎足，则是薛家岗文化晚期陶器最具特点的形态，也是薛家岗文化区别于其他文化的重要标志。陶球也是薛家岗文化晚期的一大特色，一般都刻画或戳印类似经纬线的纹样，将表面几乎等分为八个三角形，最大的一件直径达8.8厘米，表面涂有红衣，十分精致。

到距今4600年左右的张四墩文化时期，薛家岗遗址的文化面貌出现了很大变化，如数量很多的正面饰多道凹槽横装扁平足、捏流或卷叶流的管状长颈的夹砂红陶鬶，泥质纯黑陶高柄杯，都明显表现出淮河中下游大汶口文化的部分特征，应受大汶口文化南下的强烈影响，取代了本地的薛家岗文化，但还保留了原来的一些文化特点。

玉石器制造业也是手工业经济中最主要的门类之一，更是薛家岗遗址的重要特色。但在薛家岗文化早期并不发达，晚期因为受皖江东段的凌家滩发达玉石器制作的影响，突然达到了一个高峰。

　　薛家岗文化晚期的玉石器制作特点主要体现在两个方面：一是在玉料、石料的选择上十分讲究。不同的石器，选料有明显不同，如石刀基本上只选用粉砂质板岩，石钺则以砂质板岩为主；玉器以闪石类为主。二是制作的专业化程度较高。打磨、抛光技术较为成熟，利用先钻小孔再线锼的技术对玉器进行加工，产生立体透视效果，这也是薛家岗文化晚期重要的治玉技术，其钻孔定位技术更是达到了相当高的水准，有多孔石刀的孔距误差已达到1毫米的精度。这些技术从现代视角看来显得十分古朴，但在当时还是难以掌握的高超技术，所以也成为当时整个长江中下游地区玉石器制作的重要代表。

　　薛家岗遗址出土的玉器种类跟年代稍早的凌家滩遗址相比，总体较为简单，主要有钺、镯、璜、坠饰、管等，以器体较小的玉管、坠饰为主，

弓背形玉璜

器表装饰性的纹饰少见，偶尔有少量的镂刻、齿状纹等。其中，器体呈弓背形的玉璜也是薛家岗晚期文化最有特点的玉器，这种器物因为玉材的用量较多，如果正反两面都认真打磨，会消耗更多的玉材，所以一般只将正面打磨光滑，而背面还保留了较多的切割痕迹。

薛家岗遗址出土的石器种类丰富多样，有刀、钺、斧、锛、凿、箭镞等，大多数是用来砍树、修木的木作工具，箭镞则作为远距离射杀的武器得到了较多使用，但部分石刀、石钺的器表还涂有朱色彩绘，这说明有些石器已经脱离了实用的功能，而转变为具有礼仪性质的礼器了。多孔石刀是薛家岗遗址最具代表性的石器，器体扁薄，钻孔基本上为奇数孔，仅有一件为四孔，但也是因为原来的器物残缺后改制而成的，最长的十三孔石刀达50.9厘米，已不具备工具的性质。在部分多孔石刀、石钺的上部，还用红彩画出花果形图案，这是薛家岗遗址的一个特点。器体呈"风"字形的玉石钺，也是薛家岗独具特色的玉石器。

薛家岗文化的面貌是什么？以薛家岗遗址为代表的薛家岗文化，主要分布在大别山东南麓、幕阜山东北、江南丘陵西北的"V"形区域内，也

十三孔石刀

花果纹图案的九孔石刀

就是以现在的鄱阳湖、大别山南麓为中心的一片区域，是跨皖、鄂、赣三省交界区的一支重要的新石器时代晚期文化。其沿长江两岸和山麓边缘分布的特点，表现出整个文化的形成和经济形态都与长江和玉石资源有密不可分的联系，是远古以玉石器制作为核心的长江经济带的重要代表。

那么，薛家岗文化是怎么产生的呢？它的产生背景是距今6000年前后，长江中下游地区的史前文化进入了一个快速发展期，各地原始文化都发生了较大变化，整个长江中下游地区出现了一次大规模的、东西向的文化互动。从本质上说，薛家岗文化的产生应是直接源自本地更早期的黄鳝嘴文化，在相当程度上继承了以南京为核心的北阴阳营文化和巢湖以东凌家滩文化的玉石器制作工艺，陶器制作方面吸收了较多东部太湖流域的崧泽文化及西部汉江东部的油子岭文化因素，具有多元化特点；而自身的多孔石刀、"风"字形钺也向外影响到太湖流域和其他地区。这种互动很有可能是当时长江下游史前经济带的繁荣促成的。

但在薛家岗文化晚期，这种互动情形近于停滞，虽然太湖流域的良渚文化十分强大，对其仅有微弱影响，薛家岗文化对良渚文化的影响也明显

彩绘石钺

考古安徽 先秦篇

不如此前其对太湖流域的影响重大。

薛家岗文化晚期玉石器制作的发达，与受巢湖东部凌家滩文化衰落后的"玉石分野"影响有直接关系。凌家滩文化衰落后，它的玉石器制作技术分别向东影响到太湖南部，并在很大程度上带动了良渚文化以玉器制作为特点的文化兴盛；向西影响到大别山东南麓，推动了薛家岗文化晚期以石器制作为标志的文化繁荣。两地各自成为继凌家滩文化之后，长江下游玉石器制作的杰出代表，并更进一步地表现出明显的社会分层和复杂化趋势。

历史从未停止它的脚步。作为长江中下游交界地带的薛家岗遗址和以此命名的薛家岗文化具有明显的过渡性，为探讨五千年前后这个重要时间节点上长江文明的形成过程提供了重要材料，也是中华文明在长江中下游地区多元融合过程的具体体现。

（撰稿：吴卫红　李　驹）

参考文献

［1］安徽省文物考古研究所：《潜山薛家岗》，文物出版社2004年版。

［2］朔知：《长江下游的"玉石分野"与社会变革——以五地墓葬材料为例》，载北京大学考古文博学院、北京大学中国考古学研究中心编《考古学研究（九）：庆祝严文明先生八十寿辰论文集》下册，文物出版社2012年版。

魏庄遗址

桐城五千年前的文化密码

桐城，别称"文都"，古称"桐国"，位于安徽省中部偏西南，西依大别山，东临长江。桐城为江淮文化圈的发祥地和集中地，有各种不可移动文物500多处。在这片文化的热土上，五千年前桐城的先民繁衍、生息，魏庄遗址为人们认识这段历史提供了丰富的资料。

魏庄遗址位于历史文化名城安徽省桐城市孔城镇晴岚村魏庄自然村。遗址北依低矮的山丘，南绕孔城河，呈带状分布，是人为形成的台墩型聚落遗址，平均高程11米。西南距著名的薛家岗遗址约72千米，东北距凌家滩遗址约102千米。

遗址地处中部低两侧高的岗地，两侧岗地高于中部3—4米。2019年因"引江济淮"工程穿过遗址，安徽省文物考古研究所、中国人民大学考古文博系、桐城市博物馆等单位联合对其开展了发掘工作。发掘区位于遗址西南部，共发掘950平方米，文化堆积较薄，各层大体上为水平状堆积，新石器时代墓葬均开口于第三层以下。

2019年发掘的8座新石器时代墓葬，墓葬形制均为竖穴浅坑墓，单人葬，规模相当，除编号M5的头向为东西向外，其余7座墓的头向均为南北

魏庄遗址

向，且平行分布，间距相近，相互之间无打破关系。随葬品以鼎、豆、壶、碗为主，另有玉环、隧孔珠、石钺等，随葬品较多的有纺轮和石锛。墓葬中人骨均已腐烂，偶见人骨腐烂痕。陶器普遍破碎严重，推测某些器物可能是打碎后随葬。编号M1、M2、M3、M4的随葬品均沿南北方向摆放，M2和M3的陶豆放置在陶盆内，M1和M4的陶盆和陶碗存在着倒扣放置的现象。

墓葬中发现的部分鼎、壶、罐等器物形态较小，其中M31和M4中的器物通高不足5厘米。在宿松县年代较早的黄鳝嘴遗址中也发现有通高和口径均不足10厘米的小鼎，这些小型器物很有可能是专门用于随葬的明器。

出土陶豆的M2、M3与薛家岗文化的形制相近，均为敛口内折，弧腹，

陶罐

陶豆

陶壶

陶盆

平底，高柄，喇叭形圈足，足沿陡折成台状。M1出土的豆盘上腹壁内收、下腹外弧的豆也见于薛家岗文化中。

　　魏庄遗址出土的陶盆和陶碗的特征与薛家岗文化五期的陶碗极为相似，均为上腹向内微弧、下腹折收，但薛家岗文化的陶碗腹部大多带有一个半圆形錾，魏庄遗址则不见。此外，魏庄遗址出土的陶壶与薛家岗文化的也有一定相似性。

　　除陶器外，2019年发掘的新石器时代墓葬及地层中，发现了15件玉石器，这些器物保留了丰富的加工痕迹，为分析魏庄遗址玉石器加工技

玉璜表面砂绳切割痕迹

术，以及通过技术风格对比理解魏庄遗址与周边文化的关系提供了宝贵的材料。

出土的7件玉器，其中2件玉璜出于地层中，其余5件玉器皆出于墓葬，且分布集中。除1件隧孔珠发现于M2以外，包括1件断裂为3个残段的环、1件带镂空的璜和2件隧孔珠在内的4件玉器均出自M9。M9仅随葬玉器，对比仅随葬陶器的M4，这充分反映出8座新石器时代墓葬随葬品差距很大。

玉器虽数量不多，但丰富的加工痕迹极具代表性，为认识魏庄遗址玉器的工艺技术，将之置于皖江北岸及皖西南发达的玉文化背景下理解该遗址与周边遗址的关系，提供了宝贵的材料。

　　总体而言，玉器应当为相当稀有的物品，其使用局限于特定的人，如M9的墓主人。玉器的一些技术风格如砂绳切割、镂空，亦与凌家滩文化、薛家岗文化和鼓山遗址的玉器风格有着千丝万缕的联系。魏庄遗址玉器多出于墓葬，拉曼光谱的结果显示，玉器以透闪石居多，石器以石英、辉石等矿物为主。这些玉器在何处生产，是否经过交换而来，还需要进一步探索。

　　魏庄遗址的石锛、石钺磨制精细，形态统一，可见石器工艺已经非常成熟且成体系。附近的薛家岗遗址也出土过同类型石锛，两个遗址的石器文化存在一定的交流和影响。尚未看到石锛、石钺生产的原料，石锛毛坯、砺石等与石器生产相关的材料，未能确定它们是由本地生产，还是从附近的遗址交易所得。在薛家岗文化四期出现的段脊偏上的有段锛，以及使用较为频繁的陶器镂孔装饰和玉器镂雕技术，在魏庄遗址也均有发现。

　　总之，魏庄遗址玉石器均存在使用痕迹，并且都存在破裂或缺损后修整以继续使用的现象，这充分表明该遗址玉石器均为墓主人生前使用的器物，多数玉器有破裂后改制的现象，说明改制过程中的钻孔等是在当地完成的。同时也反映了使用者对玉器的珍视。

　　魏庄遗址出土的陶豆与崧泽文化晚期的陶豆风格具有很多相似点。豆盘均为敛口，腹部有折棱。崧泽文化晚期的陶豆中，喇叭形柄上常饰以数周弦纹，且弦纹间饰竖向长方形或圆形的镂孔。魏庄遗址的M3：7在豆柄上饰四周凸弦纹，每两周凸弦纹之间饰圆形和长条形镂孔，与崧泽文化晚期的情况相同。

　　同时，魏庄遗址的陶器多数与薛家岗文化相近，但又有一定不同，显示出地方特色。陶杯为细高柄，不同于薛家岗遗址的矮柄陶杯，且形制也未见于皖西南地区同时期的其他遗址；也暂未发现薛家岗文化中较为特殊的陶球和多孔石刀。

　　但M9的玉璜与薛家岗文化十分接近；在地层中发现的玉璜，与凌家滩文化的玉璜形制相近，这表明魏庄遗址与凌家滩文化可能也存在一定

镂雕玉佩

石钺

石锛

玉环

陶豆

陶杯

玉璜

联系。

　　魏庄遗址的发掘揭示出明确的生活区和墓葬区，填补了皖西南和皖中之间新石器时代考古的空白。文化面貌既与薛家岗文化相似，又有明显不同，为全面认识皖西南与淮河中游、宁镇等区域之间诸文化的关系提供了难得的重要资料。

（撰稿：王晓琨　叶　鑫）

参考文献

［1］中国人民大学考古文博系、安徽省文物考古研究所：《安徽桐城魏庄遗址新石器时代墓葬2019年发掘简报》，《文物》2022年第4期。

［2］王晓琨、温雅棣、罗月霓：《安徽桐城魏庄遗址出土新石器时代玉石器工艺初探》，《文物》2022年第4期。

烟墩山遗址

马鞍山地区先秦史上两座文化高峰

　　烟墩山遗址发现新石器时代崧泽文化晚期和周代吴文化遗存，出土一批精美玉石器、陶器和原始瓷器，是见证马鞍山地区先秦史上两座文化高峰的遗址之一，对马鞍山地区先秦文化发展进程研究具有标志性意义。

　　地处长江下游的马鞍山地区，自古以来就是人类繁衍生息的沃土，先民在这里创造了灿烂的历史文化。

　　烟墩山遗址为长江下游采石河流域新石器时代晚期、周代遗址，位于马鞍山市雨山区佳山乡，近半月状岗地型，由东北主体向西南延伸，海拔9—18.7米，最大相对高度9.7米，现存面积约19300平方米。据《当涂县志》记载，遗址东北最高处为明代烽火台遗迹，遗址因而得名。

　　该遗址于1984年文物普查时被发现，1988年被公布为马鞍山市第二批文物保护单位，2004年被公布为安徽省第五批省级文物保护单位。目前，烟墩山遗址公园建设和环境整治工程已完成。

　　2003年秋冬，为配合公路建设，安徽省文物考古研究所会同马鞍山市文物管理所，对烟墩山遗址进行了首次也是迄今唯一的一次考古发掘。上海大学历史系、南京大学考古系部分师生参加。

　　野外发掘工作从9月25日开始，到12月底结束，历时3个多月，共揭露

烟墩山遗址

面积950平方米，发现新石器时代晚期墓葬9座、灰坑3个；西周中晚期到春秋早期墓葬9座，房屋建筑基址7处，建筑相关遗迹灶8处、灰坑30个、红烧土遗迹3处；出土新石器时代玉器、石器、陶器及周代陶器、石器、青铜器、原始瓷器等各类文物及考古标本近400件。

发掘地点位于遗址西南部，该处地表由西北向东南呈斜坡状，遗存堆积北薄南厚；周代文化层遍布所有探方，新石器时代晚期地层和遗迹主要集中于发掘区北部，东南部则不见。

新石器时代墓葬位于发掘区的最北边，整体呈东北—西南向排列，打破各自探方最下面的文化层。均为长方形竖穴土坑墓，墓坑边壁不明显，总体长2—2.5米、宽0.65—1米，属中小型墓。除编号M11墓外，其余8座墓葬皆是南北向，头向基本朝南。在编号M13墓底部见到一些板灰痕迹，另8座墓未发现任何葬具残痕。墓主骨架保存好坏状况不一。

随葬品有多寡之分，其中编号M9、M10、M16、M17墓规格相对较

玉人

高。出土的玉器有玉人、玉璜、玉镯、玉锥形饰、玉坠、玉珠和玉管等，石器有石钺、石铲、石锛等。陶器基本组合为鼎、豆、壶、罐、瓢等。

　　玉器中最引人注目的是M9墓出土的玉人，立体侧身，通高3.6厘米、最大宽1.5厘米，戴冠、圆目、吻部突出、短颈、挺胸，背部有一方形缺口，上下各对钻一小孔。整体形态较抽象，局部受沁。璜、镯、锥形饰等玉器也十分精致，应非一般人所用。

　　陶器以泥质陶为主，有磨光黑陶、红陶和褐陶，夹砂陶多为鼎类等炊器；纹饰有刻画纹、弦纹、波状纹，另有镂孔、手捏乳丁等装饰，其中壶、豆、簋、杯多有折腹，豆、簋的柄和喇叭状器座上有圆形和弧边三角形镂孔，类似的风格在长江下游环太湖地区的崧泽文化晚期陶器上常见；基本为轮制，少数手制附件。石器种类较少，多为铲、斧，有少数钺，通体磨光，较为精致，刃部除部分锛外多有损伤，应为实用器具。

　　周代墓葬分布于发掘区中北部，开口层位不一，皆为长方形竖穴土坑

玉璜

玉镯　　　　　　　　玉锥形饰　　　　　　玉坠

墓，墓坑边壁不明显，总体长1.6—2米、宽0.4—0.6米，属小型墓，东北—西南和东南—西北朝向，未发现葬具痕迹，墓主骨架较新石器时代晚期保存状况好，为仰身直肢。但9座墓葬都不见任何随葬品，只在墓坑填土中发现少量陶片。

周代房屋建筑遗迹多仅存房基局部或零星柱洞，整体结构不清楚。柱洞多为圆口圜底，坑壁为多层黄泥土夯实。墙基多为先平地起槽，然后以红烧土和碎陶片填实，宽窄深浅不一。从发现的少数红烧土墙体局部残件来看，当时房屋墙体的做法多为木骨泥墙。

红烧土遗迹多成片排列在房屋墙基外面，因地势而铺设，深浅厚薄不一，局部很厚，形成坑状堆积。红烧土绝大多数呈块状，部分有平整表面，似废弃后房屋墙体的二次利用。结合分布位置分析，应是对户外地面起防潮和加固作用。

周代的另一个重要发现是灶的遗迹，以编号Z3、Z4灶最有特点。两灶东、西排列，西北—东南走向，长盆形，局部遭破坏，腹部东西两侧内收，大小形制相似，均有厚约1厘米的火烤壁和底。两灶底部和灶坑南部堆积均有较厚的草木灰层，但灶坑内不见任何遗物。考古人员推测是当时的居民在平地上挖坑建灶，坑壁起挡风作用，以草类为燃料，这种类型的灶不是一家一户使用的，而是家族等群体共用的。

周代遗物主要有陶器、原始瓷器、石器和小件青铜器。陶器包括生活用品和制陶工具，其中鬲、甗、刻槽盘、罐、豆和陶拍富有特色。纹饰以绳纹最为多见。鬲和甗器表均留有烟炱痕，显示其实用器功能。陶质有夹砂与泥质之分，前者基本为炊器，后者多为食器和盛器。几何印纹硬陶有较多发现，主要有方格纹、网状纹、回纹、折线纹、席纹、雷纹、叶脉纹、菱形填线纹等，多为几种几何纹样组成的复合纹。从形制特征上看，时代主要为西周中晚期，器类及装饰风格表现出较浓厚的湖熟文化风格的传承影响。原始瓷器以豆为主，年代下限可至春秋早期。石器种类较多，有斧、凿、锛、刀、镰、镞等，基本为生产和生活用具，既有磨制又不乏打制特征。出土一件厚重的长条形赤铁矿石斧，通体磨光，顶端较平直，全身为紫红色皮，极其少见。青铜器主要为形式多样的镞，削、斤各出土1件，均腐蚀严重。

从局部发掘所显示的情况来看，烟墩山遗址的特点，一是主要包括新

石斧

玉管

玉珠

陶鼎

陶豆

陶壶

陶壶

陶瓿

第三部分 中华文明起源、形成和古国文明时代的安徽图景

石器时代崧泽文化晚期、西周中晚期到春秋早期吴国鼎盛时期两个阶段遗存；二是出土遗物规格高，新石器时代玉器、石器和陶器，除实用器外，有相当一部分为礼器，如玉器中的玉人和玉璜，石器中的石钺和石锛，陶器中的陶豆等；三是遗址存在较明显的功能分区，从遗迹分布情况看，发掘区从西北到东南依次为新石器时代墓葬区，西周时期居住区、墓葬区和生产生活废弃物堆积区，遗址局部功能分区非常清晰。

烟墩山遗址考古发现有哪些重要意义？

这首先要了解崧泽文化。崧泽文化因20世纪六七十年代上海青浦崧泽遗址的重要考古发现而得名，距今6000—5300年，早期分布区域主要为环太湖地区，包括天目山东麓、杭嘉湖平原、太湖东部和北部，晚期不断向茅山—天目山以西等外围扩展，迄今发现遗址数量已达数百处。陶器多鼎、豆、壶组合且形式多样，多镂孔和刻画图案，彩陶占一定比例，玉石器发达，打磨精致，是其典型特征。崧泽文化上承马家浜文化，下接良渚文化，是新石器时代晚期中华文明曙光阶段长江下游地区最具代表性的遗存，直接孕育了中华早期文明——良渚古国文明。

烟墩山遗址新石器时代遗存正是崧泽文化晚期西进的反映，根据出土陶器，确认墓葬整体年代距今5500—5300年，属于崧泽文化晚期，与著名的含山凌家滩祭坛及墓地基本同时。

烟墩山遗址崧泽文化墓葬，是安徽长江南岸地区新石器时代墓葬的首次发现，填补了该地区新石器时代墓葬考古发现的空白，而一批较高规格的新石器时代玉礼器的出土，与凌家滩遗址的重要发现隔江呼应，成为马鞍山地区崧泽文化晚期宗教中心地位的重要实证。此外，烟墩山遗址位于长江下游地区由薛家岗、凌家滩、北阴阳营、薛城、崧泽、良渚等重要新石器时代晚期文化遗存构筑的文化走廊的核心位置，其发现为长江下游地区史前时期的文化交流融合发展和区域文明模式研究提供了不可多得的重要实物资料。

其次，再看烟墩山遗址与古代吴国和吴文化的关系。

据史料记载，吴国是周王族诸侯国，商代晚期由周文王的伯父太伯到吴地所建。关于吴国的地望，可以从吴国名相伍子胥给吴王夫差的一份规谏中找到答案："夫吴之与越也，仇雠敌战之国也。三江环之，民无所移，有吴则无越，有越则无吴，将不可改于是矣。员闻之，陆人居陆，水人居水。夫上党之国，我攻而胜之，吾不能居其地，不能乘其车。夫越国，吾攻而胜之，吾能居其地，吾能乘其舟。此其利也，不可失也已，君必灭之。失此利也，虽悔之，必无及已。"

伍子胥的规谏，一是从人地关系角度精辟论述了吴国和越国形同水火无法并存的态势，规劝吴王夫差灭掉越国，放弃北上攻打远离吴国本土且属"居陆"之地于吴并无价值的齐国；二是由此可知古代吴国的大致地域范围。"三江"当指淮河、长江、钱塘江，即吴国地域北达淮河，南至钱塘江，大概相当于今天江苏、安徽两省淮河以南和浙江钱塘江以北的地区，太湖流域是吴国的核心。

吴国商代晚期建立，周初正式立国，到春秋中后期发展成为最强大的诸侯国之一，鼎盛时灭掉州来、巢、钟离、钟吾、邗等一众徐淮夷方国和楚国附属国，击败郯、胡、沈、陈、许、蔡、顿、鲁，攻破楚都郢迫使楚国迁都淮阳，夫椒之战南服越，艾陵之战北败齐，黄池之会会盟晋，疆域大为扩张，成为东南霸主，尤以吴王阖闾、夫差时期国力最为强盛。但令人惋惜的是，吴王夫差目光短浅、刚愎自用，听不进忠臣伍子胥的金玉良言。而越王勾践卧薪尝胆，矢志不渝。公元前473年，吴国为勾践所灭，留下了"苦心人、天不负，卧薪尝胆，三千越甲可吞吴"的千古传奇和勾践、夫差、伍子胥、孙武、伯嚭等一个个栩栩如生的历史人物与典故，还有被誉为"兵学圣典"的《孙子兵法》。

以太湖流域为中心的古代吴地族群和吴国文化及其源流统称为"吴文化"。烟墩山遗址发现的西周中晚期到春秋早期遗存，正是吴国鼎盛时期的文化遗存，是古代吴国这一时期社会生产、生活以及社会政治、经济、文化、科技、艺术、思想等不同方面在实物遗存上的反映。

马鞍山所在宁镇地区的文化谱系为：新石器时代晚期马家浜文化—崧泽文化—良渚文化—广富林文化—夏代点将台文化—商代湖熟文化—周代吴文化，新石器时代崧泽文化和周代吴文化处于马鞍山地区先秦史上最鼎盛的两个时期。从这个意义上说，烟墩山遗址堪称马鞍山首个考古揭示该地区先秦史上两座文化高峰的遗址，对马鞍山地区先秦文化发展进程研究具有标志性的重要意义。

（撰稿：叶润清　殷春梅）

参考文献

［1］上海市文物保管委员会：《崧泽——新石器时代遗址发掘报告》，文物出版社1987年版。

［2］浙江省文物考古研究所：《良渚文化研究——纪念良渚文化发现六十周年国际学术讨论会文集》，科学出版社1999年版。

［3］张敏：《宁镇地区青铜文化研究》，载高崇文、安田喜宪主编《长江流域青铜文化研究》，科学出版社2002年版。

［4］叶润清：《安徽马鞍山烟墩山遗址发现新石器至西周文化遗存》，2004年6月11日《中国文物报》。

［5］叶润清：《烟墩山遗址对于追溯马鞍山历史文化源流的意义》，载马鞍山历史与文化研究会编《历史与文化研究》（第一辑），黄山书社2006年版。

［6］叶润清：《安徽马鞍山江东地区青铜文化试析》，《文物研究》2018年第23辑。

［7］《史记·吴太伯世家》《史记·越王勾践世家》，中华书局2014年版。

金寨遗址

皖北地区五千年文明社会的实证

　　萧县金寨遗址坐落于皖东北丘陵之中的山前平原，1991年、2016—2018年安徽省文物考古研究所对其进行发掘。遗址主体年代为大汶口文化中晚期，距今5000年前后。遗址总面积达50万平方米，是新石器时代晚期苏鲁豫皖交界地区面积最大的遗址之一，文化面貌复杂，除有本地的大汶口文化因素外，还有一些来自太湖流域的良渚文化因素、江汉地区的屈家岭文化因素、中原地区的仰韶文化因素等。遗址的面积、等级、出土遗物的重要性和独特性等方面，均表明当时这一地区已经进入了文明社会。

　　说到金寨遗址，大家可能会以为是金寨县的红色革命旧址，这里说的金寨遗址，位于宿州市萧县庄里镇的金寨村，这是一处距今四五千年的新石器时代的遗址。金寨遗址在全国乃至国际新石器时代考古界具有一定声名和地位。

　　金寨遗址坐落于皖东北丘陵之中的山前平原，自然环境相当优美独特，西、南、东三面环山，仅有东北方向与外界相通，西、北、东南三面

金寨遗址

临小河。

　　金寨遗址是什么时候、怎么被发现的呢？时间回到了1958年，当地村民在村子东南角挖水塘时，无意间竟然发现了一批玉器。后来在1986年的时候，又有村民在水塘东南角种地时发现了一批玉器。萧县博物馆相关人员了解情况后，到现场进行调查，征集了一批玉器，并将材料发表在《文物》杂志1989年第4期上。这样，全国考古界都知道了金寨遗址。

　　1987年，国家文物局组织"苏鲁豫皖先秦考古研究"课题，安徽省文物考古研究所成立了淮北课题组，对皖北地区的先秦遗址进行了专题调查。课题组调查了金寨遗址，当时觉得这个遗址面积比较大，约10万平方米，年代相当于龙山文化早期，又出土过较多的玉器，鉴于金寨遗址的重

玉璧

要性，选择了金寨遗址作为发掘地点。1991年秋，由张敬国领队的专家组对金寨遗址进行了首次发掘，发掘面积500平方米。同时，安徽大学文博班的学生也参加了实习，发掘地点主要集中于玉石塘的东南角，并在遗址的西部、东部也都进行了小面积发掘，仅发现少量的灰坑墓葬，出土少量陶片。

为了加强对遗址的保护，做好保护规划，准确了解遗址的情况，从2015年开始，在萧县县委、县政府的支持下，安徽省文物考古研究所开始了对金寨遗址新一轮的考古工作。2015年主要是对遗址进行了勘探，了解了遗址核心区的地层堆积和遗迹分布情况。2016年，安徽省文物考古研究所向国家文物局申请了主动发掘执照，后国家文物局批准了500平方米的发掘面积。

2016年9月25日，发掘工作正式开始。如何利用好这500平方米的发掘面积对这个大型遗址进行发掘，是一件很有风险的事情。当时的目标有两个：一个是对考古研究来说，首先是要把这个遗址的年代和文化面貌搞清楚，其次是要把这个遗址的布局和功能分区搞清楚。那么，要达到这个目

壕沟

大型红烧土沟

标，就得选择文化层比较丰富的区域进行发掘，最好是能发掘到当时的垃圾坑、房子等遗迹。另一个目标就是最好能发掘到一些比较精美的文物，尤其是玉器。虽然这个没有多大把握，但线索是有的，就是玉石塘东南部当年出土玉器较多的区域。所以2016年的发掘区就分为两个：一个就是玉石塘的东岸，一个是村庄东部的一片普通耕地。

发掘工作进展得很顺利，尤其是东区，陆续发现一些灰坑、房址、墓葬等遗迹。特别是几座墓葬的发现，大大增加了考古队的信心。每座墓葬都有一二十件随葬品，有陶器、石器，还有少量玉器和绿松石装饰品。墓葬有单人葬、双人葬、三人葬。后期居然发现一座七人葬。这时考古人员才意识到这是一处集中的墓地，范围应该较大，由于受发掘面积和时间的限制，只发掘了10余座，计划来年继续发掘。

不过，西区玉石塘东岸早年出土玉器的地方发掘效果很不理想，原因是这一片区域遭到了严重的盗掘，文化层被严重扰乱。在玉石塘东岸北部发现了一条壕沟，沟内堆积包含物比较丰富，出土了较多的陶片，让考古人员对金寨遗址的年代和文化面貌有了清晰的认识。

在玉石塘的南侧，发现了一座大型红烧土沟，面积近300平方米，沟内填满了红烧土块，厚达3.5米，里面也包含较多陶片和少量动物骨骼。这么厚的红烧土沟，在全国都是极其少见的。

为了继续揭示东区墓地的完整布局和寻找生活区，2017年继续申请发掘，这次国家文物局批准了800平方米发掘面积。本年度的发掘目标一是揭露墓地的完整形态，一是在遗址西北部选择堆积丰富的居住区进行发掘。

首先在墓地西部区域布方，与2016年发掘区中间相隔10米，以尽量卡住墓地的西界。这次发现的墓葬数量更多，而且排列非常整齐规范，尤其是在台地西部边缘处，墓葬呈弧形顺台地地势向心分布，墓坑之间排列有序，显然是事先规划而成的。

　　墓坑绝大部分为西北—东南向，度数多在90°—130°之间，仅有两座为北向稍偏东。人骨头向也为东稍偏南。人骨保存较差，以仰身直肢和侧身屈肢为主，少量双腿交叉。多为单人葬，少数为双人葬和三人葬，另有四人葬和七人葬的墓坑各1座。合葬墓性别不一，既有同性合葬也有异性合葬，多为壮年个体。

　　绝大部分墓葬有随葬品，仅有两座没有。随葬品多位于人骨左侧，成排分布，随葬品多的墓葬墓主的脚端和墓内其他位置也有分布。随葬品多寡不一，5—30件不等，最多的七人墓随葬品达110件。随葬品以陶器

三人合葬墓

陶鼎

陶豆

陶盆

陶盉

为主，另有少量玉器、石器、骨器。陶器组合以鼎、豆、壶、罐为主，另有杯、盆、背壶、尊、鬶、盉、钵、纺轮等。代表性器物有泥质黑陶瓦形足折腹盆形鼎、夹砂红陶壶形鼎、夹砂红陶折腹盉形鼎、高圈足镂孔豆、盉形杯、背壶、鸭形实足鬶、盉、双鼻壶、圈足尊、盅、长筒形器、喇叭形罐等。玉器均为小型饰品，有玉璜、小玉环、小玉璧、玉坠、玉珠、玉管、三联璧、牙璧、绿松石坠等，主要位于人骨的头颈部。石器有石锛、石凿、石斧、石钺、砺石、石环等。

　　由于墓葬清理工作非常仔细，发掘工作一直持续到2018年。最终揭露到土台的北、西、西南部边界，东部虽未到土台的边界，但发掘区内东部已无墓葬分布。发掘区内共有墓葬53座。

2017年发掘的北发掘区位于村子东北角，发掘面积330平方米。该区堆积丰富，文化层厚1.3—2米。从大汶口文化中期延续到晚期，主体为一片排房基址。该居住区亦位于一稍高台地上，底部铺垫一层灰白黏土用以防潮和起基础作用。房址仅存少量基槽，基槽填土为红烧土，房址内有灶和烧烤面。

经过3年的发掘，对金寨遗址的年代、范围、文化面貌、聚落总体布局有了较为准确的认识，达到了预期目标。

那么，金寨遗址的具体年代是什么时期呢？经研究发现，金寨遗址的年代从距今5200年的大汶口文化中期一直延续到距今4200年的龙山文化中期，后来在遗址内发现少量的周代、汉代遗存。面积较大，总面积达50万

玉坠

平方米。文化面貌复杂，除有本地的大汶口文化因素外，还有一些来自太湖流域的良渚文化因素、江汉地区的屈家岭文化因素、中原地区的仰韶文化因素等。

金寨遗址有什么样的重要性呢？一般来说主要有三点。

首先，金寨遗址的面积比较大，是新石器时代晚期苏鲁豫皖交界地区面积最大的遗址之一，与江苏新沂的花厅遗址、山东滕州的岗上遗址、山东章丘的焦家遗址等同为区域中心聚落遗址。遗址的延续性比较好，从大汶口文化中期一直延续到龙山文化中期，还有少量的周代、汉代遗存，为完善苏鲁豫皖交界地区新石器时代晚期文化序列提供了珍贵的材料。

其次，金寨遗址为研究当时的区域之间史前文化交流提供了令人耳目一新的材料。金寨遗址的出土文物中，除有本地的大汶口文化因素外，还有一些来自太湖流域的良渚文化的器物，比如玉璧、玉锥等玉器，双鼻壶等陶器。这一点在金寨遗址东边100千米的江苏新沂花厅遗址也表现得很突出。花厅遗址在全国考古界很出名，有些人就说金寨遗址是安徽的花厅；另外让人意想不到的是出土了较多来自湖北江汉地区的屈家岭文化的器物，比如薄胎彩陶杯、彩陶壶、折腹风格的盂形杯等。经过陶器产地分析，证明部分陶器的来源并非本地，再加上通过对人骨牙齿的锶同位素的分析，表明部分女性个体来自南方。这就从科学上证明了当时江汉地区的屈家岭人确实跋涉千里来到这里，至于这背后的原因则可以引发人们的无限遐想：是当时的大汶口人把屈家岭女子掠夺至此，还是屈家岭人征战到大汶口途中牺牲在此，抑或二者纯粹是友好的联姻关系？

另外，为研究淮北地区文明社会的形成提供了绝好的证明材料。遗址的面积、等级、出土遗物的重要性和独特性等，均表明当时这一地区已经进入了文明社会。

正是这一阶段考古发掘揭示了金寨遗址的重要性，金寨遗址的保护级别也得以不断提升。2016年发掘的时候，金寨遗址还是宿州市级文物保护单位；2018年，成功入选第八批省级文物保护单位；2019年，成功入选第八批全国重点文物保护单位。

（撰稿：张小雷）

参考文献

［1］安徽省文物考古研究所、萧县博物馆：《安徽萧县金寨新石器时代遗址西区2016年发掘简报》，《东南文化》2020年第3期。

［2］安徽省文物考古研究所、萧县博物馆：《安徽萧县金寨新石器时代遗址北区2017年发掘简报》，《东南文化》2020年第3期。

［3］杨凡、张小雷、靳桂云：《安徽萧县金寨遗址（2016年）植物遗存分析》，《农业考古》2018年第4期。

［4］宋艳波、乙海琳、张小雷：《安徽萧县金寨遗址（2016、2017）动物遗存分析》，《东南文化》2020年第3期。

［5］安徽省文物考古研究所、萧县博物馆：《安徽萧县金寨遗址新石器时代墓葬发掘简报》，《考古》2023年第10期。

垓下遗址

大汶口文化第一城

垓下遗址位于安徽省固镇县濠城镇，因楚汉战争中的决定性战役"垓下之战"而闻名于世。2007—2009年和2021年的考古发掘，明确遗址主体部分由新石器时代和秦汉两个时段的遗存构成。首次在全国范围内确认了大汶口文化城址。发现的城墙顶上建造房屋、史前地震等现象，为该遗址增添了许多神秘色彩。

"力拔山兮气盖世，时不利兮骓不逝。"说到垓下，人们首先就会想到公元前202年的"垓下之战"和"霸王别姬"。这场战争中，项羽率领的10万楚军被刘邦的60余万汉军包围。汉军通过"四面楚歌"瓦解了楚军的士气，赢得了最终胜利。项羽兵败，自刎乌江，延续4年的楚汉战争结束。因此"垓下"被认为是改变中国历史走向之地，也是开启汉代400年国运之地。

那么垓下到底在哪里呢？几千年前，垓下还发生过哪些惊心动魄的故事？从2007年开始，经国家文物局批准，安徽省文物考古研究所启动了对垓下遗址的考古勘探和发掘工作。

垓下遗址位于安徽省蚌埠市固镇县城东24千米的濠城镇，1986年被

垓下遗址

安徽省人民政府公布为省级文物保护单位。遗址坐落在淮河支流沱河的南岸，为一处高出外侧2—3米的不甚规则的圆角长方形台地。有学者认为，"濠城"原为"洨城"，即《水经注》记载的汉代洨城故地。汉初吕后专政，大封吕氏，其侄吕产被封为洨侯，建国于"洨"，后吕产被改封吕王、梁王，洨国不复存在，更名为洨县。《后汉书》中"洨有垓下聚"的记载，便表明垓下位于"洨"之境内。由于"垓下之战"的故事和地表满布秦汉时期的瓦块和陶器残片，在相当长的一段时间内，垓下遗址被认为是一处单纯的秦汉时期遗址。

　　勘探和发掘打破了固有的认识，其实垓下的历史远比想象的丰富得多、早得多。2007年的勘探持续了3个月，初步确认台地实为城址，四周的土垣即是残存的城墙。城圈总长1510米，城内面积约15万平方米，城外有一周护城濠，城濠由西、北两侧的沱河河道与东、南两侧人工开挖的水道围成，宽15—20米。2007年共试掘5个区域，发现了城墙、大片红烧土面、大型水沟、红烧土台等遗迹。通过这次发掘，意外发现城墙的年代可追溯至新石器时代，特别是其中一期城墙内坡上陶窑的发现，确证城墙的建造年代至少不晚于龙山文化时期。这一发现立刻引起了学术界的轰动，因为它是安徽省发现的第一个史前城址，也是淮河流域首次发现的史前城址。2008—2009年，为继续解决城墙的年代问题，同时也对城墙的结构进行验证，考古人员对东、北城墙进行了解剖，并发掘了北城墙顶部的红烧土遗迹和城内台基。通过对城墙叠压的地层、叠压城墙的文化层和房址进行分析，专家确认了城墙的始建年代和主要使用年代为大汶口文化晚期，并初步了解到遗址内新石器时代的居址形态。新石器考古研究权威专家、山东大学历史文化学院教授栾丰实对此十分欣喜，称其为"大汶口文化第一城"。正是凭借于此，垓下遗址荣获"2009年度全国十大考古新发现"。

2013年，垓下遗址升级为全国重点文物保护单位，2017年完成国保规划，2022年被公布为安徽首批省级考古遗址公园。结合遗址的保护规划，为进一步了解城内布局，从2021年开始，山东大学历史文化学院考古学系联合安徽省文物考古研究所再次对垓下遗址进行发掘。

依据出土陶器反映的年代序列，基本可以梳理出垓下遗址产生、发展的历史过程。其新石器时代大致可以分为四个发展阶段：

第一阶段为大汶口文化晚期，距今4600年左右。从山东地区不断向南扩张的大汶口先民在淮河北岸的沱河流域寻找栖息地，他们选择河岸或者汊沟旁居住，垓下是其中最为重要的栖息地之一。大汶口先民开始在这里繁衍生息。这期的考古遗存目前发现不多，从出土的遗物可以窥探到当时人的一些生活面貌。比如，当时人的生活器皿主要是陶器，生产上使用磨光的石斧，还以锥状玉坠作为装饰，这也是延续了大汶口文化的传统。此时的陶器以夹细砂红褐陶为主，内壁多为黑色，还有少量泥质灰陶、黑陶。陶器表面多饰以横、斜篮纹，烧制火候较高，质地坚硬，器壁较厚。陶器的鼎足最具时代特征，均是侧装三角形足，多数足尖呈凿状。

第二阶段为大汶口文化末期，距今4500年左右。垓下遗址的繁荣程度在这一阶段达到了鼎盛。出土遗存十分丰富，考古发现的城墙、壕沟、城

北城墙墙基上的排房

内台基、房址等都是这个时期人们创造的。东城墙底部基宽约24.7米，残存高度最高处达3.8米。北城墙相对东城墙保存略差，解剖所见城墙基宽约22.5米，残高约2米。此时期的房址有多种类型，较为流行的是将房址建筑在台基上。北城墙顶部曾发现一组排房，顺城墙走向建造，由5间连间房屋和1间附属房屋组成。房屋皆为长方形，5间连间房屋每间面阔2.3—3.3米，进深约4.45米。房屋地面和墙壁皆抹有白灰面，地面与墙脚结合处甚至还施以红色彩绘线条作为装饰。这组排房中只发现一个门道，而且是朝向城外壕沟的方向。这一时段发现少量墓葬，其中有一种类型的墓葬较有特色，即瓮棺葬，主要用来埋葬婴幼儿。做法是将一到两件器物打碎上下铺盖，或用两器打碎扣合铺盖，或是将陶器倒扣。用作葬具的陶器主要是瓮、罐、鼎、甗等器型偏大的生活用器。

另外，颇受关注的史前地震就发生在这一时段。在垓下遗址东城墙的解剖中发现一处奇怪的现象：在一组城墙的坡面堆积上出现一层灰烬，而这层灰烬中间似有一条较直的裂痕，向下清理后发现灰烬层在裂痕两侧出

地震造成的地层断裂错位迹象

现了齐整的错位。这一现象在之前的发掘中从未遇到过，因此，一时难以作出准确判断。后经安徽省地震局专家数次现场采样分析，确认这是一次发生于距今约4500年前的史前强烈地震迹象，震级至少在6级。

这一阶段人们使用的陶器与上个阶段相比在种类上变化不大，但在陶器的器型和风格上显现出一定的演变轨迹。比如从以夹细砂红褐陶为主转变为以夹砂灰陶、灰褐陶为主，再转变为以夹砂红褐陶为主。同时，器壁在后期有变轻薄的趋势，陶器火候也逐渐变低。鼎足除延续侧装三角形足外，新增横装扁凿形足，且后者逐渐占据主导。石锛、石刀、石杵、石臼、石箭镞、石斧等是比较常见的生产、生活或防御性器具，同时人们还会使用一些玉器、骨器和蚌器。

第三阶段为大汶口文化至龙山文化的过渡期，距今4500—4400年。这一时期的遗存也较为丰富，发现了一批房址、墓葬和灰坑。资料显示，当时的居住形态出现了显著的变化，发现的房址由排房变为单体的半地穴式。实际上，居住形态由排房向单体房屋转变的背后很可能表明社会组织结构的变化，家族聚居不再是主流，取而代之的是以家庭为单位独

西北区墓葬排列情况

自居住。8座墓葬主要发现在大汶口文化城墙内侧，沿东北—西南向成排分布，均为土坑竖穴墓，4座发现葬具痕迹。多数不见或仅见1—3件随葬品，基本不见玉器，这些现象体现出皖北地区大汶口文化墓葬与大汶口文化核心区墓葬的差异。

这一时期的出土遗物仍以陶器为主，有少量玉器、石器和骨器。陶器仍以夹砂红褐陶为主，但器壁相对变薄，烧制火候明显变低，不少陶器的陶质较为酥软。部分陶鼎侧装三角形足的形态发生变化，足尖部侧面增宽，足身出现扭曲。除鼎外，鬶、豆、杯、壶等陶器也较为多见。出土的玉器、石器、骨器有玉串饰、石箭镞、石斧、石锛、骨箭镞等。

第四阶段为龙山文化初期，距今4400年前后。此阶段的遗迹发现不多，透露出一些衰败的气象。遗迹以灰坑为主，出土遗物主要是陶器。此时的陶器较大汶口文化时期在种类上变化不大，但在质量上明显变差。仍以夹砂红褐陶居多，器壁较薄，陶质多较为酥软。器表以素面为主，此外，方格纹、绳纹、弦纹也相对增多。鼎足仍流行侧装三角形足和横装扁凿形足，部分侧装三角形足的足尖部侧面较宽，足身扭曲，少量形体瘦长。横装扁凿形足大多正面为倒梯形，呈现出向铲形足演变的趋势，足面凹槽大多缩短至根部，部分鼎足根部有深捺窝甚至戳透的孔。如果从更长时段考察，这些鼎足实际正走向龙山中期鬼脸足和V形足演变的道路。

可是，令人疑惑不解的是，龙山文化初期之后，在垓下遗址上生活了数百年的史前先民们突然消失了——他们去了哪里？到底发生了什么事情，让他们消失无踪？是战争、瘟疫，还是天灾？根据目前的发掘情况还不得而知，只能期望在将来的考古中能发现蛛丝马迹了。不管怎样，属于垓下遗址的史前时代就此结束。直到1000多年以后，垓下遗址上才又出现人们活动的踪迹。通过历年发掘，在垓下遗址上，考古人员发现了为

大汶口晚期到龙山初期陶器

秦汉时期镞头

数不多的周代遗迹和遗物，比如以折肩瘪裆为主要特点的典型淮式鬲等，
但是极少的数量表明此时人们对垓下遗址的利用还是零星和小规模的。真
正大规模的利用当在秦汉时期，遗址的上半部分为厚厚的秦汉时期遗存所
覆盖，而这些遗存可能就与"垓下之战"及"洨城"有关。从考古发现来
看，垓下遗址及其周边出土了大量可追溯到战国至秦代的剑、镞、弩机等
兵器和蚁鼻钱等颇具地域和时代特色的遗物。当地百姓过去经常在雨后能
够捡拾到被雨水冲刷出来的箭镞，可见其数量之多，这些遗物或许都是
"垓下之战"的历史见证。汉代遗存的大量发现也彰显出这里与区域性
的政治中心有关。如对城墙和护城壕沟的改造利用，堆积丰厚的汉代文化
层和道路、双轮车辙痕等各类遗迹，盆、瓮、罐、磨等随处可见的生活器
具，板瓦、筒瓦以及柱础石、"千秋万岁"和"云纹"瓦当等高规格建筑
用材，无不彰显出垓下遗址此时与"洨城"相匹配的地位。

　　纵观垓下遗址的考古发现，可以用"一新、两奇、三怪"来概括。新
的是：它是安徽地区第一座考古发现的史前城址，也是全国范围内第一座

汉代"千秋万岁"瓦当

考古确认的大汶口文化城址，它的发现是全国史前考古研究领域的重大突破。奇的是：其一，经过数十年的考古发掘，大汶口文化的首个城址不是发现在它的中心区域——山东，竟是发现在淮河流域；其二，城内发现的史前地震迹象十分少见。怪的是：其一，位于淮河流域的垓下遗址，在陶器文化面貌上属于黄河下游地区的大汶口文化，但其城墙的构筑方式，更接近于长江流域；其二，城内发现排房并不奇怪，但怪的是这组排房竟然建造在城墙顶上，而且其门道竟然朝向北侧的沱河；其三，房屋地面的白灰面、城内众多的台形基址，都与大汶口文化流行的居住形态有所不同。这些令人惊奇或疑惑的地方又为垓下遗址蒙上了一层神秘面纱，增添了遗址的无尽魅力。

如果我们放大视野，从更广阔的时空范围来看，距今5000年以前，文明的曙光闪耀于中华大地，各地由部落联盟的社会组织形态陆续向国家形态迈进，有学者称之为"古国时代"。而象征着国家形成的最主要标志就是城的出现，因为筑造一座城址需要大量的劳动力，征召和管理这些劳动力则需要具有凌驾于他人之上的强大号召力、组织力以及劳动分工上内在的层级关系。这种层级经常反映为一种"金字塔"型结构，这样的组织结构即已经表明具备了"国家"的雏形。这个时期，在垓下遗址所处的淮河流域腹地，从山东地区迁移而来的大汶口人经历了数百年发展，与地方文化以及周边的仰韶、屈家岭—石家河、良渚等文化交流融合，形成了一支强有力的本土文化，即可以称其为"大汶口文化尉迟寺类型"。这支文化因处于中国南北、东西文化交流的要冲地带，不仅融合了各种文化之特色，也向周边拓展着自身的影响。在这种背景下，垓下史前城址的出现也就是历史的必然趋势了。在龙山文化早期，垓下遗址出现衰落的迹象，与此同时，距此60千米外的禹会遗址正在强势崛起，淮河中游地区依旧表现出强大的影响力。而以垓下先民为代表的这些与山东"东夷"地区具有遥远亲缘关系的文化缔造者，最终发展成为中国东方地区另一股不可忽视的政治力量——"淮夷"。

如前所言，垓下遗址尽管已经有了许多重大的考古发现，但仍有太多的未解之谜。如垓下遗址的内部布局、聚落的演变过程、资源的获取和掌控、史前地震的破坏和影响、垓下遗址与周边遗址的交流互动等大量问题仍有待解答。所幸垓下遗址的二期发掘已经启动，让我们期待有更多精彩的考古发现来解答这些疑惑。

（撰稿：王 强 王 志）

参考文献

［1］安徽省文物考古研究所：《安徽固镇县垓下发现大汶口文化晚期城址》，2010年2月5日《中国文物报》。

［2］安徽省文物考古研究所、固镇县文物管理所：《安徽固镇县垓下遗址发掘的新进展》，载山东大学东方考古研究中心编《东方考古》（第7集），科学出版社2010年版。

［3］王志：《城墙顶上的房屋——垓下遗址排房的发现及其功能的初步分析》，载中国社会科学院考古研究所、郑州市文物考古研究院编《中国聚落考古的理论与实践（第一辑）——纪念新砦遗址发掘30周年学术研究会论文集》，科学出版社2010年版。

南城孜遗址

皖 北 地 区 史 前 文 明 化 进 程 的 见 证 者

固镇县南城孜遗址包含有大汶口文化尉迟寺类型、龙山文化王油坊类型，以及岳石文化、商代、西周、战国至秦汉等多个时期的遗存，是迄今为止皖北地区发现的使用时间最长、先秦时期文化序列最为完整的一处遗址。其保存较完好的大汶口文化聚落，是映照皖北地区史前文明化进程的一处重要史迹。

南城孜遗址位于皖北平原南部的蚌埠市固镇县境内，南侧紧邻澥河，现为安徽省文物保护单位。与冲积平原区多数古遗址一样，南城孜遗址地表高起，界于固镇县湖沟镇马楼村西南和杨圩村东南，故得名"南城孜"。据当地人回忆，南城孜遗址地表曾远高于遗址之外的地面。在岁月的长河中，因受到人类活动的影响及自然力的侵蚀，遗址地表高程不断下降，在现今作为农业用地的遗址范围内，仅在中部、东北和西南部见有3个较高的堌堆。

耸立于田野中的南城孜遗址，因其显眼的地表特征，很早就进入了固镇县文物工作者的视野。1988年，安徽省文物考古研究所对其进行了调查和勘探，确认该遗址为新石器时代至商周时期的遗址，文化堆积厚达

南城孜遗址

2.5米。

为配合"中华文明探源工程"在淮河流域的开展，中国社会科学院考古研究所于2006年再次对南城孜遗址进行了考古调查和钻探。通过本次考古工作，人们得知南城孜遗址平面大致呈圆形，面积约25万平方米，地表散落有丰富的大汶口文化与龙山文化陶片，遗址西北部存在一处夯土遗迹，中部存在一大型环状围壕。考古工作者认为该遗址为一处保存较好的大汶口文化—龙山文化时期的大型围壕式聚落遗址。

为了深入推进皖北地区先秦时期考古学研究，2012—2015年，安徽省文物考古研究所与武汉大学合作，对南城孜遗址进行了4个年度的田野考古工作。其中的考古发掘工作，主要涉及现地势仍较高的遗址中部、东北部和东南部，总计发掘面积为1700平方米，出土了大汶口文化晚期尉迟寺类型、龙山文化王油坊类型，以及岳石文化、商代、西周、战国至秦汉等时期的遗存，揭露有城墙、壕沟、房屋、墓葬、窖穴等遗迹，收获了分属不同时期的大量遗物。随着与考古发掘相结合的全面勘探工作的展开，考古人员大致弄清了南城孜遗址各时期的聚落分布、结构形态等信息。

通过上述田野考古工作和后续对考古资料的整理研究，书写在南城孜这片土地上的历史卷轴得以徐徐展开，并呈现在人们眼前。

在距今4800年左右，南城孜迎来了首批居民。他们在此繁衍生息了近300年的时光，留下了该遗址年代最早、保存最完好的一批遗存，即被考古学称为大汶口文化尉迟寺类型的遗存。

大汶口文化时期的居民通过多次大规模的动土营建，在南城孜修筑起一座面积近25万平方米的聚落。在皖北地区已有大汶口文化尉迟寺类型遗存的考古中，南城孜聚落是同时期面积最大的一处聚落。该聚落主体结构由经层层堆筑、主供居住的四个台地和一套环绕、区隔台地的壕沟系统组成，其呈现出的"多台地、广水域"的特征更是别具一格，拓展了人们对淮河流域史前聚落结构形态的认识。

由台地之间及台地外围的壕沟组成壕沟系统，壕沟最窄处面宽约为14米，并有3条通道连接聚落之外的水系。对两处壕沟的解剖显示，壕沟经过多次疏通、改扩建，靠近台地的壕沟内侧皆构筑有避免台地受流水侵蚀的护坡结构。这套壕沟系统既可起到排水、防卫作用，又使聚落内不同台地间形成区隔。同一个聚落被壕沟区分为不同的居住区，可能因为当时的居民在社会组织层面存在着相应的区分，即在不同台地上生活着的是不同的社会群体单元。当然，居住区相分隔还可能是其他因素所致，由于考古发掘面积的有限性，专家们暂难以给出可靠的解释。

在聚落东北台地（2号台地）的东、北缘，考古发现有一段堆筑墙体。墙体起堆于当时的地表，由多层较为纯净的黄土、灰白土经拍打堆筑而成，横剖面呈中部突起、外侧陡降、内侧缓降的形态，原始顶部受到破坏，底部宽约20米。与通常所见的首尾相连的城墙不同，这段墙体平面呈曲尺状，西端似止于4号台地，南端止于1、2号台地之间的壕沟内。其建造于壕沟内侧，与一般城墙的建造位置相同，也应当具有城墙的性质。城墙对巩固聚落安全所起到的作用，暗示了该聚落在当时的重要性；而其作为需要投入大量人力的公共设施，则揭示其背后存在组织、协调建造行为的社会公权力。至于南城孜城墙的两端为何断开，或是因为建造未完成，或是因壕沟改建挖断和取墙土另作他用等因素共同影响，这还有待下一步的考古工作来进一步判断。

在对1、2、3号台地内部的局部发掘中，发现有房屋、墓葬、窖穴等遗迹。其中，房屋既包括见诸尉迟寺遗址的由红烧土铺垫室内的墙撑式连间排房，也有柱撑式的房屋。这些房屋的建造，均是先采用较为纯净的土作基础铺垫层，以修整原本因长期暴露在外而污浊乃至支离的地面，再于垫土层上进行相应的房屋营造。这些房屋垫土层，往往因其面积超出建造房屋的面积，而在室外也营造出相对整洁的活动空间，又因房屋的反复营建，而使其成为遗址不断堆高的主要因素。

在对2号台地的发掘中，见有成年土坑墓2座、婴幼儿瓮棺墓3座。这些墓葬的特征类同于尉迟寺遗址墓葬，例如：成年墓均流行单人葬，占随葬品大宗的陶器为有别于生活日用陶器的组合，形成生、死两异的随葬品

大汶口文化陶鼎

大汶口文化陶壶

文化；未成年墓均流行以生活日用陶容器为葬具，且多埋葬在居住区附近；等等。固镇南城孜遗址与蒙城尉迟寺遗址虽相距甚远，两地文化却呈现出较高程度的相似性，背后当有人群迁徙、经济往来、文化交流或政治推动等因素在直接或间接地发挥作用，也即皖北地区在当时应该存在着覆盖了广域范围的人群、政治、经济或文化共同体。无论是哪种形式的共同体，其存在就暗示着至迟从这一阶段开始，皖北地区已成为我国古代文明多元格局中的一员。

此外，两次针对南城孜遗址的勘探，均在遗址西北部（4号台地北部）发现有大型夯土建筑的迹象。这种夯土建筑，往往建造考究、投入

大汶口文化红烧土垫面排房

大汶口文化墓葬

大汶口文化墓葬随葬陶鬶

大汶口文化墓葬随葬薄胎高柄杯

大，通常为掌握公权力的社会成员的居所或礼仪性建筑等。这一夯土建筑的存在，以及较大规模的聚落面积、高投入的城墙与壕沟系统等指标，均说明南城孜遗址大汶口文化聚落具有超于一般性聚落（如目前所知的尉迟寺遗址聚落）的地位。从考古学的角度，将其视为区域中心聚落当不为过。

从目前的考古资料来看，处于大汶口文化晚期阶段的皖北地区，人口数量猛增，新居民点不断涌现，正经历史前的一段高光时刻。这一段高光时刻，既仰赖于适宜的自然环境、较为安稳的社会环境，也离不开社会成员的辛勤劳动、协同合作和开拓创造，各种与文明相关的要素也在其间得到酝酿甚至是长足发展。在这一历史背景之下，率先登场于南城孜的先民，犹如自带七彩霞光一般，在这方舞台上挥洒汗水、倾尽智慧、展现风采，会同萧县金寨、固镇垓下两地大汶口文化时期的先民，一起书写了皖北地区史前文明化进程的华丽篇章。

后来，在气候变化、社会变迁等一系列因素的影响下，南城孜大汶口文化聚落逐渐走向衰落，直至废弃。虽遭废弃，但在易受洪水侵袭的冲积平原之上，经先民多次堆土营建而突出于地表的遗址，还是能为后来人提供一片相对安定的栖身之地。因而，在大汶口文化之后的岁月里，不断有后来者陆续定居于南城孜。尽管人数不及大汶口文化时期的先民，所留下的遗存也因处于遗址上层而被严重破坏，但这些后来者还使南城孜成为皖北地区悠远历史最持久的亲历者。

距今4300年至3800年，南城孜的居民主要居住在遗址东南部（1号台地），留下了被学界称为王油坊类型的遗存。因受到较严重的破坏，发掘出土的王油坊类型遗存，主要是经深挖而成的坑类遗迹及掩埋其中的以陶

王油坊类型陶鼎

王油坊类型陶鬶

第三部分　中华文明起源、形成和古国文明时代的安徽图景

岳石文化陶罐

器为主的遗物。

南城孜遗址王油坊类型陶器，深具龙山时代晚期高超制陶工艺的时代特征。这一时期的陶器制作工艺：胎料多经过精细加工，普遍采用快轮拉坯制作成型，成型后的胎体又经过拍压、打磨等工序以压实胎体和修饰器表，再入窑以还原氛围和浓烟炭等占主流的窑炉进行烧制。依此制作而成的陶器，形态规整，造型多样，胎体轻盈而不失坚韧、厚实又不落于粗笨，陶色多呈现静肃的灰色或黑色。这些特征共同成就了龙山时代晚期陶器带给今人的典雅、端庄的审美体验。就南城孜遗址王油坊类型陶器来看，其制作者所展示的制作工艺和审美旨趣足以比肩当时顶级的陶工。

在距今3700年左右，一批新来的居民选择定居在南城孜遗址中部，他们留下的遗存属于考古学界所称的岳石文化。南城孜遗址岳石文化遗存的保存状况极差，发掘出土的遗存不多，同样主要为坑状遗迹及掩埋其中的遗物。在编号H7的灰坑中，所出夹砂深腹罐具有宽沿、腹上鼓而下收为小平底、陶胎厚重、器表多粗糙无纹、陶色斑驳相杂等特征，乃是各地域岳石文化同类器物共有的典型特征。在同一灰坑的下部还埋藏有鹿角、水牛头骨等动物遗存，疑似具有祭祀性质。

岳石文化水牛头骨

　　在曾经很长一段时间内，典型的岳石文化遗存主要发现于山东省境内。包括南城孜遗址在内的安徽省若干岳石文化遗存的考古新发现，使考古人员们能越来越清晰地勾勒出岳石文化的完整分布范围，即主要分布于我国东部从山东渤海沿岸到淮河北岸这一区域，并有可能越过淮河而深入江淮之间地区，皖北平原西缘一带则是岳石文化与二里头文化（一般被认为属于夏代晚期的文化）、下七垣文化（被认为是商人立国之前创造的文化）相接触、碰撞的地带。结合文献史料关于夷夏的记载，上述文化分布格局，无疑给正在进行中的皖北地区岳石文化考古工作带来了无限的遐想与憧憬。

　　南城孜遗址商代、西周、战国至秦汉等三个时期的遗存同样保存极差，目前的考古发掘仅见有商代、西周时期的壕沟和战国至秦汉时期的水井、墓葬等深挖而成的遗迹。根据这些遗迹的分布情况可知，商代、西周时期的居民应该主要居住在遗址东南部（1号台地所在地），战国至秦汉

商代陶鬲

商代陶假腹豆　　　　　　　西周陶鬲

时期的居民可能主要居住在遗址东部（包含1号、2号台地所在地）。

　　商周时期聚落外围所发现的壕沟，很有可能也为绕聚落一周的环壕。它由商人新挖开建，周人继用之。其内由下到上依次埋藏有商代中期和西周中期的文化堆积，所出联裆鬲、假腹豆、尊等为典型商文化陶器，分裆鬲、豆、盂等为典型周文化陶器。这些出土于南城孜的商周时期遗存，一方面表明本地在当时很有可能已被纳入中原王朝的势力范围，另一方面则为厘清商周时期中华文明一体化进程的细节充实了研究材料。

　　战国至秦汉时期遗存以墓葬为最主要的存在形式。这些墓葬，在随葬品特征方面存在楚式化、秦式化再到汉式化的演变，为人们探索战国时期楚人

战国时期墓葬

在淮河流域的扩张、经营和秦汉帝国的一体化进程提供了宝贵的材料。

通过一系列考古工作，南城孜遗址被认定为皖北地区史前文明化进程的见证者。

距今4800年—2000年，陆续选择定居在南城孜的先民所留下的遗存，是皖北地区迄今为止能在一个遗址内见到、先秦时期文化序列最为完整的一批遗存，为人们系统地观察皖北地区先秦时期的文化、社会及其变迁提供了宝贵的契机和研究材料。

南城孜遗址是一座保存较完整的大汶口文化晚期聚落遗址。在皖北地区目前已知的同时期聚落遗址中，该聚落遗址是面积最大的一处。其营建方式考究，呈现出的"多台地、广水域"的结构形态在淮河流域属首次发现。"多台地"的聚落结构特征，与良渚、石家河等超大规模的都邑性城址亦有相近之处，或许也可能如后两者一般，是聚落内部人群分化及聚落功能区分化的表现。其壕沟系统、居住台地、城墙、夯土建筑的营建，需耗费大量的人力、物力，体现了当时的社会已具有相当水平的动员与组织

考古安徽 先秦篇

汉代墓葬出土的陶俑头

能力，以及存在公权力这样的支撑机制。凡此种种，使南城孜遗址成为一处人们在探索皖北地区（乃至整个淮河流域）史前文明化进程时不可不重视的遗址。

南城孜遗址犹如一座宝库，尚有诸多潜在的历史和科学价值有待发掘。路漫漫其修远兮，考古人将上下而求索。

（撰稿：余 杰 蔡文静）

参考文献

［1］中国社会科学院考古研究所：《蒙城尉迟寺——皖北新石器时代聚落遗存的发掘与研究》，科学出版社2001年版。

［2］中国社会科学院考古研究所、安徽省蒙城县文化局：《蒙城尉迟寺（第二部）》，科学出版社2007年版。

［3］中国社会科学院考古研究所、安徽省蚌埠市博物馆：《蚌埠禹会村》，科学出版社2013年版。

［4］余杰、张辉、陈冰白：《皖北小孙岗、南城孜、杨堡史前遗址试掘简报》，《考古》2015年第2期。

［5］李龙俊、方玲、余杰：《安徽固镇南城孜遗址战国秦汉墓葬发掘简报》，《江汉考古》2020年第1期。

尉迟寺遗址

史前环壕聚落的典型代表

尉迟寺遗址是皖北地区大汶口文化晚期代表性遗址，发现完整的环壕、排列整齐的红烧土房屋建筑群等遗迹，出土各类文化遗物数量多、内涵丰富，被称为大汶口文化尉迟寺类型，对研究史前聚落形态具有重要意义。

尉迟寺遗址为新石器时代晚期聚落遗址，位于安徽省蒙城县许疃镇毕集村东。因遗址上原有一座纪念唐代名将尉迟敬德而修建的寺庙，故名。遗址地处淮北平原地带，为一高出周围地面两三米堌堆，面积5万多平方米，遗址周围地势平坦，一直是当地人耕种的农田。

1970年前后，当地农村开始大搞农田基本建设，在堌堆的东侧挖一条南北向的水渠，在施工中，挖出了许多盆盆罐罐和红烧土疙瘩以及人骨架。到了70年代中期，当地农民在遗址取土烧砖时，又挖出过许多陶器。当时有个老村主任叫毕正昌，他认为，这可能是古代的文物。于是，他装了满满一麻袋的器物来到了蒙城县文物管理所，当时文物管理所的同志看后非常惊讶，一眼便认出了这是四五千年以前的文物。文管所的同志赶到了现场，并及时向县委、县政府作了汇报，随即引起了重视，当地政府强

尉迟寺遗址

令封停了砖窑，使这处遗址得到了应有的保护。

　　1989年，中国社会科学院考古研究所安徽工作队开始对皖北地区史前遗址进行复查，选定该遗址为重点试掘对象，用"洛阳铲"进行钻探。钻探信息显示，堌堆地表往下有五六米厚的文化层。根据文化层分布的范围，判定遗址面积至少有10万平方米，文化层最厚的位置就是堌堆中心。1989年秋季，第一次试掘在堌堆的北部拉开了帷幕。在地表以下发现了原寺庙遗存，有排列的柱础石，地层中还有大量用作奠基或埋藏的宋代各种年号钱币，证实了废弃寺庙建筑遗迹至少是宋代建筑。

　　从1989年至2003年，考古工作者对尉迟寺遗址进行了1989—1995年、2001—2003年两个阶段总计13次发掘，揭露面积1万多平方米。发现大汶口文化晚期的环壕1座，清理大型红烧土排房14排18组共78间、墓葬300余座，以及大量的灰坑和祭祀坑、广场等遗迹，出土石器、陶器、骨器、蚌器各类遗物近万件。尉迟寺遗址主要有大汶口文化晚期和龙山文化两个时

石柱础

期的文化层堆积，所揭露的完整的大汶口文化晚期聚落遗存引起了考古界的高度重视。

尉迟寺遗址大汶口文化聚落的核心范围，是由一条南北长240米、东西宽220米，壕宽25米，深4.5—5米的椭圆形围壕环绕，面积大约5万平方米。经过解剖围壕，证实了这样规模宏大的围壕是人工挖凿而成的，主要用于防御和引水、蓄水。

发现的房址均在围壕以内，围绕遗址中心分布，分别以2间、4间、5间等为一排，呈东西、南北走向四面排列。这些房子为浅穴式建筑，一般面积为10平方米，大者20多平方米。每间房子由主墙、隔墙、门、居住面、室内平台和室内柱构成。墙体为木骨泥墙，与地面同时经烧烤，墙壁最厚的地方有50厘米，最薄处也有30厘米。墙体内排列着一个个黑色的圆洞，清理后发现，圆洞内是已经炭化了的木头。面积大的房子设双门，面积小的设单门，门向多朝南或朝东，门宽一般为60厘米，有木质门槛，门外用泥抹成斜坡状。墙面光滑，有的抹有一层白灰面。房子多为两间一组，形成了以个体家庭为单元的生活格局，设有储藏间和居住间。有的四

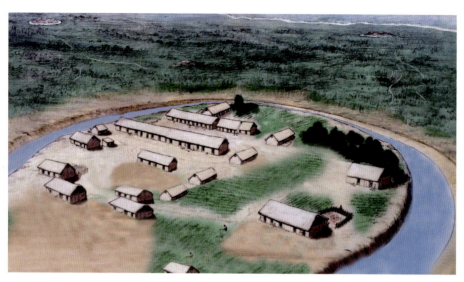

围壕及排房建筑复原示意图

间一排，主墙、隔墙明显。特别是一处近百米长的排房，展现了尉迟寺人集体智慧。在大部分房子的后部还保留一个方形灶坑，它是当时人们生火做饭的地方。房间里一般都遗留有不少生活器物，以陶器为主，还有石器，少者四五件，多者达80件，一般为10—20件。这批大型的红烧土建筑经过了挖槽、立柱、抹泥、烧烤等工序，其中墙体内的木骨痕迹、草拌泥痕迹依然明显。古建专家研究认为，当时房屋的形状应该是两面坡形，坚固美观，冬暖夏凉，体现了原始建筑技术上的时代特点。在遗址中部偏南处发现一个总面积达1300平方米的圆形广场，是用红烧土粒铺设而成的，表面光滑，厚10厘米，推测是当时氏族的活动中心。尉迟寺大汶口文化聚落遗址外围有环绕的椭圆形大型围壕，遗址内所有房址成排成组，分布有序，中心偏南为广场，说明在聚落建造之前是经过统一规划、精心设计的，使聚落成为一个严谨的整体。

大汶口文化晚期的墓葬区集中分布在遗址北部，属于氏族墓地，有成人或儿童竖穴土坑墓和儿童瓮棺葬两类。成人墓中有少量墓葬随葬有獐

红烧土房址

大型红烧土排房基址发掘现场

草拌泥墙体

第三部分 中华文明起源、形成和古国文明时代的安徽图景

牙、猪下颚骨等动物遗骸，有的墓没有，显示墓葬之间存在一定的社会等级差别。最引人注目的就是儿童瓮棺葬，埋葬的多是婴儿及幼童，一般2—3岁，最小者不足周岁。葬具由2件、3件或4件陶器套合组成，有鼎与鼎、鼎与瓮、瓮与瓮、尊与盆等多种组合。瓮棺葬在我国主要见于仰韶文化、大溪文化、屈家岭文化，在大汶口文化中很少见。在尉迟寺遗址大汶口遗存的墓葬中，瓮棺葬的数量已经占到墓葬总数的60%以上，这种有别于海岱地区大汶口文化葬俗的现象，显然接受了中原、南方地区等原始文化的影响。若加上竖穴土坑墓中的儿童墓，该墓地内儿童墓数量可达总数的70%，这反映了当时的氏族由于生活条件艰辛，人们抵抗疾病能力较差，儿童和婴幼儿死亡率还是比较高的。

在遗址内发现不少兽坑、祭祀坑，经专家鉴定，兽坑埋有完整的狗、猪，祭祀坑多埋有陶器、兽骨、零星人骨、龟甲等，这种现象应与当时某种传统祭祀活动有关。在遗址中同时发现了小米（粟）、大米等农作物的遗存，以及与农业有关的石铲、石镰、石刀等生产工具，这对研究黄淮地区距今5000年前的原始农业状况和当时的自然地理环境具有重要意义。遗址内还出土了大量的动物遗骸，有田螺、蚌、鱼、鳖、鸟、鸡、兔、狗、獾、虎、家猪、野猪、麂、梅花鹿、獐、黄牛和圣水牛等，除狗、猪当时已经属于驯

儿童瓮棺葬

红烧土中的稻壳

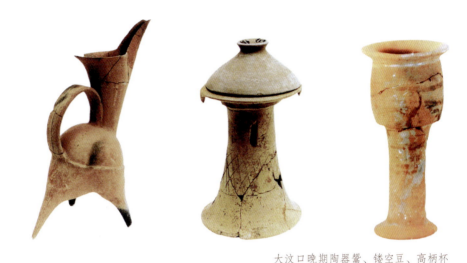

大汶口晚期陶器鬶、镂空豆、高柄杯

养家畜外，其他为渔猎、采集活动所获。这些信息表明，当时的氏族经济是以种植稻、粟为主，还需要渔猎和采集经济作为生活的补充。

尉迟寺遗址出土的各类文物标本上万件，有石器、陶器、骨角器、蚌器、玉器等。以陶器为主，常见的陶器有鼎、豆、尊、甑、壶、杯、盆、罐、纺轮等，以及造型优美、形态各异的陶鬶。石器有斧、凿、锛、镞等。其他还有骨针、骨簪、骨镞，尤其是弯弯的骨质鱼钩，在尖部还做出了"倒刺"，且有拴钓鱼线的地方，酷似现代鱼钩，其工艺令人叹为观止。这些信息都表明当时的氏族内部已出现第二次社会分工，存在农业种植、渔猎采集和养畜业、制陶、纺织、玉石器制作等家庭手工业业态，社会组织和经济形态正逐步向文明社会发展过渡。尉迟寺遗址出土的器物群，文化特征明显，属于大汶口文化晚期一个新的地方类型，即尉迟寺类型。

尉迟寺遗址的一个重要发现，是在大口尊上发现"日""月""山"等5种刻画符号，部分涂朱，这些符号居然与山东莒县陵阳河遗址大汶口文化晚期出土的大口尊形制及刻画符号非常相似。中国科学技术大学科技考古实验室利用岩相鉴定分析及等离子体发射光谱，对尉迟寺遗址和陵阳

大汶口文化刻画符号

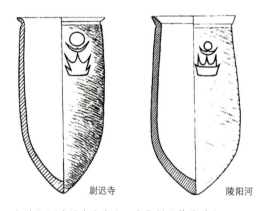

尉迟寺　　　　　　陵阳河

与陵阳河遗址出土大汶口文化刻画符号对比

河遗址出土的大口尊的矿物稀土元素地球化学及微结构等进行了分析研究，结果证明，这种器物是属于当地取土、当地烧制的。既然它们是各自独立烧制的，那么其背后所包含的思想和文化肯定是高度相似的，这说明两地的人群有着密切的文化联系。这个现象说明，尉迟寺的先民们有可能是从海岱地区南下迁徙过来的。

　　在第十二次发掘时，考古人员在广场东部的地层中，发现一件陶质鸟形神器。该器通高59.9厘米，由圆柱形底座、圆锥形屋顶、顶端鸟饰造型三部分组成，在圆锥的两边还有两个酷似鸡冠的饰物。专家结合现场发掘

鸟形陶器　　　　　　　　七足镂空陶器

情况认为，鸟形神器应当不是一件实用器具，而是一件象征性器物，很可能是一种与聚落有关系的鸟图腾，是权威的象征，摆放在固定的神台上，供族人敬仰和膜拜。鸟形神器，是迄今为止在尉迟寺遗址和其他地方的大汶口文化遗址的发掘中发现的最为完整的图腾，属首次发现，对史学界研究早期的原始宗教信仰具有典型的意义。

现有的考古研究成果表明，尉迟寺聚落遗址以围壕为界，以中部偏北为中心，有多组长排房址，东、西、南三面散布有若干组短排房，中部偏南为活动广场。这种以围壕环绕成组长排房子，同时包含有中心广场、墓葬、灰坑等多种遗迹的聚落形态，在中国史前考古中尚属首见，是一种新的聚落模式。

尉迟寺龙山文化遗存也十分丰富，总体文化特征与山东龙山文化关系密切，也有一定的地方特点。尤为重要的是在第13次发掘中，发现一排2组共4间红烧土排房建筑。在编号F78、F79房基中发现一组7件罕见的"七足镂空器"，长颈、球形腹，腹中似有三个等距离镂孔，圜底部位附加七个锥形长足，高41.2—42.8厘米。其形制特殊，只能倒置摆放，具体功能仍是个谜，推测应是某种祭祀崇拜物的象征。

尉迟寺遗址是皖北地区目前发掘规模最大的一处原始聚落遗址，也是国内所揭露的史前时期遗址保存最完整、建筑风格和格局独特的以烧烤房屋为特征的聚落遗存。尉迟寺遗址的发现和研究，填补了大汶口文化聚落研究的空白，对研究大汶口文化的分布区域、聚落形态、墓葬制度及其与周围地区同期文化的关系具有重要的学术价值。鉴于尉迟寺遗址的重要发现和价值，它成功入选"1994年度全国十大考古新发现"，2001年被国务院公布为第五批全国重点文物保护单位。

（撰稿：王吉怀）

参考文献

[1]中国社会科学院考古研究所：《蒙城尉迟寺——皖北新石器时代聚落遗存的发掘与研究》，科学出版社2001年版。

[2]中国社会科学院考古研究所、安徽省蒙城县文化局：《蒙城尉迟寺（第二部）》，科学出版社2007年版。

禹会村遗址

淮河中游四千多年前的涂山古国

禹会村遗址得名于大禹涂山之会，是淮河中游规模最大的龙山文化遗址。考古学家经过十几年的考古发掘，揭示了一段隐秘数千年的历史。其中最为重要的发现是，一座大型礼仪性建筑及祭祀活动遗存被认为与传说中的"禹会诸侯"事件完美契合。以禹会村龙山文化城址的发现为契机，涂山古国的面纱被逐层揭开。

大禹的故事想必大家都不陌生，他带领民众治理滔天洪水，留下了"三过家门而不入"的传说；他在涂山召开"诸侯大会"，统一思想和分配权力，这就是夏王朝建立的标志性事件，史称"涂山之会"。禹会村遗址位于安徽省蚌埠市西郊涂山南麓的禹会区禹会村以及前郢村，因"禹合诸侯于涂山"的历史记载而得名。2013年5月被国务院公布为第七批全国重点文物保护单位。

大禹是中华历史记忆中最重要的人物之一，"禹迹"则代表了九州和天下，已经成为"中国"的代名词。从传世文献可以获知，蚌埠西郊涂山周边的禹迹传说至迟在汉代以后就相当兴盛。春秋末年，鲁国权臣季康子执政，欲攻伐邾国，宴请朝中大夫议政，有大夫回忆古时"禹合诸侯于涂

禹会村遗址

山，执玉帛者万国"，相伐兼并至今，"其存者无数十焉"。其中涂山地
望在历史上争议颇多，以绍兴会稽山和怀远当涂山两地最为闻名，汉唐学
者多以怀远当涂山为是。禹会村遗址是"禹会涂山"历史事件最直接的探
索对象，今天禹会村中仍流传有"禹会古台""禹帝行祠"和"禹帝庙"
等古地名。梳理历史文献，从明清时期禹会村、禹会乡可溯源至汉魏时期
禹聚，禹会的地名传承有序，通过两汉时期的当涂又和更早的古国建立起
密切联系。关于涂山，更为深刻的历史记忆是文献记载中的涂山氏，禹娶
涂山氏同样具有重要的政治实践意义。司马迁在《史记·夏本纪》中记录
了大禹的自述："禹曰：'予娶涂山，癸甲，生启予不子，以故能成水土
功。'"又在《史记·外戚世家》中高度评价这次政治联姻，即"夏之兴
也以涂山"。

"禹会诸侯"的准确地点需要考古的印证。20世纪80年代，安徽省和蚌埠市的文物工作者在涂山南麓进行考古调查，在淮河东岸的禹会村发现有龙山文化时期的陶器标本，这和文献记载中的古史传说时代吻合，又契合了涂山周边的大禹传说。2005年，中国社会科学院考古研究所王巍鉴于淮河流域文明起源研究的空白，建议将禹会村遗址纳入"中华文明探源工程"。

2006—2011年，中国社会科学院考古研究所安徽工作队开启了禹会村第一阶段的科学考古工作。最重要的发现为一处面积近2000平方米的大型礼仪性建筑，该建筑依托一座人工堆筑的大型基址。土台经过人工开挖基槽、堆筑、铺垫和覆盖等不同程序建造起来。基槽从地表按照设计的形状施工开挖，然后自下而上逐层加工，共分三层，分别用灰土堆筑、黄土铺垫、白土覆盖。台基整体上呈北宽南窄的形状，南北总长108米、北部东西宽23.5米、南部东西宽13米，总面积近2000平方米。开阔的台基白土面上分布有多种相关设施，大体沿中轴线展开，从北往南依次排列有柱洞、凸岭、凹槽、烧祭面、方土台和排柱坑。种种遗迹被认为和常见的聚落生活关系不大，发掘者判断这些设施都和白土面同时期共存，因此构成了复杂的祭祀活动场景。

台基的西侧还发现一条南北向"祭祀沟"，但大部分叠压在村庄水泥路之下，西侧局部区域的边缘并不十分清晰，已暴露部分长35.7米、宽5.4—7.3米、深0.8米。沟内填埋有大量陶器（以低温陶为主）。发掘者认为该沟与"祭祀台基"的整体布局关系密切，体现了与"祭祀台基"有关的祭祀活动。有一条铺垫白土的道路通向西南区域，该区域发现有填埋大量陶器的"祭祀坑"，以及功能不明的圆圈遗迹，临时性的"工棚建筑"（浅基槽）间杂其中。考古项目负责人王吉怀认为禹会村遗址是龙山时代以祭祀为主的礼仪活动场所，遗迹和遗物所表现出的特殊性，与传说中的"禹会诸侯"事件完全吻合。

龙山文化内城北城垣解剖场景

　　2015—2017年，中国社会科学院考古研究所安徽队开始以聚落考古研究的视角规划禹会村遗址的田野考古工作，首先通过详细勘探确认了遗址的分布范围，又借206国道拓宽之机，发掘揭示了遗址的历史性变迁，发现了遗址核心区龙山文化城址。考古工作证明，距今7000多年前的双墩文化时期就有人类在遗址北部定居生活，至距今4000多年前的龙山文化时期，聚落规模剧增，200万平方米范围内均有人类活动的遗迹，同时人口集中化趋势明显，在遗址南部的龙山文化核心分布区发现了规模至少18万平方米的龙山文化内城，以往发现的"祭祀台基"即是内城东城垣的一部分。

　　2020—2021年，为响应"考古中国·夏文化研究"项目的启动，中国社会科学院考古研究所安徽队对禹会村龙山文化城址的东城垣和北城垣分别进行了解剖，揭示了城垣的堆筑形成过程。进一步确认了龙山文化城址"两壕夹一垣"的特殊形态。城垣依托自然岗地而建，因后期取土破坏，仅保存城垣基础部分。外壕浅而平缓，内壕深而狭窄，最初为堆筑城垣取土形成，后期发挥了排水功能。近期，禹会村遗址聚落考古工作又有重大发现，在前期发现的内城南、东两侧还发现了规模更大的外城城垣，目前已知规模超过50万平方米。南城垣同样呈现出"两壕夹一垣"的形态特征。

由于淮河的侵蚀，内城西城垣被完全冲毁，北城垣和南城垣也被部分破坏，东城垣保存较好，长约625米，向南被过道占压。东城垣中部勘探发现中部有缺口，宽约18米，推断为城门所在。北城垣西侧被沙场取土破坏，存留长度约270米。

解剖得知北城垣底部最宽达25.5米，经过四大层堆筑形成，最早阶段城垣基础利用并平整了自然高地，局部堆筑了黄色较纯净的垫土以及灰白色土层，又分别从内外两侧堆筑了红褐色土层，灰白色土面上偶见灰烬层和碎陶片，推测有短暂的人类活动。内壕沟现存开口宽4.2米，深1.5米。外壕沟宽超过5米（未完全揭露），深0.9米。东城垣底部东西最宽25米，也经过四大层堆筑形成，堆筑过程与北城垣略同，西侧的内壕沟现存开口宽度至少3.6米（未完全揭露），深0.75米；外壕沟开口宽约19.6米，深约0.45米。城垣内外壕沟出土的陶器标本均属于龙山文化早中期，测年范围在距今4350—4050年之间。

2021年底，考古人员在禹会村遗址博物馆施工过程中发现了南城垣的线索，目前考古勘探已发现南城垣与东城垣，城垣同样为"两壕夹一垣"的结构。城垣宽20—30米，自深0.6—1米。南城垣向西延伸到淮河岸边；内壕走向略呈东西向，沿城垣内侧，宽4—6米，自深1—1.3米，外壕走向与城垣一致，宽11—28米，自深1—1.6米。南城垣内壕经局部解剖发现有龙山文化早中期的陶器，南城垣基础之下还发现有更早的房屋墙基，这说明禹会村龙山文化聚落经过了一个长时期的演进过程。

禹会的城垣具有明显的防洪排涝功能，城垣采用"两壕夹一垣"的结构。外壕宽而浅，内壕窄而深，就地势高处而建，且有利于城内排水。另

龙山文化内城北城垣内壕局部剖面

外，城垣走向应该有特殊规划，已经发现的内城东北角和东南角都近乎直角，不仅顺应了禹会村岗地的走向，而且是在人为度量的基础上完成的。城垣以外还发现有遗迹点的分布，很可能存在早期的"城乡分化"。

禹为什么会选择在这里大会诸侯？禹会村中心聚落的兴起，也与当时的环境有密切的关系。距今4400年前，淮河流域气候温暖湿润，考古发现的木炭树种被鉴定主要为麻栎、栎属和硬木松类，说明周边有丰富的松属、落叶栎属和榆属的大型乔木。栎木强度大、耐冲击、耐腐蚀，有弹性，非常适宜制作屋架。松木树干高大、通直，也是房屋建筑的良好材料。木骨泥墙、茅草铺顶的木构建筑是龙山时代房屋建筑的主流，从禹会村的房址遗迹来看，承重部分的墙体普遍深挖基槽，有一面或两面墙体仅立柱而不挖基槽。

龙山时代的禹会村稻作农业获得了巨大发展，人口规模剧增。发现的炭化稻谷形态总体上介于粳稻和籼稻之间，其中有一粒稻谷腰部有明显的天然缺口，形态上接近一种古老的糯米品种。遗址内还发现了大量莎草科杂草的炭化种子，莎草科植物是常见的水稻田杂草类型，预示了遗址周边应该有大面积的水稻田。

不过，此时禹会先民并非完全依赖于稻作农业，渔猎经济始终占有相当重要的比重，从复原的禹会村龙山时代古环境来看，当时还存在相当丰富的森林和水资源环境，獐、野猪和鹿科（梅花鹿、麋鹿和麂）等野生动物都是他们重要的肉食来源，淡水鱼类、龟鳖、蚌和螺蛳等水产品也异常丰富。许多水生植物，如菱角、芡实和莼菜等也是食物来源的重要补充。

淮河在荆、涂两山之间穿过，蜿蜒呈一个"S"形大弯，向东奔流赴海。淮河以北是一望无垠的淮北平原，以南则是连绵起伏的江淮丘陵。两山虽然海拔不高，但在对比如此明显的地貌景观之下，成为广大地域范围内的重要地标。这为淮河流域先秦时期族群间的文化交流提供了得天独厚的地理基础。"禹合诸侯于涂山，执玉帛者万国"被认为是中华文明多元一体形成过程中一次重要的政治实践。禹会村龙山文化核心区存在一处礼仪空间，在该空间内发现有一座大型礼仪性建筑和一些与祭祀活动有关的设施，发掘者认为这就是涂山会盟的场所。

当然，历史的真相远比人们想象的复杂，层出不穷的考古发现将那段历史勾勒得更加立体。会盟场景是大众最为关注的生动故事，而考古学家也永远不会满足于一个连环画式的场景故事。在聚落考古理念的引导下，新的考古成果揭开了仪式背后更丰富的内容。禹会村遗址并不是一次单纯祭祀仪式形成的丘墟，其时空分布和文化内涵都超出了以往的认知。

中国新石器时代晚期，在以血缘关系为纽带的同质农业村落，生产力提高和村落总人口的增加，导致了整合聚落群的政治行为，这造就了"古国"的聚落形态。古国的社会演进呈现出高低参差的状态，进而迈向更高层次的王朝时代，开启了上古三代历史的大趋势。文献记载中涂山周边有古当涂国，考古调查发现，淮河中游地区在大汶口文化末期就出现了聚落数量剧增、聚落间等级分化等现象，龙山时代的禹会村遗址是该区域规模最大的中心性聚落。人们将以禹会村遗址为核心、涂山周边相当范围的龙山时代社会称为涂山古国，它可以被看作文献记载中涂山氏、古当涂国、涂山氏国的历史原型。

禹会村遗址是已经逝去的史前人类社会残存的物质载体，流传至今的史料、神话和传说等历史记忆也是其遗产价值的重要组成部分，自20世纪80年代遗址被发现以来，禹会村遗址的重要价值不断得以揭示。蚌埠是涂山古国经历数千年漫长历史过程的当代传承者，不仅仅是地名，更是文化基因，是文化自信的源泉。面对城镇化加速发展的挑战，需要政府、学者和公众的共同保护和传承。2004年1月，国务院批准将蚌埠市的西市区更名为禹会区，禹会区之名缘于禹会村，禹会村因禹会涂山和涂山古国而闻名于世，禹会的故事在这座新时代的城市中还将继续书写。

2017年12月，禹会村遗址成功入选由国家文物局公布的第三批国家考古遗址公园立项名单，目前正在建设之中。尘封数千年的古遗址发挥出其应有的当代价值，回馈生于斯长于斯的人民。

（撰稿：张　东）

参考文献

［1］中国社会科学院考古研究所、安徽省蚌埠市博物馆：《蚌埠禹会村》，科学出版社2013年版。

［2］张东：《禹会村遗址》，载高江涛、李平编《考古队长现场说：中华何以五千年》，三晋出版社2021年版。

［3］张东：《安徽省蚌埠市禹会村遗址》，载国家文物局主编《考古中国重大项目成果（2018—2020）》，文物出版社2021年版。

高古墩遗址

江淮地区新石器时代晚期代表性居住地

高古墩遗址是江淮地区新石器时代晚期聚落遗址，发现墙基、房址等居址遗迹和鸟首形鼎足、磨制石器等遗物，具有典型时代特征与地域特征，为研究新石器时代晚期江淮地区与周边人群、文化的交流与互动提供了实证。

如果想要了解江淮大地新石器时代晚期先民的生活场景，高古墩遗址是最好的选择。在安徽省合肥市肥西县高店乡平河村，淮河南岸支流天河西岸，平整的土地上种植着瓜蒌等经济作物。这些瓜蒌的根部，就长在高古墩遗址的土层中，长在高古墩先民历史的居址上。高古墩遗址是江淮地区新石器时代晚期聚落遗址，遗址地貌为岸边阶地，平缓无明显起伏。地面调查可见泥质灰陶、夹砂红陶，饰有绳纹、篮纹等陶器残片，总面积约28000平方米。2019年12月至2020年8月，安徽省文物考古研究所与吉林大学考古学院联合对该遗址进行了考古发掘，发掘面积共1300平方米。发掘区内地层堆积平均厚度约0.5米，文化层以新石器时代晚期为主，发现了2条墙基、13座房址、53个灰坑等遗迹，出土一批文物标本。其中，房址遗迹十分重要，引人注目。

高古墩遗址

　　先从墙基说起。两条墙基都发现于发掘区北半部，西北—东南走向的墙基编号为Q1，东北—西南走向的墙基编号为Q2。Q1平面呈长条曲尺形，残长约29米。构筑方式为：先在红烧土面上挖沟槽，槽体两侧及中间栽埋木柱，槽宽0.46—0.69米，平均深度0.6米，柱洞平面近圆形，大小深浅不等，多为竖直形。Q2形制与Q1近似，残长约4.55米。从两条墙基与其他遗迹的相对位置来分析，可能为房址分布区的北部、西部边界。

　　先民们的居住条件到底怎样呢？这里一共发现13座房址，编号为F1—F13，彼此未见叠压打破关系。从构筑的基础面来分析，应为同一时间段内有共存关系的一组建筑。房址根据构建方式可分为半地穴式与地面式两大类。

　　其中，半地穴式房址共有3座，分别为编号F3、F4、F5。根据大小规模又可分两类。其中，F3与F5形制类似：主体为近圆形半地穴，带短门道，柱洞在居住面外均匀分布，居住面上有灶或红烧土面，那应该就是"厨房"的位置了。F4为椭圆形，规模相对较大，柱洞在居住面内部边缘和中部均有分布，在房址内部和门道入口均发现有灶。

1号墙基

3号房址

F3门道向西，长约3米，最宽约2.4米，残深约0.78米。近门道处坡度较缓，坡壁筑有椭圆形脚窝2处，应为台阶。踩踏面较平。在居室中心偏东有近椭圆形灶坑一处，弧壁圜底，直径约0.4米，深约0.08米。柱洞4个，对角分布于居住面外四周。

F4门道偏西南，最大长8.3米，最宽4.7米，最深0.8米。居室西侧内凹，设有一向外凸出的阶梯式窄小门道，门向朝西南，门道处设一级台阶，宽约0.67米。西北部屋内踩踏面略低于屋外地面，其余坑周壁面近

4 号房址

5 号房址   7 号房址

直。踩踏面斜平，西北高、东南低，灶坑在居室后部居中处，形状近椭圆形，弧壁圜底，长径约0.67米，短径约0.4米，深约0.1米。居室内共发现柱洞23个，平面近圆形，大小深浅不等，都分布在居室内，柱洞环绕分布于居住面四周与内部。门道外发现另一椭圆形灶坑，结构与室内灶相似。

F5门道向东，长约3.1米，最宽约2.6米，残深约0.43米。坑周壁面斜直，踩踏面较平。门道设有一级台阶。柱洞环绕分布于居住面外，共5个。

以上是半地穴式房址的情况。其余的房址是在地面起建的，共有9座，可分为单间式和多间式两类。平面形制全部为方形或长方形。墙体都有不同高度的保留，其构筑方式基本一致，即先在红烧土面上开挖基槽，再用黏土构筑。在部分墙体的倒塌堆积中，发现有炭化的细木柱残痕，说明先民构筑房屋使用的是木骨泥墙。

单间式房址共5座，平面布局全部为方形。居住面上普遍发现一层红烧土面。形制大同小异，编号F7为典型代表。F7近长方形地面式建筑，东西走向，室内长约2.52米，南北宽约2.11米。墙基是在红烧土上挖的沟槽，其深约0.48米，宽约0.25米。四面可见明显高于居住面的墙体，平均宽度约0.33米，由青灰色黏土构筑。房址内部可见人为加工的踩踏面。在居室内发现灶坑两处，一处紧贴东墙，形状为半椭圆形，弧壁圜底，长约0.54米，宽约0.67米，深约0.1米；另一处在居室居中处，形状近圆形，弧壁圜底，直径约0.47米，深约0.1米。门道设在西墙北侧，门向朝西，宽约0.52米。在四面墙基内共发现柱洞15个，平面近圆形或椭圆形，大小深浅不等。

多间式房址共4座，构筑方式与单间式房址基本相同，以F10与F11最具代表性。

F10平面两间式，相叠交错，形如折尺。两间相通，有共用墙，形成套间。但每个房间又有各自的外门道，且门向各异。南北总长约6.1米，东西宽约5.4米。墙基是在红烧土上挖的沟槽，其深约0.24米，宽约0.34—

10 号房址

11 号房址

0.47米。北侧房间平面呈"刀把"形,最长约2.6米,最宽约4.78米,外门道设在东主墙北侧,门向朝东,宽约0.52米;南侧房间平面近长方形,长约2.17米,宽约2.6米。西北部有近椭圆形灶坑一处,弧壁圜底,长径约0.78米,宽径约0.4米,深约0.1米。外门道设在东主墙南侧,门向朝东,宽约0.52米。在四面主墙及隔墙的位置共发现柱洞31个。

F11平面呈南北走向,一排三间,三间相通,之间由隔墙分隔。通长约11.45米,宽度2.47—4.2米不等。基槽深约0.36米,宽约0.3米。自北向南的第一间,室内长2.73—3.13米,东西室内宽2.73—3.4米;第二间,南北室内长3.27—3.67米,东西室内宽2.23—2.87米;第三间,南北室内长约3.87米,东西室内宽1.8—2.27米。在四面主墙及隔墙的位置共发现柱洞33个。

灰坑绝大多数为圆形,少量为不规则形。大部分灰坑内未出土遗物,推测并无实际功用,仅为取土形成。出土遗物最多的灰坑编号为H52。其

52号灰坑

陶鼎足

陶鼎

平面为不规则椭圆形，坑壁斜弧，坑底较平。最长径约7.6米，最宽径约2.8米，最深处约0.32米。坑内堆积为一次性堆积，土质较疏松，土色灰色。填土内包含陶片、石器等遗物。

　　在各类遗迹中出土的遗物以陶器、陶片为大宗，另有少量的磨制石器与骨角器。通过这些遗物，可以窥见江淮先民生产、生活的情景。

　　陶器制法以轮制为主，也有少量为手制或手轮制结合。泥质灰陶数量最多，也有夹砂灰陶、泥质红陶、夹砂红陶等，黑陶及黑皮陶也有少量发现。可辨器型包括罐形鼎、小鼎、罐、豆、盆、杯、平底碗等，多为生活用具。其中罐或罐形鼎的口、腹片出土数量最多，其次为鼎足。鼎足中，有扁凿形正面有凹槽或划槽的鼎足、侧装扁三角形足的根部正面有一至三个圆形捺窝的鼎足，具有地域和时代特点。陶器上纹饰以绳纹和篮纹为主，其次为素面，也有少量器物上有刻画纹及附加堆纹等。

需要特别提及的是，高古墩遗址中出土有少量的鸟首形鼎足。鸟首形鼎足的出现代表什么？有什么特点？这与先民的原始崇拜有关。其中一只

鸟首形陶鼎足

第三部分 中华文明起源、形成和古国文明时代的安徽图景

鸟首形鼎足特征较为典型。泥质灰褐陶，鼎足正面及截面形状均为弧边等腰三角形状，空心足，外壁鼓凸，内壁弧凹。足面满饰竖向凹槽，中部起竖向齿状凸脊，近足根凸脊两侧各饰一镂空圆孔，形似双眼，足下内弯，足尖似喙，整体具有鸟嘴之状。鸟首形鼎足是北方海岱地区山东龙山文化的典型特点。海岱地区是东夷族分布的地区，东夷人崇拜玄鸟，将鸟首用作鼎足，既实用又有装饰之美，因而成为山东龙山文化特点。这种鼎足出现在江淮地区，反映了这一时期北方地区文化因素对本地区的影响。

遗址内发现的生产工具有陶纺轮、石器等。陶纺轮均为圆饼形，有的面上刻有井字叶脉纹、双同心圆纹、五角星纹等，其中五角星纹陶纺轮与蒙城县尉迟寺遗址出土的龙山时期的陶纺轮十分相似。陶纺轮虽出土数量不多，但也是该遗址人群已有纺织生产活动的重要实证。石器中以砺石数量最多，次之为石锛、石镞，另有少量可辨识大概器型的石斧、石凿断块。石镞的形状有柳叶形、三棱形、矛头形、圆柱三棱形、短剑形等，有的有短铤，制作精致。镞可用于远程射杀，既可防身又可狩猎，其他还有骨质、角质的镞，在冷兵器时代，它们是重要的武器和工具装备之一。

陶纺轮

石镞

高古墩遗址的发掘，部分揭露了一处新石器时代的小型居址，丰富了江淮地区新石器时代晚期聚落研究的基础材料。

那么，高古墩遗址的年代是什么时间呢？根据出土的陶器，如罐形鼎、侧装扁三角形鼎足等，可以推测出，这些大多是本地龙山时期常见的器型，地方文化面貌特点比较明显。其中也有鸟首式鼎足等具有典型龙山文化风格的器物出土，这表明这一时期北方山东龙山文化南下传播的影响已到达了江淮中部地区的高古墩遗址。据此推断，高古墩遗址的年代与新石器时代晚期的龙山文化大致相当，即距今4500—4000年。

高古墩遗址中最重要的发现就是房址，其数量多、形制多样、保存较好，在江淮地区史前考古中比较罕见，使人们可以了解到当时先民们的居住状况。房址中单间与多间的形制并存，半地穴房屋与木骨泥墙式的地

第三部分 中华文明起源、形成和古国文明时代的安徽图景

考古安徽 先秦篇

面建筑并存，以及居址周边围墙的发现，表明当时房屋的建造，在空间布局、舒适度、人物力投入等方面存在不同的等级差异，这都为研究龙山时期该地古代居民房址的构筑模式和布局规律提供了实证。

从出土的陶纺轮、石镞等生产工具来看，高古墩遗址反映了当时人们生产、生活方式的部分信息。比如说，该遗址虽临古河道，但与渔业相关的遗物尚未发现，看来捕捞并非高古墩先民的主业。在考古发掘中，考古学家们还通过多学科综合研究，获得了许多历史信息。如运用植物考古方法研究发现，该遗址中有粟、稻等作物存在的证据。据此推测，该遗址人群的主要食物来源为农作物，种植农业应是氏族主要的生业方式。再比如说，通过对遗址中出土石制品原料的分析，制作石器的石料主要为透闪岩、变质泥岩和硅质泥岩，而当地并不出产这种石料。对附近区域的调查结果表明，此类原料应来自于几十公里外大别山区。这一信息提示，该遗址人群的活动范围已不局限于遗址周边地区，可能已具有一定的广度。

（撰稿：魏 东 吴 敬）

参考文献

［1］吴卫红：《朔知东南风：从凌家滩到长三角的区域文明探源》，上海古籍出版社2021年版。

［2］李伊萍：《龙山文化：黄河下游文明进程的重要阶段》，科学出版社2005年版。

［3］李忠林：《略论安徽史前考古发现中的早期文明因素》，《东南文化》2011年第6期。

［4］丁新、李辉辉、高飞、杨海、师孝明、丁保乾、贾庆元、赵立国：《安徽肥西塘岗遗址发掘》，《东南文化》2007年第1期。

张四墩遗址

淮系文化南下的重要见证

张四墩遗址是距今4000多年长江下游的重要遗址，既承袭了皖西南薛家岗文化的因素，又有较多的淮河中下游大汶口晚期文化的影响，并因地缘关系与长江中游的石家河文化有关，反映出这一时期的文化互动出现了明显的南北互动趋势。

长江与淮河从安徽穿流而过，将安徽分为三大区域：江南、江淮与皖北。秦岭—淮河一线分割我国南北，所以安徽省同时拥有南方和北方，自古以来就是南北交会融通之地。张四墩遗址是长江下游的新石器时代晚期重要遗址，反映了距今4600—4300年的南北文化互动趋势。以张四墩遗址为代表的张四墩文化，广泛分布于皖西南一带，继承了当地薛家岗文化的部分因素，但两者文化面貌迥然不同。1981年9月，张四墩遗址被安徽省人民政府公布为省级文物保护单位；2013年3月，被国务院公布为第七批全国重点文物保护单位。

张四墩遗址具体在什么地方？在安庆市宜秀区大桥街道三义社区，有几个土墩，南距长江仅8千米，东距长江也仅15千米左右，东北部为石塘湖、官桥湖、破罡湖连片水域，并与长江相接，这就是遗址所在地了。张

张四墩遗址

四墩遗址现存面积近3万平方米，在东南、西南两面还保留有高2—6米、底宽20—40米、顶宽5—10米的土埂，但因长期耕作，已断续成为4个墩子形状，中间为低平洼地。

张四墩遗址是怎么被发现的呢？1976年，当地在兴修水利工程时发现了这个遗址。1978年，怀宁县文物管理所许文等人对张四墩遗址进行了试掘，获得了一批石器、陶器，1980年安徽省博物馆胡悦谦等试掘了72平方米。1997年9—10月经国家文物局批准，北京大学考古学系和安徽省文物考古研究所进行了发掘，共发掘46平方米，较科学、系统地了解到遗址的文化面貌、性质等。

经过数次试掘可以知道，张四墩遗址的内涵较为丰富，主要分为新石器时代晚期和商周时期两个阶段，其中新石器时代的又可以分为早、晚两期。因为发掘面积所限，遗迹并不多，除灰坑外还发现一座墓葬。

发掘出土的遗物有陶器、石器，其他材质的暂未发现。

陶鼎

陶豆

陶鬶

陶盉

陶甑上刻画鬶的图案

黑陶尊

之前所说的南北文化交流的印证，就出现在这些器物中。陶器有夹砂灰、黑陶和泥质灰胎黑衣陶、红褐陶，以及泥质夹植物红褐陶等，也有少量泥质纯黑陶。陶器表面基本为素面，纹饰多见篮纹，另有少量的凸棱、凹弦纹、附加堆纹、刻画纹、弦纹、戳印纹、镂孔等。器类有鼎、甑、罐、盆、盘、豆、鬶、壶、杯、碗、缸、盉等，以鼎、甑、罐、鬶、豆、杯为主，罐、甑、鬶类较多，壶较少。鼎常饰横篮纹或斜篮纹，沿面内凹，鼎足以横装扁平带凹槽足为主，也有较多的侧装扁平三角形带刻画纹足。鬶均为夹砂红陶，流的颈部呈长管状，在口部将两侧的泥片捏合成流或叠成卷叶流。其中一件作为蒸器的陶甑，外表刻有长颈鬶的图案，十分难得。这件陶甑具有长江中游石家河文化特点，而鬶的图案则有典型的良渚文化晚期特点，这不仅将两者的年代很好地关联起来，更能体现出东、西两支文化在此的融合情景。

陶器中有一部分是这个时代各地共有的风格，另一部分具有大别山南麓周边的本地文化特征。如数量很多的正面饰多道凹槽横装扁平足、捏流或卷叶流的管状长颈的夹砂红陶鬶，泥质纯黑陶高柄杯，都明显表现出淮河中下游大汶口文化的部分特征，它们应是受到大汶口文化南下的强烈影响之产物。以鼎、甑、罐、鬶、豆、杯为主的陶器组合，体现着其与西边石家河文化的相似性。而良渚文化中晚期兴起的T形鼎足，在张四墩也有少量发现。

陶器制作有手制和轮制两种工艺，与年代更早的薛家岗文化相比，轮

石环

制技术的使用已较为普遍，烧成温度也有明显提高。

玉器制作在此时似乎已趋于消失，而石器一般磨制较精，刃口锋利，数量和种类都较少，小型化趋势较为明显。器类有斧、钺、锛、镞、凿等。作为攻击性武器的石镞数量比之前的薛家岗文化有所增多，形态上除仍有柳叶形镞外，还新出现了镞身呈三棱锥状的镞。这大体与张四墩同一时期在各地广泛流行起来的新型箭镞相似，因为头部较重，穿透力强，三棱形的器身稳定性更好，改变了以往扁平状箭镞射程近、容易飘移的缺点，具有更好的杀伤力，这也反映出这一时期社会更加动荡的趋势。

张四墩遗址本身的年代没有碳十四测年数据，根据其他地点的测年及考古学研究，以张四墩遗址为代表的张四墩文化，晚于本地的薛家岗文化，大体相当于淮河中游的大汶口文化晚期偏晚、长江中游的石家河文化、长江下游和钱塘江流域的良渚文化晚期，也就是距今4600—4300年，最早不会超过距今4800年，延续了三五百年时间。

以张四墩遗址为代表的张四墩文化，以数量最多、形态变化丰富的篮纹罐形鼎、红陶长颈鬶、罐、甑、豆等为主体。分布范围比皖西南的薛家岗文化稍有扩大，北界可越过大沙河流域到桐城北部，东界可扩至枞阳东部的陈瑶湖附近，向西在鄂东可以分布到黄梅一带，但鄂东的文化面貌已有所差别，有可能为同一文化的两个类型之别。在皖西南，张四墩文化的遗址数量明显多于薛家岗文化，分布密度较大，在各县调查的材料中，属于新石器文化遗存的遗址大多数有张四墩文化因素，目前已不下百处，说明这一时期人群的生存之地已大为扩展。

与此前的薛家岗文化相比，张四墩文化的器物发生了很大的变异，直接承袭了薛家岗文化特征的器物很少，从本质上看与薛家岗文化没有十分密切的传承关系。但是，陶器中发现了较多淮河中下游的大汶口文化晚期到龙山文化早期的器物风格，这反映出它应该是大汶口文化向南发展、影响的结果。

在薛家岗文化时期，沿长江两岸的东—西向文化互动较为频繁，但在张四墩文化时期则有所衰减，特别是受东部的良渚文化的影响较弱，而长江中游石家河文化仍具有较多的影响，但总体而言，东—西方向的互动已大不如前。

这种趋势实际上是整个中国的中东部地区在距今5000年以后文化互动发生大变革的具体反映。张四墩文化的产生与当时整个淮河中下游和长江中下游之间的大规模文化交流或冲突的背景有关。北方大汶口文化在晚期阶段发展十分迅猛，开始了向西、向南的大范围扩张，并越过淮河冲击了皖西南的薛家岗文化，极有可能导致了薛家岗文化的衰落，并在长江中游石家河文化的影响下，促使了张四墩文化的形成。

张四墩遗址是张四墩文化的发现和命名地，对研究长江中下游地区史前文化面貌及文化交融有重要价值，延伸了皖西南地区从黄鳝嘴文化到薛家岗文化之后的一段发展历史。

（撰稿：吴卫红　叶子瑜）

参考文献

［1］北京大学考古学系、安徽省文物考古研究所：《安徽安庆市张四墩遗址试掘简报》，《考古》2004年第1期。
［2］安徽省博物馆：《安庆市张四墩遗址1980年试掘述要》，《文物研究》2007年第15辑。

新州遗址

新安江流域最重要的史前遗址

新州遗址是新安江流域新石器时代晚期的重要聚落遗址，年代跨度大，出土的陶器、石器等数量多，文化内涵丰富，具有鲜明的皖南山区地域文化特点，对研究黄山地区上古和先秦文化面貌具有重要意义。

新州遗址是皖南新安江流域新石器时代晚期至夏商周时期的聚落遗址。位于歙县徽城镇北郊，北连锯齿山，东、南、西三面均为沿河小冲积平原，稍远处有练江（新安江支流）的三条支流——布射河、扬之河和富资水环绕。北宋宣和年间，歙州曾迁建于此做过一年的新州城，后"新州"地名沿用至今，遗址因坐落于此故名。这里地处新安江上游河谷，被黄山、天目山等大山脉包围，形成一个狭长的山间盆地，地理环境相对较为封闭。遗址地处一长方形岗地上，为一处低矮平坦的小山岗，现存面积2万多平方米，是黄山地区目前发现的规模最大、文化堆积最丰富的一处古文化遗址。

新州遗址于1984年被发现，1986年5月试掘，出土了长方形带孔石刀等石器和部分陶器，以及战国秦汉时期的原始瓷等。在此之后，1994—2019年曾进行四次发掘，总计揭露面积约500平方米。考古发现表明，该

新州遗址发掘现场

遗址文化层深约2.5米，分为四个大文化层，包含有新石器时代晚期、夏商、西周至春秋、唐宋等时期的文化遗存，但以新石器时代最为丰富、典型。

新州遗址以新石器时代晚期文化遗存为主，发现的主要遗迹有灰坑、房址、灶等。当时的房址因年代久远，加之后期有破坏，大都不够完整。从发现的编号F1房址来看，平面为长方形，坐北朝南。根据F1残存墙基分布来看，F1残存布局为三间，中部一间大房间为明间，向南有一门道为大门，通向室外；东、西两侧各有一小房间（次间），中有门道与大房间连通。东、西两边是否延伸？因发掘面积有限和后期破坏，暂不清楚。此排房房间总数也不清楚。在F1北部有东西向并列的两排共计20个圆形柱洞，应是当时的排房建筑，推测与F1有关。从现有的房址来分析，当时先民在建房的选址和朝向上是十分聪慧的。平地起建，埋置木柱，支撑墙体和屋顶，合理安排房屋空间布局，有利于生活起居，在房屋朝向上选择朝南，有利于阳光照射，冬暖夏凉。

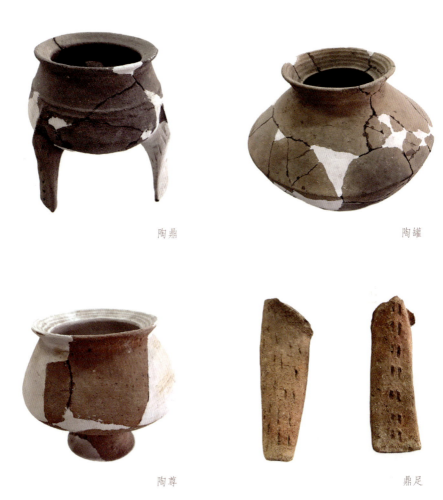

陶鼎　　　　　　　　　　　　　陶罐

陶尊　　　　　　　　　　　　　鼎足

　　新州遗址新石器时代的文化遗存可分为两期文化。一期的陶器以夹砂褐陶为主，并有少量夹砂红陶、夹砂灰陶和夹砂黑皮陶。主要器型有罐形鼎、水波纹鼓腹罐、圜底折肩罐、刻槽豆、长颈扁腹壶、圈足尊等。鼎足的形式多样，有柱形、鸭嘴形、扁三角形、斧形等。出土遗物显示出了较鲜明的个性，主要器类从造型和风格上看，均与邻近地区已发现的考古学文化有很大差异。部分器物如小口罐形鼎、鱼鳍形鼎足和半月形石刀等，与良渚文化同类器较接近，其时代大致相当于良渚文化后期，距今4000多年。二期以夹砂陶为主，陶色有红、红褐和灰色，还有少量黑皮陶。器型有罐形器、钵、长颈红陶鬶、豆、甗、盂、盆、釜、瓮、直筒罐、杯，以及器盖和支座等，鼎足少见。二期的文化面貌与浙江湖州钱山漾遗址的一些器物相类似，推测年代与之相当。

新州遗址出土的史前陶器，主要采用轮制技术，无论是夹砂陶还是泥质陶，均质地坚硬，应该有较高的烧制温度。陶器种类也较多，圈足器、圜底器、平底器、三足器齐全，而且器物造型规整，部分泥质陶器表面打磨得非常光洁。由此推测，陶器生产和石器制作一样，也应是由专门的人来承担的，可见，新州先民在社会生产、生活上已经有了专业化的分工。

新州遗址出土了大量的石器标本，其数量多、种类丰富、多数制作

石斧

石锛

精良，体现了山区史前文化的特点。仅1994年与2018年的两次发掘，就出土石制品1000余件。出土的石器成品包括斧、镞、锛、刀、凿、钺、铲、矛、球、饼、刮削器、网坠、研磨器等。其中，数量最多的是镞，有柳叶形、三棱形、三角形等。其次是锛、刀、斧、网坠、刮削器，其他器物发现较少。总的来说，石制品中既有大量石器成品，也有大量等待加工的石料、已粗加工的石坯，以及石器制作过程中产生的碎屑、残损品、半成品。此外，还发现了与石器制作有关的加工工具——砺石，虽然不能就此认定本发掘区为一处专门的石器加工作坊，但至少可以确认新州遗址不仅是使用石器的地点，也是制作石器的地点。

新州遗址的多数石器中同一器类的器形之间显示出一致性的特点，器形相似、尺寸相近，体现出石器生产的成熟和规范化。从出土的石料和石器上的痕迹来看，选料、取料、坯料制作、外形再加工、粗磨、精磨以及进一步加工的一系列石器制作程序颇为规范。在遗址附近的河滩地有大量的规格不一、材质坚硬的鹅卵石，当时新州先民可能是就近取材，针对石器的形状选取石材。如亚腰形石网坠，就是选用椭圆形片状卵石，在短径两侧用石块敲出缺口，形成亚腰形，便于系于网绳上使用。从石器的磨制

石刀　　　　　　　　　　　　　　　　石镞

石矛

石网坠

情况来看，大部分石器，特别是部分石镞和钻孔石刀，均通体磨制精细。但在磨制的程度上仍存在较大的差异，特别是体量较大的石锛以及无孔石刀大部分是在整形之后经过简单的磨制就投入使用，器身表面保留有很明显的打击疤痕。可见，新州先民掌握的石器磨制技术已经较成熟了，遗址有用于磨制石器的砺石伴随出土，新州先民会根据石器的用途选择是否精细加工磨制。

从出土石器的种类来看，石镞、石矛、石球和石网坠等用于狩猎、捕鱼类工具在所有石器成品中占比最大，其次是用于谷物生产和加工的石锛、石刀和研磨器，刮削类工具、砍伐类工具、木器工具、磨制类工具等均有发现。而且在新州遗址不同阶段，石器的功能组合和占比基本没有发生大的变化。由此分析，在新州遗址生活的先民们的生产活动中，渔猎是占绝对的主导地位的，同时原始农业也已经出现，纺织也是其中一项经济活动，这与当时的生产力发展水平是有密切联系的，也与其处于依山傍水的特殊的地理环境密不可分。俗话说靠山吃山、靠水吃水，一方水土养一方人。新州的先民们利用山区的经济特点和大自然的禀赋，筚路蓝缕，自力更生，开发山区。他们选择在这里过着定居生活，繁衍生息。人们按照原始社会分工，在田野里种植原始农业，上山狩猎动物、采集果实，下溪河捕捞鱼虾螺蚌，从事制陶、石器加工、纺织等各业经济生产活动，用勤劳和智慧创造了丰富的物质文化和精神文化。

在新石器文化之后，新州遗址出现以第三层遗存为代表的文化，其时代大致相当于东南地区的马桥文化时期，即相当于中原地区的夏商文化早期。主要陶器有圜底鼓腹绳纹罐、带流罐等，罐类器物多在口沿部位设对称的鋬手。从总体文化特征来看，这类文化与遗址内新石器晚期文化面貌差异较大，并没有直接的承袭关系，具有较强的自身地方特征。但通过对出土石制品的观察，两者文化的石制品在用料、器型及制作工艺等方面均基本相同。

周代文化的陶器以夹砂红陶和夹砂褐陶为主，并有不少的印纹硬陶。陶器的器型有罐形器、陶鬲和缸等，其他陶器部件主要有鼎足、鬲足、器把和鋬。印纹硬陶烧制火候较高，质量较好，器表模印有席纹、云雷纹、回纹、细米字纹、波折纹、叶脉纹、小方格纹等。另有石器和小件青铜器等出土。此类文化与皖南和苏南地区西周晚期至春秋时期遗存的文化面貌相似。

新州遗址地处皖南山区新安江流域，在这个地区属于新石器时代遗址的还有歙县下冯塘和太子山、祁门县中土坑、休宁县溪北、徽州区桐子山、屯溪区下林塘等遗址，其文化面貌与新州遗址史前文化面貌基本相同。这些遗址均分布于新安江或其支流沿岸的二级阶地或近水小山岗上，四周群山环绕，而遗址所临的河段均流淌较缓慢，四周相对较为开阔，比较适合人们的居住和生产生活。从遗址的面积和堆积来看，该地区的先秦遗址多数面积较小，文化层较浅较单薄，文化性质较单纯。从文化面貌上看，新安江上游地区新石器时代遗存出土遗物具有较强的地方特征，所反映出的文化面貌虽然有周边文化的影响，但仍以自身特征为主，是具有较强地方特色的一种文化类型。从古代族群的活动地域来看，这类文化大约属于上古时期生活在新安江地区的一支山越人的原始文化。新州遗址是同类遗存中发现最早、材料最为丰富、最具有代表性的遗存，因此被命名为"新州文化"。

（撰稿：方　玲）

参考文献

［1］安徽省文物考古研究所、歙县文物管理所：《歙县新州遗址东区、北区的发掘》，《文物研究》2001年第13辑。
［2］歙县文化局：《歙县文物志》（内部资料），1989年印。

程井遗址

皖西北地区先秦文化的年代标尺

程井遗址是安徽新石器时代晚期至先秦时期重要遗址之一，所发现的龙山文化环壕、先秦氏族墓地为省内罕见，文化遗物具有鲜明的地域特色，对认识皖西北地区古代文化具有年代标尺作用，在安徽文化史、考古史上具有重要意义。

在广袤的黄淮平原的农田、林地和村庄脚下，厚约1.5米的黄泛区沙土层中，埋藏着皖西北地区新石器时代晚期至夏商周时期的聚落遗址——程井遗址。它具体位于安徽省亳州市高新区辛庄行政村（原谯东镇南于行政村）程井自然村东北，总面积约20万平方米。

程井遗址是怎么被发现的呢？时间回到2004年，国家重点建设项目东营—香港（亳州—阜阳）段高速公路正在热火朝天地施工。工人取土时，竟偶然地发现了古墓葬！随即取土被制止，文物部门对遗址进行了原址保护。因其地点位于程井村自然村附近，故命名为程井遗址。经国家文物局批准，安徽省文物考古研究所及时组织专业人员，配合工程建设对该遗址进行了抢救性发掘。发掘工作从2004年7月开始，至2005年7月结束，历时整整一年。考古队首先对取土区及周边进行了考古钻探，初步探明了遗

程井遗址

址范围和布局，揭开了遗址的神秘面纱。先秦时期文化的分布范围主要在遗址西南部6万—7万平方米；其中核心区范围1万—1.5万平方米，主要有新石器时代龙山文化晚期至先秦时期的环壕、灰坑、水井、墓葬等各类遗存，分布十分密集；其他区域是汉至唐宋时期文化的分布范围，以墓葬、灰坑、井为主；遗址散布范围约20万平方米。发掘区域位于程井遗址的西北、中南及东部，主要是对取土区内发现的古墓葬和遗址局部文化层进行保护性发掘，共计揭露面积2400平方米。共发现各类考古遗迹单元720余个，出土各类文物1500多件，取得了重要考古收获。

丰富的考古发现表明，这里曾一度繁华。可如今为何会被掩埋在黄沙之下呢？这与历史上黄河多次泛滥有关。相关考古材料和历史文献记载，大约在南宋以后，黄河水患频频，夺淮、夺涡，使亳州涡河以北成为黄泛区，最终繁华之地被黄沙覆盖。考古表明，该遗址年代以新石器时代晚期至先秦为主，包含龙山、夏商、西周、春秋、战国等若干时期，还发现有汉代、唐宋等时期的其他文化堆积层和墓葬、砖水井、路面、炼铁炉、灶、陶窑等。程井遗址是皖西北地区重要的古代遗址之一，年代跨度大、文化内涵极为丰富。

程井遗址龙山时期的文化遗存，主要位于取土场的西南部，这里有文化层、环壕、灰坑、储藏坑、水井、灶、柱洞等遗迹。环壕位于遗址的中部，由人工挖掘而成。形状近似圆形，直径80—100米、沟口宽8—10米，沟壁为斜坡状（稍陡），底宽4—5米，深2.2—2.5米。壕沟底部有大量的淤沙和螺壳及少量的陶片、兽骨等遗物。依据围壕内的文化层堆积和包含物分析，它的使用时期主要为龙山晚期和相当于夏代的岳石文化时期，周代以后这里逐渐被废弃，并被生活垃圾废土填埋。环壕围绕遗址中心建造，需要开挖5000多立方米的土方，这是当时氏族的一项大型公共工程，需举全族之力开挖，在没有金属工具的状况下，当时工程的艰难程度可想而知，让人们不得不为先民的智慧和勇气所震撼。建成的环壕，犹如后来的"护城河"，既能防御保护聚落又兼具引水、蓄水功能，是氏族社会生活的重要保障。

灰坑，是古代人类留下的一种遗迹，包含了当时在此生活的人们有意或无意留下的很多物品。龙山时期的灰坑，坑口有圆形、椭圆形、不规则形等，多数为口大底小，斜坡状，少数为直壁，口径0.5—5.3米、深0.4—1.65米。这些灰坑大多是填埋古人生活废弃物的垃圾坑，内含有红烧土颗粒、草木灰、陶器碎片、鹿角、动物残骨、蚌螺壳等。有的灰坑属于储藏坑，如编号H12，圆形，直径1.5米，深0.6米，斜壁圜底，比较规整。坑底中部有一椭圆形小坑，放置1件泥质褐色方格纹陶罐。还发现有土井的遗迹，如编号J22，埋藏较深，井口距遗址地表1.9米，椭圆形，南北长2.5米、东西宽0.95米、深2.1米，口大底小，斜壁平底。在南壁井口下50厘米处有一平台，便于人上下，推测此井为当时储水用的古井。龙山时期的住房遗迹虽未发现，但有与之相关的灶和柱洞遗迹。编号Z3的灶，呈椭圆形，东西长90厘米、南北长55厘米，底距灶口60厘米。其筑法是先在地上挖一个东西略呈椭圆形的圜底坑，在火塘内壁涂抹一层3—5厘米厚度的细砂泥，用火将灶坑底部及周壁烧成红色，用这种方法筑成的灶十分坚硬。灶内有烧土颗粒、草木灰，火塘中西部还放置1件直立的残陶罐和1件残陶鬶。罐底黏附着一层炭灰，说明该罐当时是放在火塘上使用的炊器。遗址内发现一些柱洞坑，柱坑直径60厘米，坑口距坑底50厘米，填土经夯实，有圆形夯窝。坑内有一木柱洞，直径20厘米，深44厘米，内为细腻松软的灰褐土，疑是残留腐朽的柱灰。柱洞的存在，表明当时的房子建造是用木柱支撑屋顶和四壁，形成室内空间，成为人们遮风挡雨的居住活动场所。

龙山时期的出土遗物以陶器为主，其他有骨角器、石器、蚌器等。陶器的质地分为夹砂和泥质，因烧制火候关系，有红色、黄褐色、灰色、黑

龙山文化晚期陶器

龙山文化晚期骨角器、蚌器、卜骨

色等。陶器的器型主要有平底敞口碗、曲腹盆、罐、绳纹甗、带流鬶、白陶鬶、薄胎杯、蛋壳陶杯、扁三角形足罐形鼎等。一些陶器的表面装饰有绳纹、方格纹、篮纹、菱形纹、弦纹、附加堆纹等，增加了器型的美感。在陶器制作方面当时已出现快轮制作，陶器底部和口沿等部位轮旋痕迹十分明显，并能制作蛋壳黑杯和白陶鬶等胎壁很薄的高档陶器，反映了当时制陶技术的进步。另外，还有占卜用的卜骨等遗物，这显示出当时氏族社会宗教占卜活动的存在。其他遗物中生产工具有残石斧、石锛、砺石、蚌镰、蚌刀、蚌铲，渔猎工具有陶网坠、骨标、骨镞，装饰品有骨笄，纺织缝纫工具有陶纺轮、骨锥、骨针等。这些遗物向人们展示出一幅当时氏族社会经济生活的场景。程井遗址发现的黑陶罐、小口方腹圈足带流壶等器型与河南登封王城岗二期的陶器十分相似，平底盆、双耳罐、碗等器型和篮纹、方格纹等装饰风格与豫东的河南龙山文化晚期相近，表明在龙山文化晚期两地文化之间交流影响的存在。

夏代遗存主要在壕沟的下层文化堆积中被发现，有素面盆形锥足鼎、黄褐色弦纹陶罐、卜甲、弹丸、网坠、纺轮等，还有甑、瓮、罐、豆盘、杯等口沿残片，以及乳袋状鬲足、鬶足、袋形鬶足、叶脉纹鼎足等。程井遗址夏代遗存中，以中原夏王朝都城二里头遗址为代表的二里头文化因素不明显，而与山东地区的夏代东夷族的考古学文化——岳石文化面貌十分

岳石文化卜甲、陶鬶袋足、陶鼎

相近。这种现象反映了当时这一地区的文化曾受到东夷族文化南下的影响，存在着族群之间的交流关系。

程井遗址的商代遗存发现不多，主要有绳纹小锥足鬲、罐等器型残片，与郑州二里岗上层文化面貌类似，时代相当于商代中后期。

程井遗址最丰富的，就是西周至战国时期的先秦遗存。这一遗存到底有哪些重要发现呢？各类灰坑、祭祀坑、水井、墓葬等在发掘中逐一展现出来。灰坑多分布在聚落区内，形状不一，主要包含物是生活垃圾、残陶片等。水井均为土塘，又称土井，多沿早期环壕分布，有的地方十分密集，相互打破，时代多为西周、春秋。井多数为椭圆形，少数为圆角长方形和圆形，井壁有的陡直，有的口大底小。有的井壁上有一排排列整齐的脚窝，间距约50厘米，这可能便于上下清淤。水井深度在2.2米左右，这可能与当时亳州的地下水位和掘井技术有关，以存储生活用水为主。井内出土遗物多数为陶罐，与汲水有关。祭祀坑发现两处，一处在环壕内，另一处在环壕外东南50米处。祭祀坑均为圆形，直径0.6—0.7米、深0.35—0.5米，坑内有一头完整的猪骨骸。猪是分解后对称放置于坑内的，头向有向南和向北之分，这可能代表某种仪式，与当时氏族的祭祀习俗有关。

31号水井发掘现场　　　　　　　　西周祭祀坑

"公墓"墓地分布图

　　程井遗址还发现了先秦时期的"公墓"。其主要分布在遗址的西北，推测为当时氏族宗法制度下设立的族人公共墓地。墓地内的墓葬分布非常密集，其中仅在900多平方米的范围内就发掘墓葬324座，为省内罕见。这些墓葬从早期到晚期之间的叠压和打破关系异常复杂，许多早期墓葬被晚期的墓葬打破或叠压，部分早期墓葬残缺不全，仅残存头颅或下肢骨骼部分。许多专家看到该墓地的图片资料后，都对墓葬分布密集、相互叠压打破的复杂现象感到震惊。在遗址发掘过程中，共计发现西周墓葬30座、春秋墓葬190座、战国墓葬128座。这些墓葬均属小型墓葬，主要形制为长方形竖穴土坑墓，部分有生土二层台。墓葬一般长2—2.4米、宽0.5—0.8米、深0.7—1.3米。墓葬方向，除西周墓为南北向外，大多数为东西向。墓葬多数为成人墓，也有少数儿童墓。人体骨骼保存较好，除被打破外，均能清理出完整的人体骨架。葬式是指死者下葬时的姿势，主要有仰身直肢、仰身屈肢，一般两手交叉于下腹部或两手上抬置于胸部，其他葬式有侧身

"公墓"墓葬打破关系

殉狗坑

战国墓

第三部分 中华文明起源、形成和古国文明时代的安徽图景

直肢与侧身屈肢，与当时的宗教观念和社会习俗有关。葬具已全部腐朽，只有少部分的墓葬能清理出木棺葬具的痕迹。在一些西周墓坑底部正中有一腰坑，坑内都殉葬狗一只。这种现象在中原周代墓中也有发现，此狗可能是墓主生前驯养的，主人死后为主殉葬，这属于当时一种特殊的葬俗。

　　墓葬随葬品大部分放置在墓主人的头部，也有的放置在墓坑的一侧。这些墓葬中出土了哪些随葬品呢？各墓随葬品多寡不一，多者十几件，少者2—5件。有的墓仅随葬一件陶纺轮，墓主应该是一名勤于纺织的女性。

西周墓随葬陶器

春秋墓随葬陶器

战国墓随葬陶器

随葬品以陶器为主，一般多为当时常见的生活器具组合，并随时代不同而发生变化。西周时期为簋、鬲、豆、罐、盆；春秋时期为罐、鬲、盆、豆、壶或鼎、豆、盆、罐；战国时期为鼎、豆、壶或鼎、豆、罐。陶器组合中，有的为一组，最多的有三组，这反映了墓主之间可能存在一定的身份、地位差别。随葬品中有不少铜器，兵器类有镞、戈、矛、剑、削，乐器类有铃，容器类有敦，装饰品有带钩、环等。其他随葬品有玉玦、贝币、蚌器、陶纺轮、蚁鼻钱等。墓中出土的贝币属于海贝，内陆地区比较少见，其具有双重功能，在商周时期曾作为货币在社会上流通，也因其稀少美观可作为装饰品佩戴，所以显得特别珍贵，实属难得。程井春秋墓葬出土的陶鬲，与山东南部鲁国墓葬出土的陶鬲极为相似，反映两者之间存在一定的文化联系。从程井遗址两周墓葬的埋葬习俗、随葬品器物的总体特征等来看，大多具有同期中原文化的特点。

亳州自古为兵家必争之地。上古至先秦时期为东方的夷族活动地区，春秋时曾为陈国之焦邑、楚国之谯邑，战国时被纳入楚国版图，程井遗址的众多遗迹和遗物都是这段长约2000年先秦地方历史的缩影和见证。发

考
古
安
徽

先
秦
篇

195号墓出土的铜镞、戈、矛、剑

玉玦

贝币

现的龙山晚期文化和岳石文化因素，说明当时中原龙山文化和夏代东夷族岳石文化都曾对程井遗址文化面貌的形成和发展产生过重要影响，也显示了当时东西两个大的古代族群之间迁移活动区域的轨迹。这两类文化的时代略早于夏代，或与夏代同时，为探索早期夏文化的形成、发展提供了重要信息。从程井遗址西周至战国时期的文化面貌来看，该遗址分别具有中原文化和楚文化的特点。反映了西周以降，随着周王朝诸侯分封，春秋大国争霸，战国兼并战争，各国区域文化包括程井遗址在内的先秦文化已逐渐呈现趋同融合的发展态势，为秦汉大一统中华文化的形成和发展奠定了基础。

折戟沉沙，涡河依旧。程井遗址的发现，揭开了亳州地区古代人类活动和黄淮地区历史环境变迁的画卷。尤其是遗址年代跨度大，文化内涵丰富，对建立皖西北地区古代文化、周代墓葬等年代标尺均具有重要的研究价值。程井遗址丰富的历史文化内涵，为研究皖西北地区先秦古文化提供了众多信息，对探索皖西北地区龙山、夏商、周朝时期文化的特征、源流及与淮夷和焦夷古代氏族的关系，具有重要意义。程井遗址曾入围"2005年度全国十大考古新发现"终评名单。2012年，被公布为省级文物保护单位。

（撰稿：杨立新　汪景辉）

参考文献

汪景辉、杨立新：《安徽亳州程井遗址考古取得重要收获》，2005年11月14日《中国文物报》。

科普知识词条（新石器时代）

中国新石器时代分期

新石器时代是指人类从打制石器转为磨制石器、从事种植（农业）和养殖（家畜饲养）经济的阶段。中国新石器时代距今10000多年—4000年，可分为前期、中期、后期和末期四个阶段。

前期距今10000多年—9000年。人类开始制作陶器和磨制石器，但数量较少，还存在一定量的打制石器或细石器；原始农业处于萌发期，北方出现了粟（俗称谷子、小米）、黍（俗称稷、糜子），南方出现了稻；出现了相对集中埋葬的氏族墓葬。

中期距今约9000—7000年。陶器已成为日常生活的必需品，器类增多，普遍发现有磨制石器，装饰玉器在东北出现。出现了具有一定规模的定居聚落和氏族公共墓地，部分聚落出现了防卫性的环壕。以黄河流域为中心的粟作农业和以长江流域为中心的稻作农业两大农业体系初步形成。

后期距今约7000—5000年。陶器制作技术明显进步，黄河流域彩陶大量流行。磨制石器已由局部磨光向通体磨光过渡，在5000多年前的东北和长江下游还出现了玉器使用的繁盛期。原始农业已有较大发展。出现了一些规模较大的中心聚落，环壕的使用较为普遍，大型氏族墓地和集中埋葬盛行，在较晚阶段，社会分化已较明显。在个别区域如湖南澧县城头山出现了距今6000年左右的土筑城墙。

末期距今约5000—4000年，陶器制作的快轮拉坯技术已较普遍应用，烧造的火候较高，陶质较硬，空三足器普遍流行。石器制作技术进一步提高，种类增多，最晚阶段，玉器在长江中游、黄河中下游和西北地区广泛流行。一些小型铜器的出现预示着已向青铜时代过渡。粟作农业南下与稻作农业向北方传播的趋势明显。超大型中心聚落在各地出现，防卫设施进一步加强，墙垣环绕的原始城堡大量出现。

考古学文化

考古学文化是用以表示考古遗存中（主要指史前至早期青铜时代）所观察到的共同体，专门指考古发现中可供人们观察到的属于同一时代、分布于共同地域、具有共同特征的一群遗存。每个考古学文化之下还可以划分出不同的类型，它与古代的族群密切相关，但并非一一对应的关系。考古学文化以物质特征为主要划分依据，在考古工作中发现的几种特定形态的器物、纹饰，较长时期在一定区域内的居址或墓葬中共同出土，有较稳定的特定组合关系，即可称为一种"文化"。单一的器物或特征难以成为划分标准，许多特征的综合是考古学文化划分的一个重要指标。

遗迹代号

在田野考古中，发现的各种遗迹现象如墓葬、房址、道路、各种坑等，都要给予简单的代号，方便研究者使用。在发掘中每类遗迹如果不止一个，还需要按流水号进行编排，这些便是遗迹代号。各国的编号体系不一样，如英语国家常以Tomb指代墓葬等，中国的田野考古中一般以一个遗址发掘中某种遗迹的汉语拼音的第一个字母的大写形式作为代称，如房址（F）、墓葬（M）、灰坑（H）、灶（Z）、路（L）、井（J）等，F1指代发现的第一个房址，M2指代发现的第二座墓葬。

仰韶文化

仰韶文化是主要分布在黄河上中游地区的新石器时代考古学文化。1921年因瑞典学者安特生发现于河南省渑池县仰韶村遗址而得名，是中国最著名的一支考古学文化，年代距今7000—5000年，主要分布于陕西、河南、山西等省，在甘肃、湖北、河北及内蒙古等临近中原的边缘地区也有分布。考古学家将它分为早、中、晚三期，分别以半坡类型、庙底沟类型和西王村类型（或半坡晚期类型）为代表，也有将更晚的庙底沟二期文化归入仰韶文化。最具特色的器型有夹砂罐、小口尖底瓶、细颈壶、盆等。器物上附有各种纹饰，较晚时彩陶发达，常以黑、红二色绘制各种几何形图案和人物、花瓣及动物图案。聚落形态以半坡类型的向心式布局最具特点，成组的房屋都朝向中心广场。晚期出现长屋和连间房。墓地排列有序，前期流行多人合葬墓，儿童墓常见瓮棺葬。农业以旱作农业为主，饲养猪、狗和鸡。近年来，有较多学者认为应将半坡类型、庙底沟类型分别称为半坡文化、庙底沟文化。

大汶口文化

大汶口文化是以黄河下游、淮河中下游为主要分布区的新石器时代考古学文化，以鲁中南地区为中心分布区，该文化以山东省泰安市大汶口遗址命名，距今6000—4300年。大汶口文化渊源于北辛文化，后续为龙山文化，可分为早、中、晚三期。陶器特征明显，主要有鼎、豆、觚形杯、长颈壶、高柄杯和鬶等。中晚期的石器、玉器、骨角牙器兴盛，出土的玉钺、花瓣纹象牙筒、透雕象牙梳等，制作精致，工艺高超。大汶口文化晚期开始出现城址，墓葬差别极大，已出现强烈的贫富分化。在有的成人墓的随葬品和儿童瓮棺的葬具中还出现了带有各种刻符的大口尊，有学者认为这些刻符与文字起源有关，或是部落的标志。

龙山文化

龙山文化是黄河下游和淮河中下游地区新石器时代末期考古学文化，也称典型龙山文化，因首先发现于山东城子崖遗址（位于济南市章丘龙山镇龙山村东北）而得名，年代距今4300—3800年。自20世纪30年代发现后，它便以黑陶为主要特征而成为最重要的中国史前文化之一，与仰韶文化并列，后各地发现的这类文化都被冠以河南龙山文化、湖北龙山文化等，20世纪80年代以后认识到它们之间具有较大差异，各自以典型遗址命名，不再以省份区分。最著名的遗址有城子崖、两城镇等。陶器以灰黑陶和黑陶最具特点，主要器型有罐形鼎、盆形鼎、豆、高柄杯等，特别是薄如蛋壳的黑陶杯工艺水平极高。镂雕技术、绿松石镶嵌技术高超。农业发达，广泛种植水稻。城址出现较多。

崧泽文化

崧泽文化是长江下游地区新石器时代晚期考古学文化。因上海青浦崧泽遗址而得名，以太湖流域为主要分布区，距今6000—5300年。陶器有夹砂陶和泥质陶，夹植物陶较有特点。器表以素面为主，灰陶较多，以镂孔和刻画纹最富特征，还有彩绘陶器；器型以鼎、豆、壶最具代表性，具有艺术风格的人、龟等造型较有特点。石器有斧、锛、凿、镰、纺轮等。玉器有璜、镯、钺及小件挂饰等，但并不十分发达。骨器有镞、锥、簪等。

崧泽文化墓地和聚落均显示了社会复杂化的动态过程，为研究长江下游地区由平等社会向不平等社会转变提供了重要考古资料。

薛家岗文化

薛家岗文化是长江下游地区新石器时代晚期考古学文化，主要分布在大别山南麓的皖西南、鄂东、赣北以鄱阳湖为中心的长江两岸平原和山前地带，因发现于安徽省潜山市薛家岗遗址而得名。年代距今5500—4600年，可分为早、晚两期。陶器以红陶为主，玉石器制造业在晚期有很大进步，成为长江下游玉石器制造的代表。其中横长梯形的多孔石刀等器物为国内所罕见。稻作农业已在本地发展起来。墓葬中随葬品除实用器外，还有非实用的明器类小陶器以及猪下颌骨等。

张四墩文化

张四墩文化是长江下游地区新石器时代末期考古学文化。年代距今4600—4300年，因发现于安徽省安庆市张四墩遗址而命名。分布范围比薛家岗文化稍有扩大，目前已知的遗址不下百处。陶器有夹砂灰陶、黑陶和泥质灰胎黑衣陶、红褐陶，以及泥质夹植物红褐陶等，也有少量泥质纯黑陶，纹饰多见篮纹。器型以鼎、甑、罐、豆、杯为基本组合，玉器制作似乎已趋于消失。既有两湖地区的石家河文化因素，也有淮河流域的大汶口晚期文化因素，它的形成可能与大汶口文化南下有关。

半地穴式房屋

半地穴式房屋是新石器时代我国北方地区一种常见的居住形式，由地穴式房屋演变而来。其建造方式一般是从地面向下挖一浅坑，在其上利用树枝、茅草等搭建房屋，类似现在的地窝子。房屋平面形状可分为圆形、方形、长方形三种，以圆形和方形较为常见。房屋结构一般有柱洞、斜坡门道或台阶，房内常有在地面下挖而成的灶。在西安半坡、河南新密莪沟、河北武安磁山、甘肃秦安大地湾以及河南安阳殷墟等遗址，都发现有半地穴式房址。

排房

排房是由单间或套间的房屋并列、不间断地相接组成的多间大型房屋，最长可达百米，与北方地区的不相连、有一定间隔的成排单间或套间有区别。排房在距今5000多年前开始出现，流行区域主要在黄河中下游、淮河流域和长江中游，以蒙城尉迟寺、淅川下王岗与邓州八里岗等遗址最为典型。排房的建造方法是：先挖排房基址的基础，再立柱、铺烧土块，并平整泥土为地基，以草拌泥抹墙并烧烤成坚实的墙面、地面。

木骨泥墙

木骨泥墙是田野考古中的一种遗迹现象，亦是古代建筑方式。古人建房时，在房屋四周开挖沟槽，在沟槽中挖掘柱洞以立柱，以木柱为骨架，在木柱之间编缀竹条、木条等，并在其两面抹草拌泥，构成具有一定厚度、可直立的土木混合墙体，最后经火烤以增加硬度。由于墙内木骨的规模大小不同，构成墙体的厚度不同，墙体的直立性、荷载量及其在房屋构造中承担的结构功能也有所区别。经过复原研究，将其分为两种建筑结构，一种为屋顶与墙体连为一体，另一种将屋顶与墙体分离，出现独立墙体。

柱洞

柱洞是田野考古中的一种遗迹现象，通常是房址的组成部分。建房时在房屋四周挖掘柱洞以立柱，有些还在房子中间加立柱起强化支撑作用。柱洞底部或夯打，或垫石块等，称为"柱础"。房子废弃后，洞内的柱子腐朽成灰，其颜色也与周围不同。考古发掘中，可以通过柱洞进而认识、复原整个建筑的面貌。

红烧土

土经过烧烤后形成的坚硬物，因烧后呈现出红色而被称为红烧土，实际上也有小部分呈灰色，常在灶、窑址等用火遗迹或房屋建筑中出现。灶由于长时间受火炙烤，在灶底及壁面形成红烧土硬面；房屋建筑经过火烧后形成的红烧土坚硬防潮，是建筑的一大进步。在考古发现中，众多文化遗存中均发现有红烧土遗迹或碎块，其中河南郑州大河村、安徽蒙城尉迟寺等遗址中还发现了规模庞大、布局错落有致的红烧土排房。关于建筑中的红烧土形成原因还不太清楚，有主动烘烤处理、火烧焚毁等不同观点。

灰坑

灰坑是田野考古中最常见的遗迹现象之一，也是中国考古学最常用的名词，指称遗址中填充有文化堆积的坑状遗迹，泛指垃圾坑，包含同一时期或不同时期在此生活的人群有意或无意留下的废弃物，如破碎的陶器等。但很多灰坑本身并不是垃圾倾倒场所，只是在原有功能如窖穴等废弃后才成为垃圾坑。因中国考古学家最初认为坑内的堆积往往呈灰色，故名"灰坑"，实际上，并非所有坑的堆积均呈灰色。灰坑的形状多种多样，根据立面的形状可分为锅底形坑、袋状坑、方形坑等。

土坑竖穴墓

土坑竖穴墓是广泛流行于全世界的一种数量最多、分布最广的埋葬形式，主要从地面垂直向下挖出墓坑，将墓主及其棺椁置于坑底，再摆放随葬品，最后用土填埋。墓坑因垂直向下，所以称为竖穴，平面形状可分为长方形、方形、圆形或椭圆形，以长方形居多，商周时期还出现了规模较大的墓穴，在穴外挖出一条、两条或四条墓道，平面呈"亚"字形、"中"字形、"甲"字形等。土坑竖穴墓出现于旧石器时代晚期，早期较浅、小，仅可容纳墓主尸体，一直到如今的土葬也大多是这种形式。

瓮棺

瓮棺是较为特殊的古代墓葬形式之一，以瓮、罐等陶容器作为葬具，又称为瓦棺葬或者陶器葬。流行于新石器时代至汉代，直到近现代在部分偏远地区仍有使用。瓮棺通常用来埋葬夭折的幼儿和少年，个别成人也用瓮棺，一般用两三件较大的陶器扣合在一起，在蒙城尉迟寺遗址还有用陶缸作为葬具的。多数埋在居住区内房屋附近或室内居住面下，也曾发现专门的儿童瓮棺葬墓地。瓮棺葬少有随葬品，但在湖北天门石家河遗址距今4000年左右的后石家河文化中，少量瓮棺中随葬有较多玉器。有学者认为采用瓮、罐一类陶器作葬具可能与当时的宗教信仰有关。

燎祭

燎祭又称作燔燎、燔柴、郊柴、柴燎，是一种十分古老的祭祀仪式。燎祭所用物品可大致划分为柴薪、牲畜、玉帛三类。燎祭的方法主要是燔柴致祭，多加祭牲和玉帛焚烧，使烟气上达于天，所祭神灵主要包括日月星辰、风雨雷电等自然神和祖先神等。其目的在于敬神告天、祈福消灾，希冀借助升腾的烟、气、味来取悦天神，祈求风调雨顺，农畜丰产。燎玉祭祀至迟在新石器时代末期就已出现，自商周至明清，燎祭一直是帝王邦君施行的重要手段，在民间也存在类似的行为。

祖形支脚

支脚是炊煮时支在釜、锅等一类炊器底下的三个分开的物体，以陶质和石质为主。它的作用是将炊器抬到适当的高度，在其底部形成较大空间，以便让火旺烧，达到较好的传热效果，是一种较为原始的炊煮辅助工具。在淮河流域及黄河下游、长江中下游发现较多。器体多粗壮硕大，少数外形小巧玲珑。顶端呈蘑菇形或椭圆长锥形，器身呈柱状，略微弯曲，器底呈圆柱体或抹角方柱体，少数底部中空。器物多素面，部分器物背部有脊或泥扣。少数支脚上发现有烟熏痕迹。

陶鬶

陶鬶是一种陶容器，在新石器时代至商代用作酒水器。以三足、长颈、有流为特点，颈、腹间有鋬或半环形把手，腹下有三足。最早的陶鬶见于新石器时代山东地区的大汶口文化，此后传播至中原和长江下游地区，一直延续至商代。陶鬶的形态应该采用了仿生设计，即在造型上模仿鸟类等动物。

陶盉

陶盉是新石器时代晚期开始出现的一种酒水器，在商周时期材质多为青铜，一般用作温酒、调酒、注酒，有的兼有滤酒功能。以圆口、深腹、三足为特点，器身一侧有鋬或半环形把手，与鬶相似，但口部的流多封口为管状长流。依流口有无滤孔，可分为流口带滤孔和不带滤孔两种。带滤孔的陶盉在河南郑州大河村、偃师灰嘴等遗址出土过；不带滤孔的更为广泛。

彩陶和彩绘陶

彩陶和彩绘陶都是我国制陶艺术高度发展的生动体现，但有明显的区别。彩陶属于烧前彩，即先在陶坯上绘制好图案再入窑烧制，所以色彩的附着力比较强，不易脱落。彩绘陶属于烧后彩，陶坯先入窑烧制成器，出窑后在器物上施彩绘纹，所以色彩很容易脱落。在距今9000年左右的浙江上山文化中已出现中国最早的彩陶，略迟的黄河中游也有发现，以距今7000—5000年的半坡文化、庙底沟文化彩陶最具代表性。彩陶的色彩以红、黑、棕为主，白彩少见，纹饰主要包括花卉图案和几何形图案，也有少数的动物纹。彩绘陶的出现较晚，在五六千年前，春秋战国和秦汉时期彩绘陶最为盛行，直至明代仍有出土，多用作随葬的明器。彩绘陶的色彩丰富，红、黑、蓝、黄、白、绿都有，纹饰较多，有几何形纹、动物和植物形纹等。

轮制陶器

轮制陶器指利用转盘制作的陶器，分为慢轮制陶和快轮制陶两种。慢轮制陶是在手制的基础上，慢慢转动轮盘对陶器进行修整，器表往往饰有各种拍印纹饰，器体造型不甚规整，陶壁厚薄不匀，里面留有压、抹的痕迹。快轮制陶指利用轮盘快速旋转所产生的惯性力结合手向上的拉坯行为，将泥料直接拉坯成型，器体造型端正，器壁浑圆匀称，一般都会在陶器底下留有偏心涡纹痕迹，器壁上可见螺旋痕。

石磨盘与磨棒

石磨盘与磨棒是成套的石质工具，多用于加工农作物如粟、稻、小麦等。最早在河南中部的裴李岗文化中即已使用，并常作为实用器随葬。石磨盘多为琢制，形状近似鞋底形，多数下部带4个矮柱足；石磨棒近似于圆柱形。

鹿角靴形器

鹿角靴形器又名"鹿角钩形器"，新石器时代主要流行于淮河流域的一种角器。制作方式为选取一段鹿角的主枝和从枝结合部，将其剖开，以主枝作柄，从枝作钩。柄部一般长4—13厘米，上方往往刻有凹槽或钻有孔洞；钩部长3—9厘米，平面呈椭圆形，有的稍微上翘，与柄部呈钝角或直角。鹿角靴形器应起源于淮河中游的双墩文化，在距今7000年后开始向周边地区扩散，范围远至晋南、宁绍平原和鲁西南地区，其中环太湖地区和豫中地区受其影响最大。在距今5300年以后，再扩散到胶东半岛和豫西南地区。器物的功能目前还无法解释，可能是一种用于皮革加工的刮整工具，或者是采集工具。

粟、黍

粟、黍是原产于中国北方的重要粮食作物，位于五谷之列，至今仍被食用。五谷中稷的学名是粟，俗称谷子，也称糜子。由于这两种谷物的籽粒都非常细小，所以被统称为小米。粟、黍极为广泛地分布在我国北方地区的考古遗址中，目前考古发现最早栽培的小米出自北京门头沟的东胡林遗址，年代在距今10000—9000年间，这也是目前世界上发现的最早的小米籽粒。另外，在内蒙古赤峰敖汉旗的兴隆沟遗址，通过浮选出土了大量的距今约8000年的小米，以炭化黍粒为主。在距今7000年前后，黍已在汉水中上游和淮河流域出现，粟在6000年前已传到洞庭湖区域。距今5000多年更是逐渐向北传播到东北亚，向西传播到中亚，向南传播到岭南的广大地区，为人类提供了重要的食物来源。

栽培稻与驯化稻

栽培是指人类对植物的一种行为，分为驯化前的栽培或者半驯化的栽培以及驯化后的栽培。驯化前以及半驯化的栽培稻为野生稻，驯化后的栽培稻为驯化稻。驯化稻是指在人类有意识或无意识行为的干扰和影响下，天然野生水稻发生生物学意义上的一系列长期、定向性状变化，从而逐步演化成的一个新的物种。从栽培稻到驯化稻，是一个较长期的过程，大体从距今10000年前开始，直到6000多年前才完成了全部过程。

小麦族

小麦族是禾本科植物中的植物类群。按照生物分类属于更高一级的分类级别，并非狭义上的小麦这一种特定作物。小麦族植物为数众多，世界范围内有390余种，中国境内有170余种，分属3个亚族、14属，常见的有小麦属、大麦属、黑麦属、鹅观草属、山羊草属等。考古发掘过程中多是见到的这些作物的籽粒、穗轴、麦秆印痕、植硅体、淀粉粒、花粉等的炭化遗存或微体遗存，以籽粒、穗轴、植硅体最为可观。考古工作所见中原地区较早的小麦族出土于裴李岗时代、仰韶时代的部分遗址中。

浮选

浮选是一种发现古代植物遗存的田野考古学方法。是利用炭化物质在干燥情况下比一般土壤颗粒轻、密度略小于水的特点，将采集的土样放入水中使炭化植物浮出水面，进而提取。在操作中根据不同的研究需要，可以采取随机抽样采集、间隔抽样采集、全采集等不同方法。该方法可以在遗址或遗址某些区域中寻找不易发现的古代植物遗存，进而认识和了解古代人类与植物的相互关系，以期复原古代人类生活方式。

淀粉粒分析

淀粉是葡萄糖分子聚合而成的长链化合物，以淀粉粒形式贮藏在植物的根、茎及种子等胞质中。淀粉粒是一种半晶体，在植物收割、食物加工的工具表面、动物（包括人）牙结石及土壤中都有残留，可在土壤中保存很长时间。不同种属植物的淀粉粒具有不同形态特征，因此可进行植物种类鉴定。通过实验室提取和鉴定，可为研究器物功能、食物加工过程及古人消费的食物种类提供直接证据，并进一步了解古人类对植物的利用、农作物的起源、传播和社会的经济模式。

AMS方法14C测年

AMS方法14C测年是在常规碳十四测年的基础上，用加速器质谱进行测年的改进方法，是20世纪70年代末开始发展起来的一种现代核分析技术，简称"AMS方法"。通过将样品制备成石墨引入加速器离子源中，电离后将其加速到高能，再应用电荷剥离技术、射程过滤技术等，最终实现对碳十四粒子的计数。与常规技术需要较多样品量相比，该方法所需样品量小，仅需米粒大小的碳样；测样时间短，省时省力。因此在考古学领域得到越来越广泛的应用。

考古遗址公园

考古遗址公园是依托重要的考古遗址而建设的具有传承历史文化的特殊公园类型。主要是由国家文物管理机构公布的国家考古遗址公园，但也有部分省份公布了省级甚至市级考古遗址公园。国家文物局于2009年颁布的《国家考古遗址公园管理办法（试行）》对国家考古遗址公园进行了如下界定：国家考古遗址公园，是指以重要考古遗址及其背景环境为主体，具有科研、教育、游憩等功能，在考古遗址保护和展示方面具有全国性示范意义的特定公共空间。考古遗址公园是中国大遗址保护实践与国际文化遗产保护理念相结合的产物，是加强遗址保护，深化遗址展示与利用的有效途径。

（撰稿：于昊申　权永波　王　杰　张　玥　王煜萍

张先元　余红娜　吴卫红）

第四部分

夏商周
时期的
安徽
主要文明成就

概　述

　　夏商周时期开启了以中原地区为主导、不断融合周边地区青铜文明的历史进程。

　　安徽以淮河、长江为界，天然地将全境分为皖北、江淮、皖南三部分。淮河北岸支流汝河、颍河源远流长，沟通伊洛中原核心区与江淮大地，拉近了安徽与王朝文明中心的距离，并将文明进一步向江南地区辐射。

　　皖北地区与中原一体，原本就有很多相近之处，由于黄泛区的广泛分布，许多古遗址被淹没，只有在地势较高处或者建设动土时才有机会发现古代遗存，所以考古发现较少。亳州程井遗址就是在高速公路建设取土时发现的，包含龙山、夏商、西周、春秋、战国各个时期的遗存，建立的年代序列可作为皖北地区青铜文化的年代标尺。程井遗址发现了龙山晚期及夏时期的聚落环壕，所展示的文化面貌与豫东地区龙山文化及山东岳石文化具有较大的相似性。豫东地区龙山文化是夏文化的重要来源，程井遗址也因此成为探讨夏文化的重要线索，具有重要的学术价值。

　　沿淮及江淮地区是夏文化探索的重要区域。1983年，著名考古学家邹衡在考察含山大城墩遗址的考古工作时就指出，有关夏朝的轶事非常有趣，"一头一尾"都在安徽。"一头"传说即禹娶涂山氏女，"一尾"传说即"桀奔南巢"。

　　2006年以来，蚌埠禹会村遗址的考古工作连续开展，发现了龙山晚期大型祭祀台基及城址，学界多将其与"禹合诸侯于涂山"的文献记载相关联。

　　2019年发掘的肥西三官庙遗址，发现18件夏末商初的青铜器，暗示了"桀奔南巢"的历史背景。

　　寿县斗鸡台遗址是江淮地区夏时期的另一个重要遗址，其出土的大量陶器兼具河南伊洛地区二里头文化因素和山东岳石文化因素，表明夏时期江淮地区人群交往和文化交流具有复杂性，可与中国上古时期夷夏两大族群的文化在安徽地区的碰撞相关联。斗鸡台遗址还出土了部分与江南地区点将台文化、湖熟文化相近的器物，表明安徽江淮地区早在夏时期就是南北文化交流的枢纽。

　　安徽江淮地区发现的商代遗存较多，特别是发现了一批精美的青铜器，凸显了江淮地区高度发达的青铜铸造工艺和令人瞩目的青铜文明成就。迄今为止，经过发掘的商代遗址主要有阜南台家寺、凤阳古堆桥、长丰三江坝等，陶器特征与中原二里岗商文化高度相似，可视为商文化的二里岗类型，是江淮地区纳入中原文明的考古实证。

　　2016年，阜南台家寺遗址入围"全国十大考古新发现"初评名单，遗址主体年代在商代中期，发现了围沟、大型建筑、铸铜遗存、奠基坑、祭祀坑、贵族墓葬等重要遗迹，特别是商代铸铜作坊和大量铜容器陶范的发现，确认了铜容器属本地铸造。历年来该遗址出土了龙虎尊、鬲、斝、爵等精美铜器，表明该遗址具有高度发达的青铜铸造技术，是淮河流域的青铜文明中心。

　　含山大城墩遗址是邻近长江的另一处重要遗址，其出土商代陶器既包括分裆鬲、大口尊、假腹豆等典型商式陶器，也包括折腹豆、附耳罐、圈底盆等具有区域特征的陶器，与商文化二里岗类型的相似程度已远不如淮河地区，并对江南宁镇地区的湖熟文化产生了一定影响，再次显示了安徽江淮地区在南北文化交流中的桥梁作用。

皖西南地区地处长江中下游交汇之处，商代遗存以潜山薛家岗遗址为代表，区域特征显著，明显不同于中原地区的商文化。陶器主要包括红陶、黑陶、灰陶，包括罐形鼎、釜形鼎、粗柄豆、带把盉、鼓肩罐等一批土著陶器，以及来自盘龙城类型的分裆鬲、鼎式鬲、簋、假腹豆、浅盘高柄豆、深腹罐、斝、爵等，充分说明皖西南地区是长江中游江汉地区与皖江沿岸地区文化交流的重要通道。

根据文献记载特别是对出土金文的梳理和考证，学者普遍认为沿淮及江淮地区两周时期是群舒等淮夷方国的聚居地。群舒等淮夷方国，主要包括六、舒、英氏、宗、巢、舒蓼、舒庸、舒鸠、桐、钟离等，金文中说"南夷、东夷具见廿又六邦"，可见淮夷方国林立，并没有形成一个区域性的大国。然而西周时期淮夷屡次联合进犯中原，对周王室构成了巨大威胁，这在禹鼎、宗周钟等青铜铭文中均有记载。

近年来，在凤阳卞庄与蚌埠双墩发现了大型圆形墓坑，出土大量精美青铜器，并有难得的铭文。经考证墓主为春秋时期钟离国国君，这些实证了江淮地区淮夷方国钟离国的存在。

两周时期沿淮及江淮地区的台墩形遗址广泛分布。这些遗址面积大多在几千平方米，超过1万平方米的遗址数量锐减。这类台墩遗址文化堆积复杂，大多数遗址主体年代为西周中期至春秋时期，少数遗址早期堆积包含有新石器及夏商时期的遗存。

早年经过发掘的有肥西大墩孜、叶集红墩寺、寿县斗鸡台、含山大城墩等遗址，近年来经过正式发掘的台墩遗址越来越多，主要有滁州何郢、霍邱堰台、定远陈家孤堆、合肥大雁墩、安定寺大墩等。两周时期遍布江淮地区的台墩形遗址出土遗物具有较大的共性。除来自中原周文化的弧腹鬲、扉棱鬲、素面小口罐、弧盘粗柄豆外，还有折肩鬲、折肩盆、大型折肩或鼓腹罐、双耳罐、曲柄盉、高柄夷式簋、三纽器盖等一批具有淮式特点的陶器，来自江南吴越地区的原始瓷器和印纹硬陶器也有所发现。不少遗址还出土了陶范、石范、青铜小件等与冶铸相关的遗物。这些大大小小的台墩形遗址，绝大部分是当时淮夷方国的野鄙村落，是淮夷方国最基层的社会组织。

近年来，皖南沿江地区夏商周时期的考古发现不断取得进展。先后有马鞍山五担岗遗址、申东遗址及铜陵师姑墩遗址得到较大面积的发掘，特别是青铜采冶遗存的发现，引起学术界的极大关注。皖江沿岸铜资源丰富，早年发现的南陵江木冲、铜陵木鱼山等采冶遗址富含炼渣，年代均早到西周时期，它们与湖北大冶铜绿山、江西瑞昌铜岭等矿冶遗址一起，被认为是中原王朝南下掠铜的目的地，是中国青铜文明研究中的重要一环。最近发掘的铜陵师姑墩遗址，包含有夏、商、周各时期的遗存，发现了相当于二里头文化时期的少量炉壁、炼渣，将皖南地区青铜冶铸的时间提早到夏代。

土墩墓是皖南地区商周时期的另一类重要遗存，分布广、规模大，总计有数千座，是吴越先民独有的墓葬。在南陵千峰山、龙头山，繁昌万牛墩，宁国灰山等处，考古工作者均开展过考古发掘，这些墓葬的主体年代为西周至春秋时期，特别是繁昌万牛墩土墩墓群出土的尊、鼎等青铜重器，工艺精湛，堪称一流。土墩墓群与皖南沿江地区的矿冶遗存共同构成了以铜资源为社会背景的资源型社会，是中国青铜文明研究的重要内容。

春秋中晚期以后，楚国向东进入皖北及江淮腹地，六、舒蓼等淮夷方国受到楚国胁迫并先后被吞并，战国时期江淮地区并入楚国版图。今寿县县城附近的寿春城遗址，是楚都东迁后的最后一个都城所在，一度遭盗掘的李三孤堆被认为是楚幽王墓，流散文物数千件，是楚国青铜器之集大成者，代表了当时青铜文明的最高水平。在距李三孤堆楚王墓不远的长丰杨公镇（今淮南谢家集）也发现了多座战国晚期楚国贵族墓葬，出土了一批精美玉器。

　　随着楚国跨江灭越，江南地区并入楚国版图。及至秦灭六国，安徽最终融入大一统的秦汉帝国。

（撰稿：王　峰）

斗鸡台遗址

江淮地区夏商时期考古学文化的典型代表

斗鸡台遗址是江淮地区典型的台墩型遗址，位于安徽省寿县双桥镇邸家小郢村。历经1982年和2014年两次发掘，遗址内涵丰富，包含从龙山时代至西周等多个时期的遗存，以该遗址命名的"斗鸡台文化"填补了江淮地区夏商时期考古学文化的空白。

斗鸡台位于八公山以南的寿县双桥镇，相传为楚王斗鸡取乐之处。斗鸡台文化是淮河流域以斗鸡台遗址典型遗存为代表命名的考古学文化，是淮夷文化的一个重要标志。为什么如此重要的文化形态，却以一个小小的"斗鸡台"为名？斗鸡台遗址到底有哪些发现，才取得考古界一致认可呢？

关于安徽江淮地区夏商时期的考古学研究，20世纪80年代之前所做的工作比较少。20世纪80年代初期，北京大学考古系商周组和安徽省文物工作队合作对江淮地区西部霍邱、六安和寿县等地区进行调查与试掘，开启了对这一问题的探索历程。其中以寿县斗鸡台遗址的发掘最为重要。

斗鸡台遗址位于安徽省寿县双桥镇邸家小郢村民组西侧约400米，南距寿正公路约200米。遗址为高出周围地面3—4米的台墩，平面略呈长方

斗鸡台遗址

形，现存面积约9000平方米。早在20世纪30年代，李景聃、王湘等考古人员在寿县瓦埠湖周围地区开展调查工作时发现斗鸡台遗址。1998年，斗鸡台遗址被公布为安徽省级文物保护单位。

1982年，北京大学考古系联合安徽省文物工作队对该遗址进行了首次考古调查和试掘，取得了重要成果。本次试掘地点在遗址的东北角，布设正南北向5米×6米探方和东西向2米×5米探方各一个，合计发掘面积40平方米。

通过发掘可知，该遗址保存较好，文化内涵丰富。发掘报告将其遗存分为五期，并认为其第一期与豫东地区的龙山文化面貌接近，也包含少量山东龙山文化的因素，时代与之基本相当。第二期遗存中许多器物仍有龙山时代风格，但有些器物又可以看到受二里头文化和岳石文化的影响，时代应不晚于二里头文化早期。第三期遗存文化是第二期的自然延续和发展，是同一文化的不同发展阶段，其时代相当于二里头文化晚期。第四期遗存文化面貌与以郑州二里岗上层为代表的早商文化接近，兼有部分岳石文化因素。第五期西周早期遗存，基本文化面貌属中原文化系统，也有相当部分的地方特色文化因素。

2014年9月至2015年1月，为配合高校考古专业学生实习，经国家文物局批准，安徽省文物考古研究所联合安徽大学、寿县文物管理局对斗鸡台遗址进行了主动性考古发掘。发掘面积400平方米，共计清理龙山至西周晚期房址32座、灰沟4条、墓葬18座、灰坑78个、灶类遗迹5处，另有数量较多的柱洞遗迹。出土丰富的陶器、石器、骨器和少量青铜器。

那么，斗鸡台文化是谁命名的呢？具体含义是什么？有哪些分布？由于斗鸡台遗址相当于二里头文化时期的遗存，具有较强的典型性，北京大学王迅教授结合江淮地区其他遗址的材料，提出了斗鸡台文化的命名。斗鸡台文化是以寿县斗鸡台遗址命名的一支考古学文化，其分布地域为安徽省江淮之间、霍山以北地区，时间上大体相当于夏代，即中原二里头文化时期。根据已有资料，斗鸡台文化在安徽江淮地区的分布比较普遍，经过发掘的有寿县斗鸡台、青莲寺，肥东吴大墩，含山大城墩和霍邱红墩寺等遗址。该文化的陶器以夹砂黑灰陶和夹砂褐陶为主，器表以素面为主，纹饰有篮纹、绳纹、方格纹和箍状堆纹等，器物组合为鼎、罐、甗、豆、盆、缸等。其中侧装高扁足盆形鼎、粗柄浅盘豆、平沿深腹（子母口）罐、鸡冠耳盆、侈口折腹盆和短沿粗陶缸等器物的演变轨迹较为明显，据此，王迅教授将斗鸡台文化划分为四期：

第一期陶器多为夹砂黑灰陶，纹饰以篮纹为主，鼎和深腹罐较多。盆形鼎胎较薄、腹微鼓，侧装扁足多为三角形；深腹罐的沿面近平而有明显的棱、槽，鼓腹，最大腹径偏下且大于口径；短沿粗陶缸外表无附加堆纹；鸡冠耳盆为敛口、折沿；细柄豆中部较细。此外，该期陶器中还发现有矮乳足鼎、红陶鬶、鬼脸式鼎足和鸟首形鼎足等。

第二期陶器夹砂黑灰陶减少，夹砂褐陶增多，器表纹饰中篮纹骤减，绳纹稍有增加，新出现花边装饰。器型仍以鼎和深腹罐为主，圆腹罐形

房址

墓葬

鼎，侧装扁足多呈梯形。鸡冠耳盆为敞口、厚唇；细柄豆上端略细；甗为素面，腰部有捺窝。新出现短领尊、锥足绳纹鬲、觚形杯和子母口鼓腹罐等。尊形器为弧壁，子母口鼓腹罐领部明显，二者凸棱均较高。

第三期陶器以夹砂褐陶居多，夹砂黑灰陶较少，纹饰中绳纹增多，篮纹减少，新出现小方格纹、箍状堆纹、压印云雷纹和菱形纹等。器型以鼎、深腹罐和甗为主，盆形鼎为厚胎，下腹内收，鼎足较厚；深腹罐沿面或有棱无槽或棱、槽皆无，腹部最大径上移；短沿粗陶缸饰一周附加堆纹；鸡冠耳盆沿近平；细柄豆上端急收，较细；尊形器口部微敛，折壁，子母口罐领部不明显，二者凸棱较矮。新出器型有宽肩的小口瓮、绳纹加附加堆纹的甗、斜十字画纹缸等。

第四期陶器以夹砂褐陶为主，夹砂黑灰陶较少，纹饰以绳纹为主，篮纹较少，新出现少量戳刺纹。器型仍以鼎和深腹罐为主，鼎的侧装扁足较厚；平沿罐口沿外侧较平，内沿微凹，形体较瘦；短沿粗陶缸斜壁外倾，饰多周附加堆纹；鸡冠耳盆为平沿。本期器物中还有少量花底器、饰附加堆纹的深腹罐、平底爵、盘形豆、碗形豆和颈部附加一周堆纹的深腹罐等。

斗鸡台文化与中原夏文化有什么关系？和哪些文化相关联？在以陕晋豫及其邻近地区为核心的中原文化区，考古工作开展得最为广泛，其考古学文化序列和谱系也最为详细，同时中原文化区对周边地区考古学文化的影响和辐射力也非常明显。关于斗鸡台文化四期的年代问题，河南地区尤其是与颍河连通的洛阳盆地地区的考古学文化可作为参照标尺。同时，由于斗鸡台文化所分布的地域邻近山东，故山东地区以岳石文化为代表的考古学文化也可作为参考。具体来说，根据斗鸡台文化一期的深腹罐、矮乳足鼎、鸡冠耳盆和侈口夹砂罐器物的形态特征，并结合篮纹、绳纹和方格纹所占比例，可以推知该期文化相对年代应与中原地区龙山时代晚期遗存相当，有学者则认为其与新砦期相当；另外，斗鸡台遗址第一期出土有山东地区龙山文化的典型器物红陶鬶，其时代应相近。斗鸡台遗址第二期所出饰花边的圆腹罐、鸡冠耳盆、甗等均与二里头文化第二期同类器相近，领部较明显的子母口罐与岳石文化第一期同类器也相似，据此可知其年代相当。斗鸡台遗址第三期所出宽肩小口瓮、盆形鼎等器物与二里头文化第三期的同类器形制相近，其时代应相当。此外，肥西大墩孜遗址出土的铜铃形制与二里头文化第三期同类器相似，侧面佐证斗鸡台文化为青铜文化。斗鸡台遗址第四期所出陶器与第三期之间有一定缺环，浅盘豆、颈部饰附加堆纹的深腹罐与岳石文化同类器形制相似，年代可能相当；而根据部分器表戳刺纹与先商文化晚期楔形点纹类似的情况，可推测该期年代早于商代，与二里头文化第四

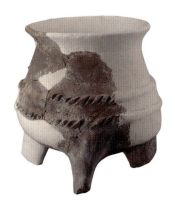

陶鼎

陶豆　　　　　　　陶罐

期相当。

　　从文化因素的角度来看，斗鸡台遗址的陶器中侧装扁足盆形、罐形鼎、细柄豆、平沿深腹罐和短沿粗陶缸等分布较普遍，似有当地土著文化因素；矮乳足鼎、侈口夹砂罐、鸡冠耳盆、花边口沿罐、箍状堆纹鼎、觚形杯、宽肩小口瓮和铜铃等发现数量较少，且多分布于江淮偏西地区，很可能来源于二里头文化，或至少受到其强烈影响；斗鸡台文化第一期鼎足足根外侧饰捺窝的特征与山东地区典型龙山文化、王油坊类型同类器风格相近，第二期以后出现的子母口罐、尊形器、内壁带凸棱的盘形陶豆以及半月形双孔石刀等与岳石文化同类器相似；一定数量的印纹硬陶的纹样如云雷纹、菱形纹、三角纹和同心圆纹等所体现出的风格特征显系南方因素，而单把鼎的形制特征在南方点将台文化和湖熟文化中较为常见。由此，学界一般认为斗鸡台文化是在当地龙山时期土著文化的基础上形成的，在发展过程中吸收了龙山文化、岳石文化、二里头文化和江南地区点将台文化、湖熟文化的部分因素。

有关斗鸡台文化的类型划分，王迅教授认为可根据皖西地区和皖东地区各自存有一些对方少见或不见的器物类型，抑或是同类器也存在形制特征的不同，可将其划分为皖西地区的"斗鸡台类型"和分布于皖东地区巢湖至滁州一带的"巢湖类型"。

值得注意的是，斗鸡台文化折射出的历史背景是什么？至龙山时代晚期，当中原腹地进行着以王湾三期文化、后岗二期文化以及王油坊类型为核心的文化整合运动之时，安徽江淮地区的龙山时代晚期遗存仍在接受着来自王油坊类型、煤山文化和龙山文化的辐射和影响。经过"新砦期"的文化整合，中原文化区率先由龙山时代步入了二里头时代，集中表现在二里头文化的生成。这一吸收了周边文化精华的全新文化，在形成之后又以其强大的扩张力和辐射力对周边地区产生了强烈而深刻的影响。以江淮西部斗鸡台遗址为代表的斗鸡台文化的形成即是二里头文化向东南地区扩张、影响的产物。

不可否认，限于实际发掘材料的不足，对斗鸡台文化的内涵及相关问题的探讨仍有较大空间。首先，斗鸡台遗址作为命名一支考古学文化的典型遗址本身，由于发掘面积有限，对遗址的整体文化内涵的揭示仍显不足；其次，江淮地区的龙山时代的考古材料目前发现较少，学界对其文化面貌的认识也仅仅停留在单薄材料支撑论据的层面上，难以深入，这也就限制了讨论文化谱系、渊源等问题的广度和深度；再次，就现有的材料而言，将原本属于龙山时代晚期的遗存归入斗鸡台文化，势必造成其内涵外延的扩大，这也折射出对江淮地区龙山时代晚期遗存研究不足的问题。

斗鸡台遗址文化堆积保存较好，整体文化堆积深度在4米左右，遗存时代跨度较大，文化序列完整，文化内涵丰富，各时期遗存面貌特征明显。以斗鸡台遗址命名的斗鸡台文化，填补了江淮地区夏商时期考古学文化的空白。该遗址的发现和研究对于研究中原地区文化因素和山东地区文化因素的互动、融合具有重要意义，同时也为进一步深化认识中原通往江南的道路——巢滁通道——这一重要课题提供了新的资料。

近年来安徽新发掘的铜陵师姑墩、寿县丁家孤堆、定远陈家孤堆、肥西三官庙等遗址中均发现相当于二里头文化时期的遗存，为研究江淮地区夏时期文化提供了新视角。相信随着资料的不断丰富，对斗鸡台文化的认识也将继续深入下去。

（撰稿：蔡波涛 张钟云）

参考文献

[1] 北京大学考古系商周组、安徽省文物工作队：《安徽省霍邱、六安、寿县考古调查试掘报告》，载北京大学考古系编《考古学研究（三）》，科学出版社1997年版。

[2] 王迅：《东夷文化与淮夷文化研究》，北京大学出版社1994年版。

[3] 宫希成：《夏商时期安徽江淮地区的考古学文化》，《东南文化》1991年第2期。

[4] 井中伟、王立新：《夏商周考古学》，科学出版社2013年版。

[5] 中国社会科学院考古研究所：《中国考古学：夏商卷》，中国社会科学出版社2003年版。

大城墩遗址

江淮中部地区商文化大城墩类型命名地

大城墩遗址位于江淮中部含山县，呈江淮地区常见的台墩形，面积近3万平方米。1979—1983年，安徽省文物考古研究所对其展开了四次发掘。遗址包含了新石器时代至夏、商、周、隋唐时期的文化遗存，为江淮地区的考古学文化树立了极其重要的年代标尺，是商文化大城墩类型的命名地。

安徽省江淮中部偏东区域的滁河流域，自古是江淮中部和东部交通的要道，从更大范围看也是中原地区与东南地区交流的要道，加上这里河流、平原、岗地、丘陵相间分布，自然环境优越，是适宜人类生存的地区。旧石器时代的和县龙潭洞遗址即位于滁河南侧。根据目前的发现，在距今6000年前的新石器时代，这里就不断有先民居住。"江淮中部地区五千年文明史"这个时间概念是怎么来的？有什么重要证据？这主要得益于含山大城墩遗址的发掘。

大城墩遗址位于仙踪镇西南2千米，遗址南临仙踪河，仙踪河是滁河南侧的一条支流，是沟通巢湖与滁河的要道，因河命名的仙踪镇也是江淮名镇，镇上的江淮桥就是一处省级文物保护单位，再往南就是著名的"伍

大城墩遗址

子胥过昭关"的昭关了。

在遗址形态上，大城墩遗址属于江淮地区常见的台墩形遗址，即在平地之上或稍高的岗地之上再人工堆筑土台，造房生活，经过几千年人类的不断居住，土台逐渐增高，形成现在人们看到的台墩形的样子。这种台墩形遗址的年代大多属于商周时期，尤其是西周到春秋时期，在台墩底部有少量新石器晚期、夏商时期的堆积。从面积上看，这些台墩形遗址在2000—8000平方米，少量的可在1万—3万平方米，超过3万平方米的就极少了。大城墩遗址在考古学上的地位如何？有何重要性？无论是从面积还是遗址延续年代来看，大城墩遗址都属于台墩形遗址的佼佼者，加上遗址发掘年代早、文化延续性强，因此，被誉为江淮地区先秦考古学文化的标尺。

大城墩遗址平面呈长方形，东西长约300米、南北宽约100米，总面积约3万平方米，高出周围平地3—5米，远远望去犹如一座小山。

20世纪70年代末是安徽省田野考古的起步阶段，省文物考古研究所的前身省文物工作队当时工作的重点有两个：一个是皖西南地区，一个就是江淮中部的大城墩。1979年春，当地村民在遗址边缘挖土时发现了被认为是冶炼青铜的坩埚，省文物工作队和含山县文管所进行了调查。当年秋季，省文物工作队对大城墩遗址进行了试掘，在遗址的中部开10米×10米探方1个、2米×5米探沟1个，试掘面积110平方米。在这里，发现了比较丰富的夏商周时期遗存。之后又于1980年秋、1982年春、1983年秋进行了3次发掘，总发掘面积约1000平方米。共发现墓葬34座、灰坑数个、陶窑1座和房基数座，另外，还有近300平方米的红烧土遗迹。

历时四年，先后四次发掘，有哪些重要发现？这些墓葬有哪些珍贵文物？发掘结果显示，大城墩遗址的地层堆积较厚，约4米，代表的年代从距今近6000年的新石器时代晚期一直延续到夏、商、西周、春秋、隋唐时期。发掘简报将遗址分为五个时期。

第一期文化遗存因发掘面积小，仅出土少量陶器、石器。陶器以夹砂红陶为主，其次是灰陶和黑陶。从出土的两件比较完整的陶鼎可以看出其文化面貌。一件为壶形鼎，夹植物陶质，外红内黑，敞口，高颈，斜肩，折腹，圜底，扁条形足。肩部饰数周凸凹弦纹和对称的锥状泥钉，折腹处饰一周花边及四个对称的鸡冠耳。一件为罐形鼎，夹砂红陶，敞口，折腹，圜底，扁凿形足，足上部饰捺窝。这两件鼎常见于定远侯家寨二期、凌家滩早期等文化中，此外，还有一些鼎足，正面带捺窝或刻画，这都是江淮长江下游距今6000—5300年间常见的鼎足形态。因此，大城墩第一期年代相当于凌家滩文化早期，文化面貌较多反映了江淮地区的地方特征，同时也与长江下游的北阴阳营文化、崧泽文化，山东大汶口文化有一定的联系。

第二期文化遗存年代相当于龙山文化时期，距今约4000年。遗存也不丰富，仅出土一些残碎的陶器、石器。陶器以夹砂灰陶为主，其次是红陶和黑陶。鼎足是侧扁三角形，足根有捺窝，这是整个东部地区龙山文化鼎足的统一特征。还出土了一些薄胎黑陶，乌黑发亮近似蛋壳陶。值得一提的是还出土了一件青铜小刀，略呈三角形，刃长3.8厘米、柄长3厘米。它

二里头文化时期陶鼎

在全国范围内龙山文化时期出土青铜器中都是极其少见的,所以这件青铜小刀的出土对于研究江淮乃至全国青铜冶铸史具有重要意义。

第三期文化遗存相当于二里头文化时期,即夏王朝时期,距今3900—3600年。也是仅出土一些残碎的陶器、石器。陶器以夹砂灰陶为主,其次是黄褐陶和黑陶,还有极少量的白陶。常见的器物有鼎、豆、罐、瓦足盆、大口尊、杯、瓠。鼎足的足根两侧有对称的捺窝,陶豆的豆柄中间呈粗筒形,还有镂孔。这些都与中原地区的二里头文化(夏代中晚期文化)非常相似。在这一期还发现了一些散落的炭化稻谷,当时还请了安徽农学院的专家鉴定,为籼稻和粳稻,说明当时已经种植两种水稻了。这对于研究江淮地区的农业发展史具有重要意义,同时也是安徽考古史上较早进行植物考古、农业考古研究的案例。

第四期文化遗存相当于商文化时期。这也是大城墩遗址的主体。发现的一座陶窑,为火膛深入地下、窑室在地面的半地穴式,由火塘、火门、窑箅、窑柱、烟道组成。火塘内表面光滑,呈砖红色,内有木炭和草木灰,塘正中有长方形红烧土窑柱。在窑的西北部有一堆黄色土,质细腻,不含任何杂质,应是陶土的原料。商代晚期文化遗存中,发现大面积的红烧土遗迹。红烧土遗迹厚薄不均，一般在0.01—0.1米。红烧土呈不规则锅底形圆坑，直径在2—3米，圆坑深0.05—0.6米。遗迹是用废弃的红烧土经过夯打而成，红烧土表面不平，在红烧土层上发现零星的柱洞。在近300平方米的烧土面上有6个锅底形圆坑，根据这些迹象，发掘者们认为这可能是早期房址或作坊被晚期文化破坏所致。另外发现墓葬10座，为东西向长方形土坑穴墓。成人墓3座、儿童墓7座，仅有少数墓还存有骨架，随葬品也很少，有的随葬铜镞。

第四期出土的遗物有陶器、石器、铜器、玉器，还发现带有陶文的4块陶片和1块卜骨。陶器以夹砂灰陶为主，其次是泥质灰陶和黄褐陶，到晚商时期，硬陶和原始瓷增多。常见器物有鬲、豆、罐、大口尊、缸、簋、盆等。陶鬲器身均拍打细密的绳纹，有的还贴附有堆纹，足尖较高，有的足尖烧成红色，器身布满烟熏痕迹，可见均是当时的实用器。一种名为假腹豆的器物也很有特色，豆盘很浅，高高的圈足贴在浅盘下，如果平视的话会误以为豆盘很深，其实豆盘很浅，能盛放的东西也很少，所以称为假腹豆。这一时期铜镞的数量开始增多。根据陶器的特征，商文化时期又可细分为早商、中商和晚商时期。

第五期文化遗存相当于西周至春秋时期。发掘的遗迹有灰坑、墓葬和房屋。发现墓葬24座，均为长方形竖穴土坑墓，大多数墓葬为东西向，少数为南北向。有一半是儿童墓，骨架大多腐朽。只有一座墓随葬陶器2件（鬲、簋各1件），其余墓葬均无随葬品。发现房屋1座，残缺不全，它由红烧土铺垫，有基槽，推测是先铺垫红烧土夯打，再挖基槽砌墙。陶器以夹砂灰陶为主，其次是黑陶和红陶，印纹硬陶和原始瓷大量增多。常见器物有鬲、豆、罐、石锛、铜镞。陶鬲绝大部分拍印绳纹，少数没有纹饰，代表本地特色，足尖明显没有商代的足尖高。有的陶簋腹部装饰有三角纹。原始瓷豆也有特色，高圈足，腹饰数周凹弦纹，外施一层薄釉，这种原始瓷豆在江南地区非常多见，在江淮之间则不太常见。到了春秋时期，

商代陶鬲

原始瓷器明显增多，尤其是一种原始瓷盅，内壁饰数周凹弦纹，这与长江下游春秋时期的原始瓷盅形制完全相同，不排除其来自长江下游和江南地区。这一时期铜器除铜镞以外，还发现了铜鱼钩。

为什么说大城墩遗址是江淮中部地区五千年文明史的标尺？那是因为大城墩遗址包含了新石器时代至夏、商、周、隋唐时期的文化遗存。遗址年代跨度大，前后延续了4000多年的时间，器物特征明显，为安徽江淮地区的考古学文化树立了极其重要的年代坐标。

大城墩遗址更由于其商朝时期文化遗存丰富，对研究商王朝时期的文化和政治社会具有重要意义，所以又成为商文化大城墩类型命名地。

中原地区的商文化年代分为早商和晚商。早商文化在考古学上又被称为"二里岗文化"，得名于郑州二里岗遗址，二里岗文化又被细分为二里岗下层一、二期和二里岗上层一、二期。晚商文化又被称为"殷墟文化"。

大城墩的商文化遗存年代从早商延续到晚商，尤其对研究早商文化对东南地区的扩张有重要意义。研究表明，二里岗文化的空间分布范围并非自始至终处于稳定状态，其在不同时期会有扩张或收缩。二里岗下层一期时，其分布范围比较小，主要分布于狭义的中原地区；二里岗下层二期

商代陶假腹豆　　　　　　　　　　　西周时期陶簋

时，分布范围有所扩大，向东占据豫东和江淮地区西部，其扩展势力的重点显然是针对东南方和南方的，这显然是为了攫取和控制沿江铜矿资源。二里岗上层一期时，其分布范围继续扩大，向东延伸到江淮地区中东部，含山大城墩遗址的发掘为其提供了主要的资料证明。

二里岗文化在扩大分布的过程中和新占区的原有文化发生碰撞和融合，使各地间的文化面貌在保持总体一致的情况下还存在一定的自身特色。根据不同地区文化内涵的差异，研究者将二里岗文化分为七个小区，即七个类型，其中，东南地区就只有一个类型，即大城墩类型。

大城墩类型主要分布于江淮中部地区，其陶器以灰陶为主，外表多饰绳纹等，均同于二里岗类型。但夹砂陶远多于泥质陶，红褐陶所占比例较高，有一定数量的篮纹。二足器、小口广折肩瓮较有特色。此外，还有些当地文化因素，有的是由斗鸡台文化延续下来的；有的是属于岳石文化因素，如有颈饰附加堆纹的深腹罐、外表有凸棱的尊、半月形双孔石刀等。

此外，大城墩遗址的发掘也为探索南巢问题、淮夷问题提供了丰富的考古学实物资料。据史书记载，巢湖一带在上古（夏商周）时期被称为南巢，《尚书·仲虺之诰》记载："成汤放桀于南巢。"即早商时期，商王成

考
古
安
徽

先
秦
篇

二里岗文化大城墩类型代表器——二足器

汤将夏朝最后的桀王流放于南巢一带，但这一直没有明确的证明。近年来，根据巢湖城子圩遗址、肥西三官庙遗址的发掘，再加上含山大城墩遗址的发掘资料，"成汤放桀于南巢"的历史，或许正逐步被考古学来证实。

正是鉴于大城墩遗址的重要价值，1986年，被安徽省人民政府公布为第二批省级文物保护单位。

（撰稿：张小雷）

参考文献

［1］安徽省文物考古研究所：《安徽含山大城墩遗址发掘报告》，载《考古学集刊6》，中国社会科学出版社1989年版。

［2］张敬国：《安徽含山大城墩遗址第四次发掘报告》，《考古》1989年第2期。

［3］邹衡：《大城墩遗址与江淮地区的古代历史的关系》，《安徽省考古学会会刊》第八辑（内部刊物），1984年印。

三官庙遗址

江淮地区夏商之际最重要的考古遗存

三官庙遗址是江淮地区夏商之际遗存的重大考古发现。遗址堆积层位清晰，遗迹和遗物埋藏方式富有特点。出土陶器具有鲜明本地特征，又包含浓厚的二里头文化因素；出土铜器群风格多元、工艺高超，说明其来源的复杂性以及使用者的高等级身份。其所处时代和地域，对探讨夏王朝灭亡后的去向问题具有重要意义。

桃花镇位于肥西县东部偏北，北倚大蜀山，与合肥政务文化新区和合肥大学城相毗邻。如果两年前在地图上搜索三官庙村，会看到一片四周都被道路围起来的未开发地块。这里地表被绿色的植被覆盖，一条弯曲的河流蜿蜒穿过，自西北向东南流去。这条河名为派河，发源于西部的紫蓬山余脉，最终注入巢湖。这片绿地现在已经划属顺和社区，而三官庙村也已不复存在，居民都迁入新建的小区，居住过的房屋废墟被植被掩盖。这片绿地内的一个在取土破坏后平面呈曲尺形的台墩，在地图上清晰可见，坐落在河流北岸，它就是三官庙遗址。

三官庙遗址很早就出现在人们的视野，20世纪80年代就登记在肥西县的不可移动文物名单上。2007年开始的第三次全国文物普查，又对三官庙

遗址发掘探方分布情况

遗址进行了复查和登记，根据地表采集的有限陶片，初步判断其年代为商周时期。2016年引江济淮大型水利工程开建，前期规划的线路正好经过三官庙遗址。经国家文物局批准，在安徽省文物考古研究所主持、肥西县文物管理所的配合下，考古人员对该遗址进行抢救性发掘。发掘工作开始于2018年7月，至2019年12月结束，历时500余天，发掘面积共2100多平方米。

那么，此地到底有没有一座庙名曰"三官庙"呢？现在当然没有。三官庙遗址的发掘从北部开始，表层是居住在这个墩子上的一户村民在十多年前搬离后留下的房基和水泥地面，再往下挖出现了几条青砖砌出的墙基，同一层位还出土刻有"弥"字的方砖，再根据出土陶瓷片，专家推测这组墙基的年代不早于清晚期，而且应该就是遗址的名称来源——三官庙的基址。这在同地区一些其他以"庙"或"寺"命名的台墩遗址上都能得到印证，如在合肥高新区的安定寺大墩遗址，也发现了类似的寺庙基址。

三官庙遗址的地层堆积并不复杂，青砖墙基下方的垫土层被清理完毕，红烧土层就露了出来。红烧土层从严格意义上说，是包含大量红烧土残块的地层堆积，这些残块往往来自早期的房屋等建筑。三官庙遗址的两片包含红烧土块的地层，就是曾经的房屋墙壁在倒塌后形成的，但看它们的分布特征，似乎不是房屋倒塌后在原地的堆积，而是经过了人为的搬运。

红烧土层的堆积受其下方地势影响，在靠近遗址边缘的地方较高，向内倾斜。它们叠压着的，是遗址南北侧都有的土垣，这两处土垣是采用较为纯净的黄土人工堆筑而成的，外坡陡而内坡较缓，沿着遗址边缘呈弧形分布，宽度约10米，最厚处超过2米。红烧土层在遗址北部和南部各分布一片，面积都在300平方米左右。而三官庙遗址的主要遗存，将随着手铲的仔细刮剔，在这层废弃的红烧土之下重见天日。

这里埋藏着三官庙遗址的哪些秘密呢？红烧土层中不断有陶器、石器等遗物被发现。石器数量最多，有200多件，基本都是磨制精致的石斧、石锛和石凿，大小不一、形态各异。陶器中数量最多的是陶纺轮，总共发现有70多件，都呈算珠状，中间穿孔，质地为泥质或夹砂，陶色有红、

石斧

石凿

陶纺轮

陶鼎

陶豆

陶爵

陶甗

第四部分 夏商周时期的安徽主要文明成就

褐、灰等。其他陶器也陆陆续续出土，有基本完整的，有破碎但可辨器型的，更多的是残碎的陶片。陶器的器型有鼎、鬲、豆、罐、爵、鬶、斝、盆、甑、大口缸、甗等。

各类遗迹大多分布在土垣内坡，包括常见的灰坑、灰沟、柱洞等。房址发现有4处，其中保存较好的2座，研究人员分别将其编号为F2、F3。

F2位于遗址北部，残存烧土墙面和地面，房址由北侧的居室、中部的门廊和南侧的黄土隔墙三部分组成。居室近似长方形，东北角被破坏，北、西、南三面均有残存的红烧土墙壁，地面西部和南部也有红烧土残存。北侧、西侧为单面墙，内壁经烘烤硬化，其外与土垣相接；南侧为双面墙。地面东部高于西部，东南角有一近圆形坑，内存灰烬，推测为灶

"灰层"及其中包含的植物种子

坑。南侧墙壁至东端随着地面的抬升消失，地面延伸至墙壁外边缘，应为进出的屋门。居室东西长约5.45米，南北最宽约2.2米。门廊呈长条状，地势西高东低，西端坡状抬升与土垣相接，东部地势较低。通长约7.5米，最宽约1.5米。隔墙呈长条状，西端与土垣相接，东端与居室屋门平齐。土色呈浅黄，土质细腻紧密，未见夯筑迹象，包含物极少。通长约8米，最厚约1米，残高约0.4米。居室内发现三具不完整的人骨遗骸，经体质人类学专家现场鉴定，分别为一名成年男子、一名儿童、一名少年或女性。居室内墙角放置陶鬲和陶盆，门廊内放置数件陶器，位置清晰，其中一件大口缸几近完整。

F3位于遗址南部，为一处长方形排房，由于中间部位遭到破坏，研究人员不能确定它由两间或三间组成。和F2同样，这座房址也保存有红烧土地面和部分墙壁，东侧单间的北侧偏东，是屋门所在，北侧一段墙壁由土坯块砌就，东侧及南侧墙壁采用了红烧土块加泥浆的砌筑方式。通长约7.5米，最宽约3.1米。屋内西部、东部地面有陶盆残片，中部东南角地面有砺石和陶爵。

在房址外的地面上，研究人员还发现了一些特别的遗迹现象。比如在F3南部以东的平地上，研究人员发现了几处集中堆放的器物，有陶器，也有铜器和石器，为了方便记录，研究人员给这些集中堆放的器物命名为"器物组"并进行编号，它们显然是人工有意放置的。研究人员还发现了几处遗迹，并将其命名为"灰层"，之所以叫灰层，是为了区分考古遗迹中最常见的"灰坑"。顾名思义，灰坑是包含灰土的坑，而研究人员发现的这几处遗迹呈黑灰色，在地面上只是薄薄的一层，里面肉眼可见大量植物种子，以水稻为主，似乎是人为摊开的结果。遗址北端土垣外侧，研究人员发现了一个坑状遗迹，虽然被晚期的老鼠洞穴严重破坏，但还是保留了大量的灰土，里面包含贝壳、螺蛳壳、蚌壳等，这就是当时遗址上的居民倾倒厨余垃圾的场所。三官庙遗址的先民，似乎在遥远的时代就开始进行垃圾分类处理了。

最重要的发现不止这些。这里青铜器的出土状态和平常是不一样的，让研究人员产生很多联想。

在清理这些遗迹的时候，研究人员在遗址的北部、南部，在红烧土层下的地面上先后发现了18件零散分布的青铜器。这些青铜器以兵器为主，包括戈、钺、戚、箭镞等，以及铜凿、铜牌，还有铜铃、铜角形器。这些青铜器的出土状态各不相同，大多平置在地面上，但也有角形器斜插入地下、铜钺折断后和残断的铜戈叠放的情形。部分铜戈发生扭曲，像是经过了强力冲击或者折压。

虽然遗迹和陶器的发现已经足够重要，但这些青铜器的发现，使三官庙遗址的重要性获得进一步提升。

在发掘接近尾声的时候，安徽省文物考古研究所主办了"肥西三官庙遗址发掘成果论证会"，邀请来自北京大学、复旦大学、武汉大学、山东大学、南方科技大学、首都师范大学、安徽大学、中国社会科学院考古研究所、中国文物报社、南京博物院、河南省文物考古研究院、湖北省文物考古研究所、湖南省文物考古研究所等单位的15位专家，共同探讨三官庙遗址的重要发现，包括年代、性质等。

那么，根据发掘情况和专家论证，三官庙遗址到底属于哪个年代？有什么样的特点和性质？

陶器特征是考古学判断年代、进行文化因素分析的主要依据。三官庙遗址出土的陶器以夹砂陶居多，少量泥质。依陶色可分为红陶、褐陶、灰陶等，器表多施绳纹，鼎足根部两侧有捺窝，盆和甑均有鸡冠状双鋬，缸外壁施附加堆纹。这些因素与之前在肥东、含山等地发现的，被认为是相当于中原二里头时期的一些遗存有较高的相似性，这些遗存被学者划分为江淮地区斗鸡台文化的巢湖类型。总之，三官庙遗址陶器群的本地特征是鲜明的，但也有较多的中原地区二里头文化因素。

铜钺

铜器组合

铜戈

　　铜器中，铜铃外壁一侧有扉，这种单扉的形制与二里头遗址出土的石舌铜铃非常相似，而三官庙的铜铃里保存着牙质的铃舌。宽刃多孔铜钺、铜角形器、S云纹铜器残件等，表现出了北方甚至西北地区的文化特征，这也是与会专家们所说的"风格上的多样化来源"。这些铜器的铸造工艺，似乎也超出了既往认识中的同时代水平。

　　年代上，从出土陶器的形制来看，少量器型如圆腹罐、鸡冠錾盆、甒等与二里头文化二、三期相似，但其他器型如鬲、斝、爵等，表现出了较晚的风格，据此，三官庙遗址的主体年代应当不早于二里头四期。

　　碳十四测年给出的答案却更晚一些。考古人员在发掘的时候采集了大量的炭样，包括炭化的木材、水稻等，在由专业检测机构对十余个样品进行测试分析后，绝大多数的年代区间落在了中原的早商时期。

　　综合以上信息，三官庙到底是个什么样的遗址呢？

　　首先，从埋藏特征来看，遗址上房址内的人骨遗骸明显属于非正常死亡，他们和原地摆放的生活用具、房址外地面上成组堆放的陶器、平铺于地面的植物颗粒遗存，反映出一个较为清晰的、有动有静的生活场景。共同出土的还有18件以兵器为主、数件发生形变的青铜器，这组青铜器既不是随葬品，也不是窖藏宝物，它们和生活面同时被一层废弃红烧土覆盖，不得不让人得出结论：这个遗址的毁弃过程是突然的、剧烈的，也是灾难性质的。与会的专家提出两种可能——"祭祀"或者"兵灾"，好像都有道理，或者是二者的结合也未可知。

然而，在可能的现象背后，是否有更加让人展开想象的空间？

考古学既注重拿证据说话，也不会回避可能的历史解读。在中原二里头文化被认为是夏文化之后，人们对夏的来源、去向的追寻从来没有停止过。学者们认为位于蚌埠涂山的禹会遗址是"禹合诸侯于涂山"的遗存，自此开启夏王朝的序幕后，夏文化在中原经过数百年统治，到末代为商汤所灭，史书上关于"桀奔南巢"的记载又俯拾皆是。

"桀奔南巢"是指古书中记载的商汤灭亡夏朝后，妹喜与夏桀同奔南巢（今安徽巢湖西南）而死。江淮地区类似于中原二里头文化的遗存，很早就被考古学家作为探索"桀奔南巢"的对象。三官庙遗址的发现，让这份探索突然之间有了具象的投射。三官庙遗址所处地理位置，正是南巢的地望所在；三官庙遗址的年代，处在夏末及早商时期；结合三官庙遗址的埋藏场景的特殊现象和高等级铜器群背后的使用者，不禁让人发问：这里真的是夏朝亡国之君的遗踪吗？

2021年，国家文物局启动"考古中国·夏文化研究"项目，在全国范围内开展14项与夏文化研究相关的主动性发掘，三官庙遗址的整理和研究也被纳入其中。考古人员会在继续发现和求索的道路上，寻找更多可以相互印证和更加完善的证据。

三官庙遗址发掘结束后，在专家们的建议下，安徽省文化和旅游厅高度重视，决定对遗址上的两处房址（编号F2、F3）进行整体搬迁，易地保护。现在，两座房址已经妥善安置在安徽博物院院内西南方的草坪上，围绕这两座房址，省博物院正在加紧打造一个集文化、休闲于一体的室外参观园区，让文物走进大众，活起来、传下去。

（撰稿：秦让平）

参考文献

［1］杨德标、杨立新：《安徽江淮地区的商周文化》，载《中国考古学会第四次年会论文集》，文物出版社1983年版。

［2］邹衡：《大城墩遗址与江淮地区的古代历史的关系》，《安徽省考古学会会刊》第八辑（内部刊物），1984年印。

［3］张敬国、贾庆元：《肥东县古城吴大墩遗址试掘简报》，《文物研究》1985年第1辑。

［4］张敬国：《安徽含山大城墩遗址第四次发掘报告》，《考古》1989年第2期。

［5］杜金鹏：《关于夏桀奔南巢的考古学探索及其意义》，《华夏考古》1991年第2期。

［6］宫希成：《夏商时期安徽江淮地区的考古学文化》，《东南文化》1991年第2期。

［7］王迅：《东夷文化与淮夷文化研究》，北京大学出版社1994年版。

［8］河南省文物考古研究所：《郑州商城》，文物出版社2001年版。

［9］段天璟：《二里头文化时期江淮分水岭地区的考古学文化遗存浅析》，《江汉考古》2010年第2期。

［10］中国社会科学院考古研究所：《二里头》，文物出版社2014年版。

［11］夏商周断代工程专家组：《夏商周断代工程报告》，科学出版社2022年版。

大墩孜遗址

安徽夏代青铜器最早发现地

　　大墩孜遗址是江淮地区新石器晚期至夏商周时期的重要遗址，出土的二里头晚期铜铃、铜斝等，是安徽最早发现的夏代青铜器，对探索夏文化东南渐进江淮及与江淮古文化的关系具有重要意义。

　　青铜器是一种由青铜合金（红铜与锡的合金）制成的器具，其铜锈呈青绿色，诞生于人类文明时期的青铜时代，是一种世界性文明的象征。那么，安徽最早发现的夏代青铜器是在哪里出土的呢？大墩孜遗址为人们提供了答案。

　　大墩孜遗址，位于安徽省肥西经济开发区周坝社区（原馆驿公社周坝村）汪郢自然村派河支流五老堰河（原称高小河子）的南岸，紧邻现蛟头陂水库堤坝的南坡，距县城约5.5千米。因遗址地处汪郢自然村，又称汪郢大墩孜遗址。遗址原为一高墩，现存残高约4米，面积约8000平方米。该遗址地处江淮低矮丘陵地带，依岗傍水，周围环境为岗丘地貌，略有起伏，是古代人类生活的理想居住地。

　　大墩孜遗址是怎么被发现的呢？时间回到1972年4月。当时肥西县馆驿公社周坝大队开展副业生产，在路西生产队的大墩孜取土烧砖，村民无意中发现了2件早商铜斝，由肥西县革命委员会文化局转交安徽省博物

大墩孜遗址

馆。同年6月，安徽省博物馆派员赴现场调查，获悉2件铜器是出土于遗址的灰层中，相距约1米，叠距为30厘米，皆平置。调查中据群众反映，大墩孜原来很大，因修建蛟头陂水库，建堤筑坝取土，挖掉约二分之一，现在取土做砖，又挖去大部分，仅存原面积的六分之一，约1540平方米，原高约6米，现存高4米余。1972年7月，经安徽省文化局批准，省博物馆对大墩孜遗址进行了试掘。地点选定在出土铜斝的西侧5米处，取南北方向，计开两个5米×4米的探方，编号T1和T2。两探方为南北并列，相距0.5米，互错1米。试掘于7月10日开始，至7月29日结束，历时19天。通过试掘，验证了青铜斝的出土地层关系，发现该遗址包含龙山文化、二里头文化、商代和西周等时期的文化堆积及遗物，出土二里头时期的单扉铜铃等一批珍贵文物，取得了重要考古成果。为了解该遗址的保存现状，2021年，安徽省文物考古研究所对该遗址进行了复查，发现原遗址的墩子部分高度虽被挖掉，但还残存于遗址底部，实际遗址残存面积约8000平方米，遗址上长满了树林。2022年8月，肥西县文物所又对遗址进行了复查，发现遗址内仍存部分高墩，与当年调查高度大体相当。

大墩孜遗址龙山时期的文化遗存，有文化层、灰坑等，灰坑中含有

高柄镂孔黑陶豆

铜铃

红烧土块和木炭灰烬。发现的生产工具，有挖掘用的扁平形穿孔石铲、收割庄稼的农具石镰、捕鱼工具陶网坠等。陶器以红陶为主，黑陶次之，灰陶较少。其中有些黑皮陶表面加以磨光，颇有光泽，是龙山时期陶器的特点。陶器上的主要装饰有方格纹、篮纹、绳纹等。器型多为生活类器皿，有三角形扁足的夹砂红陶鼎、高柄镂孔黑陶豆、夹砂红陶袋足红陶鬶、灰陶盆、平底碗、大小罐、盘等。其中红陶鬶，大口，束颈，鼓腹，三只袋形足，鋬上雕琢绚索纹，颈部饰二道弦纹，足部饰粗绳纹，颇具特色。大墩孜龙山文化的陶器既有江淮地方特色，也有山东和河南龙山文化的某些影响。如盆类器型与山东省济南市章丘县龙山镇城子崖出土的陶盆很近似，管状的灰陶网坠和蚕茧形陶网坠在豫东的造律台遗址也有同类器物出土。陶器上的方格纹和篮纹，也是河南龙山文化中常见的纹饰。高柄镂孔黑陶豆也带有山东龙山文化器型的风格。这些现象反映了龙山时期，北方的中原、海岱地区与江淮地区之间存在一定的文化交流影响。

在大墩孜遗址早商地层的遗存中发现的浅腹三角形扁足的鼎，具有二里头文化晚期的特点。最重要的发现是1件单扉铜铃、2件铜鬶。青铜铃，弓形钮，平舞中间有方孔，边侧有一扉，平顶，素面，通高 8.3 厘米、口

铜斝

径 8.5厘米、宽 6.5 厘米。该铃的形制与河南偃师二里头遗址出土的铜铃完全相同。 2 件铜斝，形制大体相同，均为侈口，束腰，下腹部略向外鼓，平底微凸，三棱形空锥足。在颈（腰）腹间置一弓形扁錾，两端稍宽，中间较细。口沿上立两个三棱锥形矮柱，上有圆或半月形钉帽。两者不同的是：斝一，器壁较薄，腰部上方与錾部相对应的腹部饰两道弦纹，中间夹连珠纹，纹饰仅有周身的三分之一，下腹与其对应处饰三个突起的圆饼形饰。通高 21.4厘米，口径12.8—13.3厘米。斝二，器壁较厚，足内侧呈圆弧状，足尖较钝，通体素面无纹。通高 20.1厘米，口径13.8—14.6 厘米。这两件铜斝的形制与二里头文化晚期的铜斝非常类似，时代应与之相当或向早商过渡之间。二里头文化属于夏代遗存，这三件青铜器是安徽最早发现的夏代铜器。尤其是铜铃，是安徽境内出土的最早的空腔青铜器。铃是中国最早的青铜乐器，古属八音之一——金类，形状也像钟，但比钟小得多，早期铜铃有玉铃舌。《广韵》称："铃似钟而小……古谓之丁宁，汉谓之令丁。"《周礼·春官》说："大祭祀，鸣铃以应鸡人。"大铃是乐器，小铃大约是旗子上的点缀品，后来发展到在车上、旗上、犬马上都系小铃，丁零之声，清脆悦耳。该铜铃的合瓦形制开创了夏商时期青铜器乐器造型的先河，奠定了先秦时期双音钟形制的基础，是艺术史上具有划时代意义的新成就，尤显珍贵。

迄今为止，二里头时期发现的铜器数量非常少，尤其是大墩孜铜铃，是目前在夏王朝都城二里头遗址以外地区发现的唯一一件，更显珍贵。这三件青铜器为何出土于远在中原东南的江淮大墩孜遗址？推测与商王汤灭夏，夏王朝最后一位帝王"桀奔南巢"的历史事件有关。《路史·国名纪》记载："南巢氏，桀之封。"关于南巢的地望，学术界一般认为在江淮的巢湖周边地区。在江淮地区的一些夏代遗址中，人们也发现具有二里头文化因素的遗存，说明当时中原夏王朝与江淮地区有着密切的联系。肥西大墩孜遗址地处巢湖之南，这里发现的二里头文化有可能与南迁的夏移民的文化习俗和文化传播有关。青铜器在古代十分珍贵，这三件青铜器在大墩孜遗址出土，有可能是南迁的夏移民从中原带过来的，但也不排除有的器物例如铜斝是在当地铸造的。地层内还出土铜戈1件，援为双刃，舌形尖，脊有一凸棱，脊棱两侧各饰一道凸纹和一排乳钉纹，两面纹饰相同。铜戈上的花纹有别于其他地区商代铜戈上的纹饰，时代较早，显示了地方性的文化特点。在大墩孜遗址商代地层中，发现有一些木炭屑、零星的铜炼渣颗粒及坩埚残件，这说明当时遗址内已有青铜铸造活动，对探讨江淮地区早期青铜冶铸技术有重要意义。

大墩孜商代文化遗物以陶器为主，器型有鬲、豆、甗、爵、尊和大小罐等。其中圆锥足尖的红陶鬲，上为罐形，袋形款足，圆锥形足尖，高裆，折底，腹足拍印绳纹。陶爵，夹砂红陶，筒形腹，口内收，平底，长流，有小扁圆形矮柱置于流与口交界处。陶器纹饰出现饕餮纹和云雷纹，但仍以绳纹为主。像圆锥足鬲、假腹豆、爵等器型，具有郑州二里岗下层商文化同类器风格。出土的陶器标本中有3件残陶器上分别刻有"戈""甲""癸"字，根据字痕推断，它是在制陶时采用单刀斜式刻画的。这类刻画在陶器上的文字，与商代甲骨文中的同类字笔画十分雷同，说明当时的文字已在江淮区域流传。但这些陶文都是单字出现，推测可能与当时的陶工制陶或陶器的使用者所做的记号或记事有关。生产工具发现有陶纺轮、石锛、石斧、石凿、石镰等，它们是研究当时氏族社会经济生活的重要实物资料。

遗址内发现的西周时期文化遗物，多为陶器，有鬲、豆、罐、盆等。陶鬲多为平足，足腔中填有泥块，具有时代特点。其他有印纹硬陶器，主要是罐的残片，上模印有人字纹和回纹等，美观大方。遗址内还出土有原始青瓷豆，这类瓷器主要产自江南地区，推测属于对外贸易交换的商品或文化交流的馈赠品。在遗址的灰层内发现有不少鹿角、兽骨、螺蛳壳、蚌壳等，这显然是古人食后丢弃的，反映了当时的氏族经济是以农业为主、渔猎采集为辅。

大墩孜遗址十分重要，发现的青铜器引人注目。值得注意的是，在遗址附近方圆半径5—10千米范围内，曾多次发现夏商时期的青铜重器，

商代陶假腹豆　　　　　西周原始青瓷豆

同时期遗址的分布也比较密集。如肥西桃花镇三官庙村的三官庙遗址，在大墩孜遗址东北约2千米的派河北岸，2018年考古人员在该遗址发现二里头晚期的铜器共计18件，有铜片、铃、戈、戚、钺、凿、角形器、箭镞等，数量之多，国内罕见。遗址内还发现房基，出土陶器、石器等各类遗物400余件。1965年秋，在距遗址东约1.5千米的原馆驿公社周坝村糖坊郢附近，一农民在稻田里犁地时发现一批商代中期青铜器，计有兽面纹铜罍2件、兽面纹铜爵2件、瓿1件。这批青铜器属于酒器类礼器，体型高大，工艺精湛，国内罕见。1985年合安公路拓宽建设时，筑路工人在肥西县上派镇派河南岸取土时发现一批商代晚期青铜器，计有2件"父丁"瓿和2件"父丁"爵。瓿颈饰蕉叶纹，腹饰两对称兽面纹，竖置一对扉牙，圈足上部饰三道凸弦纹，下部皆用云雷地纹上饰鸟纹。圈足内壁阴刻"虎"形族徽和"父丁"铭文。后经调查发现，青铜器的出土地点为一处商周时期聚落遗址。

以上种种迹象表明，派河流域自古以来就是江淮地区的核心文化区域，从青铜文化肇始，连绵至今。大墩孜遗址不是孤立的，在大墩孜遗址周围，还分布着一些夏商时期遗址。如位于蛟头陂水库中的老虎头遗址，距大墩孜遗址仅200米左右。在大墩孜遗址周围的肥西上派镇、桃花镇、肥西经开区范围内，还分布有刘大墩孜、庙墩、董小郢、庙墩孜、王湾、南大墩、胡墩、武宾户、城墩、邱陂寺、艾大墩孜、三官庙、芮祠大墩、卞大墩、陈墩等十多个夏商周时期古文化遗址。这些遗址的面积虽然大小不一，但相距都不太远，时代相当或略有早晚，分布密集，实际上已形成了一个区域遗址群落。这种现象表明，在夏商时期合肥南部的派河流域地区曾氏族林立，这里出土过较多的青铜重器的现象，说明一些氏族的等级地位和文明化程度较高，影响较大。推测这一区域曾是江淮地区的一个区域政治、经济、文化中心，也是夏商王朝治理江淮的重要联系据点，有过辉煌的历史。其中大墩孜和三官庙是两个同时期最重要的遗址，三官庙遗址主要为夏代晚期遗存，而大墩孜遗址包含夏商周时期，年代跨度大，延续时间长，包含物丰富，有可能是当时的区域中心聚落遗址。大墩孜遗址对研究江淮地区夏商周文化面貌及其与中原文化关系具有重要价值。其中遗址内居住的主人是谁、族群的社会组织形式、经济结构等许多历史之谜，还有待进一步的探索。

（撰稿：杨立新　张永新）

参考文献

［1］胡悦谦：《试谈肥西县大墩孜商文化》，《安徽省考古学会会刊（第一辑）》，1979年。

［2］胡悦谦：《试谈夏文化的起源》，载田昌五主编《华夏文明》（第一集），北京大学出版社1987年版。

［3］程露：《也谈肥西大墩孜出土的青铜斝和铃》，《东方博物》2014年第3期。

［4］杜金鹏：《关于夏桀奔南巢的考古学探索及其意义》，《华夏考古》1991年第2期。

五担岗遗址

一部浓缩的马鞍山夏商周时期地方史

　　五担岗遗址是安徽最重要的夏商周遗址之一，出土的湖熟文化遗物鼎式鬲、素面袋足鬲、灰陶三足盘、梯格纹刻槽盆、硬陶豆、原始瓷豆等具有典型的宁镇地区色彩，是目前时代延续性最好的湖熟文化遗址，文化内涵十分丰富，是中原文明与太湖流域文明融合的实证，其特征与中华文明多元一体的发展趋势一致。

　　五担岗遗址是安徽省一处重要的夏商周时期遗址，被称为一部浓缩的马鞍山地区夏商周时期文化史、民族史、生活史。那么，五担岗遗址具体位置在哪里？又为什么得到如此评价？五担岗遗址位于马鞍山市花山区霍里镇丰收村窑头自然村西北岗地上，岗地高于周边地面5—8米。从外形上看很像一个大土墩，属典型的台墩形遗址，主体遗存年代距今3700—2500年，它是宁镇地区发现的第一个也是迄今为止唯一一处自夏至周代几乎无年代缺环的遗址，其兼具点将台文化和湖熟文化遗存，也是目前文化内涵最丰富、最具代表性的湖熟文化遗址。除此之外，五担岗遗址还有两个"最"：一是发现了宁镇地区时代最早的商代陶窑，丰富了湖熟文化史、窑业史；二是发现了吴越文化水井，体量之大和结构之复杂为国内商周考

五担岗遗址

古之最。鉴于五担岗遗址的重要意义，2019年，安徽省人民政府公布其为省级文物保护单位。

那么五担岗遗址是怎么被发现的呢？这与当地文博部门长期不懈的调查工作是分不开的。1984年，马鞍山市开展第二次文物普查工作，窑头村岗地出土了许多陶片，引起了调查者的注意，之后工作人员又进行了多次复查，发现了更丰富的文化遗物。通过对陶片的分析和对比，并将这处岗地与江南地区古文化常见的台墩形遗址联系起来，最后当地文博工作者确认其为一处商周时期遗址，而真正认识五担岗遗址文化面貌与历史价值是在开展考古发掘工作之后。因修建马鞍山至南京的旅游大道刚好要从遗址中间穿过，工作人员对五担岗遗址进行了两次考古发掘。

2002年，第一次发掘，发掘面积3000平方米。2009年，第二次发掘，发掘面积约3650平方米。两次发掘总面积约6650平方米。而五担岗遗址面积究竟有多大呢？考古人员通过卫星地图测算及实地测绘，发现遗址面积约20万平方米，这基本相当于一座古代小城的规模了。

　　那么五担岗遗址是不是一个早期的城址呢？目前无法肯定，还有待今后的考古工作验证。大家都知道，如果是城址，大多数是有城墙的，而南方的一些早期城址却没有城墙，取而代之的是壕沟，壕沟在功能上同样起到防御的作用，而五担岗就是这样一个有壕沟的遗址。没有城墙，不代表一定不是城，也不表明遗址不重要。

　　五担岗遗址处于宁镇丘陵向平原过渡地带，周边低山环抱、丘岗纵横、河湖密布，五亩山河从遗址北侧流过，汇入慈湖河后直通长江，交通十分便利。遗址的北边、东边紧挨马鞍山—南京铜矿带，铜矿资源储备丰富。除铜矿以外，周围还有重要的铁矿、绿松石矿等资源。优越的地理位置与充足的资源，为古代五担岗人生存繁衍、从事各种手工业活动提供了良好条件。五担岗遗址还发现有壕沟环绕，虽然目前还不能据此判定它就是一座早期的城址，但仍不失为一处区域代表性遗址。著名夏商周考古学家、北京大学考古文博学院刘绪教授认为，五担岗遗址至少在夏商周时期是宁镇地区的一个经济、贸易中心，也是一个重要的战略要冲。

　　夏商周时期遗存可以分三期：第一期属点将台文化，为夏代；第二期属湖熟文化，为商时期；第三期属吴越文化，为西周、东周时期。

　　五担岗遗址发现的点将台文化遗存并不多，未见到房址、墓葬等代表性的遗迹，发现更多的是遗物，可能与发掘区域有关。遗物主要为陶器，虽然包含一些江淮地区文化特征，如部分器物特点与长江以北滁河流域大城墩遗址夏时期遗物很接近，但地域特色更加鲜明。这两次发掘，丰富了点将台文化的内涵，补充了一些之前少见的器类，如不同类型的夹砂素面褐陶鼎，有很多在形态上与二里头文化所见的相似。在以往的考古发掘工作中，考古人员明确认识到二里头文化曾影响到了江淮和皖南沿江的部分地区，如近年来发掘的肥西大墩孜、肥西三官庙、铜陵师姑墩等。宁镇地区的同时期考古资料要少一些，但通过五担岗遗址发现的夏时期遗物，同样可以得出二里头文化曾影响宁镇地区的结论。只不过这种文化因素在南

湖熟文化窑址

下过程中呈逐渐减弱的态势，到宁镇地区后则融入地方文化中。五担岗遗址暂未发现含有太湖流域文化特征的遗物。

　　五担岗遗址发现的湖熟文化遗存最重要的特征是延续性非常好，早商、中商、晚商三个时段的均有。这也是目前唯一一处自早商延续至晚商的湖熟文化遗址。湖熟文化遗存在五担岗遗址的分布范围非常大，地层堆积也较厚，发现了房址、墓葬、窑址等典型遗迹。房址上有较多柱洞围绕，室内有火塘、挡火墙，地面有好几层垫土，睡卧之处经过火烤处理。墓葬共发现4座，均为竖穴土坑墓，头向偏东北，仰身直肢葬，未见葬具和随葬品。其他重要的遗迹主要为升焰形圆窑，即俗称的馒头窑。这座窑保存较好，可以清楚看到窑箅、火孔、火塘、烧坑等主要结构。通过对这座窑的形态及出土陶器的研究，人们对宁镇地区商代窑业史有了更直观的认识。

　　遗址出土了中商时期的原始瓷器，数量并不多。自中商至晚商阶段，遗址原始瓷的数量呈增多趋势。在以往湖熟文化的考古发现中，最早的原始瓷器是商末的。考古人员通过对五担岗遗址的发掘，将宁镇地区原始瓷

湖熟文化陶鬲

湖熟文化鼎式陶鬲

的最早年代提到了中商早期。而该遗址发现的硬陶器年代更早，年代到了早商偏晚的阶段。可以得知，至迟从早商阶段宁镇地区便有了较成熟的窑业生产技术。而五担岗遗址出土的硬陶器、原始瓷器，正是本地区陶瓷技术发展的实证。从遗址出土陶器组成来看，湖熟文化构成较为多元，至少由商文化、马桥文化、岳石文化、本地因素等四种组成。鬲、鼎在器型上多模仿中原，但陶色、装饰地方色彩强烈，除绳纹外也有岳石文化中常见的篦纹。刻槽盆、硬陶器多来自马桥文化，多见梯格纹、叶脉纹等。硬陶器多个体较小，多矮直口扁体，部分陶色不均，缺乏大型的器物。典型陶器有袋足鬲、深腹鼎、刻槽盆、大口宽沿盆、子母口器盖、扁体硬陶罐、算珠形纺轮、网坠等。

　　五担岗遗址发现了商代铜器及铜炼渣，证明生活在这里的古人当时

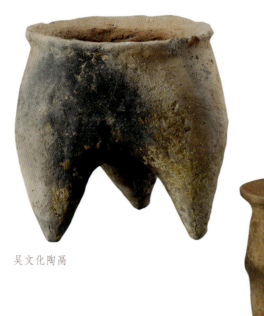

吴文化陶鬲

吴文化陶鼎

已具备冶铸铜器的技术。目前发现的多为与生产、生活有关的工具，如刻刀、钻、鱼钩等，个体不大。但遗址周围分布多处古铜矿，也有几处较大型青铜器出土地点，如遗址西南7千米处曾发现的目前宁镇地区最大的商代铜铙，极有可能就是在五担岗遗址冶炼铸造的，或者说至少与当时生活在五担岗的古人有关系。因为遗址的规模和级别决定了它是统领周边中小型聚落的中心，而青铜大铙可能是用来祭祀山川、湖泊的，与当时的祭祀仪式、礼仪制度有关。由此可知，商代五担岗人的经济生活，除制陶、渔猎、纺织以外，也从事冶铜手工业，存在山川河湖崇拜等。

　　五担岗遗址发现的吴越文化遗存，自西周初延续至战国早期，时间近600年。其中吴文化遗存自西周初延续至春秋末期，时间较长。越文化

春秋时期水井

遗存自春秋末延续至战国早期，只有数十年时间。在此延续的数百年吴越文化历史中，最值得一提的是在遗址南部清理的一口水井，它是目前国内发现的先秦时期体量最大、结构最复杂、出土文物最多的水井，它的具体建造时代是春秋中期偏晚一些，为吴人所建，延续使用100多年，为越人所弃。水井开口直径达到13.5米，最大深度达到16.6米，令人惊叹！井口坑里主要是夯土，自上而下可细分成43层，层与层之间还用草木灰处理。井圈用修整的玄武岩石块垒砌。井底有平整的石板，石板下及井圈周围均用细小的石子填充。井内有一个木制的圆筒，光是滤水结构就有三重，可见生活在这里的古人对饮用水的要求非常高。那么当时的人是怎么取水的呢？水井内发现好多取水的陶罐，颈部均系有草绳。井内发现有多件草编的网兜、使用过的鹿角等。依此就可以知道，当时的五担岗人多是把鹿角当作钩子，利用草绳或草编的网兜套着陶罐打水来饮用。水井内有很多层

春秋时期水井出土的昆虫羽衣

吴文化陶罐

位，每个层位都出土有丰富文物。通过层位关系及文物特征判断出水井的建造年代和废弃年代，由此也引出了一个历史事件。五担岗所处的地方在西周到春秋晚期均属于吴国的疆域，水井中出土的文物也反映出了这一点。但水井中最晚一层出土的文物，是越文化特征。结合春秋战国时期吴国、越国之间的关系，水井最晚一层出土的文物显示出了越国替代吴国的历史演进顺序，具体时间就是吴王夫差与越王勾践的时代。一口小小的水井，却承载了一段风云变幻的历史。

在对五担岗遗址出土的部分动植物遗存进行分析和研究后，部分还原了夏商周时期遗址周边的生活环境。早在商周时期五担岗遗址周边就种植着柳树、栎树、桃树等树种，其中桃树已经是经过人工培育的。发现的鱼钩、网坠，印证了渔猎一直是五担岗人重要的生活方式之一。除祭祀山川外，平时生活中还用龟甲来占卜吉凶。自夏至周，古人在此依水而居，繁衍生息，历经点将台文化、湖熟文化和吴越文化三个大的阶段，在区域间的交流过程中，其文化面貌体现出兼收并蓄、多元一体的特征，这与中国多民族国家数千年来历史的发展态势和走向是一致的，也是中国历史发展大格局的缩影。

（撰稿：白国柱）

参考文献

［1］安徽省文物考古研究所、南京大学历史学院考古文物系、马鞍山市文物局、马鞍山市博物馆：《马鞍山五担岗》，文物出版社2016年版。
［2］韩建业：《早期中国——中国文化圈的形成与发展》，上海古籍出版社2015年版。
［3］张敏：《吴越文化比较研究》，南京出版社2018年版。

师姑墩遗址

皖江南岸的青铜冶铸图景

师姑墩遗址位于长江中下游铜矿带的铜陵，首次确立了皖南较完整的二里头文化至春秋时期年代标尺，证实青铜原料产地的普通遗址也存在青铜铸造，为研究中原王朝与东南地区铜资源重地的关系提供了新视角和有益的社会背景。

"炉火照天地，红星乱紫烟"，这是诗人李白在游历皖南时描绘的冶铜场景。铜陵的采铜业在唐代发展到鼎盛时期，其实，唐朝再往前推2000多年，铜陵就开始了青铜冶炼的历史。师姑墩遗址是长江下游青铜时代的重要遗址，年代跨夏、商、周三代，发现的青铜冶炼、铸造遗物成为研究中国早期青铜文化的重要材料。2011年被铜陵市人民政府公布为第二批市级文物保护单位。2019年被安徽省人民政府公布为第八批省级文物保护单位。

师姑墩遗址位于安徽省铜陵市义安区钟鸣镇长龙村，北距长江约10千米，南部的山区为长江下游最大的铜矿带，自商周以来一直是以铜的采冶为特点的资源重地，金牛洞、金山盛、燕子牧等矿冶遗址均在其西南或东南10—20千米范围内。遗址所在的四周为低山和岗丘环抱的河谷地带，现为大片农田，地势平坦，海拔5—6米。东北部为横亘的鲇鱼山，呈西北—

师姑墩遗址

东南走向，顶部最高海拔约80米。南侧约200米处有一条中心闸河，系经过人工改造的老河道，向西经过遗址南侧并穿过索山和鲇鱼山之间的山口，在长江南岸的广袤冲积平原上蜿蜒汇入黄浒河，并最终汇入长江。

师姑墩遗址本身属人工堆筑的墩形遗址，南北长径约130米，东西短径约90米，高1—3米，平面近椭圆，顶部较为平坦，面积不足6000平方米，底部面积7000多平方米。先民最早在干涸的湖沼沉积之上先以黄土铺地，西周时期不断在遗址边缘堆筑厚层黄土，逐渐向外扩大，从而形成四周高、中间低的形态，当时的人们便在遗址边缘的高处建造房屋，而将垃圾扔到中间低洼处，形成了典型的向心形环居模式。

师姑墩遗址是怎么被发现的呢？2008年5月，宁（南京）安（安庆）城际铁路规划设计完成，安徽省文物考古研究所对沿线文物分布情况进行了先期调查，因线路未经过该遗址而并未发现。2009年春，京（北京）福（福州）高速铁路规划设计中的铜陵北站，有一条连接线须从遗址穿过，铜陵市、县文物工作者再次对沿线进行了现场调查并发现、确认了该遗址，同时还了解到宁安铁路原设计线路改动偏移到遗址南半部。2010年经国家文物局批准，3—8月由安徽省文物考古研究所对师姑墩遗址进行了发掘。发掘布方面积1275平方米，实际发掘面积1050平方米。

这种遗址属于长江下游常见的夏商周时期典型的墩型遗址，目前知道的总数已有数千处，仅安徽省内已发掘的数量也有七八十处，规模也不大，属于这一时期的中小型遗址。怎样让发掘取得更大收获，成为考古工作者需要思考的问题。在发掘之前，考古队综合各方面材料，确立了三项基本目标：一是因为遗址地处中国最重要的铜资源基地之一——铜陵，关注和收集与铜有关的遗存包括碎铜渣甚至粉状渣，是最重要的一项工作；二是在皖江南岸还没有发现准确的夏商时期地层堆积，需要特别注意；三是安徽周代墩形遗址的结构，之前虽已有所了解，但并不清晰，可以借这次发掘更充分掌握。

为配合这些目标的实现，考古工作者在发掘中主动开展大量的多学科合作，炭样、浮选土样、柱状土样、大植物遗存，特别是与铜有关的样品均按技术要求进行了大量采样，并及时进行了分析、检测。因为课题思路明确、方法运用得当，这处本来并不显眼的小遗址取得了重要收获，并获得了国家文物局颁发的田野考古奖。

师姑墩遗址距今多少年？分别处于哪些时期？通过发掘证实，该遗址可分三大时期：早期距今约3600年，相当于中原二里头文化偏晚时期，也就是文献记载中的夏代晚期；中期距今3300—3000年，相当于中原的商代二里岗至殷墟一期，或江西的吴城文化二期；晚期距今3000—2600年，即西周早中期到春秋早中期。

早期文化以陶器为主，有少量印纹硬陶和个别青铜冶铸遗物，代表性器型有盆形鼎、高领罐、高柄盘形豆、缸、觚等，其中的捺窝扁足盆形鼎、鸡冠状錾圜底盆、泥质黑皮陶觚、夹砂深腹罐、单扉棱陶铃等，都与中原地区二里头文化相似，也与江淮之间的斗鸡台文化相似，都属于受中

夏时期陶罐

夏时期陶铃

商时期陶鬲

原王朝影响的产物。与青铜冶铸相关的遗物为炉壁和炉渣，比较明确的有3块。

中期的遗物较少，但特征非常明显，代表性器型有高实足根陶鬲、假腹豆、高领尊等，与中原地区的商时期陶器基本相同，也是鄱阳湖流域常见的器物群，但没有见到吴城文化中常见的小口折肩罐、瓿形器、大口尊等主要器型。

晚期的延续时间较长，从西周早中期一直到春秋早中期，是最能表现遗址内涵的时期。在遗址东侧黄土垫高的边缘，发现了一座房址，南北长约8.5米，东西宽约3米，虽然残缺了，但仍可以看出中部有一道东西向的红烧土残墙，它将房址分割为南北两室，其中北室的西端中部还有一处近似方形的矮土台，残存边长约0.74米，厚约0.15米；南室南端有一处较硬的地面，表面略凹呈圜底，其上压有一堆石块，很可能与青铜铸造的作坊有关。在遗址中还发现了一口呈圆形的水井，南北长约1.2米，东西宽约1.15米，深约1.6米，壁较

西周时期1号房址

直，底部较平。井内堆积分为上、下两层，上层为黑色土，土质较疏松，包含红烧土颗粒和较多陶片，陶片以印纹硬陶为主，应是水井废弃后的堆积；下层为青灰色淤土，土质较致密，包含物有少量铜渣、红烧土块、木头、石块和1具接近完整的小猪骨架等。

　　晚期的遗物十分丰富，主要有陶器、印纹陶、原始瓷、石器等。陶器的代表性器型有绳纹鬲、表面经过刮抹的陶鬲、曲柄陶盉等，甗、罐、豆、钵也是当时常见的器物，大都具有明显的长江下游同时期风格，曲柄盉更被认为是巢湖西岸群舒文化的代表性器物。此外，具有长江下游特点的印纹陶、原始瓷的数量也大大增加。

　　晚期更重要的是发现了不少青铜器和青铜冶铸遗物。青铜器以小件兵器为主，还有个别青铜容器口沿、残足。与青铜冶、铸相关的遗物较多，

西周陶鬲

西周陶豆

西周陶盉

西周陶容器范

是最重要的发现，包括矿石原料、支座和较多粘铜炉壁等冶铸设施、炉渣之类的冶铸废物、陶范和石范类的浇铸工具，其中铜渣、炉壁数量最多。冶铸遗物数量较多。

师姑墩遗址的发掘，其重要意义是什么？取得了哪些重要的收获呢？

首先，师姑墩遗址自相当于二里头文化晚期开始，经历商、西周、春

西周石范

秋几个大的时段，除商代遗存因发掘面积不足而材料较少外，其他各时期的材料均较为丰富，因此构建了皖南乃至更广大区域内自夏商至春秋时期的较完整文化序列，成为这一区域最完整的年代标尺。

其次，通过对师姑墩遗址本身的发掘和对周边遗址的调查，发现夏商周时期这一区域的聚落分布具有群居的特点，并进一步认清了周代聚落的结构和布局。

再次，这是首次在长江下游地区发现了丰富的西周及之前的青铜铸造材料。长江下游以往发掘的冶铸遗址年代均很晚，师姑墩遗址在早期堆积中即出土了少量炉壁和炉渣，这证明皖南的青铜冶铸时间可能从夏朝开始。而从西周开始，与青铜冶铸有关的遗物增多，基本涵盖了青铜冶铸的各个环节。这一系列冶铸遗物的发现为研究中国早期青铜铸造工艺提供了系统而丰富的材料。

最后，师姑墩遗址的发掘和研究促进了人们对青铜业生产模式的思考，为长江下游夏商周时期的青铜冶铸和青铜生产的社会化问题提供了十分重要的材料。遗址中的炉渣可分为冶炼渣和熔炼渣两类，证明当地存在青铜冶炼与铸造一体化的产业，特别是刻纹的陶范证实还可铸造工艺较复杂的容器。经调查，遗址所处的小盆地内的4个同时期遗址中，也有较多青铜冶铸的相关线索，可能意味着整个聚落群都与青铜冶铸有关，但这些遗址面积均不大。

目前，国内已发现的先秦冶铸遗址，大多数是冶、铸分离的，铸造遗址绝大多数在王朝的核心区域或战略要地。师姑墩遗址显示其冶、铸并存，兼生活与冶铸，但规模较小，可能显示在资源重地存在民营或官控的特殊冶铸群体，这就为人们从当时铜陵这个青铜资源重地的基层社会角度来探讨青铜产业的发展提供了难得的材料，也为研究夏商周王朝与东南资源重地的关系提供了准确的年代标尺和社会背景。

（撰稿：吴卫红　潘章军）

参考文献

安徽省文物考古研究所、安徽大学、铜陵博物馆、铜陵市义安区文物局：《铜陵师姑墩——夏商周遗址考古发掘与研究》，文物出版社2020年版。

陈家孤堆遗址

"桀奔南巢"的考古学探索对象之一

陈家孤堆遗址是以二里头时期堆积为主体的台墩型遗址。安徽江淮地区类似于中原二里头文化的一类遗存,都是"桀奔南巢"这一重要历史事件的考古学探索对象。陈家孤堆遗址同时还包括龙山晚期、商和西周等不同时期的堆积,文化序列完整,清晰地反映了这一地区新石器时代和青铜时代的文化面貌,及其与中原地区、山东地区、宁镇地区同时期文化的关系。

"桀奔南巢"是古史中经常提到的重大历史事件,是指商汤灭夏后,夏桀与妹喜同奔"南巢"而死。这一事件是真是假?"南巢"到底在不在安徽巢县一带?随着夏文化研究的持续深入,通过对陈家孤堆遗址的发掘和深入研究,这一话题将在史学界引起更多的争鸣。陈家孤堆遗址位于安徽省定远县蒋集镇蒋岗行政村陈岗自然村东南约500米处,东北距定远县城约35千米。遗址地处江淮分水岭北麓、青龙河(池河的支流)西岸,属典型的台墩型遗址,台墩平面略呈椭圆形,东西长约90米,南北宽约70米,面积约6300平方米,地势东北高、西南偏低,略呈缓坡状,相对四周地面高2.5—4米。

陈家孤堆遗址地貌

　　为配合定远县江巷水库建设，2017年3月至2018年10月，经国家文物局批准，安徽省文物考古研究所联合定远县博物馆对陈家孤堆遗址展开抢救性发掘，发掘面积1450平方米。发掘结果表明，陈家孤堆遗址的北、西、南三面设有人工围壕，向东与青龙河贯通。遗址堆积丰富，文化层最厚处超过3米，实际清理灰坑699个、房址22个、灶35个、灰沟58条、墙基25条、墓葬21个、窑址13个及柱洞若干，年代分龙山晚期、二里头时期、商和西周等四个不同时期。

　　以编号T1311探方为例，地层最厚处为3.1米，共分为46层，经初步判断，第二至十层年代为西周时期，第十一至十七层年代为商代，第十八至四十二层年代为二里头时期，第四十三至四十六层年代为龙山晚期。其

遗址发掘区

1311 号探方南壁地层剖面

19 号房址

中，二里头时期堆积为遗址的主体堆积。

陈家孤堆遗址龙山晚期堆积较单薄，遗迹形态也很单一，主要为灰坑。出土器物皆为陶器，陶质主要分为泥质和夹砂，灰陶占绝大多数，其次为黑陶，红褐陶、红陶、灰褐陶极少。器表装饰简单，绝大多数为素面，纹饰多见篮纹、方格纹和绳纹，另有少量的附加堆纹、刻画纹、弦纹和镂孔等。出土器物比较破碎，多为鼎、盆或罐之类器物的腹片。

根据碳十四测年数据与出土器物的类型学研究判定，陈家孤堆遗址龙山晚期堆积与位于江淮西部的青莲寺二期、斗鸡台一期有着众多相同和相似的因素，应为同一类遗存，年代距今4200—3900年。

陈家孤堆遗址最具内涵、遗迹形态最丰富的是什么时期呢？就是

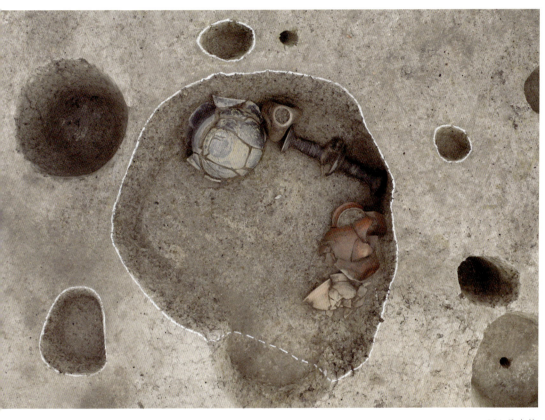

281 号灰坑

中国青铜时代的二里头文化时期。这一时期的堆积遍布整个陈家孤堆遗址的台墩，包括灰坑、房址、灶、灰沟、墙基、窑等。房址共分为两大类：第一类为多开间的排房建筑，以编号F9为例。F9修建在一处大致呈东西走向的高台地上，房址东西两端遭后期破坏，仅能分辨出四开间，各开间由墙体、门道、踩踏面等组成。墙体系平底开挖基槽填充土逐层夯打形成，门道方向不一，踩踏面通常用细腻的灰白土铺垫夯打而成，个别开间内还有灶等遗迹。第二类为单开间的建筑，依其形状可分为长方形（F19）和椭圆形，其建筑方式和组成与第一类相似，个别房屋周围有用以加固支撑的柱洞若干。如此看来，当时人们对居住环境的要求已

281号灰坑出土的二里头文化时期陶组合

经相当高了。

　　灰坑数量众多，平面形状有圆形、椭圆形、长方形和不规则形，坑壁有直壁、斜壁和弧壁，坑底有平底、圜底之分。

　　陶器是当时人们的主要生活用具。陈家孤堆遗址二里头时期堆积出土陶器以夹砂红褐陶最多，其次为夹砂红陶，泥质黑陶通常经过打磨，夹砂灰陶、泥质红陶相对较少。器表纹饰以素面为主，其次为绳纹、篦点纹、捺窝纹、方格纹、附加堆纹、弦纹等。器类以鼎、罐最多，其次为带凸棱的尊形器、碗等，另有少量的豆、盆、甗、鬶、爵等。典型器物有足根部带台阶的侧扁盆形鼎、高领深腹罐、侈口深腹盆、短沿粗陶缸、敞口浅弧腹凸棱碗、尊形器等。这些陶器品种丰富，实用性强，并兼具先民朴素的审美特征。

　　这一时期的灰坑平面近圆形，以编号H281为例，出土器物7件，包括石铲1件、陶罐1件、陶盆2件、陶豆2件和陶甗1件，器物完整且特征鲜明。其中的大口盆，敞口，宽沿，斜弧腹，平底，颈部饰篦点纹，下腹部饰细绳纹，与斗鸡台遗址E型陶盆、大城墩遗址陶盆、泗水尹家城A型Ⅱ式陶盆相似；高领罐，深腹，最大腹径居中，腹部饰小方格纹，与斗鸡台遗址A型Ⅱ式罐相似；陶豆，浅盘内壁中心和柄部饰凸棱，与泗水尹家城A型Ⅱ式陶豆相似，据此判断灰坑的年代为斗鸡台文化第二、第三期。

陈家孤堆遗址二里头时期堆积的碳十四测年数据，与考古发掘中根据地层以及器物特征等对遗址年代所作的判定基本一致。

陈家孤堆遗址商时期的堆积主要分布在台墩西南，堆积单薄，遗迹形态也很单一，主要为灰坑和柱洞。出土陶器以夹砂灰陶为主，其次为泥质

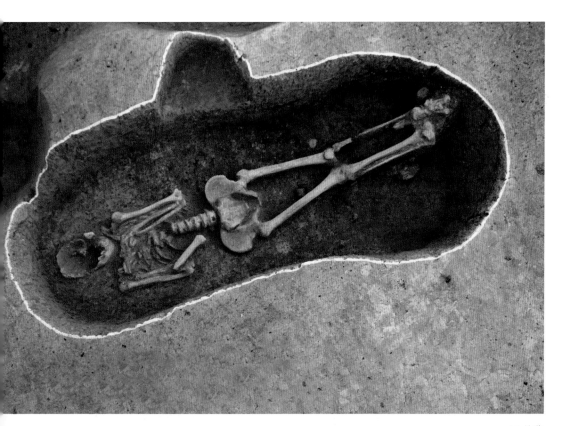

14号墓

第四部分　夏商周时期的安徽主要文明成就

考
古
安
徽　先
秦
篇

西周陶鬲

西周铜削刀

西周铜矛

灰陶和泥质红陶。器表纹饰以素面和绳纹为主，附加堆纹、弦纹较少见。器类包括鬲、盆、罐、假腹豆、大口尊等。同类遗存在含山大城墩遗址、凤阳古堆桥遗址和长丰三江坝遗址均有见，年代都属于二里岗上层文化至大司空村一期。

陈家孤堆遗址西周时期堆积主要分布在台墩西南，范围较商时期更小。堆积单薄，遗迹形态也很单一，主要为墓葬、灰坑和柱洞。发现该时期墓葬共计21座，其中19座墓葬死者未成年，墓葬形制为圆角长方形竖穴土坑墓，头向正东或者略偏，无随葬品。出土陶器以夹砂陶为主，泥质陶很少，陶色以红褐色为主，其次为黑色、灰色。器表纹饰以绳纹居大宗，另有附加堆纹、弦纹、捺窝纹、回纹等。器类包括鬲、罐、豆、甗、盆、簋等，遗址同时出土有少量青铜器，器类包括削刀、矛等。同类遗存在江淮之间的台墩型遗址中较常见，年代多为西周中晚期。

陈家孤堆遗址的农业经济状况和人地关系具体如何？先民们主要种植的农作物是什么？这都是值得进一步探讨的问题。考古人员对遗址中采集的土样进行了浮选，获取了大量炭化植物遗存。经分析和研究，二里头时期土样中发现了水稻、粟、黍和大豆四种农作物，这表明陈家孤堆遗址二里头时期农业经济为稻旱混作农业。统计结果显示，水稻在农业结构中占据了绝对的优势地位，粟、黍和大豆的绝对数量以及出土概率均较低，这表明其在农业结构中应处于从属地位。除农作物种子外，遗址还出土不少非农作物种子，其主要是与农作物种植相关的田间杂草，如狗尾草属、稗属和马唐属等，这说明二里头时期稻作农业已存在一定的田间管理，而不是单纯的"靠天收"耕作方式。

与二里头时期浮选结果相比，新发现的商代小麦说明陈家孤堆遗址至商代形成了五谷并存的农业生产模式。多种农作物并存的种植制度，不仅可以提高农业整体产量，同时也降低了农业生产的风险，这标志着陈家孤堆遗址的农业生产水平在商代有了显著的提高。

岳石文化风格陶碗

　　"五谷"是中国古代所称的五种谷物，一般指稻、黍、稷、麦、菽。在不同的地区、不同的时期，五谷的地位也是不同的。陈家孤堆遗址西周时期延续了商代五谷并存的多种作物种植制度。统计结果显示，水稻仍然在农业结构中占据主体地位，且与商代相比，该时期稻作农业又有了进一步发展。旱地农业在本阶段快速发展，旱地作物无论是在农业结构中所占的比重还是出土概率都显著提升，特别是粟，反映了粟在农业结构中占据较为重要的地位，是该时期先民重要的粮食作物之一；但黍和大豆（菽）无论是绝对数量还是出土概率均很低，反映了其在农业结构中应处于从属地位。与旱作农业的种植规模扩大相一致，旱田管理技术水平也得到了提高。

　　陈家孤堆遗址的重要意义到底是什么呢？遗址位于池河上游、江淮分水岭北麓、江淮中部偏东地区，这一区域考古资料相对单薄，此次发掘，为研究该地区乃至整个江淮地区考古学文化提供了丰富的资料。

　　首先，遗址年代囊括了龙山晚期、二里头时期、商和西周四个大的时段，往上与以蚌埠禹会村为代表的龙山早期文化衔接，基本可以建立起该区域新石器时代和青铜时代的文化序列。

其次，发掘资料清晰地反映了这一地区新石器时代和青铜时代的文化面貌，及其与中原地区、山东地区、宁镇地区同时期文化的关系。遗址中年代相当于龙山时期的文化遗存，在宿州芦城孜、蒙城尉迟寺等遗址也有发现，该阶段遗存广泛分布于淮河中游北部地区，遗址形态多呈台墩型，包含着一些与豫东王油坊类型和泰沂地区龙山文化相似的因素。年代相当于二里头时期的遗存，既有二里头文化因素，如侈口夹砂罐、花边口沿罐、鸡冠耳盆等，又有大量岳石文化因素，如尊形器、子母口罐、内壁饰凸棱的盘形豆、敞口浅腹凸棱碗等，还有部分印纹陶可能是受宁镇地区文化影响发展起来的。但出土陶器中足根部带台阶的侧扁盆形、罐形鼎，侈口深腹盆，短沿粗陶缸等具有当地文化因素的仍占主导地位。可将这一阶段遗存归入斗鸡台文化。年代相当于商代的遗存，具有很强的中原文化特征，可归入大城墩类型。年代相当于西周中晚期的遗存，在江淮之间分布较为普遍，典型器类与周文化基本一致，折肩鬲、折肩罐、折肩盆等具有较强的地方特征。

再次，诚如本文开头所言，相当于二里头时期的遗存系陈家孤堆遗址最主要的内涵，同时也是探索"桀奔南巢"等历史事件的主要对象之一。早在20世纪80年代，著名的商周考古专家邹衡便已倾向认为安徽江淮地区类似于中原二里头文化的一类遗存，都是"桀奔南巢"这一历史事件的考古学探索对象，同时认为夏桀奔南巢发生在安徽巢县一带。后来，在江淮地区的潜山薛家岗、含山大城墩、寿县斗鸡台、肥东吴大墩等地都发现了类似于二里头文化时期的遗存，越来越多的学者开始将这一类遗存与"禹封英六""桀奔南巢"这些历史事件联系起来。陈家孤堆遗址的发掘，对于研究这段历史提供了非常有价值的资料。当下，夏文化研究正如火如荼地展开，持续、多视角、全方位的研究是打破僵局的新途径。在这一时代背景下，陈家孤堆遗址二里头时期遗存的发掘与深入研究意义将更为重大。相信在不久的将来，"禹封英六""桀奔南巢"等历史之谜逐渐会被解开。

（撰稿：张义中）

参考文献

［1］中国社会科学院考古研究所：《中国考古学：夏商卷》，中国社会科学出版社2003年版。

［2］北京大学考古学系商周组、安徽省文物工作队：《安徽省霍邱、六安、寿县考古调查试掘报告》，载北京大学考古系编《考古学研究（三）》，科学出版社1997年版。

［3］王迅：《东夷文化与淮夷文化研究》，北京大学出版社1994年版。

［4］安徽省文物考古研究所：《安徽肥西塘岗遗址发掘》，《东南文化》2007年第1期。

［5］张敬国、贾庆元：《肥东县古城吴大墩遗址试掘简报》，《文物研究》1985年第1辑。

［6］张敬国：《含山大城墩遗址第四次发掘的主要收获》，《文物研究》1988年第4辑。

［7］安徽省文物考古研究所：《安徽含山大城墩遗址发掘报告》，载《考古学集刊》（第6辑），中国社会科学出版社1989年版。

［8］张敬国：《安徽含山大城墩遗址第四次发掘报告》，《考古》1989年第2期。

［9］杜金鹏：《关于夏桀奔南巢的考古学探索及其意义》，《华夏考古》1991年第2期。

台家寺遗址

商代淮河流域的青铜文明中心

    台家寺遗址是商代淮河流域的区域中心遗址。考古发掘揭示台家寺遗址拥有商代大型宫室建筑、府库建筑和铸铜作坊。台家寺遗址商代铸铜手工业遗存确认了本地的铜容器铸造活动。这是在商代都城遗址以外的首次发现，填补了中商铸铜手工业的空白，同时也为研究商代金属资源的控制与分配、铸铜技术的控制与传播提供了最为重要的直接资料，促进了对商文化和中国早期青铜文明的相关研究，也开创了南方地区青铜文明的新局面，证明了淮河流域在中国早期青铜文明进程中的重要作用。

    淮河流域是中华文明的发祥地之一。根据考古发现，早在旧石器时代，淮河流域就有人类活动。台家寺遗址是商代早中期淮河流域的高等级聚落，其主体年代与洹北商城遗址基本相同，是这一时期淮河流域的区域中心与青铜文明中心，是安徽乃至南方商周考古的一个重要发现。

    台家寺遗址位于安徽省阜阳市阜南县朱寨镇三河村白庄自然村，地处淮河北部和颍河西部三角地带，淮河的小支流润河流经该遗址，在润河河道内曾相继发现两批商代青铜器。

台家寺遗址

这两批青铜器是怎么被发现的呢？可以说，它们的发现均属偶然，都是农民在润河河道内发现的。第一次为1944年，当时战火纷飞，具体时间地点已不可考，据说发现了1件青铜方鼎和12件青铜鬲，目前只有7件青铜鬲分别收藏于国家博物馆、安徽省博物院和上海博物馆。第二次发现在1957年，当时的文物工作者做了详细记录，包括2件觚、2件爵、2件斝和2件尊。2件尊形体巨大，纹饰复杂精美，其中腹部满幅面的凸出纹饰以及附加龙头、虎头的做法，都代表了当时最先进的青铜器铸造技术。其中青铜龙虎尊现藏于中国国家博物馆，兽面纹尊现藏于安徽博物院，两者都是中国青铜时代的瑰宝和重器，也说明了台家寺遗址的地位。

台家寺遗址名从何来？安徽地区在20世纪50—80年代有多批重要的商代青铜器出土，但它们均为生产生活中的偶然发现。其中仅有台家寺遗址为明确的商代遗址，可以与出土铜器对应。在1957年铜器发现处东边150米，保留有一处约1万平方米的台墩，其地表仍可采集到商周时期的绳纹陶片。目前在台墩上还有一间瓦房作为庙宇。当地村民称其为"台庙""台家寺"，台家寺遗址因此得名。

台家寺遗址被发现的重要意义是什么？安徽省境内商代遗址发现得不

青铜龙虎尊

多，2012年，台家寺遗址被评为省级文物保护单位。经国家文物局批准，自2014年至2017年，安徽省文物考古研究所和武汉大学历史学院考古系组成台家寺考古队，在台家寺遗址进行考古发掘工作。三年的发掘面积共计2500平方米，发现了完整的方形围沟、大型建筑、铸铜遗存、奠基坑、祭祀坑、贵族墓葬等商代重要遗迹，出土大量遗物，揭示了商代高等级贵族在淮河流域的生产、生活、埋葬的场景，填补了一系列空白，是近30年来安徽省考古工作取得的重大成果之一。

台家寺遗址的具体年代是哪一时期？考古工作者首先确定了台家寺遗址的年代和文化面貌。在三个年度的考古工作中，共发掘了16座商代房屋、273个商代灰坑、7座商代墓葬，确定了以台家寺遗址为代表的淮河流域的商文化属于中原商文化系统。台家寺商代遗址的年代自早商时代晚期延续到晚商时代早期，其中洹北商城时期是其最为发达的时间段。

台家寺遗址是中国东南地区商周时期较为流行的台墩形态，且拥有较高的级别。目前发掘确认台家寺遗址有5个台墩，其中最主要的台家寺台墩有方形围沟环绕，墓葬集中在其西侧200米的一个台墩上。另发现的3个面积较小、堆积不丰富的台墩分布在距离台家寺台墩500—700米的外围。

台家寺台墩存在人工修建的、平面大体呈方形的大型围沟设施，东北部有切角，方向为10度，整体长度东西长约105米，南北长约85米，围沟宽度为13—15米。围沟使用于商时期，在两周之际被填平。围沟内的北部和东部建有大型建筑，中部的空场上设有祭祀坑。靠近南部围沟处有约200平方米的铸造遗物填埋区。

目前揭示出属于高级贵族的大型建筑主要为北部的一组台基建筑和东部的大型建筑（编号F18）。北部的一组台基建筑复原面积为512.5平方米，包括编号F2、F12的大型宫殿建筑（可能有居住和朝会的功能）、专用储藏室（编号F14）、大型仓库（编号F15）和青铜器铸造作坊（编号F16）。这是安徽省第一次考古发掘出商代大型建筑。放在整个长江中下

台家寺台墩

游地区，就目前来看也是仅晚于盘龙城的商代建筑。东部大型建筑F18呈"品"字形，整体平面布局很有自己的特点，可能属于礼制建筑。同时在遗址中还发现了不少与建筑相关的祭祀坑。这些发现反映了台家寺商代贵族的生活情况。

台家寺遗址发现了商代墓地，墓地所在的台墩与1957年发现龙虎尊的润河河道相邻。墓地发掘证明其北部的一部分是被润河冲毁的，因此龙虎尊原先很可能埋藏于被润河改道破坏的商代墓葬中。考古人员一共发掘了7座商墓，均为单棺墓，出土铜器、玉器、漆器等随葬品。这些考古出土的铜瓿、铜爵、铜戈，都是安徽省内第一次通过考古发掘出土的商代青铜礼器。

考古人员在台家寺遗址还发现了专业化极强的青铜器铸造活动的遗迹和遗物，发掘了铜器铸造作坊F16。F16是北部台基上最靠东的一个建筑，坐北朝南，方向190度，与围沟和其他建筑方向一致。F16没有基槽，是由

商代墓

多个直径0.1—0.15米的柱洞围成的曲尺形作坊或工棚类建筑，以前发现的商代铸铜作坊也多见此类无基槽建筑。F16东西总长约6.8米，南北总长约7米。由柱洞分布可见，被隔为南北两个空间。北部空间被严重破坏，不能复原其形状。南部空间为曲尺形，保存较好的是半地穴设施（编号H241、H234）。其中H241是一处南北向的踏步；而H234是一处曲尺形半地穴的铸铜工作场地，在其北部暴露出与铸铜活动有关的操作面，是一层以白色碳酸钙粉末覆盖的原生高温烧结面，经检测，其表面包含大量肉眼不可见的青铜颗粒，推测这应该是铸铜活动的操作面。在操作面西边，即H234底部西北角，有4个原生红烧土的圆窝状遗迹，此类圆窝状遗迹也在郑州商城、殷墟等商代都城的铸铜作坊区出现过，推测是放置坩埚或组合好待浇铸的陶范的位置。

　　同时还发现了一批商代铸铜遗物填埋坑，一共出土了1000多块商代陶

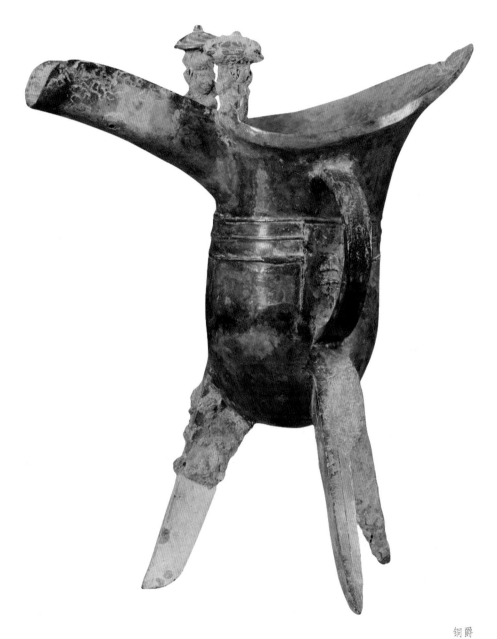

铜爵

铜戈

范，其中绝大多数为制作容器陶范。这些陶范涵盖铜觚、爵、斝、鬲、圆鼎、尊、罍等主要的商代铜容器类。

台家寺遗址还发现了丰富的占卜文化遗存。"占"意为观察，"卜"即以火灼龟壳、兽骨等，先民认为就其出现的裂纹形状，可以预测吉凶福祸，即通过研究观察各种征兆所得到的不完全的依据来判断未知事物或预测将来。台家寺遗址出土了大量使用过的卜骨和卜甲，以卜甲为主。其整治、钻、凿、灼均和中原同时期商文化遗物相同。占卜文化遗存与几乎所有类别的生活遗物共存，说明占卜活动在台家寺遗址非常盛行。

台家寺遗址商代遗存出土的哺乳动物骨骼以鹿、猪和牛为主，其中，牛的比重极低而猪的比重较高。台家寺遗址出土大量蚌类和螺蛳壳。考古人员对商代灰坑的土样采取了全取和全部浮选的办法，在重浮物中获得了大量细小的鱼骨，包含草鱼、青鱼、鲤鱼、鲢鱼、鲫鱼等。鱼类是台家寺商代重要的食物。而在相当多单位的轻浮物中，也获得了商代炭化植物种子。当时的种植业是以稻作农业为主、粟作农业为辅的经济形态。

通过台家寺遗址的考古发掘，考古工作者了解到该遗址的规模、布局和基本文化内涵。台家寺遗址最主要的遗存年代为商代，相当于洹北商城时期，为研究商文化的分布及其在淮河流域的存在状况提供了一批重要资料。完整揭露台家寺台墩，为认识这一类台墩型遗址的规划与布局提供了重要资料。

铸铜作坊的白灰操作面与圆窝状遗迹

兽面纹陶范

卜甲

台家寺台墩北部大型台基及其上面的大型房址，属于典型的商文化建筑，在建筑规模上，它是商代整个南方地区仅次于三星堆和盘龙城的大型建筑。这些高等级的建筑确认了台家寺遗址是目前已知的淮河流域最高等级的商代聚落。

台家寺遗址的铸铜手工业遗迹和遗物俱全。商代铸铜作坊F16和大量铜容器陶范确认了本地的铜容器铸造活动。这是在商代都城遗址以外的首次发现，也是都城以外发现陶范数量和铸造器类最多的。同时在年代上填补了早商与晚商之间铸铜手工业的空白。

台家寺遗址铸铜手工业的考古发现为研究商代金属资源的控制与分配、铸铜技术的传播提供了最为重要的直接资料，这无疑会促进人们对商文化和中国早期青铜文明的相关研究。

在与台家寺遗址相距不远的润河沿岸，还存有迎水寺遗址等等级低于台家寺遗址的居民点，这说明了台家寺遗址的选址是经过细致安排的，是商人全面控制淮河流域和江淮地区的证明。

台家寺遗址作为商代淮河流域的区域文化中心，商人势力基本控制了淮河流域和江淮地区，这是该区域被纳入中原文化体系的考古学实证。台家寺遗址也开创了南方地区青铜文明的新局面，其铸铜技术的创新，在其后又体现在中原商周青铜文化和长江流域其他青铜文化当中，这证明了淮河流域在中国早期文明化进程中的重要地位。

（撰稿：何晓琳　马文娟）

参考文献

［1］葛介屏：《安徽阜南发现殷商时代的青铜器》，《文物》1959年第1期。

［2］武汉大学历史学院考古系、安徽省文物考古研究所：《安徽阜南县台家寺遗址发掘简报》，《考古》2018年第6期。

何郢遗址

独特的周代乡村祭祀场景

何郢遗址是皖东地区经大规模科学发掘的第一处商周时期遗址。墓葬均在聚落内散布，无随葬品；发现了较多的小型动物祭祀遗迹，有多例砍头和捆绑埋葬现象，并用石块放在头部位置替作头颅埋葬；少量青铜冶铸遗物显示当地简单的冶铸工业已存在。从西周早期开始，小麦已在当地种植。

滁州市地处安徽省最东部，苏皖交界地区，长江三角洲西部的江淮之间，习惯上被称为"皖东"。东邻江苏，西接蚌埠、淮南，南连合肥、巢湖，北邻淮河。市郊有琅琊山和醉翁亭，因欧阳修《醉翁亭记》而闻名天下。如今的滁州社会经济事业发展迅速，为江淮之重镇。这是滁州的"今生"。那么，滁州的"前世"是什么样子呢？这是很多人关心的话题。通过何郢遗址，人们就可以感知皖东地区在商周时期的面貌。

何郢遗址位于滁州市琅琊区扬子街道，坐落在岗地之间的低洼地带，为不规则圆形台地，比地表高0.5—1米，三面环水，现存面积约4000平方米。2012年被公布为安徽省文物保护单位。

何郢遗址在滁河下游北部地区，平均海拔较低。滁河古称涂水，是一

何郢遗址发掘现场

条位于江淮之间、长江下游左岸的重要河流。下游地区河道较宽，水流平缓，支流众多，河网密布，是滁河流域与宁镇地区和淮河流域交流的重要通道，滁河流域考古学文化受到了宗周文化、夷人文化和吴文化等文化因素的多方传播、交流和影响，是宗周文化、夷人文化和吴文化的交汇地带。

21世纪以前，该地区先秦时期的考古工作一直是近乎空白的。2002年，为配合国家的西气东输工程建设，安徽省文物考古研究所于9月至10月对遗址进行了发掘。发掘区域在遗址中部西气东输管道作业带内，共发掘5米×5米探方32个，总面积800平方米，文化层一般深度在3米左右。遗址发掘共清理出房址8座、灰坑23个、墓葬11座、祭祀遗迹21处。出土了陶器、石器、青铜器、骨角器数百件。同时，还对遗址进行了全面钻探，对其分布范围、文化堆积情况等有了较完整的了解。

根据陶器的形态特征与测年结果，遗址年代大致分为商末周初、西周中期和西周晚期三个时期。

出土遗物以陶器为主，完整及可修复的陶器近200件，可复原的器类主要有鬲、豆、盆、罐、钵、簋、甗、盘等，还有少量器盖、原始瓷碗和

陶鬲

陶豆

陶盆、陶钵、陶罐

印纹硬陶等。常见且数量较多的是鬲、簋、豆、罐、盆和钵，其次是甗和盘。陶器质地以夹砂红陶为主，其次为泥质黑陶、夹砂灰陶、泥质红陶、泥质灰陶以及印纹硬陶，另有少量原始瓷器。其中最具特征并大量出土的典型器物有夹砂红陶折沿深腹素面鬲、泥质黑陶折肩素面鬲、泥质黑陶高柄浅盘勾沿豆、夹砂红陶深腹平沿小平底盆、高圈足簋等。以素面陶为主，纹饰以绳纹最多，有少量弦纹、附加堆纹、捺窝纹等。陶器制作普遍较粗糙，造型不太规整，多数陶器表面保留着清晰的刮削痕迹。

何郢遗址出土了不少小件青铜器，器型主要是兵器、工具之类，如箭镞、刀、凿、针等，这些青铜器，是何郢先民自己铸造的还是外来的？如果是自己铸造的，那铜料又来自哪里呢？遗址发现与青铜器冶铸相关的陶范、石范残片和铜渣，表明当时何郢居民已基本掌握了冶铜、铸铜技术，出土的青铜器应在当地制作。通过对何郢遗址出土铜器的矿料来源分析研究，考古人员初步确认这些矿料源自本地。结合文献与地质资料推测，何郢遗址所在的滁州地区有着丰富的铜矿资源，说明滁州的铜矿资源很可能早在商末周初即已开采。

另外，还出土了石器、骨器、角器等。出土石器的数量和种类都较少，有镰、锛、砺石等，质地较差；骨器有铲、簪、针等；角器几乎都用鹿角制作，即将鹿角进行切割、打磨等简单加工后用作工具。

发现墓葬11座，均为长方形竖穴土坑，葬式多为仰身直肢，没有随葬品。根据对人骨的初步观察，大多数应为未成年人。值得注意的是，发现的两具人头骨顶骨部分，其边缘有明显的砍削痕迹，周围散布有鹿角和陶器等物。墓主生前发生了什么？这引发人们无尽的猜测。

动物骨骼发现较多，分别出自文化层和祭祀区。其种属有楔蚌、鱼、扬子鳄、龟、鸟、兔、虎、马、家猪、麋鹿、梅花鹿、小型鹿科动物、黄牛等数十种。从数量统计来看，自何郢一期至何郢三期当地家养动物占据多数，但是家养动物呈下降趋势。从具体的可鉴定标本数来看，在家养动

墓葬　　　　　　　　　　　　　用石块代替头颅的整具猪骨

物中，猪最多，并呈上升趋势，牛和狗的数量都有一些起伏，狗在全部动物中仅次于猪；野生动物中梅花鹿最多，其他的麋鹿和小型鹿科动物的数量均比较零星。

　　除大量零散骨骼外，还清理了20余座动物坑，坑内的动物主要是猪，其次为狗，不见其他种类。东北部的动物坑与埋人的墓葬错落分布。为什么会出现这么多的动物坑呢？遗址发掘者认为，这些动物坑和墓葬可能都是当时生活在何郢遗址的居民的祭祀行为留下的。

　　从出土时的情况来看，动物坑里的猪和狗均摆成蜷曲状，没有任何挣扎的痕迹，这些动物很可能都是被人杀死后专门放到坑里摆成这种姿势的。骨架均保存完好，其中有多例砍头和捆绑埋葬现象，用石块放在头部位置，代替头颅埋葬。在发掘区的中部，发现一片较为完整的龟腹甲，上面有数十个浅圆形钻孔，排列整齐，并有烧灼痕迹。以上种种迹象均应与祭祀活动有关，表明该遗址的祭祀活动较为频繁而且集中，这种现象在安徽尚属首次发现。

　　何郢遗址的祭祀文化非常独特，值得研究。针对出土的大量动物骨骼，研究者对其开展了种属鉴定，探讨了滁河流域西周聚落的肉食来源，尤其是祭祀活动对动物的选择是有别于都城或方国等重要统治机构的。

　　通过对全部动物坑内的猪颌骨进行年龄鉴定，结合全部肢骨的关节部位都没有愈合的状况，研究者推测猪的年龄均不超过1岁，有的甚至更加年轻，属于幼年猪。动物坑中发现的猪共有14头，其中有7头没有发现头骨，而是放一块石头象征猪头。这些没有头的猪在分布上没有什么规律。可见，当时何郢遗址的居民在利用动物进行祭祀时主要使用的是不超过1岁的猪，偶尔也使用狗。至于狗的年龄则没有定规。在祭祀时用一块石头代替猪头的做法可能是当时特殊的习俗。

那么，何郢先民是不是"肉食动物"呢？除对动物骨骼的鉴定研究外，研究者还对何郢遗址出土植物标本开展了植硅体分析，在发掘区以常规柱状剖面法采集14块土样，以供植硅体和其他分析，在对样品进行处理、观察和鉴别的基础上进行了统计。结果显示，每块样品都含有较为丰富的植硅体，各文化层的栽培水稻植硅体大量存在，可见，当时该地区水稻种植已具相当规模，同时确定何郢遗址除种植水稻外，于西周早期即已开始种植小麦。

何郢遗址的发掘，是皖东地区首次进行的大规模遗址发掘，填补了滁州地区商周时期考古的空白。这次发掘发现了商周时期一种内涵丰富、具有鲜明特点的新的考古学文化类型，发现了丰富的与祭祀有关的遗迹现象，对于了解该地区商周时期的考古学文化面貌，进而探讨与其他地区商周时期考古学文化的关系，都具有重要意义。

（撰稿：方 玲）

参考文献

［1］宫希成：《安徽滁州市何郢遗址发掘的主要收获》，《古代文明研究通讯》2002年第5期。

［2］袁靖、宫希成：《安徽滁州何郢遗址出土动物遗骸研究》，《文物》2008年第5期。

［3］吴妍、黄文川、姚政权、宫希成、王昌燧：《安徽滁州何郢遗址的植硅体分析》，《农业考古》2005年第3期。

［4］魏国锋、秦颍、王昌燧、张爱兵、宫希成：《何郢遗址出土青铜器铜矿料来源的初步研究》，《中原文物》2005年第5期。

大工山—凤凰山铜矿遗址及相关遗存

长江下游的铜矿冶胜地

　　大工山—凤凰山铜矿遗址及相关遗存是新中国成立以来继湖北大冶铜绿山、江西瑞昌铜岭铜矿遗址之后发现的长江流域第三处代表性的铜矿冶遗址，其分布范围广、数量多、文化内涵丰富、延续时间长，属国内罕见，对探索皖江地区乃至我国古代冶金技术发展史和中华文明演进过程具有重要作用。

　　位于安徽省芜湖市南陵县与铜陵市义安区（原铜陵县）相邻的低山（铜矿带）及其两侧岗阜、小河流冲积平原地带的大工山—凤凰山铜矿遗址，是以江木冲、塌里牧、金牛洞、木鱼山四处全国重点文物保护单位遗址为核心与周边相关遗存构成的遗址群，分布范围数百平方千米，遗址近百处，采、冶、铸生产兼具，年代从夏商之际一直延续至宋元时期。

　　那么大工山—凤凰山铜矿遗址及相关遗存是如何被发现并逐渐为学术界所认知的呢？

　　大家知道，铜是人类最早认识并广泛利用的金属，青铜器是人类步入文明社会的标志之一，中国被誉为"青铜器王国"，仅夏、商、周王朝所在的核心区域中原地区就出土数量庞大的青铜器，那么铸造这些青铜器所

大工山古铜矿遗址

耗费的巨大铜料又来自何方呢？这在很长一段时间里都是一个难解之谜。直至20世纪70年代初期，随着湖北省大冶市铜绿山古铜矿遗址的发现，学者们"寻铜"的目光主要从中原腹地移至富集铜铁等多种金属矿产的长江流域。

安徽的情况又是怎样的？早在20世纪80年代初期，铜陵、南陵等地的基层文物工作者就在各自地区发现数处古代铜矿遗址。20世纪80年代后期，为了摸清"家底"，安徽省文物考古研究所联合相关市县文物部门对皖南古代铜矿遗址进行了一次全面的专题调查，初步掌握了铜矿遗存的分布、规模、数量、年代及性质等基本信息。

随后经过十余年的相对沉寂期，进入21世纪，这一区域铜矿考古迎来了第二波热潮。第三次全国文物普查（2007—2011年），在铜陵市境内长江几条支流流域早期聚落遗址发现了冶铸铜的遗迹和遗物。之后，国家博物馆综合考古部（现考古院）、北京科技大学金属与矿冶文化遗产研究国家文物局重点科研基地、安徽大学历史系等部门为了配合相关课题研究，相继联合地方文博单位对皖江两岸地区铜矿遗址开展了不同形式的调查，获得一批新资料，丰富了对这一区域铜矿冶文化的认识。

除调查外，还持续开展了一系列考古发掘工作。最早于20世纪80年代后期，安徽省文物考古研究所等选择对分属于大工山铜矿遗址的江木冲、塌里牧、沙滩脚和凤凰山铜矿遗址的木鱼山、金牛洞等遗址进行小规模发掘。2010年春、夏季，为配合合肥至福州高铁建设，安徽省文物考古研究所等对铜陵市义安区师姑墩遗址进行了抢救性发掘，在冶金考古方面取得了突破性成果，师姑墩遗址还入围"2010年度全国十大考古新发现"终评项目。2013年，安徽省文物考古研究所、北京大学考古文博学院等对与师姑墩相邻的夏家墩、神墩遗址进行了试掘。诸多田野考古工作取得了丰富宝贵的铜矿冶资料。

40年来，正是考古、冶金等领域的专家学者不断地在铜陵、南陵等地开展铜矿冶考古工作，才逐渐揭开了这一湮没在地下、沉睡了千年的古铜矿遗址的神秘面纱，基本梳理出本地区夏商周时期铜矿冶遗址的分布情况与文化属性，勾勒出本地区早期青铜矿冶与铸造技术发展脉络。那么，早期铜矿冶文化面貌具有哪些特点呢？

一是时代早，规模大。师姑墩遗址发现相当于二里头文化晚期的青铜冶金遗物表明该地区冶铜活动可早至夏代晚期，距今约3500年，大大向前延伸了本地区铜业史的年代轴线。进入商代尤其西周以后，铜业活动不断发展，遗址数量明显增多，其中在江木冲、木鱼山、万迎山（属凤凰山铜矿片区）等遗址形成面积上千甚至上万平方米的炼渣堆积，令人叹为观止！据地质部门估算，仅江木冲遗址古炼渣储量就达到50万吨，这是先秦时期铜产业规模巨大的有力实证。

二是遗址成片（群）分布。夏商周三代时期因采铜、冶铜业逐步走向专业化，冶铸技术深入铜陵、南岭等矿区，随之在矿山附近出现专业化铜矿冶聚落或与铜冶铸相关的农耕聚落。这一时期矿冶遗址总体上呈现出成片（群）分布的特点，同时因其与矿源地距离远近不同和聚落本身性质的差异，又可区分为两类。一类是围绕今铜陵凤凰山、狮子山、铜官山和南陵大工山等铜矿资源丰富的几大矿田，并依赖当地河流与充足的燃料，形成若干规模较大的采冶中心，每个中心均有若干个矿冶遗址。多数遗址遵循山上开采、山下集中冶炼的生产方式，少数为山上开采、山上就地冶炼，还有极个别如近年新发现的铜陵市朝山村遗址是山下开采（待进一步确认）、附近冶炼。另一类是在一些三面地势稍高、一面低平敞开形成类似盆地的地理单元内，小河流冲积平原两侧分布着面积不等的台墩形聚落遗址。多两个一组、成群分布，关系密切，当时的族群利用附近矿山的铜料，从事小规模"家庭作坊式"的冶铸活动。此外，铜矿冶遗址周边还发现规模较大的牯牛山城址、数量众多且分布密集的商周土墩墓、少量的土坑竖穴墓以及青铜器窖藏。

三是找矿方式精准多样，采矿技术先进、安全可靠。同现代矿山一样，古代采矿也是先要找矿、探矿，那古人是如何发现铜矿的呢？经过长期的摸索和实践经验积累，古代矿工认识并逐渐掌握某些奇特的植物与矿物的特殊关系，与各种矿物的共生现象，以此作为寻找铜矿源的线索。这种方法也常被现代找矿所用。一靠植物找矿：在铜矿富集的地方，地表往往都会生长一些喜铜的植物，其中最常见的是一种俗称"牙刷草"的铜草（学名"海州香薷"），每逢秋季，盛开紫红色或蓝色花。二靠石头寻矿：长江中下游地区为多金属矿物共生矿，这种特征早在先秦时期就被人类所认识。成书约2200年前的《管子·地数》即有描述，书中"上有慈石者，下有铜金"，讲的是斑岩铜矿，"慈石"就是磁铁矿；"上有陵石者，下有铅锡赤铜"是指矽卡岩型矿床，"陵石"是指碳酸岩；"上有赭者，下有铁"则是常见的"铁帽"现象，"赭"是土状赤铁矿，是铁矿被风化后形成的赤铁矿与褐铁矿的集合体。三是在可能富集铜矿的地带，通过小规模、若干数量的地表竖井探矿。2013年年底至2014年年初，考古人

铜草花

员在铜陵市朝山村塌陷区发现多个人工开凿的竖井，这很可能就是古人探矿留下的遗迹。

　　古人发现铜矿后通常采用无支护的露天坑采（"穴取"法）和地下井采两种形式采矿，过程中往往遇富矿而进，遇贫矿而止。由于采矿遗存多处于交通相对闭塞、植被茂盛的山地，不易被发现，部分遗址又坐落于现代矿山内，人类长期生产生活对原始遗存破坏严重，加上缺少系统性田野工作，目前，夏商时期的大工山—凤凰山地带的采矿活动仍不明朗。根据野外调查、现代采矿所见，周代除浅表露采外，部分矿山如铜官山、狮子山遗址已使用地下井采方法。经过发掘的铜陵市金牛洞、南陵县寺冲岭等几处遗址显示，东周及稍晚时期的采铜技术已达到相当高的水准。古矿井内部结构复杂，使用了竖井、平巷、盲井、斜井的联合开拓法，根据不同的地质条件采取了恰当的木支护（"丫"字形或"碗口"形接口），同时辅以较完善的通风、排水、照明，提升技术和安全保障，属于一种较先进的采矿工艺。部分采矿巷道内发现火烧痕迹，推测可能使用"火焖法"采

铜陵朝山村采（探）矿竖井　　　　　　　　　朝山村探矿井井壁留下的开凿痕与方便上下的
　　　　　　　　　　　　　　　　　　　　　脚窝

金牛洞遗址发掘现场

铜陵金山遗址采集的石锤（采矿工具）

铜陵万迎山遗址出土的铁镐（采矿工具）

矿，即先用火烧烤矿石，再用水浇，使矿层热胀冷缩，产生开裂酥脆，最后用工具凿撬剥离矿石。

这一区域发现与采矿有关的遗物有采掘或碎矿用的石锤、石球、石砧、石臼、铁镐、铁斧、铁锄、铁锤等，装载用的木铲、竹筐、藤篓，提升用的木钩、平衡石，排水用的木桶、木勺、木槽等。

四是与冶铜活动相关的环节、设施以及场所齐备，冶炼技术不断提升。早期冶铜功能布局清晰，操作链较完整。用黏土筑炉，木炭作燃料，炉前挖坑（沟）放渣。1987年在木鱼山遗址揭露一座截面呈椭圆形的残竖炉。1989年在江木冲遗址发现炼铜炉及残迹9座，其中保存有炉基者3座，炼炉均为竖炉，有圆形和椭圆形两种，结构大体相同，由炉基、炉缸和炉身三部分构成，炉基底部有"一"字形风沟；难能可贵的是发现长方形残房基1座，上面还覆盖倒塌的红烧土块，为夹骨泥墙，屋内地面略平，内有青瓷豆、青瓷坛、陶鬲、石矛、硬陶罐等，这也许就是当时冶炼工人生活的居所或生产的场所。2013年在夏家墩遗址发现1座西周时期的立筒式炼炉，残存炉壁、炉门、出渣口、炉前工作面。

自然界铜矿石大多为硫化铜矿，氧化铜矿较少，含铜量均很低(1.0%左右)。铜的冶炼分火法与湿法两种。早期炼铜技术为火法炼铜。

江木冲遗址 4、7 号炼炉遗迹

　　火法是将铜矿破碎、浮选、烧结、造块成铜精矿，含铜量10%—
35%，与熔剂一起送入鼓风炉中，在高温（1550℃—1600℃）下进行氧
化、脱硫和去除杂质，获得含铜量35%—50%的冰铜，冰铜较重，沉于下
层，可以从熔炼炉的排铜口流出来，熔炼渣则从上部渣层排渣口排出。冰
铜，又称铜硫，主要为硫化亚铜和硫化亚铁的熔体，是提炼粗铜的中间产
物和原料。火法炼铜主要为"氧化铜矿—铜""硫化铜矿—铜"和"硫化

木鱼山遗址出土的铜锭

西周前期

西周后期至春秋早期

砷青铜渣断口形貌

T2 第 4 层出土的铜矿石与铅矿石

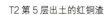

T2 第 5 层出土的红铜渣

夏家墩遗址出土的冶金遗物

铜矿—冰铜—铜"三类。前两类工艺较为简单，用时较短，多用于初期的矿冶活动。而第三类工艺虽耗时较长，却是我国冶铜技术上的重大进步。通过对铜陵木鱼山、南陵江木冲及邻近地区部分早期遗址冶炼技术的研究发现，该地区冰铜冶炼技术至迟在西周中晚期即已出现，是我国最早的"硫化铜矿—冰铜—铜"的生产工艺地区之一。

五是"家庭作坊式"的铸铜活动普遍化，青铜合金技术运用灵活熟练。到目前为止，铜陵、南陵及周边虽无大型铸铜作坊遗址被发现，但是在多个先秦时期遗址采集到用于制作生产工具等器型较简单的石范，师姑墩、夏家墩、江木冲等遗址更是出土一批与铸铜有关的遗物，包括铜块、铅锭、炉壁（坩埚片）、石范、陶范及铜器等，几乎涵盖青铜冶铸各个环节，反映了较成熟的铜器制作生产体系。这种似有"千家万户"之势的小规模"家庭作坊式"的铸铜活动究竟是否属于官方控制下的生产模式，还有待进一步研究。

不同时间段青铜合金技术呈现不同的特点：夏代晚期已出现小规模的包含铅、砷铜和铅锡青铜合金的冶铸活动；西周早期存在红铜原料，中晚期已有砷、铅、锡、铜四元合金技术；春秋时期沿用砷、铅、锡、铜四元合金技术；战国时期则有较多的铜、锡二元合金。同一时期根据青铜容器、兵器的器类不同，还采取差异化的合金配比，这体现了古人对合金配比技术已经有了一定的了解。

大工山—凤凰山铜矿遗址为何重要呢？因为它是新中国成立以来我国铜矿考古的重要收获，也是安徽省最重要的考古发现之一，其不仅内涵丰富、特点鲜明，而且具有十分重要的学术价值和历史意义，突出表现在四个方面。

一是初步搭建了本地区夏商周时期青铜产业链的时空框架，推动了这一区域早期铜冶炼技术与考古学文化的研究。目前考古资料显示，夏商王朝对皖南地区的控制和影响力较弱，表现在这一时期的遗存稀少，仅

南陵绿岭村出土的龙耳尊（西周晚期）

铜陵朝山村出土的人面形饰件（春秋时期）

见于顺安河、黄浒河及漳河流域等少数地点，冶铜规模很小，出土的青铜器以器型简单的生产工具和箭镞为主，礼器数量少且中原风格浓厚。西周以后，王朝及周边政治势力（主要是南淮夷、群舒、吴）的不断渗透，促使此地铜矿被大规模开发利用，铜采冶铸技术得到快速发展，结果不仅带来了社会趋向繁荣，聚落数量与分布范围骤增、不同文化类型与风格的陶器和青铜器出现，而且衍生了牯牛山城址这样的铜矿冶管控中心以及密集分布于矿冶遗址附近的独特文化景观——"土墩墓"群。春秋中晚期至战国，随着楚的东进、越的北侵，此地铜业活动似有放缓迹象，直至汉朝以后才重新兴盛。

夏、商、周三代，正是不同政治集团或人群对以大工山—凤凰山为中心的皖江南岸铜矿资源的追逐，最终在这一地区构成一幅以铜矿生产为核心、多元文化交织与此消彼长的社会发展图景。

二是为中华文明早期发展贡献了皖南力量。"国之大事，在祀（祭祀）与戎（战争）。"青铜时代，铜礼器与武器皆为国之重器，而制作青铜器的铜料犹如当今的石油一样，属于重要的战略资源，为历代王朝统治者觊觎和控制的对象。夏代铜陵、南陵属古扬州的"铜地"，《尚书·禹贡》记载："淮、海惟扬州……厥贡惟金三品，金、银、铜也。"这说明当时扬州与中央王朝就已保持了"贸易"往来。商代至西周时期，随着青铜铸造业的长足进步，京畿地区铜矿资源远不能满足日益增长的需求，争夺铜矿产地，控制或打通铜、锡等金属原料运输、贸易渠道，成为摆在王朝政府面前的头等大事！于是就有了古代历史文献（包括金文）记载的"金道锡行"之路（长江流域输往中原的铜、锡料线路）的产生。春秋中后期到战国，地处僻远的吴、越有能力逐鹿中原，参与诸侯争霸，与皖南富藏高品质的铜资源支撑其铸造精良的剑、戈等兵器和铜制农具不无关系。大工山—凤凰山铜矿位于长江支流附近，河湖密布，水路交通发达，铜产品外运便捷，向北、向东南各自形成铜产品运输通道——"江淮金道"和"东南金道"，甚至可能溯江而上到达千里之外的四川盆地，助力古蜀青铜文明的辉煌。

三是师姑墩遗址铸铜遗存的发现意义非凡。正如夏商周断代工程首席科学家、北京大学资深教授李伯谦所言，师姑墩遗址是皖南乃至整个长江以南首个经科学发掘而明确存在铸铜遗存的遗址。以前在皖南地区没有发现早期铸铜遗迹或遗址，只是在一些遗址中出土过零星的铸铜遗物，因此无法说清当时的铸铜活动方式与规模，也难以断定这一地区发现的青铜器

金牛洞古采矿遗址展示馆

是否为当地制造。而师姑墩遗址铸铜遗存的发掘，让人们对当时的铸铜生产活动有了新的认识，刻纹陶范的发现，则实证了商周时期该地区已具备铸造较复杂青铜器的社会需求与技术要素，也为解决本地青铜器生产地问题提供了宝贵的线索。

四是砷青铜冶金的发现意义重大。科研部门对采集的标本进行检测，在包括木鱼山、师姑墩在内的多个遗址发现了砷青铜冶金的存在。砷青铜性能与锡青铜相近，不仅一定程度上解决了由于皖南锡料缺乏造成青铜合金工艺方面的难题，也透露皖江南岸地区早期遗址的矿物用料指向本地矿山的信息。该砷青铜冶金区的发现，说明皖南是国内除西北之外又一处冶炼砷青铜的地区，从而大大扩展了早期砷青铜在中国的使用范围。

大工山—凤凰山铜矿遗址，作为先人留下的遗存，真实记载了皖南地区铜矿冶发展的悠久历史与辉煌技术成就。千年不熄的炉火，不仅留存了丰富的物质遗产，同时也铸就了不朽的精神瑰宝，历代能工巧匠的自强不息、勇于创新、开放包容的中华文化基因早已深深扎根在这片神奇土地之上。自铜矿遗址发现以来，各级政府和文物部门高度重视，并采取了一系列行之有效的措施，全力保护历史根脉，充分挖掘和弘扬古铜矿遗址的历史价值与时代意义。1996年11月，大工山—凤凰山铜矿遗址被国务院公布为第四批全国重点文物保护单位；2021年10月入选国家文物局《大遗址保护利用"十四五"专项规划》名单并完成保护规划编制工作；2022年6月入选首批安徽省考古遗址公园名单。金牛洞采矿遗址经过多次保护性修复后荣获国家AA级旅游景点和安徽省爱国主义教育基地称号。2023年铜陵市、南陵县地方政府正式启动以大工山—凤凰山铜矿遗存为核心的"皖南古铜矿遗址"世界文化遗产预备名单项目申请工作。

如今，大工山—凤凰山铜矿遗存被列入"考古中国"重大研究项目范围。相信随着考古工作的深入而持续开展，未解的谜团终会破解，更多惊喜的发现值得期待。

（撰稿：唐杰平　王东明）

参考文献

［1］安徽省文物考古研究所、铜陵市文物管理所：《安徽铜陵市古代铜矿遗址调查》，《考古》1993年第6期。

［2］刘平生：《安徽南陵大工山古代铜矿遗址发现和研究》，《东南文化》1988年第6期。

［3］安徽省文物考古研究所、铜陵市文物管理所：《安徽铜陵金牛洞铜矿古采矿遗址清理简报》，《考古》1989年第10期。

［4］杨立新：《皖南古代铜矿初步考察与研究》，载《文物研究》（第三辑），黄山书社1988年版。

［5］安徽省文物考古研究所、南陵县文物管理所：《安徽南陵县古铜矿采冶遗址调查与试掘》，《考古》2002年第2期。

［6］安徽省文物考古研究所、安徽大学、铜陵博物馆、铜陵市义安区文物局：《铜陵师姑墩——夏商周遗址考古发掘与研究》（全二册），文物出版社2020年版。

［7］安徽省文物考古研究所、北京大学考古文博学院：《安徽铜陵夏家墩、神墩遗址发掘简报》，《江汉考古》2015年第6期。

［8］陆勤毅、宫希成：《皖南商周青铜器研究》，文物出版社2016年版。

［9］崔春鹏、李延祥、李辰元、谭宇辰、宫希成等：《皖南地区的早期矿冶遗址以及三种合金技术》，《有色金属（冶炼部分）》2021年第2期。

申东遗址

采石河流域周代中心聚落的一扇窗口

　　申东遗址是皖东地区、长江下游的一处周代区域中心聚落遗址，发现了房址、陶窑、灶址、墓地、壕沟等多种遗迹，聚落分区清楚，是探索商周时期马鞍山市采石河流域聚落变迁轨迹、古人生产生活面貌以及不同文化之间彼此交融共生状况的珍贵考古资料。

　　马鞍山市自古以来就是人类生活栖息的理想之所。它位于安徽省东部，长江下游。地形地貌上为安徽沿江低山丘陵和平原混合区，整体上东西两端均为丘陵地带，中部是长江两岸冲积平原，平原地区河流纵横，湖塘密布，局部有低丘。申东遗址位于马鞍山市雨山区银塘镇前进村小安自然村一低矮丘陵上，分布面积约54330平方米，是一处商周时期采石河流域中心聚落遗址。

　　申东遗址是什么时候、如何被发现的呢？为什么叫"申东遗址"？在2006—2007年马鞍山采石河流域区域系统调查时，调查队首次发现了申东遗址。2009年第三次全国文物普查时，马鞍山市文物局又对该遗址范围、面积等情况进行了认真复核。说起申东遗址的命名，还有一个有意思的小插曲。在"信巫鬼，重淫祀"的江南地区，土著居民认为平原地区独立分

申东遗址第一次发掘现场

布的台地或小山具有某种神秘色彩，通常用"神墩"或"神墩头"来称呼这类地点。2006—2007年采石河流域区域系统调查中，调查队员向遗址所在地村民打听该地地名时，村民以"神墩"相答。因调查队员多是外地人，听不懂本地方言，就按照自己的理解，以音近的"申东"命名了这处遗址。从此以后，"神墩"就变成"申东"，申东遗址之名则沿用至今。

从微地貌来看，申东遗址为一近椭圆形台地，东西两端高，地表为旱地，中间略平坦区域为小安自然村村民居住点，东北侧被一条乡村公路穿过。遗址两端文化堆积较为丰富，保存也较完好，文化层厚2—3米，中部因村民建房等扰动，文化层较薄。自发现以来，因马鞍山市经济建设发展和文物保护工作需要，安徽省文物考古研究所主持对申东遗址进行四次配合性发掘，发掘总面积达4245平方米。2011年10月—2012年10月，为配合银塘路建设，安徽省文物考古研究所组织了第一次考古发掘，发掘面积1920平方米，获得了一批新石器至商周时期的考古学资料，揭露居住区、儿童墓葬区、壕沟等多类遗迹。2018年8—10月，为配合银塘路北延工程，安徽省文物考古研究所联合马鞍山市文物局在遗址西北部边缘区域开展了第二次发掘，发掘面积400平方米，文化堆积较薄，出土遗物不丰富。2019年2—6月，为配合市红星中学整体搬迁工程，安徽省文物考古研究所和马鞍山市文物保护中心联合对遗址开展第三次考古发掘，发掘面积425平方米，发现了灰坑、柱洞等遗迹，出土了原始瓷、陶器和石器等多类文物。2022年3月开始，为配合市银塘镇中心幼儿园建设，安徽省文物考古研究所等对银塘路以西的申东遗址开展第四次考古发掘，发掘面积1500平方米，后续发掘工作还在继续进行。

综合历年来的发掘情况可知，申东遗址原始地表中部相对平坦，四周呈漫坡状，延伸至旁边农田，是长江下游地区常见的台墩形遗址。遗址中心部位文化堆积薄，而靠近遗址边缘部位则文化堆积明显变厚，这种文化堆积的分布特征可能与当时人们在台地中心部位生活，将生活垃圾向外围倾倒的行为有关，也是马鞍山地区采石河流域周代台墩遗址文化堆积分布的共同特点。

经过前三次发掘，申东遗址文化层堆积主要可分为四个主要时期，分别为新石器晚期、夏商、西周、宋至明清，其中主体文化堆积是商周时期。通过发掘，揭露了多种类型的人类活动遗迹，如灰坑、灰沟、房址、灶址、火塘、窑址和墓葬等，科学提取了石器、玉器、绿松石饰品、陶器、原始瓷器和青铜器等各类古代遗物。此外，在发掘期间，还根据考古学研究需要采集了近万件科研标本，如炭样、浮选土样、陶瓷片标本、动物骨骼和牙齿等。

申东遗址未发现新石器时代晚期的文化层和遗迹，仅出土极少量这一时期的文化遗物，如圆形镂孔泥质灰陶豆把和花瓣状矮圈足黑褐色陶杯底等，时代为崧泽文化晚期，绝对年代为距今5500—5300年。

遗址出土侧装捺窝纹鼎足

夏代遗存亦未发现文化层和遗迹，仅出土一些文化遗物，总体数量也较少，主要有半月形石刀、侧扁三角形且两侧饰对称捺窝的陶鼎足等，陶器表面以素面为主，装饰纹样有捺窝纹、附加堆纹、篮纹等。

从商代开始，申东遗址文化遗存逐渐丰富，有单纯的文化层和遗迹。遗迹主要有灰坑和柱洞。遗物以陶器为主，主要为素面和饰绳纹的夹砂红褐陶与泥质灰陶，器类主要有鬲、甗、盉、豆、罐、大口缸等，器物主要为素面，另有绳纹、间断绳纹、弦纹、方格网纹、捺窝纹、附加堆纹等装饰纹样。

西周时期遗存非常丰富，房址、灶址、火塘、陶窑、墓地、壕沟均处于这一时期，同时还发现有大量灰坑、灰沟、红烧土坑、柱洞等各类遗迹，出土大量陶器、石器、小型青铜器等遗物，有助于了解当时人们居住、生产和生活等方面情况，同时也是探索马鞍山地区采石河流域周代中心聚落布局的珍贵实物资料。

房址主要分布在遗址南北两端，可分为两种类型：一类是平面上可

西周时期 1 号房址

见柱洞呈线形有规律分布，形成了长方形或方形区域；另一类房址则发现有大面积人工垫土、长条形房址基槽和成排柱洞，并且这些基槽和柱洞构成一定的长方形闭合区域。第二类房址系在大面积黄褐色垫土基础上营建（垫土厚0.3—0.6米），揭露出东西向一排柱洞（15个），柱洞紧密相连，间距0.05—0.9米，应为墙柱，全长7.65米；房址西部有3个柱洞基本呈直线排列，间距1.5—1.8米，与前述墙柱组成曲尺形；墙柱以南约3.25米处，分布有4个较大且连成一线的柱洞，间距1.6—2米，推测可能为房址中央支撑房顶的立柱。黄褐色垫土在北部发掘区的5个探方内均大面积分布，从分布趋势推测，可能往西延伸出发掘区。虽然揭露的房址数量少，但从房基垫土范围大、垫土层厚等特点来看，申东遗址北端应是当时居民的主要生活区之一。

灶址均分布在北部发掘区，与房基垫土层分布范围基本一致，平面多为圆角长方形或椭圆形。灶址结构和营建方式基本一致，依据发掘情况推测，营建过程为首先在当时的地面上挖一长方形或椭圆形圜底（或平底）

西周时期灶址

西周时期 2 号陶窑

坑，接着用较硬的黄褐土将坑底和坑壁填筑一层，最后在黄褐土上建造灶坑。灶坑底部通常为红褐色或黑褐色烧结面，其上填满松软的灰烬层。有的灶坑周围还发现了大面积的灰烬层，并夹杂大量炭粒。发现火塘遗迹一处，结构与灶址基本相同，不同之处在于同一红烧土烧结面上分布有至少3个圜底小坑，中央部位为烧结程度较高的红烧土，边缘则火候低，为较软的黄白土，应是多次用火行为所致。

已经发现的陶窑大多位于房址周围，形制和结构基本一致，为半地穴式，由操作间、火塘、窑室和出烟孔组成，平面大致呈葫芦形。窑室面积不大，均在1平方米以下，窑顶为蒙古包式穹隆顶，由烧结的红烧土构成。

墓地分布于南部发掘区的东南部，有成人墓2座、婴幼儿墓11座。墓地所处位置相对较高，11座婴幼儿墓葬除1座为南北向外，余者皆呈东西向，墓口长0.6—1.5米、宽0.35—0.4米、深0.3—0.55米，部分墓葬发现有婴幼儿骨架和牙齿。1座成人墓中发现有膝盖以下的两段下肢骨，且两脚掌骨偏向同一侧，紧密相连，似有捆缚痕迹，推测为非正常死亡。该墓地是否与祭祀或其他宗教活动有关尚待进一步探索。

壕沟发现有两处，南北发掘区各一条。遗址北部发掘清理的壕沟，大部分已揭露，基本呈西南—东北走向，底部由西南往东北倾斜，揭露部分长约33.74米、宽约7.2米、深1—1.2米。沟内填土共分6层。出土遗物丰富，石器有锛、斧、刀、凿、箭镞等，陶器有缸、鼎、鬲、甗、豆、罐、盆、钵、杯、盂和器盖等。南部发掘区的壕沟为G18，分布于遗址边缘，仅揭露一部分，长12米、宽0.98—2.75米、深0.25—0.8米，填土可分三层。出土遗物主要为陶器和石器。

灰坑平面形状基本可分为圆形、椭圆形、长方形和不规则形四种，坑壁多为斜壁和弧壁，坑底主要有平底和圜底两种，大部分灰坑未发现明显的加工痕迹，值得注意的是部分灰坑在靠近坑壁一侧留有台阶，推测与窖藏或生产活动有关。灰沟均为长条形，沟壁分直壁和斜壁两种。

西周时期婴幼儿墓地

　　西周文化堆积层出土遗物包括玉器、石器、陶器、印纹硬陶、原始瓷器和小件青铜器。石器有锛、斧、铲、刀、镰、箭镞、网坠、砺石及坯料等。陶器中有炊器鼎、鬲；盛食器有豆、罐、盆、钵、杯、盂和器盖；生产工具和其他日常用具有纺轮、支座和陶球等。原始瓷器主要有碗、豆。小件青铜器有铜削、铜镞和器把。

　　从遗址发现的白瓷和青白瓷片来看，宋代至明清时期人们继续在此居住和生活。

　　综上所述，申东遗址是马鞍山地区采石河流域新石器时代晚期至商周时期一处重要的聚落遗址，面积5万余平方米，在马鞍山地区其规模仅次于慈湖河流域的五担岗遗址，它的发现与发掘丰富了这一地区的历史内涵，增强了历史信度。迄今为止，马鞍山地区已发现新石器至夏商周不同

石锛　　　　　　　　　　　　　　　　　　石刀

陶器盖　　　　　　　　　　　　　　　　　陶鬲

时期的遗址数十处，但经较大规模科学发掘的遗址数量较少，其中发现有夏代遗存也仅限于毕家山、申东等少数遗址。申东遗址的发掘为新石器时代崧泽文化、夏代点将台文化、商代湖熟文化、西周吴文化在马鞍山地区的分布、文化内涵与特点等方面的研究提供了新材料，同时为上述不同时期的文化在该地区的分期研究提供了科学的地层依据。此外，西周小型婴幼儿墓地和较大型壕沟类遗迹在马鞍山地区尚属首次发现，特别是小型西周婴幼儿墓地与同时期的霍邱堰台遗址周代婴幼儿墓地和含山大城墩遗址周代墓葬均有较多共同点，同时亦有墓葬分布集中、方向基本一致的自身特点，对于研究西周儿童埋葬习俗、聚落功能分区等都有重要考古价值。

申东遗址历经新石器时代晚期、新石器时代末期、夏、商、西周，为人们建立了长达2600年（距今5400—2800年）较完整的考古学文化年代序列，犹如一部厚重的史书，其丰富多彩的遗迹与遗物又如同书内的文字和图片，描绘着不同时期、不同人群在此日出而作、日落而息的生动场景，真实再现了不同文化在此交流融合、蓬勃发展的历史过程。

（撰稿：罗　虎　齐泽亮）

参考文献

［1］中国科学技术大学科技史与科技考古系、马鞍山市文物管理局、中国科学技术大学博物馆：《马鞍山采石河流域区域系统调查初步报告》，《东南文化》2010年第1期。

［2］安徽省文物考古研究所、南京大学历史学院考古文物系、马鞍山市文物局、马鞍山市博物馆：《马鞍山五担岗》，文物出版社2016年版。

皖南土墩墓群

江南吴越先民的独特葬俗

土墩墓是江南地区商周时期吴越先民的墓葬，主要发现于苏南、浙江、皖南、闽北地区，赣东有少量。皖南土墩墓分布较广，以南陵、繁昌数量最多。年代最早为西周早期，一直延续到战国初期。出土器物以印纹硬陶器和原始瓷器为主，少数墓葬也出土青铜器。为研究吴、越文化提供了重要实物资料，对研究商周时期中原文化和土著文化的关系具有重要意义。

远古时期，中国人的丧葬意识相对淡薄。夏、商之前，丧者葬于郊野，无堆无坟，不作标记。《礼记》记载："古也，墓而不坟。"（郑玄："古，谓殷时也。"）意思是，殷以前的墓与地面齐平，不封不堆。

人类的生产、生活活动，总在一定的地理环境中进行。在中国广袤的土地上，各时代、各地域呈现出迥异的丧葬习俗。土墩墓是江南地区商周时期吴越先民的墓葬，是青铜时代的一种独有葬俗，主要发现于苏南、浙江、皖南、闽北地区，赣东有少量。它们分布范围大，延续时间长，在中国青铜时代考古中占据重要地位。商周时期中原地区流行土坑墓，并有棺椁葬具，土墩墓则是在相对高度较低的岗地、岗脊上堆土以成墓冢，外观

皖南土墩墓

呈馒头状土墩。一墩之内有的仅埋葬一人，有的埋葬数人，还发现有未埋葬人的空墩。由于江南地区普遍为酸性土壤，不利于有机质的保存，所以几乎没有人骨架得以保留，考古研究主要靠随葬品摆放情况以及墓穴的情况来判断单个墓葬，有平地掩埋的墓葬，也有浅坑竖穴的墓葬，少数墓葬墓底还用石块平铺成石床或围成石椁墓室。那些未发现墓葬的土墩也未必是真的空墩，有可能是既没有随葬品又没有墓穴的墓葬，如今已不能直接判断了。土墩墓最有特色的随葬品是中国南方地区商周时期最流行的原始瓷器和印纹硬陶器。

江南地区土墩墓最早年代一般认为可到商代，最晚至战国时期。甚至到汉代，仍有土墩墓的孑遗，这在安徽广德就有较多发现。学界普遍认为，土墩墓是江南地区商周时期吴、越古族的典型埋葬方式。北方中原地区在春秋以后才逐渐流行墓葬封土，有学者认为北方地区坟冢的出现应是受到江南土墩墓的影响。

皖南地区土墩墓最早于1959年在屯溪奕棋修建民用机场时被发现，后经数次发掘，在8座土墩内出土青铜器100余件，一度引起广泛关注。不过在皖南山区腹地，土墩墓的数量并不是很多，更多的土墩墓分布于皖南山区面向沿江平原、太湖平原山地趋近的低矮丘陵地区，主要分布区域有宣城市、芜湖市、池州市、马鞍山市，近年来在黄山市黄山区青弋江上游的太平湖沿岸地带也有所发现。尤以芜湖市的南陵县千峰山、繁昌区万牛墩两处土墩墓群分布最为密集。

南陵千峰山土墩墓群和繁昌万牛墩土墩墓群隔漳河南北相望，中间是南陵县城，两处墓群直线距离约12千米。南陵千峰山土墩墓群于1982年第二次文物普查时被发现，1986年被公布为省级文物保护单位；繁昌万牛墩土墩墓群最初也是在第二次文物普查时被发现，1989年被公布为省级文物保护单位。2001年，南陵千峰山土墩墓群和繁昌万牛墩土墩墓群由国务院公布为第五批全国重点文物保护单位，合并名称为"皖南土墩墓群"。历经两三千年的风雨侵蚀和人为扰动，现存的这些土墩墓底径一般10—40米，少数大墩超过40米；高1—4米，少数超过4米，特别低矮的土墩墓仅微微隆起于地表。土墩墓往往呈串珠状成列分布于低矮的岗脊之上，平地及高山之巅绝少发现。

自1959年屯溪奕棋土墩墓发掘以来，皖南地区对土墩墓的考古工作主要为调查工作，发掘和研究工作相对薄弱。早在1996年，安徽省文物考古研究所与安徽省地质遥感中心合作，利用遥感技术对南陵县千峰山附近地区开展调查，发现土墩墓群23处，共计3019座土墩墓。更为细致的局部调查工作是第三次文物普查期间对国保单位皖南土墩墓群开展的土墩墓专项调查。

根据第三次文物普查专项调查，在南陵县籍山镇的千峰村、葛林村、官洲村3个行政村的23个村民组大约4.9平方千米的范围内登记有1162个土墩墓。在繁昌区平铺镇的五华、寒塘、新牌、新林4个行政村的50个村民组大约14平方千米的范围内登记有1326个土墩墓。两片土墩墓群合计2488座。

考
古
安
徽

先
秦
篇

青铜鼎

青铜匜

青铜尊

青铜铃

繁昌万牛墩出土的西周中晚期至春秋时期青铜器

　　除千峰山和万牛墩两处最密集的土墩墓群外，郎溪县境内土墩墓分布也较多，其中建平镇土墩墓群保存较好，数量较多，2013年由国务院公布为第七批全国重点文物保护单位。

　　过去在马鞍山当涂县、黄山市黄山区等未发现土墩墓的地区，也在近年的考古工作中有所发现。

　　皖南土墩墓群历年来主动性发掘工作很少，仅在20世纪80年代对南陵千峰山和繁昌万牛墩土墩墓群各有过一次主动发掘，分别是1985年安徽省文物考古研究所在千峰山发掘的18座土墩墓，出土器物有印纹硬陶器、原始瓷器和夹砂陶器；1985年11月在繁昌平铺乡万牛墩清理土墩墓1座，出土印纹硬陶坛、瓮各1件，另有1件泥质红陶罐和灰陶纺轮。

　　国保单位皖南土墩墓群之外的土墩墓考古工作，基本上是配合基本建设的发掘或清理。主要有：2001年宣州区棋盘乡崔村被盗土墩墓追回16件原始瓷和印纹硬陶器；2002年在广德荷花村发掘3座土墩墓，发现一批原始瓷器和印纹硬陶器；2003年在宁国安友乡发掘土墩墓13座；2008年在广德经开区赵联村发掘土墩墓9座；2010—2011年，在南陵刘家山发掘土墩墓20座、龙头山发掘土墩墓67座；2012年，在宁国港口镇灰山村发掘土墩墓36座。另外，20世纪80年代在郎溪县零星清理过土墩墓7座。

　　皖南地区土墩墓遗存公开发表的资料较少，综合研究相对薄弱。参考研究比较深入的苏南、浙江地区土墩墓遗存，按照器物的演变趋势，仍可对皖南地区的土墩墓遗存进行大致的年代判断。屯溪奕棋土墩墓位于新安江上游，出土遗物丰富，特别是青铜器较多，将另文单独予以介绍。这里参照近年来学界的研究成果，对皖南沿长江地区及其支流水阳江、漳河流域的土墩墓年代进行初步判断。

　　整体来说，皖南地区土墩墓的年代集中于西周中晚期至春秋时期，少数可早到西周早期，个别延续到战国早期，其绝对年代为公元前1000年至公元前400年之间，尚未发现早到商代的土墩墓。

西周早期土墩墓发现很少。2003年在宁国安友发掘编号为M4的土墩墓，为一墩一墓；宣城崔村被盗土墩墓年代也较早。器物组合主要为高柄原始瓷豆、盂；印纹硬陶罐、瓿及少量夹砂陶鼎、簋、豆。20世纪80年代清理的郎溪7座土墩墓，从少数器物来看，应有西周早期的墓葬。

西周中晚期土墩墓数量渐多，在南陵龙头山、南陵千峰山、繁昌万牛墩普遍发现，一墩一墓和一墩多墓并存。在已发掘的南陵千峰山18座土墩墓及繁昌万牛墩的1座土墩墓中，随葬品尚未发现青铜器和玉器，器物组合主要包括原始瓷豆、盂，印纹硬陶双耳高领罐、坛、瓿，夹砂陶器的附耳甗、曲柄盉极具特色，几乎不见于其他土墩墓分布区。在广德经开区，也发现有西周中期的土墩墓。

皖南土墩墓屡有成组的青铜重器出土，往往都是村民生产建设中无意发现的。例如，1979年在青阳县庙前乡汪村发现1座土墩墓，出土铜器1组；同年在繁昌汤家山出土1组青铜器，应出自土墩墓；1985年在青阳县庙前乡十字村窑场发现1组铜器；2013年在繁昌平铺镇万牛墩土墩墓群的新牌村土墩墓中，发现鼎、匜、铃等3件西周青铜器；2017年在繁昌万牛墩土墩墓群发现西周青铜尊1件。上述青铜器出土地点主要在漳河流域，年代均在西周中晚期至春秋时期。

较晚的春秋时期土墩墓，以宁国灰山土墩墓群最为集中，一墩一墓和一墩多墓的情况均有发现，最多为一墩七墓。墩内墓葬绝大多数浅坑竖穴，少数平地掩埋，极少数墓底用石块平铺成石床，个别墓葬周围还发现有柱洞，应与埋葬时的临时建筑相关。出土各类器物360余件，包括原始瓷碗、盅式碗、盂、罐，印纹硬陶有坛、罐、瓿，夹砂或泥质陶器有鼎、曲柄盉、罐、盆等，少数墓葬发现有陶纺轮。

战国早期土墩墓仅在当涂陶庄发现1座，竖穴浅坑，有木椁式葬具，发现有人牙及骨骼残存。出土器物有原始瓷盅、瓿及印纹硬陶器、琉璃

宁国灰山土墩墓 2 号墩发掘现场

宁国灰山土墩墓 6 号墩 4 号墓周围分布的柱洞

器、小件铜兵器等。

商周时期土墩墓分布的核心区域在苏南和浙江地区，这也是吴、越古族的中心区，学界普遍认为土墩墓遗存是吴、越古族的葬俗。安徽境内马鞍山、宣城与吴、越中心区相距稍近，皖南沿江地区的土墩墓群距吴、越中心较远，已是西部边缘。从现有的考古资料来看，西周至春秋时期皖南地区土墩墓的总体特征与宁镇地区更为接近。宁国、郎溪、广德与浙江地区接壤，春秋中晚期后，这里具有少量的浙江地区土墩墓特点，在广德邱村一座被盗的土墩墓中还发现过石室，一般认为石室土墩墓是宁绍地区古越族的遗存。即便如此，该地区总体面貌仍与宁镇地区趋近。

皖南沿江地区的土墩墓群以漳河流域最为密集，仅从南陵县土墩墓的密集程度就可以判断，在西周至春秋时期，该地区人口数量较大。如果联系到南陵、铜陵地区著名的大工山—凤凰山矿冶遗址，以铜矿资源作为社会背景的皖南沿江地区，就是集聚了众多的采矿工、冶炼工、铸造工的资源型社会，还应当包括为这些从事采冶、铸造活动的人群提供生产生活保障的其他居民，以及从事管理的社会中上层。在漳河流域分布着众多的西周至春秋时期的台墩形遗址，甚至还有牯牛山那样几十万平方米的城址，这些聚落内居住着各类居民，他们死后往往以土墩墓的形式埋葬于岗脊之上。

从考古材料来看，各类居民以土墩墓为葬俗，随葬原始瓷器、印纹硬陶器，器物的种类、形态、纹饰与苏南地区吴国先民的遗存具有更大的相似性，二者应当有密切的人员联系和深刻的文化交流。

同一时期长江以北的江淮地区是淮夷的聚居地，分布着大大小小的"群舒"方国。淮夷在西周时期一直是周王朝的威胁，金文中有许多这方面的记载，他们最具特色的陶器曲柄盉，在南陵、宁国的土墩墓中均有发现，沿江地区还出土了较多的青铜曲柄盉；淮夷还有一种特色陶器——双

宁国灰山土墩墓6号墩4号墓出土的器物

耳罐，在造型上对南陵千峰山土墩墓出土的印纹硬陶双耳高领罐有启发作用，这类硬陶双耳罐在其他地区的土墩墓中较少发现。同样，江淮地区淮夷的聚落中，基本上都有原始瓷器和印纹硬陶器发现。这种跨江文化交流与人员往来，除地域相近的原因之外，与铜资源的流通也有较大关系。

　　商周时期是中国青铜文明的高峰期，北方地区对铜资源需求很大，长江中下游地区南岸的湖北大冶铜绿山、江西瑞昌铜岭、安徽铜陵南陵一带富有铜、锡矿，被认为是中原王朝南下掠铜的目的地。已有研究成果认为，经江淮地区向北进入中原腹地也是铜料运输的通道之一，在这样的背景下就很容易理解江南地区与北方文明核心地区的文化交流与融合。在南陵千峰山、龙头山土墩墓及宁国官山遗址周代遗存中，均发现有湖北大冶铜绿山、阳新大路铺流行的附耳鬲。安徽省文物考古研究所最近发掘的泾县七星墩遗址中，也发现有较多附耳鬲，表明长江中下游之间也存在人员

444

往来，甚至有采冶技术的交流。

以土墩墓遗存作为研究对象，综合研究同时期的矿冶遗存，用考古材料构建一个区域型的资源社会，考察其社会机制和文明进程，考古研究工作任重道远。

（撰稿：王　峰　黄柏挺）

参考文献

［1］安徽省文物考古研究所：《安徽南陵千峰山土墩墓》，《考古》1989年第3期。

［2］安徽省文物考古研究所、南陵县文物管理所：《安徽南陵龙头山西周土墩墓群发掘简报》，《文物》2013年第10期。

［3］安徽省文物考古研究所、宁国市文物管理所：《宁国灰山土墩墓》，科学出版社2022年版。

［4］杨楠：《商周时期江南地区土墩遗存的分区研究》，《考古学报》1999年第1期。

［5］安徽大学、安徽省文物考古研究所：《皖南商周青铜器》，文物出版社2006年版。

屯溪土墩墓

最早发现的越国高等级贵族墓

　　屯溪土墩墓是西周时期越国贵族墓葬群,其特殊的墓葬形制和出土的大批精美文物,既体现出中原文化因素,又更多地表现出强烈的南方地方文化特色,对研究古越国历史进程、文化构成及演变等具有重要价值。

　　越国,是春秋战国时期位于我国东南方的诸侯国,越王勾践卧薪尝胆的故事家喻户晓。据《史记》记载,越国为夏朝少康后裔,至春秋战国之交时,越国灭掉吴国,北上与齐、晋诸侯会盟于徐州,"当是时,越兵横行于江、淮东,诸侯毕贺,号称霸王"。然而遗憾的是,文献对早期越国的记录则不甚明了。

　　60多年前发现的屯溪土墩墓,为我们探讨古越国秘密提供了重要资料。屯溪土墩墓位于安徽省黄山市屯溪区奕棋村,东距市区约5千米。奕棋村北临新安江上源北支横江,村南约1千米处坡岗与耕地相间,屯溪土墩墓群就分布在坡岗末端和与之相邻的耕地中。

　　屯溪土墩墓是怎么被发现的呢?1958年屯溪机场(现为黄山屯溪国际机场)筹备兴建,1959年3—4月安徽省文化局文物工作队对发现的2座土

3号墓出土的部分青铜器

墩墓（编号为M1、M2）进行了发掘，取得了重要成果。1965年当地村民建砖瓦窑时发现2座土墩墓，安徽省文物工作队（1984年改为安徽省文物考古研究所）进行了发掘，编号为M3、M4。其后村民在农业生产中又有陆续发现，1972年发掘3座墓葬，编号为M5、M6、M7；1975年又发掘1座墓葬，编号为M8。根据发掘期间的考古调查，上述土墩墓附近尚有约10座同类型墓葬，1980年屯溪机场第二次扩建，这些墓葬被机场建筑占压。自1959年以来，屯溪土墩墓群前后进行了4次发掘清理，共计清理土墩墓8座。由于地理位置和地标的关系，屯溪土墩墓又俗称屯溪奕棋土墩墓或屯溪机场土墩墓。

已发掘的8座墓葬依地形整体上略呈东西排列，但出土器物最丰富的M1和M3并不处在地形的中心位置，各墓分布的相对位置也未见明显的规律性，墓向除M4南向外，其余大略为东向。各墓封土均遭汉代墓葬或后代遗迹打破，M1、M3、M5、M8较为完整，M2、M7封土不存。8座墓葬中M1、M3规模较大，直径分别为33.1米和33米，残高为1.75米和3米。墓葬营建方式基本一致，平地起建，封土为圆形土墩，一墩一墓，一般分为上下两层，下层土质较纯，上层为杂花土，无夯打痕迹。M3、M8在上层封土中还有砾石层，M3在砾石层下埋有一件原始瓷尊。封土下不挖墓穴，仅将地表平整后起墓，墓底或全部或局部用鹅卵石铺成石床，其上放置随葬品。但各墓也有不同，如M3没有铺砌石床，M2、M4墓底两边铺砌石壁形成墓框，M5还在石床两侧挖有排水沟，并在石床东侧设一鹅卵石铺成的二层台，M6墓室中部有腰坑，坑内有鹅卵石铺砌的二层台。各墓墓底均为长方形，其中M1东西长8.5米，南北宽4.3米；M3东西长约9米，南北宽6米。随葬器物主要集中于东侧。没有发现人骨和葬具痕迹，推测已腐朽无痕。

屯溪土墩墓出土文物品种多样，内涵丰富。8座墓共出土文物500余件，主要类别有青铜器和原始瓷器，玉石器、印纹硬陶器、陶器较少。青铜礼器主要有鼎、簋、尊、卣、盘、盂、盉等，共60件；青铜兵器、工具主要有剑、戈、矛、刀等，共47件；原始瓷器主要有豆、罐、盂、尊、盉、碗、瓿等，共311件。玉石器虽有68件，但绝大部分为佩饰小件和砺石。8座墓葬中，M1、M3随葬品最为丰富，青铜器、原始瓷器约占全部出土同类器的一半以上。尤其是青铜器，器类繁多，造型各异，工艺精湛，特色鲜明，是国内罕见的南方铜器组群，为探讨皖南地区青铜文化面貌提供了重要历史信息。

M1、M3出土的青铜器，按器物形制和装饰风格可以分为中原型器、融合型器、地方型器三类。能确认的中原型器，仅见于M1出土的父乙尊和M3出土的公卣，其形制、纹饰、铭文是典型的中原商末周初和西周昭穆时期的器物特征。此种现象也见于江苏丹徒大港等几处西周墓。这些中原青铜器是何故流入南方的，目前还没有合理解释。融合型器是以中原器物形制为蓝本，在器物造型、纹饰或器物附件部位稍加改动，或在装饰手法上加入本地因素，最终形成具有中原文化神韵的地方型器物。如M1凤纹卣、M1棘刺勾连纹卣、M3铜圆鼎、M3凤鸟纹方鼎、M3变形鸟纹卣、M1乳钉

父乙尊及铭文

公卣及铭文

纹簋、M3变形鸟纹盘、M3龙纹盉等。其中M1凤纹卣腹部主纹饰凤鸟纹的构图明显是来自M3公卣，因为这种凤鸟纹即使在中原地区也罕见。地方型器是南方或当地特有的器物，其器型或器种、纹饰都呈现地方特色。如M1五柱形方座器、M3牺尊、M3编织纹方鉴、M3短颈扁腹圈足编织纹簋、M1勾连纹盉、M3镂空龙纹盘、M3云纹短剑等。从数量统计看，第二类融合

凤纹卣

铜圆鼎

凤鸟纹方鼎

变形鸟纹卣

乳钉纹簋

变形鸟纹盘

五柱形方座器

型器和第三类地方型器占据铜器群的绝大多数，而这两类之间又以第三类略多。

　　M1、M3的青铜器基本组合为鼎、簋、尊、卣、盘、盉，且多两两成对，青铜礼器较少的其他墓葬大多随葬一件尊，可见尊在屯溪土墩墓中的特殊意义。其中五柱形方座器造型奇特，犹如今天的无线网络信号接收器，比较罕见，其真实用途有待进一步研究。青铜器纹饰方面，有中原常见的龙纹、鸟纹、涡纹、蝉纹、乳钉纹、雷纹、圈点纹等，也有东南吴越地区常见

牺尊

编织纹方鉴

勾连纹盂

短颈扁腹圈足编织纹簋

的编织纹、勾连云纹、蛇纹、直线纹等。中原式纹饰在构图和布局上均不同程度地做了变形，并与吴越地区特有纹饰搭配组成新的颇具特点的装饰纹饰，如长翼变形兽面纹、繁复相交的勾连纹和编织纹。

　　M1、M3出土的原始瓷器数量大、品种多，主要是生活用具，少见炊器。器型、纹饰总体上与浙江西南部衢州地区类同，如喇叭口尊、有把带流盂、提梁壶等。从数量上看，原始瓷器不仅远远超过印纹硬陶器和陶器，而且还达到同墓青铜器的2倍以上。纹饰主要有弦纹、斜方格纹和几何形纹，与吴越地区相同。

除M1、M3外，其他各墓一般只随葬1—2件青铜礼器，有的甚至没有，但它们都以原始瓷器为大宗，可见原始瓷器在随葬器类中的重要性。

屯溪土墩墓发现以来，其特殊的土墩墓葬形制和数量众多的南方铜器群及原始瓷器，曾引起了全国相关专家学者的高度重视，随之也推动了对南方吴越文化发展演进的关注和热烈讨论。由于同时期考古资料总体数量较少，以及学术界对吴越文化的形成、演变进程尚不明朗，屯溪土墩墓研究尤其是青铜器研究曾一度陷入瓶颈。

屯溪土墩墓青铜器群因存在多元文化因素，从而难以界定其年代。如融合型器物存在器型、纹饰早晚共存交织的复杂情况，若按北方中原地区青铜器年代序列标准比对，屯溪青铜器中的中原文化因素，既有西周早期，也有中期和晚期。有的器物出现早期器型装饰了中晚期的纹饰，有的器物加饰了地方性纹饰，而这些地方性纹饰在南方又往往系春秋时期青铜器上现出踪迹。一些地方型器物的器型、纹饰，也常见于春秋时期南方地区。青铜兵器中，尤其是铜剑的造型甚至晚到战国时期。所以，这些现象使得墓葬年代一直是讨论的焦点。1959年第一次发掘报告刊发时，屯溪土墩墓的年代被一致认定为西周时期，到20世纪80年代以后有以考古学者马承源为代表的春秋中期至战国早期说，于是西周说与春秋战国说并存。1990年第二次发掘报告发表时，报告编写者就认为M3年代为西周晚期，M4年代比M3稍晚，显然是部分接受了马承源的观点。到了1991年第四次发掘报告发表时，报告编写者就完全认同了马承源的观点，以至于在这期间，有关屯溪土墩墓出土文物的图书或展览，其年代标注往往因图书作者或展览主办者的不同而有所区别，或西周或春秋，读者及参观者往往莫衷一是。

关于国别（族属），尽管屯溪土墩墓青铜器与江苏宁镇地区和皖南沿江一带存在某些共性，原始瓷器却又与浙江金衢地区类似，但总体上与这两个区域还是有较大区别。江苏宁镇和皖南沿江地区属吴文化，浙江金衢地区属越文化，屯溪地区又恰与皖南沿江地区和浙江金衢地区相邻，故屯溪土墩墓的属性研究观点，有吴国说、越国说，或同属吴越文化。

自1959年以来，尤其是进入新世纪以来，随着南方各地土墩墓相继发现、《屯溪土墩墓发掘报告》出版和相关研究工作的深入开展，围绕屯溪土墩墓的迷雾逐渐散开。目前，屯溪土墩墓研究成果大致如下。

关于墓葬年代，主要通过关联区域历年出土的同类原始瓷器进行器物类型学研究确定。屯溪土墩墓原始瓷器是生活用器，与生产生活密切相关，最能反映社会生活习俗的变化和时代特征，通过对比区域内出土的同类器物，可以大致得出年代序列。同时，研究者还重新梳理比对了区域内出土的青铜器。多数学者认为8座墓葬年代虽有早晚之分，但均为西周时期，不应晚到春秋以后。墓葬总体年代顺序为M1、M3相当，M2、M4、M5、M6相当，M7、M8相当，其中M7、M8应在西周晚期。至于一些细节

喇叭口原始瓷尊

有把带流原始瓷盉

第四部分　夏商周时期的安徽主要文明成就

问题，如M1、M3是西周早期还是西周中期，M1和M3相对年代谁早谁晚等也还存在不同的看法。至于青铜兵器，学者们认为先秦时期北方中原地区作战方式多车战，流行长柄兵器；南方吴越地区多步战，流行短兵器，在古文献中吴越之剑曾被奉为上品，可见吴越地区青铜剑的发展变化要快于北方中原地区。所以屯溪土墩墓出土青铜剑的样式虽然与中原春秋战国时期类似，但实际年代要早于中原地区。

在国别、族属研究方面，则根据考古学文化研究成果确定。认为吴文化源于湖熟文化，分布区域为江苏宁镇和皖南沿江地区；越文化源于马桥文化，而马桥文化又含有来源于浙、闽、赣三省交界的肩头弄文化的因素。肩头弄文化代表性遗址为浙江江山肩头弄遗址，即浙江衢州一带，以土墩墓和几何印纹陶为代表。越文化大约在商末周初诞生，它承继了马桥文化，同时又吸收了中原夏商文化、岳石文化、湖熟文化等文化因素，分布范围为太湖钱塘江流域。吴国（吴文化）、越国（越文化）的西部分界线为黄山—天目山一线，春秋晚期，吴国向东发展，占据了太湖南岸至杭州湾以北，但始终没有越过黄山山脉。屯溪位于黄山山脉以南休歙盆地西南缘，钱塘江上游。屯溪土墩墓中没有见到吴文化代表性器物鬲，却出现了越国贵族墓中常见的玉石器和大批原始瓷器，所以确定屯溪土墩墓的国别为越，族属为于越。

屯溪土墩墓群墓主的身份，按墓葬规模和随葬品多寡，可以分为四个等级。M3现存封土和墓底尺寸最大，随葬器数量和种类最多，有鼎、簋、尊、卣、盘、盉等，其中方鼎、镂空云纹盘、龙形鋬夔纹盉、牺尊等都是高等级身份的标志，同时还有43件小玉管组成的玉串饰，这些都仅见于M3。公卣为中原器，虽不宜作为墓主身份认定的参考器物，但作为随葬器也足以说明墓主的顶级身份。综上分析，推断M3在该墓群中等级最高，随葬器数量已经超过江苏丹徒烟墩山西周墓等吴国第一等级墓葬，有学者甚至认为M3墓主有可能是越国国君墓。M1封土规模和墓底尺寸略小于M3，随葬青铜礼器数量虽然只有M3的一半，但远多于其他墓葬，并且有墓群中仅有的2件中原重器之一——父乙尊，说明墓主身份也是很高的。从M1凤纹卣腹部的凤鸟纹构图看，明显参考了M3公卣的纹饰，因此推测M1与M3的墓主是同时期共事的关系，但身份略低，应当是高级贵族，可视为第二等级墓葬。M2、M4、M5、M6封土直径约为M3的一半，青铜礼器仅随葬1—2件，原始瓷器却有数十件，有的还出有兵器，墓主身份应属中下层贵族，可视为第三等级墓葬。M7、M8随葬十余件原始瓷器，有青铜兵器，但没有青铜礼器，墓主身份应属下层贵族，可视为第四等级墓葬。屯溪土墩墓集中分布在同一个区域内，墓群的性质还需要作进一步探讨。

在江南土墩墓营建中，吴文化土墩墓一般为平地起葬，或挖浅坑，或墓底铺石床，或墓底四周铺石框，有的墓内还有木构建筑。越文化流行石室土墩墓，一般用大块石条砌成长条形墓室和墓道，墓室用石条封顶，墓室和墓道之间用石门或石墙封门。屯溪土墩墓虽然在墓底铺石床、石框这方面与吴文化存在一些共性，但不挖墓坑、未见木构建筑痕迹，也不砌墓室和墓道，其共性部分应与地域邻近有关。从屯溪土墩墓最高等级M3的墓葬营建结构看，既无石床石框，也无墓室墓道，说明这些不是屯溪土墩墓等级划分的必要条件，反映出此时越国的礼制还未形成，在不同区域还保留着自己的地方习俗。

屯溪土墩墓是目前仅有的被认为是西周时期的越国贵族墓葬群，对研究越国历史发展进程、文化构成及演变、墓葬制度等具有重要价值。透过屯溪土墩墓遗迹遗物人们可以看到，西周时期正是中华文化融合不断扩大加深阶段。在东南地区，一方面吴越文化主动吸收了反映中原礼制文明的青铜文化，使中原礼乐制度影响扩大，并创造了璀璨的南方系青铜文化。另一方面中原王朝则把吴越地区的原始瓷器视为珍品，使南方原始瓷器工艺技术得以传播，实现了文明交流互鉴。表现在屯溪土墩墓器物群中，就是先民们将中原铜器父乙尊和公卣置于显著位置，汲取中原和相邻吴文化青铜器某些文化因素，作为学习范例刻意加以模仿、创新，形成多元文化特色的铜器群。研究人员还应看到，先民们在博采众长之际，也未放弃自己的根本，那一件件精致的地方性青铜器和古拙挥洒的生活化的纹饰，无一不在诉说着先民们的精神坚守和对美好生活的热爱。

屯溪土墩墓的发现已过去60多年，尽管研究人员对它的认识不断加深，但直到目前仍然还有不少疑问萦绕着研究人员，期待将来有志于此的人士不断探索，解开未知之谜。

（撰稿：李治益）

参考文献

［1］安徽省文化局文物工作队：《安徽屯溪西周墓葬发掘报告》，《考古学报》1959年第4期。

［2］殷涤非：《安徽屯溪周墓第二次发掘》，《考古》1990年第3期。

［3］屯溪奕棋八号墓发掘组：《屯溪市奕棋八号墓发掘简报》，载《文物研究》（第七辑），黄山书社1991年版。

［4］李国梁：《屯溪土墩墓发掘报告》，安徽人民出版社2006年版。

［5］王世民、陈公柔、张长寿：《西周青铜器分期断代研究》，文物出版社1999年版。

［6］张敏：《吴越文化比较研究》，南京出版社2018年版。

堰台遗址

江淮地区周代小型聚落

  堰台遗址是江淮地区西周至春秋时期的聚落遗址，延续了300年左右。尽管遗址很小，面积仅3000平方米，但由于得到了全面揭露，完整地展示了聚落布局，并且出土了丰富的具有演变规律的各类陶器，从而成为江淮地区两周时期小型聚落的典型代表。根据陶器演变规律所建立的西周至春秋时期的年代序列，成为该阶段同类遗存断代的重要标尺。

  堰台遗址位于安徽省霍邱县石店镇韩店村堰台村民组，东北距淮河干流直线距离约25千米。遗址外观为略呈圆形的台地，南北长约71米，东西宽约53米，高于周边低平的水田约2米。为配合高速公路建设，安徽省文物考古研究所于2004年对遗址进行了抢救性发掘，比较完整地揭露了整个聚落，发现环壕、房址、墓葬及大量陶器、石器等出土遗物。

  堰台遗址的文化堆积极有特点，为什么这样说呢？特别在什么地方？那是因为堰台遗址总体呈平缓的圜底形态，边缘区域堆积较高较厚，向台地中央趋深趋薄，并渐平缓，部分堆积消失，所以台地边缘区域的夹层堆积较多。根据江淮地区多个台墩形遗址的发掘结果，这种堆积特点具有一

堰台遗址

定的普遍性。整个遗址早晚共有4层红烧土堆积，较大的块状红烧土有草拌泥及木骨痕迹，局部范围的红烧土呈墙体倒塌状，甚至有平整的墙面，据此判断红烧土是房子的墙体倒塌堆积。

堰台聚落主要由环壕、房址、墓葬组成。聚落外围有内、外两条环壕，间距3—8米。内环壕宽1.25—3米，深0.3—0.7米，主要利用了台地内外地势高差修整而成。外环壕宽2.85—0.9米，在遗址西北部和南部最宽，深0.6—2.7米，明显为人工修建而成。内、外环壕在遗址西南部遭小河侵袭而缺失。房址、墓葬等遗存均位于环壕之内。当今江淮地区许多叫"圩子"的乡村聚落，外围水沟环绕，其内或一两户或三五户住家，聚落布局与堰台遗址有较大的相似性，颇具文化传承意味。

聚落内共发现17座房址，位于台地边缘区域，往往由两条平行的墙基槽组成。基槽长度3—7米，两条基槽之间的距离2.5—4米，构成的单间房子面积为15—22平方米。仅发现一座房址F3是由基槽和柱洞构成的封闭空间。从房址的平面形状看，当时的房子多数比较简陋，仅相对的两面有墙体，另两面则简易封闭。此外，遗址内还发现大量平面排列无规则的柱

3号房址

洞，应与房子的维修以及聚落内一些简易的窝棚类建筑相关。

　　遗址内共发现墓葬56座，均为长方形土坑竖穴墓，大多数墓葬没有随葬品，仅8座墓葬发现了随葬陶器，基本组合为豆、罐、簋。另在地层堆积中发现2例人骨。根据人骨鉴定结果，男性个体约9个，平均死亡年龄约38.6岁。女性个体约4个，平均死亡年龄28.3岁；性别不详个体约45个，多数为未成年个体，其中11个在婴儿期死亡，19个在幼儿期死亡，8个在少年期死亡，2个在成年期死亡，另有5个未能判定。所有个体总体平均年龄仅11.2岁，成人个体中有3例头骨缺失，这些现象表明堰台遗址内的墓葬可能为非正常死亡埋葬。

　　遗址出土遗物非常丰富，数量最多的是陶器。按照陶器来源划分，主要有中原周式的弧腹鬲、扉棱鬲、素面弦纹罐等；在周式陶器基础上有所变化的陶器数量最多，最典型的有折肩鬲、折肩盆；最具特点的是大型折

16号墓

36号墓

肩或鼓腹罐、双耳罐、曲柄盉、高柄夷式簋、三纽器盖等一批具有土著特
征的陶器。此外，江南吴越地区商周时期最具特征的原始瓷器和印纹硬陶
器也有所发现。遗址还出土了铜镞、铜削、鱼钩、铜锛等小件青铜器，石
斧、石凿、石锛、石刀、石镰、石铲等石器，以及少量骨角器。

　　遗址中出土了陶范、石范等与小件青铜器冶铸有关的遗物，表明聚落
具有一定的冶铸功能。

　　遗址中出土了铜镞、石镞、鱼钩、陶网坠，说明聚落有一定的狩猎

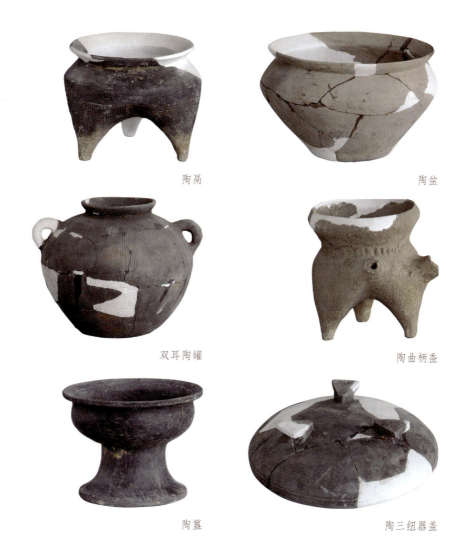

陶鬲   陶盆

双耳陶罐   陶曲柄盉

陶簋   陶三纽器盖

和渔猎活动，多数石器为农具，说明定居农业仍然是堰台居民的主要生业模式。这从遗址出土的动物骨骼和炭化植物的分析结果可以得到进一步的印证。

    堰台遗址出土的兽骨中，饲养动物有猪、牛、马和狗。其中猪的数量占绝对多数，其次是牛，马和狗的发现甚少。猪是堰台居民比较稳定的肉食资源。野生动物有梅花鹿、麋鹿及软体动物蚌、螺类，数量由早到晚趋少，这是因为农业栽培技术的提高，家畜饲养提供了比较稳定的肉食资

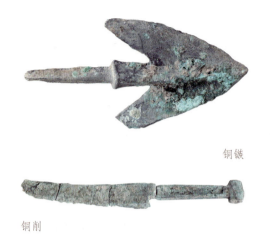

铜镞

铜削　　　　　　　　　　　　　陶范

源，人们因而减少了外出打猎活动。

堰台遗址浮选的炭化植物种子多达5万粒，绝大多数属于农作物遗存，主要有稻谷、小麦、粟，说明堰台聚落已经有了比较发达的农业经济。其中稻谷遗存在数量上占绝对多数，其次为小麦和粟，表明当时以种植稻谷为主，这与当今该地区以稻谷和小麦并重的特点略有不同。

根据遗址土样粒度分析和植硅体分析结果，堰台聚落经历了一个气候回暖阶段，河流、湖泊等水环境比较发达，这与麋鹿以水草、水生植物为主要食物及水稻种植要求的暖湿环境具有一致性。

周灭商后，从关中至洛阳再往东一线进行了一系列的分封，东至齐、鲁，北至晋、燕，南方控制则较弱。根据文献记载及近年的考古发现，周之南土封国有申、噩（鄂）、曾等，近年在鄂北随枣一线，封国都邑及封君、贵族墓葬屡有发现，唯独在周土东南的安徽沿淮及江淮地区不见重要封国。那么，当时江淮地区的社会状况怎样？堰台居民又是属于哪个国或族群呢？

根据传世文献记载的线索及历年出土青铜器铭文包含的信息，江淮地区在西周以来一直居住着被周人称为"淮夷"的群体，有时候又称淮夷为"南淮夷",偶或省称"南夷"。以下举一组铜器铭文作为例证予以说明,录载卣铭文:"王令载曰:叡!淮夷敢伐内国,女其以成周师氏戍于𦥑师。白雍父蔑录历,易贝十朋。录拜稽首,对扬白休,用作文考乙公宝尊彝。"

这件青铜器大约是周康王时期的,在两周金文中是提到"淮夷"是较早的。铭文中的白(伯)雍父又称为师雍父,白为尊称,师为职称。师雍父又可见于遇甗、霰鼎、臤尊、稽卣。师雍父应该是成康时期有名的将领,他的事迹主要是戍𦥑师。"𦥑"字,陈梦家释为许,言录载卣的"戍于𦥑师",与《诗·扬之水》的"戍许"相类。徐中舒认为"𦥑师"即叶师,为方城外之叶,《左传》成公十五年"楚公子迁许于叶"之所在,地在今河南叶县南三十里。故其初"叶"必为许之故地,则"戍叶"犹"戍许"。陈、徐所说𦥑地,邻近淮河上游,则戍𦥑为防御来自淮域之敌。郭沫若释"𦥑"为"苦",徐少华认为即《汉书·地理志》淮阳国之苦县,地在今河南鹿邑县,所御之敌更来自淮河上中游地区。

康王时期铜器竞卣铭曰:"佳白犀父以成师即东,命戍南夷。正月既生霸辛丑,才㲻,白犀父皇竞,各于官,竞蔑历,赏竞章,对扬白休,用作父乙宝尊彝。子孙永宝。"其中"竞"为人名,可见于师雍父诸器的臤尊:"佳十又三月既生霸丁卯,臤从师雍父戍于𦥑𠂤之年。臤蔑历,中竞父易赤金。臤拜稽首,对扬竞父休,用作父乙宝旅彝,其子子孙孙永用。"陈梦家以为中竞父即竞,郭沫若亦持此说,从竞簋铭文"白犀父蔑御史竞历",知竞官职为御史。又由臤尊铭文可知师雍父、中竞父、白犀父都是同时的,郭沫若在竞卣铭文考释中疑犀父即"载"之字。此铭中之南夷,意为南方之夷。因白犀父、师雍父为同时之人,可知淮夷、南夷在周康王时是共存的,竞卣之南夷可推测即录卣之淮夷。

康王时期周对淮夷的策略主要是戍,处于守势。对于南方的征伐,在此后无簋、翏生盨、噩侯驭方鼎、禹鼎、敔簋、虢仲盨、钟诸器多有记载，凡涉及淮域之民，往往称淮夷，或南淮夷（翏生盨）。

西周时期，传世文献对于淮域的记载很少，淮夷方国情况多不可知。进入春秋以后，关于江淮地区的方国记载多见于《春秋》经传，大多数穿插记载于楚、吴对该地区的经营过程之中，各方国的地望旧注往往简略模糊。主要有六、蓼、英氏、宗、巢、舒蓼、舒庸、舒鸠、桐、钟离等所谓群舒方国，近年来在凤阳卞庄及蚌埠双墩发现的圆形钟离国国君墓葬，即是淮夷方国钟离国的实证。

霍邱堰台遗址在当时属于淮夷哪个方国？由于文献记载简略，今实难以对应。郦道元《水经·决水注》记载："灌水东北经蓼县故城西，而北注决水。故《地理志》曰：'决水北至蓼入淮，灌水亦至蓼入决。'……县西蓼邑即皋陶之封邑也……《春秋·宣公八年》冬楚公子灭舒蓼。"涉及水名、地名，多在今固始、霍邱一带，不妨推测遗址当时在舒蓼境内。

淮夷是古代中国东方最主要的族团之一，它在历史上虽未控制过中原，但在文化方面独树一帜，影响深远，成为华夏文明的重要组成部分。堰台遗址是一个典型的淮夷族团遗址。根据文物普查材料，霍邱境内两周时期的遗址有60处，面积在10万平方米及以上者共3处，面积在4—7万平方米者5处，面积在数千平方米或略大者52处。如果以聚落面积大小作为等级划分的标准，堰台遗址在当时是等级最低、最普通的村落聚落。

（撰稿：王 峰）

参考文献

安徽省文物考古研究所：《霍邱堰台——淮河流域周代聚落发掘报告》，科学出版社2010年版。

大雁墩遗址

南淝河岸边的周代墩台式聚落

　　大雁墩遗址是一处典型的周代台墩型遗址。遗址为合肥市重点文物保护单位，2017年对其进行保护性发掘，出土有陶器、石器、骨角器、青铜器，还有较丰富的与冶铸有关的遗物。大雁墩遗址的发掘对认识墩台式聚落的使用功能、江淮地区青铜冶铸水平，以及秦汉之前合肥地区聚落演变等有较重要的价值。

　　合肥是一座古老而年轻的城市。以合肥为中心的环巢湖流域，是中华文明的重要发祥地之一，在3000多年的建城史中，合肥有2100多年的县治、1400多年的府治历史。安徽江淮地区，位于我国南北气候过渡地带，地理位置较为特殊，自原始时期起这里就是人类活动的重要地点。在古史与传说中，大禹、皋陶等人物都与这里有着极其密切的联系。合肥地处江淮之中，江淮分水岭在其北部绵亘而过，整个巢湖也被纳入其中，东部是单独汇入长江的滁河流域，在地貌上是安徽江淮地区最具有代表性区域之一。早在20世纪30年代，当时的政府机构就曾对江淮中西部区域做过调查，也涉及现今的合肥地区，所见十余处遗址多为先秦时期。时隔40年后，北京大学考古学专业师生在该区域进行调查和试掘，又发现了一批属于中原仰韶文化、龙山文化、二里头文化和商周时期的遗存。进入21世纪后，随着社会经济的不断发展，配合基建的考古发掘项目也日益增加，仅合肥市区便发掘了安定寺大墩遗址、大温遗址、塘岗遗址、烟大古堆遗址等多处商周时期的聚落遗址，也包括大雁墩遗址。几十年的考古资料证明，合肥地区古代文化兼收并蓄，是安徽江淮地区先秦时期诸文化的汇集之地。

在安徽省合肥市庐阳区四里河路附近，南淝河缓缓流过，庐州公园风景优美。居住在周围的人们恐怕想不到，3000多年前就已经有先民在此生活了吧！这里说的就是一处西周至春秋时期的遗址——大雁墩遗址。这里地处江淮丘陵核心地带，周围有丘陵和水网分布。遗址往南200米便是合肥的母亲河——南淝河，往西170余米为小型岗地，现已修建成庐州公园。大雁墩遗址属于江淮地区典型的台墩型遗址，地势高出周围地面约4米，平面形状呈圆形，表面较为平坦，南侧略高，四周均为缓坡，遗址现存总面积约5700平方米。20世纪80年代，全国第二次不可移动文物普查时发现该遗址，1985年被公布为合肥市重点文物保护单位。2017年2月，为配合相关基建项目，经国家文物局批准，安徽省文物考古研究所会同安徽大学历史学院考古系的师生，对该遗址进行了正式发掘。野外发掘历时三个多月，发现了不少周代的文化遗存。

大雁墩遗址面积很大，这么大的区域是怎么发掘的呢？原来，考古队员们在发掘时采用了探方发掘法，这是目前国内外普遍采用的一种发掘方法，将发掘区分为若干方块，依此为单位，向下进行发掘。这次发掘主要位于台墩边缘，共分为南、北、西三区，以便清楚掌握遗址的文化面貌，其中西区开5米×5米探方11个，北区因破坏严重，仅布10米×10米探方1个，南区除2个5米×5米探方外，其余11个为5米×10米的探方，三区发掘面积近1000平方米。

那么，大雁墩遗址的具体年代是什么时候？这次发掘共发现5座墓

陶罐　　　　　　　　　　　　　　　　陶簋

葬、12个灰坑、6座房址，出土了大量陶器、石器以及少量骨角器、青铜器及其冶炼工具。凭借这些遗迹和遗物，专家们判断大雁墩遗址的使用年代为西周早期偏晚至春秋早期，距今大约3000年，历时数百年。

　　大雁墩遗址先民当时也是非常之讲究。这些房址在地表上呈现出红色的面貌，这是因为当时的人们在建造房屋时，用草木和泥土混合物搭建出墙体和屋顶，再用火烘烤，直至整个房屋变成红色，用这种方法建造的房屋相对冬暖夏凉、坚固美观，考古学家称之为"红烧土建筑"。

　　墓葬向来是被发掘者所重点关注的遗迹，大雁墩遗址竟然发现一个无头"巨人"的墓葬！此处发现的5座墓葬均为长方形竖穴土坑成人墓，且没有随葬品。在发掘编号T15探方时，考古队员在距离地表1米左右的地方，发现了一座不同寻常的墓葬。这座墓葬编号为M5，墓中的填土呈灰黑色，对其清理后看出，这是一具没有头骨的成年人骨架，人骨为东西向摆放。经测量，墓口长2.13米、宽0.8米，人骨残高约1.82米。人的头骨高度大约在20—25厘米，如果加上头骨的高度，墓主人的身高将超过两米，无论在哪个时代，都会是一名"巨人"，这让在场的队员们啧啧称奇。那么，究竟是什么原因导致这座墓主人没有了头部呢？是墓主人死后头骨被取走，还是在生前被处以砍头的刑罚呢？目前考古学家们仍在对其颈椎骨和周围出土遗物进行研究，需要等待进一步的探讨来解开这个未解之谜。

考古队员清理墓葬

5 号墓

　　在大雁墩遗址出土的遗物中，陶器数量最多，种类较丰富，虽然完整器不多，但仍可辨认出鬲、罐、盆、钵、簋、甗以及纺轮、网坠和陶拍等器型。陶质绝大多数为夹砂陶，偶见泥质陶。为了防止陶器在烧制时开裂，部分陶器掺和了蚌末、细砂和植物茎秆；陶色以灰陶为主，其次为红陶和黑陶；纹饰以绳纹为主，另有素面、弦纹、附加堆纹、戳印纹、方格纹等，纹饰使用陶拍拍印而成。另外大雁墩遗址还出土了一些印纹硬陶和原始瓷片，明显是属于江南以土墩墓遗存为代表的南方印纹硬陶文化的器物。

　　大雁墩遗址中出土的石器器型有石锛、石凿、石镰、石铲、石钺等。石器的种类和数量不多，但均已通体磨光，原料的选材基本也以本地的石材为主。

　　骨角器主要有骨簪、骨匕、骨钻、骨锥以及牙饰等，虽然数量不多，但能反映出生活在大雁墩的先民们，已经可以熟练地将动物的骨角作为生活用品的原材料，并掌握了制作这些物品的技术。

　　夏商周时期是中国历史上的青铜时代，青铜器的出现使得社会生活出现了不少变革。大雁墩遗址的青铜器是出土器物中的一大特色，器物的种类有铜镞、铜戈、铜刀等，这些器物的发现也证实了这一时期，人们已经开始使用青铜器作为狩猎工具和兵器。另外还出土了一定数量与冶炼相关的遗物，包括青铜炼渣、熔炉残壁、陶鼓风嘴和陶范等。陶范的发现说明大雁墩的先民铸造青铜器使用的是范铸法，并且已经掌握了工具、武器等合范器物的铸造工艺。

　　范铸法是我国古代青铜器铸造的一种方法，先以泥制成需要铸造的器型，再刻上各种图案、文字，阴干后再经烧制，使其成为母模，然后再以母模制泥范，同样阴干烧制成陶范，熔化合金，将合金浇注入陶范范腔里成器，脱范后再经清理、打磨加工后即为青铜器成品。此外，发现的炼渣及熔炉残壁，皆为小件残块。炼渣渣质较细，表面可见铜锈。

　　熔炉壁残块最大1块厚约1.9厘米，外层陶土呈深红色，内壁间夹杂数层铜渣，有较多缝隙。内壁的最外层可见一层细泥层，似乎是在使用一段时间后用泥糊过一遍又继续使用的。此外，在地层刮面过程中还偶见小如砂粒乃至粟粒大小的铜颗粒。

　　尽管大雁墩遗址出土的青铜器数量不多，但发现了这些与冶炼相关的遗物，包括一些磨制石器也可能与冶铸活动相关，构成了完整的冶铜生产链。这些遗存主要集中在地层的中上部，属于西周晚期至春秋早中期，且

考
古
安
徽

先
秦
篇

陶范

陶鼓风嘴

熔炉壁残块

时代越晚，数量相对有所增多，反映出该遗址的冶铸规模呈现逐步发展的过程。同时，考古学家也关注到，早在20世纪70年代，就在遗址以北500米处的乌龟岗曾发现一座春秋早期墓葬，出土"乔夫人"铜鼎1件。这是一件属于典型的本土群舒文化风格的圆形腹、直式方耳的分档鼎，顶面铸有"乔夫人铸其鼎"六字铭文。乔夫人究竟为何人，与大雁墩遗址生活的先民是否有着一定的联系呢？考古学家推测，既然这件鼎出土位置距离大雁墩遗址如此之近，且年代也近似，也许墓主人"乔夫人"正是大雁墩的居民，而这件鼎也可能是在大雁墩铸造的。这也更加反映出大雁墩遗址在该区域位置的重要性。

除以上陶器、石器、骨角器、青铜器等之外，在大雁墩遗址中，还发现了数量众多的贝壳，成层分布，有螺蛳壳、蚌壳等。另外还发现了鹿角和残碎的龟甲，少数龟甲发现钻凿的痕迹。这些动物遗存应当是当时的人们食用后留下的残渣。在那个时期，种植农业、家畜饲养水平有限，渔猎仍然是人们获取食物的重要来源，大雁墩周围水网密布，也为此提供了良好的天然条件。

从出土遗物看，大雁墩遗址是一处较单纯的周代遗存，通过对堆积单位的关系和出土遗物的特征进行分析，专家学者们将大雁墩遗址大体分为三期：第一期相当于西周早期阶段；第二期相当于西周中期至晚期；第三期大约为西周晚期至春秋早期。出土陶器以夹砂陶为主，泥质陶较少，印纹硬陶也较为少见。陶色以灰陶、黑陶为主，红陶较少，但晚期地层中红陶有增多趋势。纹饰中大量流行绳纹，并有少量的弦纹、附加堆纹、方格纹等。陶器类型主要有鬲、簋、豆、罐、甗、盆、盉等，与江淮中西部地区同类遗址（如霍邱堰台遗址）出土的陶器也有很强的共性，遗址中出土的陶盉、陶罐等均是江淮中西部区域内常见的典型陶器。

专家学者们对大雁墩遗址具有代表性的器物进行分析后，根据这些器物的形制，结合巢湖沿岸已发掘的其他遗址，将西周至春秋时期巢湖流域的族群所包含的文化因素大致分为三方面：以关中地区西周王朝中心为母区的周文化因素，以长江南岸湖熟文化及其发展演变而来的吴文化因素，以及本地土著文化因素。总的来说，合肥地区作为安徽江淮地区的中间地带，在西周时期政权牢固的情况下，算得上是一个文化发展相对持续和稳定的繁盛区域，这从该地区西周时期遗存数量在夏商周时期达到顶峰就能看出来。从安徽江淮区域本身来讲，巢湖东岸遗址中出土的器物明显更加带有江南文化面貌，印纹硬陶和原始瓷数量占出土陶器的比例有明显上升；而在巢湖西岸的各个西周时期遗址中，由于这一地区属于同时期群舒文化的范围，因此本地土著文化因素器物数量也十分庞大；大雁墩遗址位于巢湖流域的中部，则体现了兼收并蓄的风格，在保留自身文化特色的前提下，各种形式的器物均有出土。

同时，大雁墩遗址西南处为南淝河与其支流四里河的交汇处，这片区域为汉合肥城的位置所在。也就是说，这里才是合肥真正的"老城区"。《史记·货殖列传》所云秦汉时期的合肥"受南北潮，皮革、鲍、木输会也"，大约也与此区域有关。就此点而言，大雁墩遗址的发掘对了解秦汉之前合肥城所在区域聚落形态的演变及区域重要性的形成也有一定作用。

目前，对大雁墩遗址出土文物的相关研究仍在进行中。遗址上新植了草皮，在供附近居民休憩的同时，也能使人们近距离感受合肥地区灿烂的远古文化。

（撰稿：汪启航　周崇云）

参考文献

汪启航：《安徽合肥大雁墩遗址发掘简报》，《东南文化》2022年第3期。

安定寺大墩遗址

台型遗址中夯土围墙的首次发现

　　安定寺大墩遗址是派河流域一处重要的台墩型遗址，年代为西周中晚期。遗址的发掘系安徽省对此类台型遗址最大面积的一次完整揭露，首次发现了夯土围墙，同时发现了红烧土围垣、人工围壕及房屋建筑等重要遗存，是研究派河乃至江淮之间台墩型遗址聚落布局的典型遗址，对弄清楚遗址的年代、性质、结构、功能布局和堆积方式意义重大。

　　引江济淮工程是跨流域跨省的重大战略性水资源配置工程，是安徽省重大基础设施建设"一号工程"，却为安定寺遗址"让道"。在安徽江淮之间的平原和丘陵地带，有很多带有"墩""台""孤堆"的地名。这些地名，均有着深厚的文化底蕴。平地有堆称为"墩"，积土呈四方形称"台"，而在此类台型遗址中首次发现夯土围墙的，就是合肥的安定寺大墩遗址。该遗址位于安徽省合肥市高新区南岗镇三岗村王郢村民组西北约300米，其东、西、北三面被派河河道环绕，与枣树颗城墩遗址隔河相望。遗址系江淮地区典型的台墩型遗址，平面大致呈椭圆形，面积约6000平方米。遗址顶部相对平坦，高出四周2—3米，中南部略高，北部因早年

安定寺大墩遗址发掘现场

取土地势较低，四周陡直，西部被派河河道冲毁。

　　为配合引江济淮工程建设，2018年12月至2021年6月，安徽省文物考古研究所联合合肥市文物管理处（现名"合肥市文物保护中心"）对遗址展开抢救性发掘，终于揭开了它的面纱。

　　安定寺名从何来呢？遗址有什么重要发现？发掘结果表明，遗址大体由西周晚期、宋元和清末三个不同时期的堆积构成。清末的寺庙建筑基址，证实了"安定寺"其名的由来。宋元时期堆积较为简单，以地层为主，遗迹较少。西周晚期的堆积系遗址的主体堆积，发现红烧土围垣、夯土围墙、人工围壕等重要遗迹。

　　最有价值的发现在西周晚期堆积层。西周晚期堆积主要分布于一隆起的环形土埂上，土埂顶部宽11—22米。土埂内坡发现红烧土围垣一周，围垣大致呈圆角斜长方形，东南—西北向较长，约60米，东北—西南向较短，约42米，总面积约2400平方米。围垣宽度为2.2—3.8米不等，厚5—23

夯土围墙分段夯筑平面　　　　　　　　　　　　　　夯土围墙夯层、夯窝

厘米，未见基槽。围垣东西两侧各留有一个出口，推测为门道，门道内可分辨出踩踏面。构成围垣的红烧土大部分较破碎，局部土块较大，可见抹光的墙面，能分辨出草拌泥迹象、木骨（木棍和芦苇秆之类作骨）泥墙残痕。经初步判断，围垣中的红烧土并非墙体倒塌的原生堆积，而是废弃烧土块搬运后的二次堆积。

前文所说的夯土围墙具体是什么样子的？在发掘中研究人员发现夯土围墙位于环形土埂顶部、红烧土围垣外侧，叠压于围垣之下，西部遭派河冲毁，两者相距5.5—11米，形状和方向大致相同。围墙由黄褐色土分段版筑而成，根据土质土色及包含物不同可分为32段。墙宽2—2.1米（以T0502为例）、残高1.4—1.44米，夯土层厚8—14厘米，夯窝清晰可见，直径7—12厘米。不过，围墙底部没有基槽，为什么会出现这种情况呢？根据两侧明显的护坡推测，这种情况是土地平整后平地起夯形成的。夯土围墙内侧发现大量的建筑遗存，由不连续的墙基槽和若干柱洞构成，埋藏较浅，经年而形成以墙为中心、中间高两侧低的坡状堆积。通过这些痕迹，可以遥想当年的盛况。

遗址南、北设有两条东西走向的人工围壕，平面宽20米左右、深度超过3米。围壕里的水汇入派河自然河道，构成了遗址的边界，同时也形成了一道遗址最外围的防御屏障。

除围壕外，往内还有多种形式的防御措施，反映了古人的安全意识和生存智慧。建筑遗存、红烧土围垣、夯土围墙、人工围壕由内向外共同构成了遗址的核心，其防御功能颇强。

安定寺大墩遗址出土遗物不多，大致可分为陶器、印纹硬陶器、石器和铜器等四大类。陶器器型主要有鬲、豆、盆、罐、簋、甗、器盖、钵等，其他的还有纺轮、陶拍等。陶质以夹砂陶居多，泥质陶较少，陶色以黑、灰、红褐色为主，黑皮陶、红陶数量较少。纹饰以绳纹为主，另有素面、附加堆纹、指窝纹、弦纹、回纹等。印纹硬陶器器型主要有瓿、豆、罐等。纹饰分折线纹、回纹、弦纹等。石器有石镰、石斧、石锛等。铜器有铜刀、铜镞等。通过这些遗物，可以想象出西周晚期江淮先民的生活场景。

许宏在《大都无城：中国古都的动态解读》中提出："《周礼·夏官·掌固》："掌固掌修城郭、沟池、树渠之固……若造都邑，则治其固，与其守法。凡国都之竟有沟树之固……若有山川，则因之。'"可知三代都邑皆有"沟树之固"。段玉裁《说文解字注》释"邑"所从之"口"为"封域"，应为壕沟或封域的象形。即都邑外围或有壕沟，挖壕之土堆于其外为"封"，又设篱笆荆棘等以为防护。如有山川之险，则利用自然地势形成屏障。尽管都邑也有"沟树之固"，但沟树的作用与城垣适于军事的目的大为不同，而只具有防避兽害及规划疆界的意义。

安定寺大墩遗址中修筑的人工围壕与派河自然河道相沟通、分段版筑的夯土围墙以及散布在围墙内的建筑遗存，表明遗址的最初营建当经过系统规划，似乎也说明"沟树之固""若有山川，则因之"的都城营建理念在西周中晚期已在民间生根发芽，并被运用到普通聚落的营造中。

安定寺大墩遗址以前是起什么作用的呢？是先民生活场所，还是军事防御据点？遗址中红烧土围垣有东西两个门道，但西门道规模较大，应为主要出口。相对应的，夯土围墙西侧也应有门道，只是被派河河道冲毁。门道与隔河相望的枣树颗城墩遗址遥相呼应，结合围墙内建筑遗存保存差、埋藏浅，更像是临时性建筑这一现象，推测遗址可能为拱卫枣树颗城墩遗址的军事据点。

以上发现，与考古队的创新工作、悉心付出密不可分。发掘初期，综

陶鬲

陶钵

印纹硬陶瓿

陶豆

合考虑同类台型遗址的堆积状况，考古队制定了科学详细的考古工作方案，面对诸如红烧土围垣、夯土围墙等大型遗迹时，通过协调工作进度达到对层和面的控制，灵活处理，随时打掉隔梁力求完整揭露遗迹。采取最小干预的原则，通过小面积解剖，以弄清遗址的堆积状况和遗存的基本情况，力求完整地保留重要遗存的形状结构。发掘采取探方与探沟相结合的方法，通过保留南北向和东西向两个十字长隔梁控制地层，力争复原此类台型遗址的堆积方式，搞清楚围壕与台墩本身的关联。发掘结果表明，安定寺大墩遗址坐落在派河河湾的一处低地，古人选择此地居住，开挖围壕明确周界，垒起顶部相对平整的台地，于台地上修建夯土围墙，在围墙内居住并开展各类生产活动，形成了大量建筑遗存。这一堆积方式与研究人员对此类台墩型遗址的传统认知（四周高、中间低的向心式堆积）略有差异。

遗址的发掘，获评"2020—2021年安徽十大考古新发现暨优秀考古工地"。鉴于遗址发掘意义重大，引江济淮工程避开了安定寺大墩遗址，遗址最终得以原址回填保护。

（撰稿：张义中 汪 炜）

参考文献

［1］安徽省文物考古研究所：《霍邱堰台——淮河流域周代聚落发掘报告》，科学出版社2010年版。

［2］许宏：《大都无城：中国古都的动态解读》，生活·读书·新知三联书店2016年版。

春秋钟离国君王墓葬

淮河流域钟离古国的独特葬俗

21世纪初，在安徽的蚌埠双墩和凤阳卞庄分别发掘了钟离国君柏和康的墓葬，其独特的墓葬形制、复杂的遗迹现象是我国考古史上的重要新发现，出土文物内涵丰富，填补了春秋钟离古国历史和文化研究的空白，为研究东方淮夷文化提供了纽带与标识。

钟离是春秋时期的一个诸侯国。但是，如果在网上或史书之中进行搜索，基本上会找到这一句："关于钟离国的记载，史料匮乏。"为什么钟离国地处繁华的淮河中游地带却会大反常理地"史料匮乏"？这背后究竟有什么样的秘密？

淮河，古"四渎"之一，是东方淮夷文化的根源地，在中国文化与中华文明发展史上具有重要地位。考古证明，西周至春秋战国时期生活在淮河流域的钟离氏族以淮河中游今天的凤阳、蚌埠一带为中心开疆拓土建都立国。21世纪初，在安徽淮河两岸的蚌埠双墩和凤阳卞庄，分别发现了两座春秋时代的圆形竖穴土坑大墓。经对凤阳卞庄墓出土的青铜器铭文研究，辨识了"童鹿"两个象形字，联系附近钟离国都城释读为"钟离"，确认两座墓葬主人身份是钟离国的君王，揭开了淮河流域春秋钟离古国尘

双墩墓

封两千多年历史的神秘面纱。

　　钟离君柏墓位于安徽省蚌埠市淮河北岸3千米的淮上区小蚌埠镇双墩村境内。这里地处黄淮海平原的南端，周围地势平坦，其中有两座大小近似的高大墓冢，屹立于旷野之中，成为显著地理标志，当地俗称"双墩"，并以地名冠之。双墩墓葬是1991年主持发掘双墩遗址的考古领队确认的封土堆，曾定名"双墩汉墓"，1998年蚌埠市人民政府公布为市级文物保护单位。20世纪70年代，解放军驻双墩某雷达连曾挖开封土堆建砖混防空军事设施。驻军撤防后，在2005年6月，北侧的一号墓被盗未遂。经报国家文物局批准，安徽省文物考古研究所会同蚌埠市博物馆组成考古队，对一号墓进行了考古发掘，从2006年12月起至2008年8月结束，历时近两个年头。申报发掘前，对墓葬进行了钻探论证，发现墓坑呈不规则亚字形，探铲从墓底带上来朱砂和陶器、铜器碎末。发掘前，制定了周密细致的发掘方案，坚持多学科发掘保护研究的理念。发掘时，曾认为该墓是汉代墓葬，但揭去封土后，发现墓坑不是汉代常见的长方形，而是罕见的圆形。为保护墓坑盖了钢结构防雨大棚，确保了发掘工作顺利进行。随着对墓坑内填土的层层下挖，不断出现各种前所未见的复杂的遗迹现象，更显示出该墓的神秘性和重要性。面对这种情况，难免让人产生困惑，有人还产生对这个圆坑是否是墓葬的疑问。考古队除按考古规范做好认真记录处置和向上级报告外，还邀请各级领导和相关专家现场考察指导。这时在凤阳县卞庄一号墓的发掘发现了同类圆形土坑，并在坑底发现了人骨架和随葬品，确认了蚌埠双墩一号也是墓葬。双墩一号墓在发掘中曾遇到流沙层严重渗水塌方问题，经采取加固墓壁和深井排水措施，最终发掘到墓底。在墓底发现了大批青铜器、陶器等具有春秋时代和钟离国文化特征的随葬品。经过室内整理研究，在青铜器清理中发现了"钟离君柏"的铭文，确定了墓主是钟离国君柏。双墩二号墓，专家推测可能是钟离君柏的夫人墓。一号墓的发掘，揭开了双墩古墓之谜，向世人展示了春秋钟离古国前所未闻的独特的墓葬制度、精神世界和文化面貌。

双墩一号墓钟离君柏墓葬形制结构非常少见，其主要由封土堆、墓坑和墓道三个部分组成。封土堆呈馒头状，是长江以北地区发现最早的封土堆，层高9米，底径60余米，首次在墓口外封土堆下铺垫厚0.34—0.4米的白土层。墓坑为圆形土坑，十分少见。墓口直径20.2米，墓坑深7.5米，斜壁，墓底直径14米，墓坑4米下为流沙层。墓坑内2米下有宽1.8米生土二层台，正东向有长10米、宽3—3.2米、共14级斜坡阶梯墓道。墓室中间为墓主的一棺一椁，主棺椁的东、西、北各陪葬3个殉人小木棺，南部1副殉人小木棺和放置随葬器物及食物的两个椁箱，呈"十"字形"三三制"分布。

钟离君柏墓由上而下发现多层次的、之前从未见过的诸多神秘遗迹，这些遗迹现象有着什么样的寓意呢？下面依次道来。

其一，五色土遗迹。该墓封土堆和墓坑填土没有经过夯实处理，墓坑

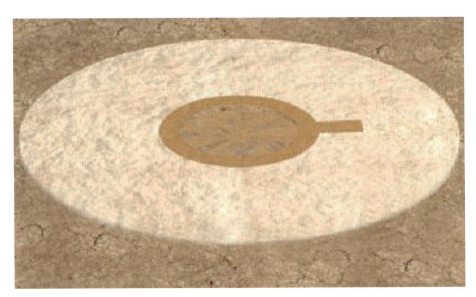

双墩墓白土垫层

填土下陷呈锅底状，并发现五色土，即用"青（灰）、红、白、黑、黄"五种颜色混合土堆筑和填埋。其中"白土"和"黑土"当地没有，劳民伤财费那么大劲从外地采运来进行混合使用，应具有深层次的思想理念和用意。经研究，五色土遗迹现象寓意为古代的"方色理论"。如明代大社北京社稷坛至今犹存，其坛上布设的"五色土"，东方青土、西方白土、南方红土、北方黑土、中间黄土，以示天子享有天下之土，寓意为"普天之下莫非王土"。大社之礼乃天子独享，故钟离君柏墓以五色杂土封填，不依方色布位，于形式上不僭越当时的周天子之礼。

其二，白土层遗迹。封土堆下墓口外铺垫厚厚的白土层，俯视呈玉璧形，即垫层为肉，墓坑为好。墓坑壁和墓道也全部涂抹3厘米左右的白土层装饰，乃是一幅洁白的壮丽景观，显得非常整洁美观、大气恢宏，加上二层台上构筑的层层遗迹，俨然是一座地下宫殿。这层白土除具有防止塌方功能外，就是它的白色圆形玉璧形状，象征墓葬上部的天体。玉璧为我国传统的玉礼器之一，也是"六瑞"之一，属于祭天礼器，在墓上出现似

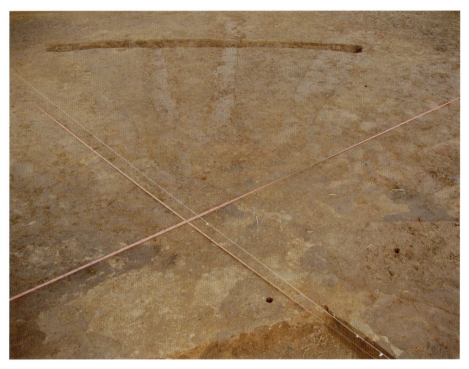

双墩墓放射线迹象

寓意圆形的天或墓主人灵魂升天的通道。

其三，放射线遗迹。在墓坑70厘米厚的填土层中，发现用深浅不同五色土构筑的20条"放射线"遗迹，由中间向四周辐射，呈圆扇面形状，墓坑一周有约2米宽的深色填土带围绕着。研究认为，这20条"放射线"形遗迹叠压在象征天体的玉璧形遗迹之下，是人工构筑的天文遗迹，具有明显的不同星象天区划分特征。如至今保存在苏州的南宋黄裳石刻星图，有划分28条不均匀天区放射状精度线，与钟离君柏墓20条不均匀天区"放射线"内容完全一致，而战国以前28宿的分合体系正为20区。

其四，土丘遗迹。在20条星象不同分区"放射线"遗迹层下，沿墓坑二层台0.7—1.4米深的填土层中，又发现18个构筑大小不同呈馒头形状的"土丘"遗迹。土丘是用填土（五色混合熟土）一层一层堆筑而成，如果

双墩墓圆形墓坑与周边土丘土偶遗迹

不是按照遗址发掘方法，平剖面铲平保护墓坑边预留的填土，是发现不了的，这可是墓葬发掘史上的重大突破。研究认为，这种土丘遗迹是古代形埒理念的象征。其位于象征天盖、天区星象遗迹之下，其下为象征大地的墓室，位置正当天地之间，有"天地兆际"之寓意，简言之为边际的圆形柱子的象征。"埒"乃为土丘，其形环弧之，且等列比连而周，这些特点竟与此分布的圆弧形土丘遗迹相合。"形埒"乃象天地之兆界，古人以天有九野九部，地有九州九土，其数合之适为"十八"。此正为墓中十八形埒取数之本，以喻天地界际，表示天地间的擎天柱，这正是钟离君柏墓相关遗迹所表现的宇宙观。

其五，土偶遗迹。在此墓填土层中首次发现夹杂泥质"土偶"文物1000多个，无规律地散布在填土层中，少数地方堆放比较集中。土偶形体呈方锥形和圆锥形，体表均有十字或井字形绳或草茎捆扎纠结痕。研究认为，"土偶"与淮河流域流行女娲抟土造人神话传说有关。《太平御览》卷七八引《风俗通》记载："俗说天地开辟，未有人民，女娲抟黄土作人，

双墩墓圆形土偶

剧务，力不暇供，乃引绳于絙泥中干举以为人。故富贵者黄土人也，贫贱凡庸者絙人也。"这类"土偶"由"絙泥"（较硬土坯）做成，有绳索印，可能是无面目四肢的"絙人"，埋在填土中以辟邪。

其六，土偶墙遗迹。"土丘"层下环绕墓坑生土二层台内缘一圈内，发现用土偶垒砌3—4层高的墙体，墓道两侧均设土偶墙转角空间，有台阶通往墓道，与墓壁之间用黄色泥沙封填，其上抹白泥层，与墓壁白泥层连接成整体。清理掉墓壁与土偶墙之间的泥沙后显得突出而壮观，现场给

双墩墓墓底十字形布局

人一种城墙的感觉，显然是经过精心设计和施工的构筑物，具有很强的象征性。研究认为，"土偶墙"象征"山缘遗迹"，表示"八极观念"的宇宙观。古人对大地的划分，中央为九州（中土），统治者居中位，九州之外又有八极，为大地之涯际（边界），"土偶墙"是大地边缘界线的标志物，如山或土埂。

其七，"十"字形墓底遗迹。当发掘到7.5米深的墓室时，发现已经腐烂的主棺椁、殉人木棺和器物椁箱痕迹，呈"十"字形埋葬布局现象。主棺椁居中，围绕主椁室东、西、北侧各殉3人，南侧殉1人与2个器物椁箱，构成10个殉人加2个器物椁箱，计12之数，首次发现"十"字形"三三制"墓室埋葬布局。研究认为，古人以墓穴象征大地、墓顶表现天宇，"十"字形是表示方位的，即方形大地的象征。其"十"字形墓室于五位之四方、每方各具三个随葬坑的设计，体现了一年十二月均分四季、每季各辖三月的文化内涵。十二作为历法体系，即一年分为十二月，这甚至使以往呈现的一系列考古学物证都具有了确实的意义。四方的十位殉人象征十天干，以十二个坑象征十二地支，构建了阴阳合历的完整历法体系。这种设计思想与墓上文化内涵彼此呼应，反映了墓主人视死如生、灵魂不死而往来天地的宗教追求。

其八，殉人现象。一号墓墓主葬具为一椁一棺，位于墓底正中，主棺椁内随葬有玉器、青铜剑、戈、戟和镞等。主棺内仅残存几颗牙齿，经鉴定墓主年龄约在40岁。陪葬10个殉人均有较窄的木棺朽痕，仅随葬青铜小刀、加工过的陶片，少数有海贝饰、骨笄等。殉人年龄在20—30岁，南部殉人40岁左右，性别因盆骨腐朽太厉害不能进行鉴定。这种残忍的殉人陪葬恶习在凤阳县下庄钟离康等君王墓中也有发现，反映了当时的钟离国还保留了奴隶制的残余。

有神秘的遗迹，自然也少不了丰富的文物。一号墓出土一批具有钟离古国文化特征的珍贵文物，显示了墓主钟离君柏的身份地位，尤其引人注目。该墓出土随葬品400余件，主要放置在南椁箱，少数出自墓主人棺椁和殉人小木棺，包括铜器、彩绘陶器、石器、玉器、几何印纹硬陶以及海贝和金箔饰件等。青铜器最多，有鼎、三足罍、匜、甗、豆、簠、盘、双联盒、勺、铃、马衔、剑、矛、各型镞、车饰、戈、戟、斧、圜柄刀、刻刀、镰刀、钮编钟等。陶器有彩绘纹陶罐和陶鬲、印纹陶罐、盆及陶砺片等。大量精美漆木器因腐烂炭化仅存漆皮和圆形、双龙形、虎形、长方形、方形等金箔饰件。玉器多是墓主人胸前配饰，有玉环、玉珠、玉牙佩饰、玉玦、玉佩和玉璜等。还有成组石磬、砺石、骨镞、骨笄、蚌坠饰、海贝饰，以及填土层和土偶墙出土2000多件泥质"土偶"文物等。还随葬有专门放置用以祭祀的三牲（猪、牛、羊）的食物箱。

双墩墓青铜鼎

双墩墓青铜罍

双墩墓青铜匜

双墩墓青铜甗

双墩墓青铜豆

考古安徽　先秦篇

双墩墓青铜簠

双墩墓青铜编钟

双墩墓青铜钮钟钲部铭文

双墩墓彩绘陶罐

第四部分 夏商周时期的安徽主要文明成就

考古安徽 先秦篇

双墩墓陶鬲

双墩墓玉环

那么，以上发现是否已经明确了墓主身份？是否已经表明这就是钟离古国国君的墓葬？在青铜钮钟、戈、戟和簠的不同部位发现的两种内容的铭文，给出了答案。其一，为墓主人自用器铭。如钮钟钲部铭："唯王正月初吉丁亥，童麗（钟离）君柏作其行钟，童麗之金。"簠内底铭："唯正月初吉丁亥，童麗（钟离）君柏择其吉金，作其食簠。"戟戈胡部铭："童麗（钟离）公柏之用戟。"其二，是与徐国战争所获兵器铭。在戈的胡部铭："童麗（钟离）公柏获徐人。"内部位铭："余子白此之元戈。"戟戈的胡部铭："徐王容取其吉金自作其元用戈。"这些铭文的发现与释读，为墓主身份的确定提供了重要证据。至此，钟离古国的谜团被真正地揭开了。

与此同时，2007年5月，在凤阳临淮关东部淮河拐弯以南古城北兴建玻璃厂平整土地时，也发现了一座圆形土坑墓葬，其地隶属凤阳县板桥镇古城村卞庄。经县政府和文化文物部门现场停工处理后，省文物局委派安徽省文物考古研究所进行清理发掘。经鉴定，这也是一座春秋时期钟离古墓，墓主竟是钟离君柏的小儿子康！

卞庄一号墓又有哪些发现呢？由于该墓葬位于农田中，因平整土地遭受破坏，地表墓冢及墓坑开口情况不明。残存墓坑为圆形竖穴土坑墓，残口径约11米，底径8米，墓口至墓底残深4.5米。该墓的葬具和有机随葬品均已腐烂，墓底有葬具的浅坑和殉人骨架，在主棺与南部殉人浅坑之间的土埂上，留存有部分朱红色漆皮花纹印迹和棺椁之间的随葬文物。墓室底部中间为墓主，一棺一椁。主棺椁四边陪葬10个殉人，其中北与西侧各殉3人，东与南侧各殉2人，南部有随葬器物和食物的椁箱，构成十字形墓底埋葬布局。研究认为，其与蚌埠双墩一号墓墓室布局含义基本一致。

该墓的随葬品主要放置在器物箱内，少数出自墓主人棺椁和殉人小木棺内。青铜器为大宗，有鼎、簠、罍、甗、盉、兽足盘、豆、戈、矛、剑、镞、刻刀、斧、马衔、编钟。石器有石磬、砺石。陶器有罐、鬲、

卞庄一号圆形墓

卞庄墓出土的青铜甗　　　　　　卞庄墓出土的青铜盉

卞庄墓出土的青铜编钟

豆。漆木器均腐烂，存合页、漆皮等。

　　墓主身份是怎么被最终确定的呢？在五件青铜镈钟的钲部和两侧边发现内容连续的铭文：“隹正月初吉丁亥，余□乓（厥）于之，孙童鹿（钟离）公柏之季子康，罤（择）其吉金，自乍（作）龢（和）钟之，虩（？），柏之季康是良，台（以）从我，师行，台（以）乐我甫（父）（兄），其眉寿无畺（疆），子子孙孙永（保）是（尚）。”从铭文看，墓主的身份是钟离公柏的季子（小儿子）康，也是一位钟离国国君。

　　蚌埠双墩和凤阳卞庄两座钟离国君王墓的年代，根据出土器物考古类型学研究，结合文献，初步认为其年代大约距今2600年，属于春秋中晚期，碳十四年代可到春秋早期，其中卞庄钟离康墓略晚于双墩钟离君柏墓。钟离国君王墓的发现，有哪些重要的历史、科学和艺术价值呢？

　　第一，钟离国墓葬形制独特，遗迹现象复杂，是我国考古史上的重大发现。双墩一号墓规模宏大，凸显了墓主地位的显赫和当年钟离古国的强盛。在当年"全国十大考古新发现"评选时，国家文物局专家给予高度评价。认为该墓的奇特之处在于，不惜代价采集搬运大量的五色混合土堆筑封土和填埋墓坑、圆形墓坑、封土下的白色垫土、墓坑填土中的"放射线、土丘与土偶、土偶墙、十字形埋葬布局"等层层遗迹现象。这些奇特迹象在同时期其他地区的墓葬中从未发现过。那么它们又有什么样的象征意义？反映了什么样的思想观念？这令人遐想，发人深思。

第二，这批墓葬的发现，揭开了钟离古国的神秘面纱，填补了钟离国历史和考古学文化的空白。关于钟离国的记载，史料匮乏。一般说钟离国是在周代受封的诸侯国之一，《史记·秦本纪》作"终黎"，嬴姓之国，春秋末至战国时期被楚国所灭。在凤阳县临淮关镇东五里有钟离国故城遗址，至今保存有四方形宫城夯土城墙，南北长约380米，东西宽约360米。夯土城墙历经千年风雨和农业耕作，今已颓成土垄，残高3—5米，是安徽省现存最完整的春秋古城遗址之一，现为安徽省级重点文物保护单位。城内曾发现过汉代"钟离丞印"封泥，表明此城为汉代钟离县。在钟离故城附近，曾零星出土过春秋、战国时期的遗物，有铜鼎、铜剑、铜矛等，证明了两座墓葬墓主乃钟离古国国君，佐证了文献中钟离古国存在的历史事实。钟离国君墓的发现，解决了众说纷纭的钟离古国地望争论。表明春秋时期的钟离国疆界大体以今凤阳、蚌埠一带为中心，横跨淮河中游两岸，周围与徐、州来、群舒、巢和吴之卑梁等方国或地区相邻。在世系上，发现了文献未载的钟离国国君柏、季子康的名字及父子关系，并诠释了舒城九里墩墓青铜鼓座铭文记载的"玄孙童鹿公觙"是"柏"的孙子。梳理其世系关系为：祖厥于—子□—孙柏—重孙康—玄孙觙—来孙□。这解决了一些历史问题，起到了补史正史的作用。在文化面貌上，随葬铜器中的鼎、三足罍、三足盘、小盒等，以及彩绘陶罐、黑灰陶的鬲和罐等颇具地方特点，显示出鲜为人知的钟离国文化特色。

卞庄钟离康墓出土的青铜镈钟钲部与侧边铭文拓本

  第三，双墩一号墓独特而神秘的文化现象表明，该墓是经过"精心构思、精心设计、精心准备、精心施工"的一处重要墓葬建筑遗存。其内涵丰富，寓意深刻，体现了先秦传统文化的宇宙观和王权宗教思想，为研究中国墓葬形制结构和埋葬制度、埋葬习俗提供了全新的材料。同时对合理解释其他考古零星发现的天文遗迹，佐证和理解《淮南子》相关记述内涵，为墓葬考古研究，提出了新课题，开拓了新视野。总之，钟离国君王墓的发现，显示了淮河流域先秦文明的进步和中华文化的博大精深，为研究淮河中游淮夷地域文化现象以及考古学、历史学、民族学、宗教学、建筑学等多学科研究，提供了十分珍贵的实物资料。

　　如果不是钟离国古墓的发现，这个资料匮乏的春秋古国很可能湮灭在历史之中。鉴于其意义重大，双墩春秋一号墓被评为"2008年度全国十大考古新发现"，2013年双墩春秋墓被公布为全国重点文物保护单位。2017年蚌埠双墩遗址（含双墩春秋墓）列入第三批国家考古遗址公园立项名单，目前正在保护建设中。

（撰稿：阚绪杭）

参考文献

［1］安徽省文物考古研究所、蚌埠市博物馆：《春秋钟离君柏墓发掘报告》，《考古学报》2013年第2期。

［2］安徽省文物考古研究所、蚌埠市博物馆：《钟离君柏墓》全三册，文物出版社2013年版。

［3］安徽省文物考古研究所、凤阳县文物管理所：《安徽凤阳卞庄一号春秋墓发掘简报》，《文物》2009年第8期。

［4］安徽省文物考古研究所、凤阳县文物管理所：《凤阳大东关与卞庄》，科学出版社2010年版。

寿县蔡侯墓

春秋时期大国竞争下的小国命运

寿县蔡侯墓为春秋晚期蔡国国君蔡昭侯墓。根据整理统计，墓内出土器物有青铜器、玉器、金饰、骨器等共计584件，其中青铜器486件，占据绝对多数。有铭铜器60余件，主要为蔡侯申自作器，以及与吴王光联姻之媵器。蔡、吴之间的这段联姻可补史书之缺，铭文还反映了春秋中晚期以来周初重要封国蔡国趋楚趋吴的困境。

春秋时期诸侯争霸，小国的命运就如海上一叶扁舟。一般来说，大多数小国能做的就是选择乘上某一波大浪，然后随波逐流。选对了，披星戴月，踏浪而行，直挂云帆济沧海；选错了，命运多舛，孤舟飘零，明月不归沉碧海。但也有一些小国选择"走钢丝"，游走于两个大国之间，成为"墙头草"，摇摆不定，企图在大国之间寻求某种平衡，以此实现利益最大化。

周武王攻灭商朝、平定天下以后，大封宗室子弟和功臣。分封叔鲜于管地，分封叔度于蔡地，并让二人做纣子武庚禄父的相，一起治理殷族遗民，实际是让他们监视商朝遗民。蔡国便是夹在吴、楚两个霸主之间的小国，身为蔡国的国君，需要时刻思考如何在两个大国你来我往的斗争夹缝中求生存。那么，蔡国具体在什么地方呢？

蔡国原为周初分封的姬姓诸侯国,建都于蔡(今河南上蔡县),始封之君为周武王之弟蔡叔度,后因蔡叔度跟随武庚反叛,被周公放逐于郭邻。蔡叔度死后,周公旦封其子蔡仲(名胡)于蔡(今河南上蔡县),重建蔡国。西周灭亡后,东周迁都洛邑,蔡国为东周的东南大国,起着拱卫周王室的作用,与汉淮诸姬姓国互相联系,维护逐渐衰落的东周政权。春秋中期,南方的楚国迅速崛起,蔡国经常受到楚国的侵扰,只能从属于楚国,国家大事包括国君任免都由楚国决定。蔡灵侯十二年(前531年)一度灭于楚,后楚平王复蔡,迁都于新蔡(今河南新蔡)。公元前518年,蔡昭侯申继位。公元前509年,蔡昭侯去朝见楚昭王,带着两件漂亮皮衣,一件献给昭王,一件自己穿。楚国令尹子常想要蔡昭侯那一件,蔡昭侯不给。子常就向楚昭王说昭侯的坏话,把蔡昭侯扣留在楚国达三年之久。后来蔡昭侯得知其中原因,就把自己那件皮衣献给子常,子常接受皮衣后,才向楚王建议把蔡昭侯放回国。蔡侯回国后决心与楚国决裂,积极与吴国联合。公元前506年夏,蔡国按晋国意愿灭掉沈国,楚王大怒,发兵攻蔡。蔡昭侯派其子去吴国做人质,请吴国发兵共伐楚国。冬天,蔡侯与吴王阖闾攻破楚国,进入楚都城郢都。因蔡侯痛恨子常,子常心中害怕,逃到郑国。公元前505年,吴国撤军,楚昭王光复楚国。公元前493年,楚昭王讨伐蔡国,蔡侯恐慌,向吴国告急,吴国出兵救蔡,并把蔡国都城迁到州来(今安徽寿县,一说凤台县),称为下蔡。公元前491年,昭侯要去朝见吴王,蔡国大夫们怕他再次迁都,杀死昭侯,拥立昭侯之子朔为国君,就是成侯。蔡侯齐四年(前447年),楚惠王灭掉蔡国,蔡侯齐出逃,蔡国从此灭国绝祀。

自蔡昭侯迁都州来始,历成侯、声侯、元侯及侯齐,共5代47年。蔡国的历史主要来源于史书记载,蔡侯墓的发现和发掘、研究,使这一段历史终于真正地浮现在人们面前。

蔡侯墓是怎么被发现的呢?时间回到了六七十年前。1955年5月,寿县治淮民工在城西门内取土时，发现甬钟2件及鼎、鉴、缶等，即行清理发掘，发现高规格古墓葬一座。该墓形制为土坑竖穴，南北长8.45米，东西宽7.1米，深3.35米，无墓道，墓坑正中略偏南有长2.4米、宽0.8米的漆棺痕迹，满铺朱砂一层，厚约2厘米。朱砂下面有玉佩1副，并有玉璧与扁形玉环等，其间排列着圆形、六角形、三角形、长方形的金叶；偏东处有铜剑1把，剑锋向南；墓主人的骨骼未能保存下来。从玉饰、金叶的排列次序与铜剑的位置看，宛似人形卧地，可知是头北足南。东南角殉1人。

此墓出土器物有青铜器、玉器、金饰、骨器、漆皮等，其中青铜器486件，最为突出。礼器百余件，器物主要有鼎、鬲、簋、簠、敦、豆、方壶、尊、盉、缶、鉴、盘、匜、甬钟、镈钟、钮钟、钲、錞于等。随葬物品如鼎、钟、鬲、豆、方壶、鉴、盘、尊与编钟等都置于墓坑北部；墓坑的东南隅除车马器、兵器外，尚有一些小铜器、骨器；西部以兵马器为多，也有一些小铜器、骨器；墓葬南壁底部长方形小坑内有绳纹陶器碎片，可能是给陪葬者的。

墓主到底是谁呢？从墓葬的形制和祭品规模看，墓主生前肯定是一位身份显赫的人。出土了有铭文铜器近60件，铭中多有"蔡侯"字样，从而确定该墓系蔡侯墓。

蔡侯不止一位，蔡国几十年间，经历了好几位国君。寿县蔡侯墓究竟是哪位蔡侯？学术界一度争议较大。

发掘报告采用了陈梦家的考订，认为墓主是蔡昭侯申；郭若愚、唐兰均认为墓主是蔡成侯朔；郭沫若则认为墓主为蔡声侯产。1959年安徽淮南蔡家岗发现两座战国墓，二号墓出土"蔡侯产之用剑"，据此推测该墓为蔡声侯产之墓，一号墓与二号墓形制、规模近同，有人认为是蔡元侯之墓。1980年舒城九里墩春秋墓出土"蔡侯朔之用戟"，墓主当是蔡成侯朔。蔡国迁都州来后的几位国君都有对应的墓葬，唯有侯齐逃亡，不知所向。根据裘锡圭、李家浩的考释，此墓出土蔡侯的名为申，目前已得到学术界的普遍认同。

寿县蔡侯墓出土的部分青铜器铭文内容反映了弱小的蔡国周旋于吴、楚两大国之间的困难处境。例如，蔡侯盘、尊的铭文各有92字，为蔡侯嫁其姊与吴王时铸；吴王光鉴有铭文53字（含合文1字），是吴王之女嫁蔡时吴王所赠，反映出吴、蔡两个同姓国家通过联姻来加强同盟关系，可补史缺。在蔡侯钟上铭文82字中，有"左右楚王"词句，反映了蔡国侍奉楚王的历史事实。

蔡国一方面侍奉楚王，一方面与吴国联姻以为外援，最后仍为楚所灭。弱国无外交，寿县蔡侯墓为今人展现了一个失去独立性的蕞尔小国艰难周旋于两个大国之间，最后仍然被灭的生动图景。

铜器中以吴王光鉴最为著名。吴王光鉴出土时，鉴内配有圆形尊缶和匜形勺，三器使用时合为一体，称"鉴缶"。尊缶盛酒，匜形勺挹注，尊缶与鉴的间隙置冰用以冰酒。器高35厘米，口径59厘米，直口，折沿，方唇，颈腹部对置兽耳衔环，器表模印蟠螭纹。内壁铸铭8列53字，全文为："隹王五月，既生霸期，吉日初庚，吴王光择其吉金，玄銑白銑，以作叔姬寺吁宗彝荐鉴。用享用孝，眉寿无疆。往已叔姬，虔敬乃后，子孙勿忘。"此鉴是吴王光（吴王阖闾）为其女叔姬出嫁蔡侯所作的媵器（陪嫁器物）。

铜盥缶盖顶作六柱环握。腹下内收，底为假圈足。盖和器均饰圆饼状涡纹，盖为6个，器为8个。器外壁嵌红铜兽纹，纹饰精美。器、盖同铭："蔡侯申之盥缶"，为蔡侯自作器。出土时内附有一小匜，原有双链提梁，已残。

蔡侯莲瓣盖铜方壶是此墓出土的另一件著名铜器。口部饰镂空八瓣莲花形，方颈，圆腹。颈部饰对称兽耳。腹部用"十"字带区分。圈足四角各有一兽，昂首跪伏。有铭文6字。此壶形体高大，装饰华丽，是春秋青铜艺术之珍品。

吴王光鉴

蔡侯盥缶

考古安徽 先秦篇

蔡侯申铜方壶

蔡侯镈钟

蔡侯钮钟

　　蔡侯墓还出土1套9件编钟。此套编钟，均有铭文，字数不等，内容涉及蔡国和楚国的关系。其中一件为长方单纽，钲部饰6排共18个螺状枚。舞、篆和鼓部均饰蟠螭纹。纽装饰三角纹组成的连续纹样。

　　蔡侯墓另有镈钟1套，共8件，大小相次，此为第七枚。镈钟均为镂空复纽，纹饰与编钟基本相同。此套镈钟中有铭文清晰者4件，各有铭文12行82字，为蔡侯自作用器。

　　蔡侯墓出土玉器也很精美。其中一件蚕形玉饰，形状弯曲似玉璜，两面花纹一样，通身刻带形纹7道，带纹上有6道是斜线纹，1道是人字形纹，表现出蚕的动态。头部以穿孔作为蚕的眼睛。

　　寿县蔡侯墓墓主身份明确，可与史书记载相互印证。出土一批有铭铜器，包含的历史信息量大，涉及春秋晚期蔡楚、蔡吴关系，反映了春秋中

蚕形玉饰

期以来周初重要封国蔡国趋楚、趋吴的困境。述及蔡吴联姻之事，可补史书之缺。又因为墓葬年代明确，所出铜器群可作为春秋晚期战国初期的断代标准。近年来，凤阳卞庄、蚌埠双墩钟离国国君墓陆续发现，相信随着更多江淮方国墓葬的确认，这一段历史会越来越清晰。

（撰稿：金 婴）

参考文献

［1］安徽省文物管理委员会、安徽省博物馆：《寿县蔡侯墓出土遗物》，载中国科学院考古研究所编辑《考古学专刊乙种第五号》，科学出版社1956年版。

［2］郭沫若：《由寿县蔡器论到蔡墓的年代》，《考古学报》1956年第1期（总第十一册）。

［3］陈梦家：《寿县蔡侯墓铜器》，《考古学报》1956年第2期（总第十二册）。

［4］唐兰：《寿县所出铜器考略》，《国学季刊》1934年第四卷第一号。

［5］郭若愚：《从有关蔡侯的若干资料论寿县蔡墓蔡器的年代》，载上海博物馆集刊编辑委员会编《上海博物馆集刊——建馆三十周年特辑》，上海古籍出版社1983年版。

［6］裘锡圭、李家浩：《谈曾侯乙墓钟磬铭文中的几个字》，载裘锡圭《古文字论集》，中华书局1992年版。

［7］李治益：《蔡侯戟铭文补正》，《文物》2000年第8期。

寿春城遗址

八百年楚国的最后一座都城

　　寿春城是楚国晚期的最后一座都城，位于安徽省寿县县城附近。楚都寿春城沿袭了"州来城"和"下蔡城"规划，是典型的古今重叠型城址。寿春城的形成和发展反映出楚国东进江淮过程与吴、蔡、越等国之间错综复杂的关系，是晚期楚文化的集大成。

　　寿县，别称寿州、寿春，是安徽省淮南市下辖县，位于安徽省中部，淮河南岸，八公山南麓。寿县历史文化悠久，素有"地下博物馆"之称。据《史记·楚世家》和《史记·春申君列传》等文献记载，楚自考烈王二十二年（前241年），东徙都寿春，命曰郢；后至楚王负刍五年（前223年），秦军破寿郢，楚国灭亡。作为楚国最后一个都城，寿春城前后存续时间为19年。寿春城遗址的具体位置在哪里呢？梳理各种资料后，大体有三种说法：一说为今寿县县城附近；二说为城西四十里；三说在城西南四十里的丰庄铺。

　　在李三孤堆楚王墓的发现揭开了楚文化研究的序幕之后，学界急需解决寻找寿春城的问题。1964年，天津市收集到一件铭文曰"春申府鼎"的青铜鼎，此后又陆续在一些基建工程中发现了"大之器"（大府铜牛）、

寿春城遗址

鄂君启金节、大量的金币郢爰和部分青铜重器等高等级遗物。寿县地区的
文物工作者还在调查中发现，寿县县城东南一带时常出土大量的板瓦、筒
瓦和一些陶器碎片、水井等遗存。以上这些信息显示寿春城遗址很可能就
在今寿县县城附近。解决寿春城的地望问题，还是要依靠考古学的方法。

　　真正意义上科学的、成规模的针对寿春城遗址的考古工作要从1983
年春算起。以安徽省文物考古研究所丁邦钧为领队的寿春城考古工作组，
将工作的重点放在了寿县东南部，开展了大量的调查工作。1985年柏家
台大型建筑基址的发现，成为确定寿春城遗址位置的核心证据。该建筑
基址修建在一处曲尺形夯土台基上，台基东西最大长210米，南北最宽约
130米，残高0.8—1米；已发现的该处建筑基址位于台基的西南部，其面
阔53.5米，进深约42米，总面积达2000平方米；建筑外围发现有内外两排

寿县出土的鄂君启金节

石柱础，紧挨小石柱础内侧铺放两排槽形砖，第二排槽形砖之内铺放长方形素面地砖，建筑内部柱网结构不清，南面和西面中间各发现一处门道，东南部大石柱础外侧发现一处用完整筒瓦扣合而成的下水道遗迹。出土的遗物当中则以建筑材料为主，极少发现生活用品，瓦当主要出现在槽形砖附近，多为圆瓦当，少数为半瓦当，纹饰有凤鸟纹、云纹、树纹和四叶纹等。如此规模的大型建筑，其性质推测为宫殿基址。

　　有城，就有城墙；没有城墙则不足以成为城市。作为城址，城墙问题是无法回避的重要问题。由于迟迟未能发现城垣遗迹，也导致无法最终

考
古
安
徽

先
秦
篇

寿县出土的金币

寿县出土的铜方壶

柏家台大型建筑基址发掘现场

确定楚都寿春城的具体范围。为此，1987年5月，寿春城遗址工作组与安徽省地质研究所遥感站合作，主要利用1954—1980年先后成像的6套航空照片或卫星影像资料对寿春城东南地区进行遥感考古研究。通过判读并结合实地调查，发现原定遗址南部外围存在着纵横交错的古水道，寿县县城外围也有两周古水道，而后据此绘制了1∶10000的遥感图像解译图，并发表了详细的工作报告，初步确定了外郭城、护城河及城外相关水系和城郭内的水道系统等信息。1988年前后，又采用对称四级电阻率法在双更楼一带古水道和古水道内侧可能为南城墙的位置进行了物探，以验证遥感考古的研判是否正确。至1991年，工作组最终确定的楚都寿春城的范围，即：西墙从寿县城南门向南，经马家圩、小岗上至范河南250米，残长约4.85千米；南墙从范河南向东经葛小圩、小刘家圩至顾家寨一带，残存约3千米；由于东墙和北墙均未发现明显的迹象，但考虑到兴隆集和柏家台两处

柏家台建筑基址出土的槽形砖

柏家台建筑基址出土的凤鸟纹瓦当

大型建筑以及29座夯土台基群应包括在寿春城之内，故工作组推测寿春城东西长约6.2千米、南北宽约4.25千米，总面积约26.35平方千米。这一认识也成为学界很长一段时间内的主流观点。

这一观点是否就是事实？至2001年，中断了近十年的寿春城考古工作重新开始，安徽省文物考古研究所与北京大学考古文博学院合作，组成新的寿春城遗址考古工作队。由于前一阶段的成果和原始记录无从查找，所以在开始新阶段的工作之前，必须对前期工作进行梳理，整理资料信息，并据此重新建立工作思路，其中的首要任务便是对前期工作的成果进行实地考古验证。通过几个月的调查、验证，工作队遇到了最突出和严峻的问题，即前期资料中描述的城垣、城门和重要的夯土台基等遗迹，在实地的田野工作中没有发现与之对应的相关迹象。

通过近三年的主动性考古工作，工作队否定了前一阶段所谓外郭城垣遗迹的存在，并提出今寿县县城为楚都寿春城的宫城或内城，以"柏家台—邢家庄—邱家花园"一线为功能性大型建筑区，其周围则分布有规模不一的散居点的基本观点。

2004—2016年，伴随着寿县城市的发展建设，寿春城遗址的考古工作基本以配合基本建设而进行，以考古钻探和抢救性考古发掘为主。通过十多年来配合基建的考古工作，考古队得出一个基本认识：寿县新城区明珠大道以南的区域仅散见有零星的战国晚期遗存，钻探和发掘获得的遗存年代主体为汉代和唐宋时期，另有数量众多的明清墓葬发现。这一阶段有助于推进对楚都寿春城的研究与认识。比较重要的考古工作主要有两项：一是2009年寿县明珠大道车马坑的发现与发掘。经初步清理，该车马坑由坑室与坑道两部分组成，坑室方向北偏东85度，东西长20.6米，南北宽3.7米，深约2米，坑道为长方形斜坡式，位于坑室北壁东端，方向北偏西5度，宽2.6米；共清理出木车6辆、马15匹，东西向一字排列，出土铜车饰2件、木环10件；后经钻探在其北40米处发现一座大型土坑木椁墓，方向与

2009 年发掘清理的车马坑

车马坑基本一致，推测可能是其主墓之所在。二是2011年为配合寿县西门复建工程，在对西门门洞及城台遗址进行发掘的同时，对西城墙进行了解剖性试掘。通过试掘，在第二层下均为夯土堆积，夯土自上而下可划分为夯土–1至夯土–11等层次，在夯土–4与夯土–5之间有一路面遗迹，夯土–11中出土有可辨识器型的陶器，如盆、豆、罐、板瓦及筒瓦等遗物，从器物形制来看，应属战国晚期遗存。

　　鉴于日益增长的基建考古工作，为切实做好寿春城遗址的文物保护，尽可能多地获取和保留寿春城遗址的资料信息，安徽省文物考古研究所联合北京大学考古文博学院、河北省古代建筑保护研究所共同制定的《寿春城遗址保护总体规划》，于2007年获批准通过。

　　寿春城遗址所在的寿县县城，其历史沿革根据文献记载可简单梳理如下：周襄王三十年（前622年），楚灭六、蓼，寿地入楚；景王十六年

（前529年），吴略州来，并占寿地；敬王二十七年（前493年），蔡避楚求吴翼护，迁都州来，史称下蔡；贞定王二十二年（前447年），楚灭蔡，地复入楚。楚考烈王二十二年（前241年），楚国迁都寿春。其中还有两个时间节点需要重视，一是《左传》载哀公二十二年（前473年），越灭吴；二是公元前262年，楚考烈王封此地为春申君黄歇的食邑。据此，可以梳理出一条"州来城—下蔡城—寿春城"的发展脉络，从城市发展史的角度来看，此地为典型的古今重叠型城市。

　　坚持下蔡城的地望"寿县说"而非"凤台说"的观点是开展今后工作的学术前提，而这一认识的形成主要是基于考古材料的揭示。在这一认识基础上，发掘者在想：解决寿春城城址范围的问题，是否可以转变工作思路？即从探寻下蔡城的范围和城垣遗迹来反证寿春城的相关问题。考虑到城址和墓葬的分区关系，结合已有的蔡昭侯墓、蔡家岗赵家孤堆蔡墓以及寿县西圈陆续发现的墓葬情况，计划从墓地的发掘入手，通过墓地布局反

西圈墓地 25 号墓出土的三联戟

向验证城址的方位。

实践证明，建设国家考古遗址公园是大遗址保护比较有效的途径之一。在经历了较长时间以配合寿县新城区建设而开展的抢救性考古工作之后，为继续探索寿春城遗址城垣、布局等相关问题，同时也为申报寿春城国家考古遗址公园立项提供学术支撑，安徽省文物考古研究所联合寿县文物管理局自2017年起重新启动了对寿春城遗址的主动性考古工作。

2017—2020年，对寿春城遗址的西圈墓地进行了连续性的主动性考古发掘工作。发掘共分为两个区，累计发掘面积约1400平方米，清理墓葬58座、灰坑28个，房址1座；出土陶器、原始瓷器、印纹硬陶器、铜器、漆木器和玉器等500余件（套）。

2017—2018年度对Ⅰ区发掘主要有以下几点收获：一是以编号M25墓为代表的一批春秋晚期至战国早期中小型墓葬的发现，力证西圈墓地为下蔡的重要墓葬区。该墓最为重要的发现是位于东边厢紧贴东椁壁出土的一件三联戟，其中最前部一件戈上胡部有纵向两排六字错金铭文"蔡侯产之用戈"，第三件戈为木戈。此铭文戈的出土，一方面为该墓的年代上限提供了重要依据，另一方面则可将其墓葬属性定性为蔡国中等贵族墓葬无疑。二是首次在寿春城遗址内发现战国中期墓葬。三是战国晚期遗存的新

西圈墓地 1 号大墓平面照

西圈墓地 1 号大墓积炭解剖情况

第四部分　夏商周时期的安徽主要文明成就

发现。根据以往对寿春城遗址主要分布在寿县东南部区域的认识，西圈墓地所发现的战国晚期遗存则说明，由于楚国晚期的迁都事件，导致大量的人口涌入，其居址区的分布应已扩展至寿西湖东岸沿线一带。

2019—2020年度对Ⅱ区的发掘工作，主要是围绕着1号大墓而展开。在确认1号大墓形制为"亚"字形的前提下，进一步揭示出其墓圹存在一圈内"亚"字结构。通过对墓圹内堆积的清理，确认了该墓在西汉早期之前遭遇大规模的毁坏，且不排除官方行为。该墓虽然早期被毁，但墓葬形制和结构保存较好，据此可以较为完整地复原1号大墓的营建过程。从开口层位来看，1号大墓打破一层厚25—30厘米的灰白色垫土，通过勘探并结合探沟试掘，初步掌握了该灰白色垫土的分布范围，或为其茔界范围。挖掘出"亚"字形墓圹后，发现夯筑内"亚"字护壁墙，然后在墓底依次铺垫厚约15厘米的青膏泥、厚约30厘米的积炭层、积炭上放置枕木、枕木上放置棺椁（棺椁被毁坏，不见踪迹），在椁与护壁墙之间分层置积炭。与1号大墓开口层位一致的圆形坑状遗迹，在上一年度的发掘中推测其可能与筑墓相关。1号大墓的发掘具有以下几点重要意义：一是首次在安徽地区揭示出"亚"字形墓圹的积炭大墓，为研究东周时期江淮地区诸侯国葬制葬俗提供了新材料；二是明确了其与南侧车马坑的组合关系，解决了车马坑的主墓归属问题；三是完善了西圈墓地下蔡时期墓地的文化内涵，改变了以往认为西圈墓地为"中小型墓地"的认识，充实了围绕着寿春城遗址下蔡时期墓地的布局，并进一步佐证了下蔡地望"寿县说"而非"凤台说"的观点；四是该墓葬等级较高，结合以往该墓地发现的同时期墓葬情况，研究人员推测其可能为蔡侯一级的高等级大墓，为下一步下蔡城址的探寻与研究提供了重要线索。

寿春城周围的墓地分布是比较明晰的，分别是东南方向长丰、杨公一带的高等级墓葬区，包括李三孤堆墓、武王墩等；西南方向胡塘、双桥一线的中等贵族墓葬区；北部八公山南麓、东淝河北岸一带的小型墓葬区。

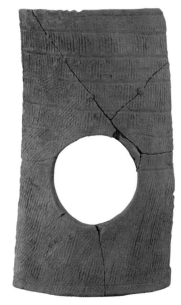

八里遗址出土的陶烟囱类遗物

这三片墓葬群的分布为将寿县县城及其东南部区域作为确定寿春城城址所在地的认识提供了布局层面的支撑。据此，从西圈墓地、蔡昭侯墓、东津村以及淮南蔡家岗等地蔡墓的发现来看，研究人员认为下蔡城的区位也应该与寿春城有着高度的重合。

此外，在配合基本建设过程中，考古人员在寿县新城区的八里村地点发现了新的夯土建筑基址。作为寿春城遗址范围内继柏家台和邢家庄北之后经科学考古发掘工作揭示的第三处大型建筑基址，从出土遗物的具体情况来看，其等级和属性与前者存在较大差异。该遗址出土空心槽形砖、铺地砖和大量板瓦、筒瓦及排水管道的情况，一方面说明其建筑规模具备一定的等级；另一方面由所出瓦当以卷云纹半瓦当为主，少见圆瓦当，更不见显示建筑级别的凤鸟纹瓦当，以及空心槽形砖的尺寸规格亦较小的情况而言，也说明其等级较之柏家台建筑基址稍低。更为重要的是遗址内出土大量生活类实用陶器的情况也与柏家台遗址绝不见此类陶器的情况存在天

西南拐角塘遗址夯土建筑基址解剖

小宋家台子北墓地战国早期墓葬及部分出土遗物

小宋家台子北墓地部分出土遗物

壤之别，而与基址相关的水井、陶缸和陶烟囱等遗存的发现也显示出浓郁的生活气息。本次发掘揭示的南北向长度超过150米、宽度5—8米的灰沟遗迹，为重新理解和审视"水道"类遗迹提供了新的重要线索。

作为典型的古今重叠型城市，寿县老城区内的考古工作一直未能开展，2019年西南拐角塘遗址的发掘是一个重要契机。发掘所揭示的战国早中期的大型夯土建筑基址是寿春城遗址范围内的首次发现，具有重要的启示意义。老城区的工作很可能是解决寿春城遗址诸多问题的一把"钥匙"，今后要根据已有的发现制订切实可行的计划有序开展考古研究工作。

为配合引江济淮工程建设，安徽省文物考古研究所联合淮南市博物馆和寿县文物保护中心等单位，于2020年3月至2021年5月间，对位于寿县县城东北方的小宋家台子北墓地进行了抢救性考古发掘工作。该墓地一批战国早中期典型吴越系墓葬的发现，填补了江淮西部地区此类墓葬的空白，为印证吴据州来以及吴楚江淮拉锯争夺的历史事实提供了重要材料支撑，也进一步夯实了有关州来城、下蔡城的地望及其相关问题学术讨论的基础。

作为楚国晚期最后一座都城，截至目前，学界对寿春城城址范围和外郭城的认识仍不甚明确，其主要原因在于城垣遗迹的未知性和建筑基址发现的有限性。八里村地点发现的大型夯土建筑基址及疑似"水道"遗迹，就其所处方位和出土遗物的情况而言，一方面证明了第一阶段工作所得认识的合理性；另一方面也暗示着寿春城内建筑居址和祭祀性礼仪建筑的不同分布和布局，而是否存在严格意义上的外郭城也值得深刻反思。

2021年，安徽省文物考古研究所联合寿县文物保护中心对西南小城遗址进行了主动性考古发掘工作，对其城垣遗迹进行解剖后基本明确了其堆积的特点，为今后专家在寿春城遗址范围内开展考古勘探时对城垣遗迹土质土色等问题的判断提供了重要参考依据。相信随着考古工作的持续进行，有关寿春城的诸多疑问终将有个答案。

（撰稿：张钟云　蔡波涛）

参考文献

［1］涂书田：《楚郢都寿春考》，载楚文化研究会编《楚文化研究论集》第一集，荆楚书社1987年版。

［2］丁邦钧：《楚都寿春城考古调查综述》，《东南文化》1987年第1期。

［3］张钟云：《关于楚晚期都城寿春的几个问题》，《中国历史文物》2010年第6期。

［4］蔡波涛、张钟云：《考古寿春城之一："下蔡"迷踪》，《大众考古》2021年第1期。

［5］蔡波涛：《寿春城遗址考古新发现与新思考》，载楚文化研究会编《楚文化研究论集》第十四集，上海古籍出版社2021年版。

［6］蔡波涛、张钟云：《考古寿春城之二：西圈墓冢》，《大众考古》2021年第9期。

［7］蔡波涛、张钟云：《寿春城遗址城垣遗迹的考古探索与思考》，载贺云翱、郑孝清主编《中国城墙（第三辑）》，科学出版社2021年版。

［8］蔡波涛：《考古寿春城之三：城垣谍影》，《大众考古》2022年第3期。

杨公楚墓

战国晚期楚国高等级贵族墓地

　　杨公楚墓位于安徽省淮南市杨公镇，于1977—1981年进行过4次发掘，清理墓葬11座，初步揭示出楚国家族墓地布局。出土遗物中玉器是一大特色，反映出战国晚期楚国高水平的制玉工艺，为研究楚国晚期高等级贵族墓地提供了重要材料。

　　杨公镇原属于寿县，新中国成立后划归长丰县管辖，2004年又被划入淮南市谢家集区。该区域分布有数十座带高大封土堆的大墓，当地人称之为"孤堆"，除李三孤堆外，还有诸如黄泥孤堆（黄歇墓）、大孤堆、马家孤堆等。这些墓葬的分布并不是很集中，一般相距3—5千米，有的相距10—20千米。

　　杨公楚墓与李三孤堆楚王墓等同属于战国晚期楚国高等级墓群范畴。作为标志性事件，20世纪30年代李三孤堆大墓的发现，拉开了中国楚文化研究的序幕。1933年，当地士绅以救灾为名，聚集群众100多人对李三孤堆大墓进行了为期约3个月的疯狂盗掘；1938年，桂系军阀李品仙再次组织士兵对该墓进行了疯狂盗掘。据统计，李三孤堆大墓的流散文物4000余件。目前所见和发表的资料均主要来源于第一次盗掘所得，通过对器物形制风格以及铭文内容等的研究，基本可以肯定李三孤堆大墓为战国晚期一座规模巨大、等级颇高的楚墓，学界目前普遍认为其墓主为楚幽王熊悍。

对于杨公楚墓的科学考古发掘，前后共开展了四次。1977年1月，杨公公社在兴修水利时发现古墓葬和一座车马坑，安徽省文物工作队在长丰县文管所和合肥市文管处的协助下，清理了其中被破坏比较严重的3座墓葬，出土了一批精美的玉器。为进一步了解该区域内墓葬的情况，配合楚文化的研究工作，安徽省文物工作队长丰发掘组又于1977年秋和1979年春对这一墓葬区进行了两次调查发掘。算上之前抢救性清理的3座，共计清理墓葬9座（编号M1—M9），出土铜器、陶器和玉器等共计240余件。1981年4月，为配合楚文化课题研究，进一步探索该地区的楚墓分期序列，安徽省文物考古研究所对该墓地进行了第四次发掘，又清理墓葬2座（编号M10、M11），出土铜器、陶器、玉器等80余件。

杨公发掘的这11座楚墓及车马坑，均位于朱家集李三孤堆墓以北，西北距离楚都寿春约20千米。这批墓葬相距较近，主要分布在由杨公中学北面的高岗向东南和西南延伸的两座小山垄上。其中东南向山垄因1977年的水利工程被挖成一条长约3千米的人工渠，M1、M2和M3被水渠穿过，水渠的东堤旁是M4和M5。西南向山垄为杨公通往朱家集的公路，M6、M7、M8、M9分别位于公路的东西两侧。M10位于纪大郢西南约50米的公路边，南距M9约20米。M11位于朱家集乡高庄村，名为"三里冢"，当地群众称为"商鞅冢"。该墓向北2千米为M7、M8、M9和M10，向南2千米是李三孤堆楚王墓。

这批墓葬均有地面封土，其中M1—M8的封土被后期取土破坏，M9残存有高约3.4米经过夯筑的封土堆，M10的封土堆残高1.2米，M11封土堆高出周边农田约2.5米，两墓的封土均未经夯筑，土质疏松。值得注意的是，在墓口与封土之间均有一层厚约30厘米的白土层，可能与墓葬的兆域有关。墓口尺寸有差别，其中M8墓口最大，长16.9米、宽14.7米；M5较小，

杨公墓 8 号墓椁室平面　　　　　　　　杨公墓 9 号墓外棺盖纹饰

长12.4米、宽10.1米。墓坑均以台阶形式向下逐层收缩，一般在4级或5级
台阶下接口大底小的斗形坑壁，直达墓底。多数墓葬在墓室后壁留有生土
二层台，台高一般与原椁盖齐平，个别墓葬的二层台上还放置有随葬品。
M11的墓室底部面积最大，长7.1米、宽5.5米；M3较小，长3米、宽2.2
米。墓室距地表深均在7米以上，其中M9最深，约8.9米。

　　每座墓均只有一条墓道，除M1和M3朝北外，其余墓道均为东向。M4
墓道为阶梯式，其余均为长斜坡式。墓道一般长7—8米，墓道口宽2.4—
4.1米，坡度为22.5—27.5度。多数墓葬在墓道两壁放置有3—5对铜矛和与
之相应数目的漆盾，矛头均斜指向墓道口，这种象征墓主人死后仪仗队伍
的特殊葬俗是该墓地的一大特色。

　　墓坑内填土均为夯筑结实的五色土，近椁处不夯。接近椁室及椁室四
周均填充青膏泥，个别墓的坑底还铺垫一层砂姜石。在墓道下端进入墓室
两侧的填土中，各墓都零星埋有鹿角骨，部分墓葬还同时埋有狗骨、马骨

杨公墓出土的铜构件　　　　　　　　　　　杨公墓出土的陶豆

和水牛头骨等。墓葬形制均为长方形竖穴土坑墓，除M5为石椁墓外，其余均为木椁墓。多数墓葬的棺椁已全部朽烂，仅能观察到木板腐朽的痕迹。棺椁保存较好的墓葬主要有M8、M9、M10和M11四座。其中M8和M11为一椁重棺，M9为重椁重棺，M10为一椁一棺。椁室内一般用隔板分成几个部分，如边箱、脚箱、头箱等，用于放置不同类型的随葬品。

出土器物中，铜器主要为兵器，且多数出于墓道两侧壁，器型包括矛、镦、戈、盾牌等，也有部分铜构件；陶器组合主要包括鼎、敦、壶、钫、罐、簠和鼎、豆、盒、壶、罐等，是常见的战国晚期楚墓出土器物风格。

玉器则是杨公楚墓的最重要收获之一，不仅出土数量大，而且部分璜、佩的造型与图案的组合构思新颖、别具一格。综观杨公楚墓出上的玉器，其特点是质地精美，雕琢精细，种类繁多，设计奇巧，工艺多样，反映出战国晚期楚国制玉工艺的极高水平。

杨公墓发掘的这批楚墓与李三孤堆楚王墓属于同一墓地，而放眼于整个淮南山南地区的高大封土堆墓群来看，该墓群的一个重要特点：大型墓均是单个存在，而中型墓却是两两成对分布，一般相距20—30米、一大一小并列在一起。通过发掘资料可知，M1和M2、M7和M8、M9和M10，这三

杨公墓出土的兽面谷纹玉璧

杨公墓出土的谷纹玉璧

杨公墓出土的双凤纹玉珩

杨公墓出土的镂雕龙形玉佩

杨公墓出土的龙凤纹玉佩

杨公墓出土的瓶式玉佩

第四部分 夏商周时期的安徽主要文明成就

杨公墓出土的青白玉谷纹璧

组墓葬均为两个墓穴靠在一起，从封土、墓坑和椁室大小来看，南墓均大于北墓。从随葬品的角度来看，南侧大墓往往出土兵器，推测其墓主人应为男性，而小墓一般不出兵器，推测其墓主应为女性。这种男女异穴合葬墓的墓主人生前是否为夫妻关系呢？答案是肯定的。男左女右，南边是主墓，这种葬制是模仿了楚王陵的格局，符合楚国芈姓贵族的埋葬习惯。进一步而言，杨公墓地中的M9和M8可能是某个家族连续的两代。

从墓葬分布格局来看，M6在岗地北部稍远，血缘上可能略疏远，或属于其他家族。东南岗地上的M1—M5在墓葬形制上显示出不同的特点，如M1和M3墓道朝北，显然不是楚国芈姓贵族的习惯。M5为石椁墓，在楚地虽较为罕见，但墓道朝东的情况，又体现出楚国芈姓贵族的葬俗。杨公墓地呈现出的多种葬俗并存的现象，说明该墓地不是一个纯粹的族墓地，可能由多个不同核心家庭墓地构成。

就车马坑所处的位置而言，其南距M1有20多米，东距M4仅8米左右，所以不难推断其主墓应为M4。楚墓随葬车马坑的现象也是楚国芈姓贵族的葬俗特征，这一情况可从熊家冢的考古工作中得到印证。由于李三孤堆楚王墓并没有经过科学的考古发掘，导致研究人员对其墓葬形制、结构以及陪葬墓、陪葬坑等陵园附属设施等问题认识不清晰。

通过对杨公楚墓的发掘，考古工作者获得了对该地区中大型墓葬进行勘探、发掘的宝贵经验。为了弄清李三孤堆楚墓存在的相关问题，安徽省文物考古研究所于1981年4月对其进行了钻探调查，之后又在1983年6—7月开展了小规模试掘工作，得出了一些重要认识，如弄清了墓口的尺寸和台阶数量，并确定只有一条向东的墓道。但是令人不解的是，为何在李三孤堆大墓周围200米内没有发现车马坑和陪葬墓等遗迹？为此，带着李三孤堆大墓四周是否有陪葬坑或车马坑等疑问，安徽省文物考古研究所联合淮南市博物馆于2006年12月至2007年1月间再次对李三孤堆及其周围环境进行了调查和钻探。在准确辨识遗迹土质土色的基础上，终于在大墓西侧发现陪葬坑4座，其中3号坑的东边壁至李三孤堆大墓墓坑西壁仅约80米，呈南北向，长方形，南北长90米，东西宽10.5米；西边中部有斜坡通道，长5米，宽3.5米；南部深3.3米，北部最深为3.7米。更重要的是，在南边线向北3米处的探孔底部发现有兽骨遗存。故而推测3号坑应为李三孤堆楚王墓的陪葬车马坑。

近年来，伴随着楚都寿春城遗址相关考古工作的持续开展，围绕着都城分布的墓葬区是比较明确的。即东南方向杨公、朱家集一带为高等级贵族墓葬区，西南方向双桥一带为中等级贵族墓葬区，寿县古城以北、八公山南麓一带为小型墓葬区。杨公楚墓的发现和发掘为寻找和确认楚都寿春城的具体方位提供了重要佐证材料，其独特的葬俗如夫妻两墓并列异穴合葬、墓道中随葬成组兵器以及棺内大量陪葬玉器等，也反映出楚国迁都寿春后的独特文化面貌。杨公楚墓出土的一批精美玉器，反映出楚人在中国古代玉器发展史上的重要贡献，这不仅体现在种类多、组合全、纹饰繁复等方面，还体现在包括切割、钻孔、镂雕、线雕、打磨、抛光等技术工艺层面。

杨公楚墓是战国晚期楚国高等级贵族墓地的典型代表，近年来汤家孤堆、三元孤堆的发掘，进一步充实了对这一区域墓地文化内涵的认识。相信随着区域考古调查、勘探、发掘等工作的开展，将逐步揭开这些高等级贵族大墓背后的神秘面纱，并通过琳琅满目的珍贵文物和陵园遗迹去感受楚国八百年积淀的最后荣光。

（撰稿：蔡波涛　孙朝峰）

参考文献

［1］安徽省文物工作队：《安徽长丰杨公发掘九座战国墓》，载《考古学集刊》第二集，中国社会科学出版社1982年版。

［2］杨鸠霞：《长丰战国晚期楚墓》，载《文物研究》第四期，黄山书社1988年版。

［3］安徽省文物考古研究所：《安徽长丰战国晚期楚墓》，《考古》1994年第2期。

［4］长丰县文化和旅游局：《楚玉遗珍——长丰县出土战国玉器》，安徽美术出版社2020年版。

［5］田成方：《楚系家族墓葬研究》，武汉大学出版社2021年版。

淮南武王墩一号墓

大型楚国王级墓葬

武王墩一号墓自2020年开始，经科学发掘，首次发现了结构清晰明确的九室楚墓，出土了保存完整的青铜礼器组合，已采集整理到椁板墨书文字、漆木器篆刻、烙印文字、青铜礼器铭文等各类文字。经专家研讨，认为武王墩墓出土文物的形制、纹饰、组合等具有战国晚期楚文化的典型特征。结合墓葬规模、结构、出土文字材料与文献史料等综合分析，武王墩墓主身份可能是《史记·楚世家》记载的楚考烈王。

武王墩一号墓位于安徽省淮南市三和镇徐洼村，是一处战国晚期楚国高等级大型墓葬。经过勘探，基本探明了以一号墓为中心的独立陵园布局。陵园平面近方形，以周长约5千米的围壕为界，面积近150万平方米，目前已发现有车马坑、陪葬墓、祭祀坑等重要遗迹。

2019年，国家文物局批复同意安徽省对武王墩进行抢救性考古发掘的申请，2020年，列入"考古中国"课题。武王墩考古工作由安徽省文物考古研究所主持，与国家文物局考古研究中心、厦门大学、山东大学和淮南市文物考古研究所组成联合考古队。国家文物局成立了考古专家组和文物

武王墩墓发掘前封土

保护多学科研究专家组，全程指导发掘工作。

　　一号墓发掘工作自2020年9月开始，至2023年11月，完成封土和填土发掘，12月提取了椁室上铺设的竹席。自2024年3月7日开始拆解提取椁盖板，至3月27日，四层椁盖板已全部安全提取完成，进入椁室内部的发掘清理阶段。

　　武王墩一号墓是一座带封土的"甲"字形竖穴土坑墓，由封土、墓道、墓圹、椁室四部分组成。封土堆整体呈覆斗状。封土整体营建工艺由夯筑和堆筑相结合。封土中出土有铁器30余件，器型有铁锸、铁夯头、铁锛、铁矛、铁刀等，此外，还发现竹（藤）编箩筐、扇面等。

　　墓葬平面呈"甲"字形，方向为东西向，墓圹开口为正方形，边长约51米。开口层位距木椁室顶部15米。墓坑以东设有斜坡墓道一条，长约42米。填土层层夯筑，夯层表面有密集夯窝。墓圹四壁有逐级内收的台阶共21级，形制规整。

　　台阶表面涂抹有青膏泥，部分平面可见绳编草席压印痕迹。填土中出

填土发掘中墓坑全景

木柄铁锸

第四部分　夏商周时期的安徽主要文明成就

土遗物有铁锸、铁夯头、箭镞等。其中一件木柄双头铁锸,是目前出土的最具代表性、保存完好的带柄铁锸。

墓坑底部边长约22米,其中央用巨大枋木构筑出呈"亞"字形、多重棺椁结构的木椁室。椁室中部设有棺室,四周东、南、西、北四部分皆在中部用纵向隔墙分隔成两个小室,共有8个侧室,是目前国内首次见到的、结构清晰明确的九室楚墓。木椁室顶部覆盖竹席,之下以枋木与薄板依次交替,形成多层封护。中室在第一层枋木之下使用了一套半肩透榫套

木椁室全景图

西室出土的木俑　　　　　　　　　　　　　立鸟盖铜壶

东1室降水后的正射影像图

第四部分　夏商周时期的安徽主要文明成就

接的"井"字形框架结构，框架与四周椁室的最上层厚枋木进行扣接，极大地增强了墓室结构的稳定性。

武王墩一号墓规模巨大，是已发掘楚墓中最大的一座，是研究战国晚期大型墓葬营建工艺的重要标本。科学的发掘将为研究楚国高等级陵墓制度和陵园设计规划、埋葬习俗等问题提供了实例。

截至目前，北室、西室和东1室已完成发掘，东2室和南1、2室发掘工作接近尾声，已提取各类文物3000多件（组），以及大量动植物遗存。北室被盗扰严重，仍然提取出600余件（组）器物，多数为瑟、竽残件，且各部位均有发现，为后期复原研究提供了有利材料。出土的编钟架横梁保存完整，上有悬孔14处，与追缴的青铜编钟数量吻合。南1、2室出土漆盒、耳杯、盘、豆、鼓，玉璧、璜、佩以及大量铜箭矢。西室遗物以漆木俑为主，还发现木车、乐器和少量遣策类竹简。木俑有200多个个体，分立姿、坐姿等不同姿态，部分木俑佩木剑。东1室以青铜器为主，提取青铜器150多件（组），器类有鼎、簋、簠、敦、钫、壶、瓿、豆、鉴、

龙凤纹漆木案

釜、盘、尊缶等，青铜礼器组合保存完整。其中，出土的束腰平底升鼎9件、方座簋8件，铸造精美、组合完整；出土粗测口径超过88厘米青铜镬鼎，口径超过李三孤堆出土的"铸客"大鼎，有望成为迄今出土的我国东周时期口径、体积最大的青铜圆鼎。与青铜器同出的还有百余件案、俎、盒、榻等漆木质饮食宴享起居用具。

出土的文字资料字体多样、载体丰富，已发现有椁板墨书文字、竹简、漆木器刻铭、铜器铭文、石磬铭文等。出土青铜簠上铸有"楚王畲前作铸金簠以供岁尝"铭文，为确定墓主人身份提供了重要依据。根据初步释读结果和字体风格，铭文包含有楚、秦、三晋等不同国别的文字材料，蕴含了丰富的历史信息，具有重要的学术研究价值。特别是在墓椁室盖板、墙板、底板上采集的大量墨书文字，经初步识读，均为典型的楚系文字。有表示方位的"东""南""西""北"；有表示序号的数字"一"

漆木耳杯底部文字

"楚王酓前"簠及铭文

至"十八",其内容记录与椁盖板放置的方位是对应的,排序是连贯的,对研究楚国墓葬木椁室的营建过程有重要意义。另有"乐""府""集"等,含义或是表示官署、职能,通过对各个分室陪葬器物的进一步清理,结合文字内容和考古情境,能更准确地判断椁室功能的分区,为楚国职官制度、楚系文字中名物称谓等问题的研究提供突破性实证。

通过跨学科、多平台协作,研究团队系统开展了动植物遗存鉴定、残留物分析工作。目前已完成了东1室第一阶段出土80件青铜器和2件漆木多格盒内动植物遗存的整理和初步研究,目前鉴定动物种类达15种,较完整动物个体为46个。其中,家畜包括家猪、狗和黄牛,其余有獐、雉、雁等江淮地区常见的野生动物,亦有鲇鱼、鲤鱼、乌鳢、青鱼等多种鱼类。植物遗存则发现葫芦、甜瓜、梅、栗等瓜果、坚果,粟、黍、水稻等农作物,花椒、锦葵等香料作物,以及传统中药植物吴茱萸。动植物遗存的鉴定为研究和复原当时的用牲习俗、饮食习惯、生业经济等问题提供了宝贵资料。

武王墩一号墓的发掘是一次秉持精细化发掘理念，预先制定周密发掘规划，文物保护与多学科研究同步开展的科学发掘。武王墩一号墓椁室发掘工作仍在有序进行，中心椁室、四角填土埋藏下的未知等待着进一步探寻。从目前已出土文物的形制、纹饰、组合等具有战国晚期楚文化的典型特征，结合墓葬规模、结构、出土文字材料与文献史料等综合分析，墓主身份可能是《史记·楚世家》记载的楚考烈王。这是迄今经科学发掘的规模最大、等级最高、结构最复杂的大型楚国王级墓葬，反映了楚国最高等级的丧葬礼制，从一个侧面生动展现了楚文化的独特魅力。墓葬形制、营建工艺、出土文物都代表了楚文化的最高成就，较全面地反映出战国时代楚国的政治、经济、文化、技术、社会图景。其年代处在封建国家体系趋于解体、大一统国家即将孕育形成的关键时期，为研究周、秦、楚、汉历史演变和秦汉中央集权大一统国家及文化形成，为研究楚国东迁江淮以后的社会生活面貌和历史文化图景，提供了系统性的科学考古资料。

（撰稿：方　玲）

参考文献

方玲:《安徽淮南武王墩一号墓发掘进展及初步认识》，2024年5月3日《中国文物报》。

科普知识词条（夏商周）

岳石文化

岳石文化，分布于海岱地区的一支考古学文化，因最早发现于山东省平度市东岳石村而得名。绝对年代为公元前1900—前1600年。年代继山东龙山文化之后，大致与中原地区的二里头文化相当。1959年修淄阳水库时，在岸边发现该遗址。考古工作者在此发掘出大量的石器、陶器、骨器和蚌器，经考证为东夷族创造的一种古老文化。由于东岳石遗址中出土的遗物有独特的造型和风格，故被考古界称为"岳石文化"，并进一步证实它是东夷族所创造的一种古老文化，为研究龙山文化的去向和夏、商历史提供了重要的资料。

点将台文化

点将台文化，长江下游一支新石器时代晚期至夏代考古学文化，以首次发现于江苏省南京市江宁县（现江宁区）的点将台遗址命名。主要分布在水阳江以东以北的采石河流域、石臼湖周围、秦淮河流域和长江以南的宁镇山脉地区。年代为公元前2100年—前1600年。

点将台文化呈现出错综复杂的考古学文化结构，既保持本地土著特色，又吸收融合了中原及北方邻近地区龙山文化、二里头文化、岳石文化的因素，同时还保存部分太湖流域良渚文化的传统。陶器以夹砂红陶和泥质灰陶为主，另有一定比例的泥质薄胎磨光黑陶。器型多样，以素面甗、足根带花边或捺窝的鼎等炊器最具特色。纹饰以素面居多。石器多磨光，有斧、锛、凿、刀、箭镞等。经济方式以农业为主，兼有狩猎、捕捞活动。

点将台文化晚于本地区的北阴阳营文化而早于湖熟文化。

湖熟文化

湖熟文化，宁镇地区青铜时代考古学文化，1951年最先发现于南京市江宁区湖熟镇，由知名考古学家尹焕章、曾昭燏命名。分布于长江下游江苏、安徽省境内。年代相当于中原地区的商代迁往殷墟之前。该文化的遗址大都位于土墩上，有人称为台形遗址或墩台型遗址。从陶器以及青铜器的特征来看，该文化与商、周文化之间有互相接触，尤其到西周时期更为明显，可反映出西周时期政治文化力量对南方的影响，同时，也是吴文化的直接来源之一。

东夷

东夷，对黄河流域下游包羲、太昊、蚩尤、伏羲氏后裔，风夷、畎夷、阳夷和少昊后裔，鸟夷、白夷等夷人方国的总称或对东方各民族的泛称。东夷在考古上是指距今8300年前的后李文化起，历经北辛文化、大汶口文化、龙山文化、岳石文化的承载者。东夷文化发源于泰沂山区，是华夏文明重要源头之一，自新石器时代开始一直到西周中期结束，东夷及其古文化在亚洲古文化的发源与交流中都处于较为重要的地位。

桀奔南巢

"桀奔南巢"指的是夏代末年，成汤通过一系列的军事行动，终于推翻了夏王朝，夏朝的最后一任君主夏桀被赶出中原，逃亡南巢，并死于斯地。《尚书·仲虺》中曾记载："成汤放桀于南巢。"过去很多学者讨论过夏商之战的史实及历史地理问题，但由于文献记载较为模糊，形成了种种异说，有不少学者曾进行过考证，目前学界影响较大的主要有"巢县说""桐城说""河南睢县说""六县东说"等几种。近年来，随着考古学的发现，安徽肥西地区陆续出土了数量较多的典型二里头文化青铜器，为探讨"桀奔南巢"目的地位于江淮地区提供了实物材料，这对于构建以实物材料为基础的可信夏史无疑具有重大意义。

禹封英六

禹封英六，上古时期，皋陶及部族在安徽江淮地区西部（今安徽六安）等地生息。史称："皋陶卒，葬之于六。禹封其少子于六，以奉其祀。"《史记·夏本纪》记载："封皋陶之后于英（今金寨、霍邱）、六(今六安城北)。"此为禹封英六。

占卜

占卜，古代用龟甲等预卜吉凶祸福的迷信活动。"占"意为观察，"卜"是以火灼龟壳，认为据其出现的裂纹形状，可以预测吉凶福祸。它通过研究观察各种征兆所得到的不完全的依据来判断未知事物或预测将来。商周王室常用龟甲兽骨占卜吉凶，并将占卜之辞和相关的事情刻写其上，形成了我国最早的文字——甲骨文。

祭祀

祭祀是一种信仰活动，源于天地和谐共生的信仰理念。"祭"侧重的是向祖先、向天地汇报工作。"祀"侧重的是希望天地祖先对自己未来的新工作给予新的指导、教诲和启发。自古祭祀对象分为三类：天神、地祇、人神。天神称祀，地祇称祭，宗庙称享，所以，"祭祀"也意为敬神、求神和祭拜祖先。春节、端午节、清明节、重阳节等就是由原始信仰形成的祭祀天地神灵、祖先的节日。我国有文字记载的祭祀活动始于夏代。

殉葬

殉葬是指以器物、牲畜或人与陶俑、木俑同死者一同葬入墓穴，以保证死者亡魂的冥福。人殉是以某种手段使活人非正常死亡后再葬于墓中，有自愿或强迫两种形式，往往成为奴隶制或封建王朝压迫百姓的手段。在中国历史中，商朝经常以人殉葬，秦汉以后逐渐式微，往往代之以木俑、陶俑，到了辽代，人殉之风死灰复燃，明英宗时期停止了殉葬制度。

青铜时代

青铜时代，考古学上继新石器时代之后的一个时代，以青铜器的使用为主要特征。青铜是红铜（纯铜）与锡或铅的合金，较红铜的熔点低、硬度高，便于铸造。中国在商代（前16世纪—前11世纪）已经进入高度发达的青铜时代。在青铜时代，尚不能排斥石器的使用，有的地区处于原始社会末期，有的地区已经进入文明社会。中国在青铜时代已建立起国家，有相当发达的农业、手工业，并已有文字的发现。

土墩墓

土墩墓是江南地区一种特殊的埋葬方式，主要分布在苏南、皖南、浙江、上海等长江下游地区。这种墓多建在丘陵山岗或平原的高地上，平地堆土起坟。有的一墩一墓，有的一墩多墓。随葬器物普遍有几何印纹硬陶和原始瓷器，有的还有青铜器。其年代上限可延续至西周，下限可延续到战国，而以春秋时期数量最多。此外，早期的良渚文化、晚期的汉代也有此类墓葬。

印纹硬陶

印纹硬陶，中国新石器时代晚期至汉代长江中下游和东南沿海地区生产的一种质地坚硬、表面拍印几何图案的日用陶器。原料含铁量较高，烧成温度也比一般陶器高，成型方法主要采用泥条盘筑法，也有轮制成型。印纹硬陶在黄河中下游地区也有发现，但数量很少，出现时间比白陶晚。在相当长的一段时间内曾与白陶并存。在江西、湖南、福建等地距今4000年左右的遗址里，只发现有少量造型简单的器物，至商代器型增多，有罍、罐、尊、釜、碗、杯、豆等。西周是印纹硬陶生产的发展时期，器型增加了瓮、罐、瓿等。战国秦汉时印纹硬陶变化不大，器物主要有瓮、罐、坛、瓿、钵、盂、缸、匏壶等。

原始瓷器

原始瓷器是在制陶技术的基础上发展而来的，是瓷器的原始阶段制品。一般用含铁量在2%左右的黏土成型，经过人工施釉，用1200℃左右的高温烧成的青釉制品。这类器物在20世纪50年代前尚未被人们认识。曾一度有"釉陶""青釉器"等不同名称。现国内外陶瓷界多数人已同意用"原始瓷器"命名，但也有少数人仍沿用"釉陶"，国外亦有称为炻器的。器物大多是尊、罍、簋、壶、匜、盂、豆、罐、鼎、杯等盛器，至春秋、战国时期也有一部分钟、镈于等仿青铜礼器。

青铜器

青铜器是由青铜合金（红铜与锡、铅的合金）制成的器具，诞生于人类文明时期的青铜时代。青铜的优点是熔点低、硬度大、延展性好、耐磨耐腐蚀。青铜器流行于新石器时代晚期至秦汉时代，以商周器物最为精美。商中期，青铜器品种已很丰富，并出现了精细的花纹。商晚期至西周早期，是青铜器发展的鼎盛时期，器型多种多样，铭文逐渐加长，花纹繁缛富丽。随后，青铜器胎体开始变薄，纹饰逐渐简化。春秋晚期至战国，由于铁器的推广使用，铜制工具越来越少。中国古代青铜器是我们的祖先对人类物质文明的巨大贡献，其使用规模、铸造工艺、造型艺术及品种在世界艺术史上占有独特地位。

青铜礼器

青铜礼器是我国夏商周时期最为重要的礼器。西周奴隶主制定出整套礼制，规定了森严的等级差别，以维护奴隶制统治秩序。由于礼制的加强，一些用于祭祀和宴饮的器物，被赋予特殊的意义，成为礼制的体现，这就是所谓"藏礼于器"。这类器物叫作青铜礼器，简称"礼器"，或称"彝器"。按照礼制组合成的所谓"列鼎"，何休注《春秋公羊传·桓公二年》："天子九鼎，诸侯七，卿大夫五，元士三也。"青铜礼器是奴隶主统治权威的象征。礼器的这种功能，在奴隶制繁盛时期最显著。随着奴隶制度的衰微，"礼崩乐坏"，青铜礼器逐渐失去了这种作用。

磬

磬是中国古代的打击乐器，为"八音"中的"石"音。起源于某种片状石制劳动工具，其形在后来有多种变化，质地也从原始的石制进一步有了玉制、铜制的磬。磬最早用于中国古代的乐舞活动，后来用于历代帝王、上层统治者的殿堂宴享、宗庙祭祀、朝聘礼仪活动中的乐队演奏，成为象征其身份地位的礼器。20世纪70年代在山西夏县东下冯遗址出土的石磬距今约4000年，属于夏代的遗存，这是迄今发现最早的磬的实物。

编钟

编钟是中国古代大型打击乐器和礼器，兴起于西周时期，盛于春秋战国直至秦汉。编钟用青铜铸成，由若干个大小不同的钟有次序地悬挂在木架上编成一组或几组，每个钟敲击的音高各不相同。湖北随州叶家山墓地考古发掘中发现了中国目前所知最早的编钟，编钟历史可前推至西周早期。编钟是古代上层社会专用的乐器，作为礼器，其象征了等级和权力。

青铜甗

甗作为一种炊器，流行于新石器时代至夏商周时期。全器分为上下两部分，下半部为鬲，用于盛水加热，上半部为甑，用于盛放食物；中间以箅相隔。青铜甗器身等部位常见有饕餮纹、云雷纹等纹饰，始见于商代早期，西周时期盛行，主要作为象征权力和等级的礼器使用。

青铜钺

青铜钺在商代既是兵器也是礼器。作为一种古代兵器，钺圆刃或平刃，安装木柄，持以砍斫，盛行于商代及西周。这种青铜武器，在武鸣、恭城等地春秋时期墓葬中出现，到战国时期，贺县、柳州等地也有出土。其类型增多，有平面呈铲形、斧形、扇形、"凤"字形或靴形等，其中以铲形、扇形和靴形居多，有的饰云雷纹，有的饰弦纹、蕉叶纹、锯齿纹及各种模印图案，也有的素面，无花纹装饰。

青铜戈

青铜戈是古代兵器中的一种"勾兵"，用于钩杀。由铜制的戈头、木或竹柲、柲上端的柲冒和下端的铜鐏四部分构成。铜器铭文中的"戈"，就是它整体的象形。戈头每一部分都有专名：主要刃部称"援"；援末转折而下的部分称"胡"；嵌入木柲的部分称"内"；援末和胡上穿绳缠柲的小孔称"穿"。铜戈流行于商代至春秋战国时期，铁器出现后被铁质兵器所取代。在实用之外，也是"战争""武器"等形象的代名词。

宗法制度

宗法制度是王族贵族按血缘关系分配国家权力，以便建立世袭统治的一种制度。此制度由父系家长制演变而成，确立于夏朝，发展于商朝，完备于周朝，影响于后来的各封建王朝。特点是宗族组织和国家组织合二为一，宗法等级和政治等级完全一致。目的在于保持奴隶主贵族的政治特权、爵位和财产权不致分散或受到削弱，同时也有利于维系统治阶级内部的秩序，加强对奴隶和平民的统治。宗法制度对后世产生了极大的影响。

《淮南子》

《淮南子》，又名《淮南鸿烈》《刘安子》，相传是西汉皇族淮南王刘安及其门客搜集史料集体编写而成的一部哲学著作。该著作在继承先秦道家思想的基础上，糅合了阴阳、墨、法和一部分儒家思想，但主要的宗旨属于道家。从学术史上看，《淮南子》堪称先秦诸子学术在汉代的总汇。

"考古中国"（重大研究项目）

"考古中国"是国家文物局主导的重大研究项目，该研究主要针对一些重大考古和大遗址保护项目：以良渚等遗址为重点，深入研究展现早期中华文明的多元一体格局；以殷墟等遗址为重点，深化夏商周考古工作，揭示早期中国整体面貌；以河套地区聚落与社会、长江中上游文明进程、长江下游区域文明模式研究为重点，继续推进区域文明化进程研究；推进沿海海域及内水重点水域水下考古，深化科技考古，开展预防性考古，举办全国考古成果精品展。"考古中国"重大项目主要是聚焦中国早期文明，介绍早期国家研究的最新考古发现与研究成果，关注中国境内人类起源、文明起源、中华文明形成、统一的多民族国家建立和发展、中华文明在世界文明中的重要地位等关键领域。

第三次全国文物普查

第三次全国文物普查始于2007年4月，完成于2011年12月，历时近五年。第三次全国文物普查领导小组由国务院成立，负责普查工作的组织和领导，协调解决重大问题。普查的范围是我国境内地上、地下、水下的不可移动文物。普查的内容以调查、登记新发现的不可移动文物为重点，同时对已登记的近40万处不可移动文物进行复查。此次普查有利于合理、准确划定文物保护范围，完善文物档案管理，促进文物保护机构建设，提高文物保护管理整体水平；有利于发掘、整合文物资源，充分发挥文物在建设社会主义先进文化，促进经济社会全面、协调、可持续发展中的重要作用；有利于培养锻炼文物保护队伍，增强全民文化遗产保护意识。

文物保护单位

文物保护单位是指在具有历史、艺术、科学价值的古文化遗址、古墓葬、古建筑、石窟寺和石刻等所在地设立的，用于文物保护工作的单位。文物保护单位都是古代科学技术信息的媒体，对于科技史和科学技术研究有着重要意义。文物保护单位分为三级，即全国重点文物保护单位、省级文物保护单位和市县级文物保护单位。文物保护单位根据其级别分别由中华人民共和国国务院、省级政府、市县级政府划定保护范围，设立文物保护标志及说明，建立记录档案，并区别情况分别设置专门机构或者专人负责管理。

（撰稿：周崇云）

后　记

　　先秦文化"发潜德之幽光，启来哲以通途"，蕴藏着灿若星辰的中华文化的"原始基因"。《考古安徽　先秦篇》精选安徽最具代表性的先秦时期考古实证和历史研究成果，从先人生活的一个个足迹、历史演进的一段段记忆，探究中华文明起源、形成、发展进程中安徽的历史脉络，发掘古代安徽地域文化蕴含和传承的中华优秀传统文化及其时代价值，展示中华民族的独特精神标识，铭记源远流长、博大精深的中华文明，让"养在深闺人未识"的文化遗产"飞入寻常百姓家"，将绵延闪耀的中华文明展现在这个伟大的时代。

　　中共安徽省委高度重视文化软实力建设，提出"增强安徽文化的归属感和影响力"这一重大课题，强调要加强考古和历史研究重大课题攻关，持续挖掘安徽地域文化价值内涵，集中力量推出一批展现安徽历史文化的标志性成果。中共安徽省委宣传部高度重视系统开展安徽文化整理研究工作，明确从重大考古研究成果入手，以先秦文化开篇，串珠成链编写《考古安徽》系列丛书，将安徽文明历史研究引向深入、为安徽文化软实力建设筑牢基础支撑。省委宣传部、省文化和旅游厅成立编纂出版工作专班。省文物考古研究所、时代出版传媒股份有限公司抽调精干力量，于2022年7月启动《考古安徽　先秦篇》编纂出版工作。

　　中国社会科学院学部委员、著名考古学家王巍先生高度关注、大力支持本书的编纂出版，并热情赐序。中国社会科学院考古研究所、中国科学院古脊椎动物与古人类研究所、山东大学、复旦大学、南京大学、中国人民大学、武汉大学、湖北大学、中国科学技术大学、安徽大学、安徽省文物局、安徽博物院、安徽省文物考古研究所、合肥市文物管理处、芜湖市博物馆、马鞍山市文物管理中心、宣城市文物管理所、安庆市博物馆、宿州市博物馆、铜陵市博物馆、淮北市博物馆、芜湖市繁昌区文物保护中心、安徽·中国桐城文化博物馆、肥西县文物管理所、长丰县文物管理所、南陵县文物管理所、铜陵市义安区文物管理所、怀宁县文物保护中心、固镇县文物保护中心、凌家滩国家考古遗址公园管理处等30多个考古科研院所、大学及市县文博单位的50多位专家学者参加了书稿编写工作。

在本书编纂出版过程中，省委宣传部有关处室就图书的学术性、科普性、艺术性提出了多方面的指导意见和建议。中国作家协会会员、安徽文学艺术院签约作家陈巨飞承担了文字通俗性修饰润色工作。杨益峰、杨立新、吴卫红、周崇云、唐杰平、战世佳、王峰、叶润清、张小雷、董哲、卢昌杰、程京安、金婴、李喜兰、周夕航等参加了统稿、审核及相关工作，安徽美术出版社总编辑谢育智对本书的装帧设计提供了帮助。

谨向所有给予本书关注、指导和支持的单位和同志致以诚挚的感谢！

《考古安徽 先秦篇》编纂出版组

2023年12月15日